퍼시스턴트 메모리 프로그래밍

- 개발자를 위한 종합 안내서 -

Programming Persistent Memory

A Comprehensive Guide for Developers

Steve Scargall 지음 | **남범석** 옮김

역자소개

남범석

서울대학교 계산통계학 학사 (1997년)

서울대학교 전산학 석사 (1999년)

메릴랜드 주립대 (College Park) 전산학 박사 (2007년)

Oracle USA, Senior Member of Technical Staff (2007~2010년)

울산과학기술원 조-부교수 (2010~2018년)

성균관대학교 부교수 (2018년~현재)

연구 분야: 대용량 데이터 처리, 분산 병렬 시스템, 데이터베이스, 운영체제

퍼시스턴트 메모리 프로그래밍

- 개발자를 위한 종합 안내서 -

Programming Persistent Memory

A Comprehensive Guide for Developers

Steve Scargall 지음 | **남범석** 옮김

Selected For intel Intel's Recommended Reading List

도서출판 홍릉

Apress open

Programming Persistent Memory

A Comprehensive Guide for Developers

by Steve Scargall

First published in English under the title
Programming Persistent Memory : A Comprehensive Guide for Developers
by Steve Scargall, edition: 1

퍼시스턴트 메모리 프로그래밍

개발자를 위한 종합 안내서

인　쇄: 2021년 6월 15일 초판 1쇄
발　행: 2021년 6월 24일 초판 1쇄

역　자: 남범석
발행인: 송　준
발행처: 도서출판 홍릉
주　소: 01093 서울시 강북구 인수봉로 50길 10
등　록: 1976년 10월 21일 제5-66호

전　화: 02-999-2274~5, 903-7037
팩　스: 02-905-6729
e-mail: hongpub@hongpub.co.kr
http://www.hongpub.co.kr
ISBN: 979-11-5600-863-7(93000)

정　가: 39,000원

낙장 및 파본은 구입처나 본사에서 교환하여 드립니다.

목차

저자에 대하여

Steve Scargall은 인텔의 퍼시스턴트 메모리 소프트웨어 및 클라우드 분야의 아키텍트입니다. 새로운 기술을 사람들에게 알리며, 퍼시스턴트 메모리 기술을 소프트웨어 스택, 응용 프로그램 및 하드웨어 아키텍처에 적용하는 개발을 담당 하고 또 이러한 개발을 지원하는 역할도 합니다. Steve Scargall은 상용 소프트웨어뿐 아니라 오픈 소스도 개발하며, OEM 및 클라우드 서비스 회사들을 위해 프리랜서 개발자로도 일하고 있습니다.

Steve Scargall은 영국 리딩 대학교(University of Reading)에서 뉴럴 네트워크, AI 및 로봇 공학을 전공하여 컴퓨터 과학 학사 학위를 받았습니다. 그는 x86 및 SPARC 아키텍처를 위한 Solaris 커널, ZFS 및 UFS 파일 시스템의 성능을 분석하는 일을 19년 이상 수행했습니다. 선 마이크로 시스템즈(Sun Microsystems)와 오라클(Oracle)에도 재직하며 엔터프라이즈 및 클라우드 환경에서 DTrace 디버깅을 수행했습니다.

기술 감수자 소개

Andy Rudoff는 퍼시스턴트 메모리 프로그래밍, 특히 PMDK의 개발을 시작한 인텔의 수석 엔지니어이며, SNIA NVM 프로그래밍 기술 워크 그룹에도 참여하고 있습니다. Andy는 30 년 넘게 선 마이크로 시스템즈(Sun Microsystems) 및 VMware를 포함한 크고 작은 회사에서 운영 체제, 파일 시스템, 네트워킹, 및 시스템의 결함 관리와 관련된 소프트웨어 디자인 및 개발을 해왔습니다. 또한, Andy는 수년 동안 다양한 운영 체제 수업을 가르쳐 왔으며 널리 사용되는 “UNIX 네트워크 프로그래밍” 책의 공동 저자이기도 합니다.

이 책에 기여한 사람들

Piotr Balcer는 스토리지 관련 기술에 대한 수년간의 경험을 쌓은 인텔사의 소프트웨어 엔지니어입니다. 폴란드 그단스크 공과 대학교(Gdańsk University of Technology)에서 공학 학사 학위를 취득하고 시스템 소프트웨어 공학을 전공했습니다. Piotr은 2014 년부터 차세대 퍼시스턴트 메모리를 위한 소프트웨어 에코시스템을 개발하고 있습니다.

Eduardo Berrocal은 일리노이 공과 대학(IllinoisInstitute of Technology)에서 컴퓨터과학 박사 학위를 받은 후 2017 년 클라우드 소프트웨어 엔지니어로 인텔사에 합류했습니다. 그의 박사 연구는 고성능 컴퓨팅을 위한 데이터 분석 및 결함 내성에 중점을 두었습니다. 과거에는 Bell Labs(Nokia)의 인턴, Argonne National Laboratory의 연구 보조원, 시카고 대학의 과학 프로그래머 및 웹 개발자, 스페인의 CESVIMA 연구소의 인턴으로 근무했습니다.

Adam Borowski는 폴란드 바르샤바 대학교에서 공부한 인텔의 소프트웨어 엔지니어입니다. 그는 데비안 리눅스 개발자이며 지난 20 년 동안 많은 오픈 소스에 기여했습니다. Adam은 현재 퍼시스턴트 메모리 스택을 통합하는 오픈 소스 프로젝트 작업을 수행하고 있습니다.

Igor Chorazewicz는 인텔의 소프트웨어 엔지니어입니다. 그의 주요 관심은 퍼시스턴트 메모리를 위한 자료 구조와 C ++ 응용 프로그램에 있습니다. Igor는 폴란드 그단스크 공과 대학교에서 공학 학사 학위를 취득했습니다.

Adam Czapski는 인텔의 기술 문서를 작성하는 사람입니다. 데이터 센터 그룹에서 기술 문서를 작성하고 있으며 현재 퍼시스턴트 메모리 부서에서 작업하고 있습니다. Adam은 폴란드 그단스크 공과 대학교(Gdańsk University of Technology)에서 영어 철학 학사 학위와 자연 언어 처리 석사 학위를 취득했습니다.

Steve Dohrmann은 인텔사의 소프트웨어 엔지니어입니다. 그는 지난 20 년 동안 미디어 프레임 워크, 모바일 에이전트 소프트웨어, 보안 협업 소프트웨어 및 병렬 프로그래밍 언어 구현을 포함하여 다양한 프로젝트를 수행했습니다. 현재 Java*에서 퍼시스턴트 메모리 사용을 위해 노력하고 있습니다.

Chet Douglas는 Intel Corporation의 주요 소프트웨어 엔지니어이며 비휘발성 메모리 기술을 지원하는 운영 체제 및 OEM과 함께 클라우드 소프트웨어 아키텍처에 관심을 가지고 있습니다. 그는 다양한 엔터프라이즈 및 클라이언트 프로그램에서 14년 이상의 경력을 쌓았으며 스토리지 관련 경험은 총 28 년이나 됩니다. Chet는 스토리지 컨트롤러 하드웨어 설계, SCSI 디스크/테이프/CD 기록기 펌웨어 아키텍처, 스토리지 관리 소프트웨어 아키텍처, 마이크로소프트 윈도우즈* 및 리눅스 커널 모드 드라이버, 엔터프라이즈 하드웨어 RAID 및 클라이언트/워크스테이션 소프트웨어 RAID를 포함한 스토리지의 모든 측면에 대해 경험했습니다. 그는 7 개의 스토리지 관련 하드웨어 및 소프트웨어 특허를 보유하고 있으며 뉴욕 클락슨 대학교에서 전기 공학 및 컴퓨터 공학 학사 학위를 취득했습니다.

Ken Gibson은 인텔 데이터 센터 그룹의 퍼시스턴트 메모리 소프트웨어 아키텍처 책임자입니다. 2012 년부터 Ken과 그의 팀은 개방형 퍼시스턴트 메모리 프로그래밍 모델을 만들기 위해 인텔의 서버 및 소프트웨어 파트너 팀과 협력하고 있습니다.

Tomasz Gromadzki는 인텔사의 비 휘발성 메모리 솔루션 그룹의 소프트웨어 아키텍트입니다. 그는 원격 퍼시스턴트 메모리를 접근하는 것에 관심을 가지고 있습니다. 원격 퍼시스턴트 메모리를 접근하기 위해서는 퍼시스턴트 메모리를 다른 네트워킹기술과 적절히 통합해야 하며, 퍼시스턴트 메모리 복사를 최적화하는 프로세스 및 알고리즘이 필요하다고 이야기 합니다.

Kishor Kharbas는 Intel Corporation의 Java 런타임 엔지니어링 팀의 소프트웨어 엔지니어입니다. 지난 8 년간 그는 인텔 플랫폼에서 Oracle의 OpenJDK를 최적화하기 위해 노력해 왔습니다. 특히, Java의 가비지 수집과 컴파일러의 백엔드를 최적화하는 일을 해왔습니다.

Jackson Marusarz는 인텔의 Compute Performance and Developer Products Division의 테크니컬 컨설팅 엔지니어입니다. 인텔 VTune 프로파일러의 주 개발자인 그의 주 관심사는 직렬 및 멀티 스레드 응용 프로그램의 성능 분석 및 튜닝입니다. Jackson은 소프트웨어를 분석하고 튜닝하는 방법에 관심이 있으며 다른 사람들도 프로그램의 성능을 향상시키는데 도움이 되는 도구를 만들기 위해 노력하고 있습니다.

JanMichalski는 인텔의 비휘발성 메모리 솔루션 그룹의 소프트웨어 엔지니어입니다. 그는 원격 노드의 퍼시스턴트 메모리를 액세스하는 일에 관심이 있으며, 특히 퍼시스턴트 메모리를 다른 기술과 통합하는 것과 최적의 퍼시스턴트 메모리 복제 절차 및 알고리즘을 찾는 것에 관심이 있습니다. 폴란드 그단스크 공과 대학교(Gdańsk University of Technology)에서 컴퓨터 공학 석사 학위를 받았으며, 시스템 소프트웨어 공학을 전공했습니다.

Nicholas Moulin은 인텔의 클라우드 소프트웨어 아키텍트입니다. 2012 년 인텔에 합류한 이후 운영 체제 및 플랫폼 펌웨어용 퍼시스턴트 메모리 소프트웨어를 개발하고 퍼시스턴트 메모리 하드웨어를 관리하는데 주력해 왔습니다. Nicholas는 현재 퍼시스턴트 메모리 프로그래밍 모델과 관련된 RAS 기능을 개선하기 위해 업계 파트너와 협력하고 있습니다.

Szymon Romik는 인텔의 소프트웨어 엔지니어이며 현재 퍼시스턴트 메모리 프로그래밍에 관심을 가지고 있습니다. 인텔에서 근무하기 전에는 Ericsson에서 5G 기술을 개발하는 수석 소프트웨어 엔지니어로 근무했습니다. Szymon은 폴란드 야기엘론스키 대학교(Jagiellonian University)에서 수학 석사 학위를 취득했습니다.

Jakub Schmiegel은 인텔의 비휘발성 메모리 솔루션 그룹의 소프트웨어 아키텍트로서 기존 응용 프로그램들이 퍼시스턴트 메모리를 사용할 수 있게 만들고 성능을 분석하는 일을 4년 이상 하였습니다. Jakub는 폴란드 그단스크 공과 대학교(Gdańsk University of Technology)에서 컴퓨터과학 석사 학위를 취득했습니다.

Kevin Shalkowsky는 텔리 어워드(Telly Award)를 수상한 경력이 있으며, 크리에이티브 디렉터, 그래픽 디자이너, 및 애니메이터로서 10 년 이상의 경력을 가지고 있습니다. 그는 현재 컴퓨터 기술과 관련된 일을 하고 있지만, 이전에는 새벽 방송에서 30분 분량의 광고 방송을 하며 제품들을 판매하는 일을 하기도 했습니다. 그는 현재 아내와 아들과 함께 오리건 주에 살고 있습니다. 때때로 Kevin은 숲이나 주차장에서 길을 잃기도 하며, 디자인하는 과정에서도 디자인의 방향을 잃기도 합니다. 아이러니하게도, 방향을 잘 찾지 못하는 그의 특징이 현재의 그가 있게 한 원동력이기도 합니다.

Vineet Singh은 인텔의 메모리 및 스토리지 도구를 개발하는 소프트웨어 엔지니어입니다. 그는 개발자들이 최신 메모리 기술을 사용할 수 있게 만드는 기술을 개발합니다. Vineet은 캘리포니아 대학교에서 철학 박사 학위를 받았으며 Jabalpur에 있는 인도 공학, 설계, 제조 대학교(Indian Institute of Information Technology, Design, and Manufacturing)에서 학사 학위를 받았습니다.

Pawel Skowron은 20 년 동안 소프트웨어 산업에서 여러 경험을 쌓은 인텔의 소프트웨어 공학 매니저입니다. Pawel은 전체 소프트웨어 개발 수명주기와 관련된 다양한 역할을 수행했습니다. 그는 임베디드 시스템, 데이터베이스 시스템 및 응용 분야에서 일해 왔으며, 지난 몇 년간은 이 책의 주제인 PMDK(Persistent Memory Development Kit, https://github.com/pmem/pmdk)를 개발하고 검증하는 역할을 수행해 왔습니다.

Usha Upadhyayula는 인텔에서 20 년 동안 다양한 역할을 수행해 왔습니다. Usha는 사우스 캐롤라이나 대학에서 컴퓨터과학 석사 학위를 취득했으며, 졸업 후 몇 년간은 인텔에서 C에서 C와 C ++로 사용자 응용 프로그램을 개발했습니다. 이후 Usha는 인텔 미디어 프로세서 및 인텔 RAID 소프트웨어 고객을 지원하는 역할을 수행하였고, 현재 데이터 센터 그룹의 일원으로 클라우드 서비스 제공 업체들이 퍼시스턴트 메모리 제품을 활용하게 만드는데 주력하고 있습니다.

Sergey Vinogradov는 인텔의 수석 소프트웨어 개발 엔지니어로 7 년 이상 성능 프로파일 링 도구 및 스레딩 런타임 라이브러리에 관해 일했습니다. 지난 4 년 동안 Sergey는 퍼시스턴트 메모리를 위한 C ++ 프로그래밍 모델 및 성능 프로파일링 방법론을 연구하고 있습니다.

감사의 말

우선 이 책을 집필할 것을 권유하여 제게 글 쓰는 즐거움을 선물한 Ken Gibson에게 감사의 말씀을 전합니다. Ken Gibson의 지원, 지침, 및 기여는 이 책의 완성도를 높이는데 중요한 역할을 했습니다.

다른 사람의 생각을 읽을 수 있는 스타트랙의 벌칸 텔레파시 또는 영화 매트릭스의 헤드잭 기술이 가능했다면, 퍼시스턴트 메모리 전문가인 Andy Rudoff의 생각을 복제하여 이 책을 집필했을 테지만, 그런 기술은 현재 불가능하기 때문에 Andy를 수시로 만나고 메일로 물어봐야 했습니다. 이 프로젝트에 많은 시간을 투자해준 Andy에게 진심으로 감사의 말을 전합니다.

Debbie Graham은 이 방대한 책을 집필하는데 여러 도움을 주었습니다. 그녀의 헌신과 지원 덕분에 늦지 않게 이 책을 출판할 수 있었습니다.

이 책을 쓰는 과정에서 콘텐츠를 제공하고, 토론에 참여하고, 의사 결정을 돕고, 초안을 검토한 인텔의 친구 및 동료들, 이들은 진정한 영웅입니다. 이들이 많은 시간을 들여 지원해 주지 않았다면, 이 책을 완성하는데 상당히 오랜 시간이 걸렸을 것입니다. 많은 사람이 도와준 덕분에 완성도가 높은 책을 출판하게 되어 모두에게 감사의 말씀을 드립니다.

또한, Apress 출판사 직원들이 없었다면 이 책은 출판될 수 없었을 것입니다. 진심으로 감사의 마음을 전하고 싶습니다. Apress는 처음부터 최종 완성본에 이르기까지 꾸준히 지원해 주었습니다. Susan, Jessica, Rita에게 감사드립니다. 당신들과 함께 일하게 되어 정말 행복했습니다.

머리말

이 책에 대하여

퍼시스턴트 메모리(Persistent Memory, PM)는 종종 비휘발성 메모리(Non-Volatile Memory, NVM) 또는 스토리지 클래스 메모리(Storage Class Memory, SCM) 라고 불립니다. 여기서 비휘발성 메모리(NVM)라 함은 현재 및 미래의 모든 비휘발성 메모리 기술을 포함하는 포괄적인 의미입니다. 이 책은 이러한 퍼시스턴트 메모리 기술을 소개하고 퍼시스턴트 메모리의 최신 기술에 관한 질문들에 대한 답변을 드립니다.

이 책은 소프트웨어를 개발하는 독자들에게 다음 질문들에 대한 해답을 제공합니다. 퍼시스턴트 메모리가 무엇인가요? 어떻게 퍼시스턴트 메모리를 사용하나요? 어떤 API와 라이브러리를 사용하나요? 퍼시스턴트 메모리를 사용하면 응용 프로그램에 어떤 이점이 있나요? 어떤 새로운 프로그래밍 방법을 배워야 하나요? 퍼시스턴트 메모리를 사용하려면 응용 프로그램을 어떻게 설계해야 하나요? 관련 정보, 문서 및 도움을 어디서 찾을 수 있는지요?

이 책은 시스템 및 클라우드를 설계하는 독자들에게는 다음과 같은 질문들에 대한 답변을 제공합니다. 퍼시스턴트 메모리가 무엇입니까? 어떻게 작동합니까? DRAM 또는 SSD/NVMe 저장 장치와 다른 점은 무엇입니까? 하드웨어 및 운영 체제 요구 사항은 무엇입니까? 퍼시스턴트 메모리가 필요한 응용 프로그램은 무엇입니까? 기존 응용 프로그램을 수정하지 않고 퍼시스턴트 메모리를 사용할 수 있습니까?

퍼시스턴트 메모리는 플러그 앤 플레이 기술이 아니기 때문에, 퍼시스턴트 메모리를 추가하여도 기존의 소프트웨어 응용 프로그램들이 퍼시스턴트 메모리의 특징들을 모두 활용할 수 있는 것은 아닙니다. 기존 DRAM 메모리처럼 활용될 수도 있지만 퍼시스턴트 메모리의 영속성 기능을 완전히 활용하려면 응용 프로그램이 수정되어야 합니다. 즉, 퍼시스턴트 메모리가 설치된 시스템에서는 응용 프로그램이 수정되지 않은 상태로 실행될 수도 있지만, 코드를 수정하지 않으면 퍼시스턴트 메모리의 영속성 특징을 활용할 수 없습니다.

다행히, 서버 및 운영 체제 회사들은 퍼시스턴트 메모리 초기 디자인 단계부터 협업하여 왔고, 이미 퍼시스턴트 메모리를 지원하는 제품들을 출시하고 있습니다.

리눅스 및 마이크로소프트 윈도우즈는 이미 퍼시스턴트 메모리 기술을 기본적으로 지원합니다. 널리 사용되는 많은 가상화 기술들도 퍼시스턴트 메모리를 지원하고 있습니다.

독립 소프트웨어 공급 업체(Independent Software Vendor, ISV)와 개발자 커뮤니티의 경우는 이제 시작 단계입니다. 일부 소프트웨어는 이미 수정되었으며 시판되고 있지만, 엔터프라이즈 및 클라우드 컴퓨팅 산업이 하드웨어를 일반 시장에서 채택하고 사용할 수 있게 하려면 시간이 걸릴 것으로 보입니다. ISV와 소프트웨어 개발자는 기존 응용 프로그램의 변경 사항을 이해하고 구현할 시간이 필요할 것으로 보입니다.

퍼시스턴트 메모리를 활용하는 소프트웨어 개발 작업을 보다 쉽게 하기 위해 인텔은 https://pmem.io/pmdk/에서 제공하는 PMDK(Persistent Memory Development Kit)를 개발하고 오픈 소스로 제공하고 있습니다. 이 책은 5 장에서 PMDK를 소개하고 5장 이후에서 PMDK 라이브러리들을 어떻게 사용하는지 자세히 설명하고 있습니다. 또한, 각 장은 개발자가 심도 있게 PMDK 라이브러리를 이해할 수 있도록 설명합니다. PMDK는 50개 이상의 업계 파트너가 설계하고 구현 한 SNIA(Storage Networking Industry Association) NVM 프로그래밍 모델을 기반으로 하는 오픈 소스 라이브러리 및 도구 세트입니다. 최신 NVM 프로그래밍 모델 문서는 https://www.snia.org/tech_activities/standards/curr_standards/npm 에서 찾을 수 있습니다. 이 문서는 소프트웨어가 퍼시스턴트 메모리 기능을 어떻게 활용할 수 있는지에 대해 설명하고, 개발자가 퍼시스턴트 메모리의 기능과 성능을 활용할 수 있도록 프로그래밍 모델과 API를 설명합니다.

리눅스와 윈도우즈에서 모두 사용할 수 있는 PMDK는 상위 계층 언어를 지원합니다. C 및 C++에서는 PMDK의 기능이 완전히 검증되었으며, Java 및 Python를 지원하기 위한 개발도 현재 진행 중입니다. 그 밖에 다른 언어들도 머지않아 PMDK 프로그래밍 모델을 채택하고 개발자를 위한 기본 퍼시스턴트 메모리 API를 제공할 것으로 예상합니다. PMDK 개발팀은 PMDK의 핵심 코드 개발, 새로운 언어를 위한 PMDK 지원, 그리고 퍼시스턴트 메모리 키-값 저장소인 pmemkv를 위한 새로운 스토리지 엔진 개발에 일반 개발자들이 기여하는 것을 환영하고 장려합니다.

이 책은 독자들이 퍼시스턴트 메모리 하드웨어 장치 또는 소프트웨어 개발에 대한 사전 지식이 없다고 가정합니다. 책의 구성은 독자들이 원하는 순서대로 각 장을 자유롭게 탐색하고 읽을 수 있게 만들었습니다. 비록 이전 장에서 설명한 개념과 지식을 바탕으로 각 장의 내용을 발전시켜가지만, 모든 장을 순서대로 읽을 필요는 없습니다. 즉, 관련 장과 섹션을 앞뒤로 참조하며 이전에 읽었던 기억을 되살리거나 새로운 내용을 배울 수 있습니다.

책의 구조

이 책은 총 19 개의 장으로 구성되어 있으며 각 장은 서로 다른 주제를 다루고 있습니다. 이 책에는 세 가지 주요 섹션이 있습니다. 1-4 장에서는 퍼시스턴트 메모리 아키텍처, 하드웨어 및 운영 체제 지원에 대해 소개합니다. 5-16 장에서는 개발자가 PMDK 라이브러리를 이해하고 응용 프로그램에서 라이브러리를 사용하는 방법을 소개합니다. 마지막으로 17-19 장에서는 RAS 및 RDMA를 사용한 데이터 복제와 같은 고급 주제에 대한 정보를 제공합니다.

- **1장. 퍼시스턴트 메모리 소개**

  퍼시스턴트 메모리를 소개하고 libpmemkv를 사용하는 간단한 퍼시스턴트 키-밸류 스토어 예제를 통해 퍼시스턴트 메모리 프로그래밍에 입문합니다.

- **2장. 퍼시스턴트 메모리 아키텍처**

  퍼시스턴트 메모리 아키텍처를 설명하고 개발자가 알아야 하는 하드웨어 요구 사항에 대해 설명합니다.

- **3장. 퍼시스턴트 메모리에 대한 운영 체제 지원**

  운영 체제의 새로운 기능 및 변경된 기능, 그리고 OS 관점에서 퍼시스턴트 메모리와 관련된 정보를 제공합니다.

- **4장. 퍼시스턴트 메모리 프로그래밍의 기본 개념**

  1-3장에서 설명한 배경지식을 기반으로 퍼시스턴트 메모리 프로그래밍의 기본 개념을 설명합니다.

- **5장. PMDK(Persistent Memory Development Kit) 소개**

  소프트웨어 개발자들이 퍼시스턴트 메모리를 사용할 수 있게 하는 라이브러리 모음인 PMDK(Persistent Memory Development Kit)를 소개합니다.

- **6장. libpmem: 하위 계층 퍼시스턴트 메모리 지원**

  퍼시스턴트 메모리를 지원하는 하위 계층 라이브러리인 PMDK의 `libpmem` 라이브러리를 사용하는 방법을 설명합니다.

- **7장. libpmemobj: 기본 트랜잭션 객체 저장소**

  PMDK의 C 기본 객체 저장소 라이브러리인 `libpmemobj`를 사용하는 예제와 관련 정보를 제공합니다.

- **8장. libpmemobj-cpp: 퍼시스턴트 메모리를 사용할 수 있는 언어 C++**

  libpmemobj의 C++헤더를 사용하여 PMDK의 객체 저장소에 관해 설명하고 예시를 보여줍니다.

- **9장. pmemkv: 퍼시스턴트 인-메모리 키-밸류 스토어**

  1장에서 소개한 `libpmemkv` 라이브러리를 예제를 통해 보다 심도 있게 논의합니다.

- **10장. 퍼시스턴트 메모리의 휘발성 사용**

  이 장은 퍼시스턴트 메모리를 이용하지만, 데이터를 영속적으로 저장하지 않아도 되는 개발자들을 위한 것입니다. `libmemkind`는 `jemalloc` 위에 구축 된, 사용자에 의한 확장이 가능 힙 관리자로, 메모리 특성을 제어할 수 있게 하며, 퍼시스턴트 메모리를 포함한 서로 다른 종류의 메모리를 사용하여 힙 공간을 분할 할 수 있게 합니다. `libvmemcache`는 내장할 수 있고 가벼운 인 메모리 캐싱 솔루션입니다. 효율적이고 확장 가능한 방식의 메모리 맵핑을 통해, 퍼시스턴트 메모리의 큰 용량을 활용할 수 있게 설계되었습니다.

- **11장. 퍼시스턴트 메모리를 위한 자료 구조 설계**

  퍼시스턴트 메모리를 활용하는 자료 구조를 설계하기 위한 다양한 정보를 제공합니다.

- **12장. 퍼시스턴트 메모리 응용 프로그램 디버깅**

  소프트웨어 개발자가 퍼시스턴트 메모리를 사용하는 응용 프로그램을 디버깅하는데 사용할 수 있는 도구를 소개하고 디버깅 방법에 대한 몇 가지 예제를 설명합니다.

- **13장. 실제 응용 프로그램에서 비휘발성을 활용하기**

  퍼시스턴트 메모리 기능을 활용하기 위해 실제 응용 프로그램을 어떻게 수정했는지 설명합니다.

- **14장. 동시성(Concurrency) 및 퍼시스턴트 메모리**

  멀티 스레딩을 하는 응용 프로그램이 퍼시스턴트 메모리를 사용하기 위해 여러 스레드 간 동시성이 어떻게 구현되어야 하는지 설명합니다.

- **15장. 프로파일 링 및 성능**

  이 장에서는 성능을 높이기 위해 인텔 VTune 도구 모음을 사용하는 방법을 소개하고 코드 변경 전후에 시스템 및 응용 프로그램을 프로파일링하는 방법을 설명합니다.

- **16장. PMDK 내부: 중요한 알고리즘 및 자료 구조**

  PMDK 설계, 아키텍처, 알고리즘 및 메모리 할당자(memory allocator) 구현에 대해 자세히 알아봅니다.

- **17장. 신뢰성, 가용성 및 서비스 가능성(RAS – Reliability, Availability, and Serviceability)**

  하드웨어 및 운영 체제 계층의 RAS(신뢰성, 가용성 및 서비스 가능성) 구현에 대해 설명합니다.

- **18장. 원격 퍼시스턴트 메모리**

  응용 프로그램이 로컬 퍼시스턴트 메모리 뿐 아니라 원격 노드의 퍼시스턴트 메모리를 사용하게 함으로써, 여러 시스템으로 확장되어 갈 수 있는 방법에 대해 설명합니다.

- **19장. 고급 주제**

  마지막 장에서는 NUMA, 소프트웨어 볼륨 관리자 사용, `mmap()`, `MAP_SYNC` 플래그 등, 난이도가 높은 주제들에 관해 설명합니다.

부록에서는 PMDK 설치를 위한 절차와 퍼시스턴트 메모리 관리에 필요한 유틸리티에 관한 설명이 있습니다. 또한, Java 및 향후 RDMA 프로토콜에 대한 업데이트도 포함했습니다. 이 내용들은 머지않아 바뀔 수 있기 때문에 부록에서 다룹니다.

이 책이 대상으로 삼은 독자 층

이 책은 숙련된 응용 프로그램 개발자들을 위해 집필되었습니다. 그렇지만, 우리는 이 책이 시스템 관리자와 아키텍트 뿐 아니라, 학생, 강사 및 학술 연구자들과 같은 더 광범위한 독자들에게 유용하게 사용되었으면 합니다. 시스템 설계자, 커널 개발자뿐 아니라, 새로운 기술에 관심이 있는 사람이라면 누구나 이 책에서 유용한 정보를 찾을 수 있을 것입니다.

이 책을 읽는 독자들은 퍼시스턴트 메모리가 무엇인지, 퍼시스턴트 메모리가 어떻게 동작하는지, 그리고 운영 체제와 응용 프로그램이 퍼시스턴트 메모리를 어떻게 활용할 수 있는지를 배우게 됩니다. 본문의 내용이 지나치게 복잡해지는 것을 피하기 위해서, 퍼시스턴트 메모리를 생산 공급하는 제조 업체를 포함한 특정 회사에 특화된 내용은 부록 섹션에서 다룹니다.

응용 프로그램 개발자는 예제를 통해 기존 또는 새로운 응용 프로그램에 퍼시스턴트 메모리를 통합하는 방법을 배우게 됩니다. 이 책은 PMDK(Persistent Memory Development Kit) 의 다양한 라이브러리를 사용하는 여러 예제를 광범위하게 사용합니다. 예제 코드는 C, C ++, JavaScript 등과 같은 다양한 프로그래밍 언어로 제공됩니다. 저자들은 개발자들이 자신의 프로젝트에서 PMDK의 다양한 라이브러리를 쉽게 사용할 수 있게 되기를 희망합니다. 이 책은 개발자들에게 도움이 되는 정보를 찾을 수 있는 여러 자료들에 대한 링크도 제공합니다.

클라우드, 고성능 컴퓨팅 및 엔터프라이즈 환경의 시스템 관리자 및 설계자는 퍼시스턴트 메모리의 특징을 이해하거나 응용 프로그램 개발자를 지원하는 데 있어 이 책의 많은 내용이 유용하게 쓰일 것입니다. 서버 하나에 더 많은 가상 머신을 배치하거나 응용 프로그램에 이 새로운 메모리/스토리지 계층을 제공하여 더 많은 데이터를 CPU에 더 가깝게 유지하거나 캐시에 저장된 이전 데이터를 유지하면서 이전보다 훨씬 짧은 시간 내에 시스템을 재시작 할 수 있다고 상상해 보십시오.

학생, 강사 및 연구소의 연구원들도 이 책의 여러 장에서 배울 것이 많이 있을 것입니다. 컴퓨터 수업에서 사용하면 하드웨어, 운영 체제의 기능들뿐 아니라 프로그래밍 기법에 대해서도 배울 수 있을 것입니다. 강사는 이 책의 내용을 수업에서 자유롭게 사용할 수 있으며, 또한 새로운 퍼시스턴트 메모리 용 파일 시스템, 알고리즘, 또는 캐시 구현과 같은 연구 프로젝트를 수행하는 데 있어서도 이 책을 기반으로 시작할 수 있을 것입니다.

이 책은 CPU, 메모리 및 디스크 IO 액세스 패턴을 더 잘 이해하기 위해 서버와 응용 프로그램을 프로파일링하는 도구를 소개합니다. 또한, 이러한 도구를 사용하여 응용 프로그램을 어떻게 수정해야 퍼시스턴트 메모리의 영속성을 PMDK(PersistenMemory Development Kit)를 통해 십분 활용할 수 있는지 설명합니다.

이 책이 다루는 내용의 향후 유효성

이 책의 내용은 향후 오래도록 유효할 정보들을 제공하기 위해 작성되었습니다. ACPI, UEFI 및 SNIA 비휘발성 프로그래밍 모델과 같은 산업체의 인터페이스들은 설계 명세서에서 달리 명시하지 않는 한 새 버전이 출시 될 때 이전 버전과 호환됩니다. 새로운 폼 팩터가 도입되더라도 프로그래밍 방식은 동일하게 유지됩니다. 이 책은 하나의 특정 퍼시스턴트 메모리 공급 업체에 특화된 내용만을 다루고 있지 않습니다. 특정 공급 업체에 특화된 특징 또는 구현을 설명해야 하는 곳에서는, 이를 명시하고 다른 업체, 혹은 다른 버전의 제품에서는 그 기능이 달라질 수 있음을 설명합니다. 특정 공급 업체에 특화된 자세한 내용은 공급 업체의 설명서를 자세히 읽어 보시길 권합니다.

PMDK(Persistent Memory Development Kit)는 향후에도 안정적인 API 인터페이스를 유지할 것입니다. PMDK는 각 주요 릴리스마다 새로운 기능을 제공하고 성능이 향상될 것이며, 또한 새로운 퍼시스턴트 메모리 제품, CPU 명령어, 플랫폼 설계, 운영 체제 기능, 및 산업체 요구 사양 등을 지원하기 위해 개선될 것입니다.

소스 코드 예제

이 책의 내용과 소스 코드 예제들은 특정 공급 업체만의 규격이 아닌 SNIA의 표준 퍼시스턴트 메모리 프로그래밍 모델을 따릅니다. 스토리지 네트워킹 산업협회인 SNIA(Storage Networking Industry Association)는 스토리지 및 정보기술을 발전시키기 위한 표준 및 교육 프로그램 개발에 전념하는 비영리 글로벌 조직입니다. 이 퍼시스턴트 메모리 프로그래밍 모델은 여러 주요 운영 체제 개발회사, 하드웨어 및 서버 공급 업체들을 포함하는 전문가들로 구성된 SNIA NVM TWG(Technical Working Group)에서 설계, 개발 및 유지 관리합니다. 이 그룹은 https://www.snia.org/forums/sssi/nvmp에서 가입하거나 관련 정보를 찾을 수 있습니다.

이 책과 함께 제공된 코드 예제는 Intel Optane DC 퍼시스턴트 메모리를 사용하여 테스트 및 검증되었습니다. PMDK는 특정 회사 제품만을 위한 것이 아니므로 NVDIMM-N 장치에서도 작동합니다. PMDK는 향후 상용화될 퍼시스턴트 메모리 제품들도 지원할 것입니다.

이 책에서 사용된 코드 예제는 이 책이 발행될 당시의 가장 최신 버전을 사용하였으며, 모든 코드 예제는 오류 없이 컴파일되고 실행되는 것을 확인했습니다. 예제 코드를 간결하게 만들기 위해서 이 책의 일부 예제 코드는 예상치 못한 오류를 처리하는 방법으로 assert() 문을 사용합니다. 상용화 코드를 작성할 때에는 이러한 오류를 사용자 친화적인 오류 메시지로 대체하거나 및 복구 코드 혹은 적절한 오류 처리를 하는 코드로 대체해야 합니다. 일부 예제 코드에서는 마운트 포인트 이름을 사용하여 어떤 퍼시스턴트 메모리 파일 시스템을 사용하여 실행하는지 표시합니다(예 "/daxfs", "/pmemfs" 및 "/mnt/pmemfs"). 이는 일반적인 블록 기반 파일 시스템과 마찬가지로 퍼시스턴트 메모리 파일 시스템을 응용 프로그램에 맞게 마운트하고 이름을 지정할 수 있음을 보여줍니다. 예제 소스 코드는 이 이 책과 함께 제공되는 GitHub 저장소(https://github.com/Apress/programming-persistent-memory)에서 받을 수 있습니다.

퍼시스턴트 메모리 기술은 빠르게 발전하는 기술이므로 이 책 전체의 소프트웨어 및 API 참조는 시간이 지남에 따라 변경될 수 있습니다. 소프트웨어를 개발할 때 개발자들은 기존 버전과 호환이 되도록 모두 노력하지만, 때때로 소프트웨어는 이전 버전을 발전시키기 위해서 기존 버전을 무효화하거나 호환이 되지 않는 API를 추가해야 할 때가 있습니다. 따라서 일부 코드 예제는 이후 개발될 최신 하드웨어나 운영 체제에서 컴파일되지 않을 수도 있으며 그에 따라 코드를 변경해야 할 수도 있습니다.

이 책에 사용된 표기법

이 책은 몇 가지 텍스트 서식을 사용하여 전달하고자 하는 특정 정보를 강조합니다. 서식 규칙은 정보 유형에 따라 아래와 같습니다.

컴퓨터 명령

커맨드 라인 명령어, 라이브러리 이름 및 API 함수 이름은 다음 예와 같이 고정폭 글꼴을 사용합니다.

"퍼시스턴트 메모리 사용 방법을 설명하기 위해 `libpmemkv`라는 라이브러리가 제공하는 키-값 저장소를 보여주는 샘플 프로그램부터 시작해 보겠습니다."

터미널 출력

컴퓨터 터미널 출력은 PMDK GitHub에서 프로젝트를 복사해 오는 다음 예와 같이 고정 폭 글꼴로 표시합니다.

```
$ git clone https://github.com/pmem/pmdk
Cloning into 'pmdk'...
remote: Enumerating objects: 12, done.
remote: Counting objects: 100% (12/12), done.
remote: Compressing objects: 100% (10/10), done.
remote: Total 100169 (delta 2), reused 7 (delta 2), pack-reused 100157
Receiving objects: 100% (100169/100169), 34.71 MiB ¦ 4.85 MiB/s, done.
Resolving deltas: 100% (83447/83447), done.
```

소스 코드

GitHub 저장소에서 가져온 소스 코드 예제는 고정 폭 글꼴로 관련 줄 번호를 함께 표시합니다. 각 코드 목록 아래에는 간단한 설명과 함께 줄 번호 또는 줄 번호 범위에 대한 참조가 있습니다. 코드 주석은 프로그래밍 언어의 고유 스타일을 사용합니다. 대부분의 언어는 동일한 코드 주석 구문을사용합니다. 한 줄 주석은 `//`를 사용하고 코드 블록 또는 여러 줄 주석은 리스트 1 예제와 같이 `/*..*/`를 사용합니다.

리스트 1. libpmemkv를 사용하는 예제 프로그램

```
37 #include <iostream>
38 #include "libpmemkv.h"
39
40 using namespace pmemkv;
41
42 /*
43 * kvprint -- print a single key-value pair
44 */
45 void kvprint(const string& k, const string& v) {
46       std::cout << "key: " << k << ", value:" << v << "\n";
47 }
```

- **45행** : 이 곳에서 키-밸류 쌍을 출력하는 보조 함수 kvprint()를 정의합니다.

참고

독자의 주의가 필요한 중요한 '참고', '주의'및 '팁'을 표시하기 위해서는 아래와 같은 표준 형식을 사용합니다.

> **참고**
>
> 참고는 설명하고 있는 주제에 대한 팁, 간편한 방법, 또는 대체 가능한 방법에 대한 설명입니다. 참고를 무시해도 책을 이해하는데 문제는 없겠지만, 퍼시스턴트 메모리 프로그래밍을 쉽게 만들어 주는 정보들이므로 읽으시면 도움이 됩니다.

제 1 장 퍼시스턴트 메모리 프로그래밍 소개

이 책은 숙련된 프로그래머이지만 퍼시스턴트 메모리는 사용한 경험이 없는 독자들을 대상으로 퍼시스턴트 메모리를 활용하는데 필요한 기술을 소개합니다. 이 책은 다양한 프로그래밍 언어로 작성된 코드 예제들을 사용합니다. 대부분의 프로그래머는 이 책의 예제들이 사용하는 특정 언어를 사용해본 경험이 없더라도 예제를 이해하는데 문제가 없을 것입니다.

참고

모든 예제의 소스 코드 및 컴파일 방법, 실행 방법은 GitHub, https://github.com/Apress/programming-persistent-memory에서 다운 받을 수 있습니다.

이 책에서 사용하는 퍼시스턴트 메모리 개발 키트(PMDK, Persistent Memory Development Kit)에 대한 더 자세한 문서, 예제 프로그램, 및 튜토리얼은 http://pmem.io 에서도 찾을 수 있습니다. 시중에 판매되는 퍼시스턴트 메모리 제품은 다양한 방식으로 사용될 수 있으며, 이 중 일부 방식은 응용 프로그램의 코드 수정 없이 바로 사용 가능합니다. 예를 들어, 모든 퍼시스턴트 메모리 제품은 SSD(Solid-State Disk)와 마찬가지로 스토리지 인터페이스 및 표준 파일 API를 지원합니다. SSD에 데이터를 저장하고 쓰는 것은 간단하고 이해하기 쉬우므로 이 책의 내용에서는 다루지 않습니다. 대신 응용 프로그램이 인-메모리 자료 구조를 바이트 주소를 통해 접근하는 메모리 스타일 접근 방법을 집중적으로 설명합니다.

이 책의 일부 예제는 영속성은 고려하지 않고 퍼시스턴트 메모리를 대용량 메모리로 사용하는 경우를 다루고 있습니다. 그러나, 대부분의 예제들은 시스템이 죽거나 전원이 꺼져도 다시 사용할 수 있는 영속성을 고려한 자료 구조들을 다루고 있으며, 시스템 장애가 발생하여도 자료 구조의 무결성을 유지할 수 있는 기술들을 다루고 있습니다.

상위 계층 예제 프로그램

퍼시스턴트 메모리 사용 방법을 보여주는 첫 번째 예제는 libpmemkv 라이브러리에서 제공하는 키-밸류 스토어를 사용하는 예제 프로그램입니다. 리스트 1-1은 세 개의 키-밸류 레코드를 퍼시스턴트 메모리에 저장한 다음 키-밸류 저장소에 저장된 모든 레코드를 출력하는 C++ 프로그램입니다. 이 예제는 단순해 보이지만 몇 가지 흥미로운 요소가 있습니다. 프로그램의 동작에 대한 자세한 설명은 리스트 아래에 설명되어 있습니다.

리스트 1-1. A sample program using libpmemkv

```
#include <iostream>
#include <cassert>
#include <libpmemkv.hpp>

using namespace pmem::kv;
using std::cerr;
using std::cout;
using std::endl;
using std::string;

/*
* for this example, create a 1 Gig file
* called "/daxfs/kvfile"
*/
auto PATH = "/daxfs/kvfile";
const uint64_t SIZE = 1024 * 1024 * 1024;

/*
* kvprint -- print a single key-value pair
*/
int kvprint(string_view k, string_view v) {
    cout << "key: " << k.data() <<
        " value: " << v.data() << endl;
    return 0;
}

int main() {
    // start by creating the db object
    db *kv = new db();
    assert(kv != nullptr);

    // create the config information for
    // libpmemkv's open method
```

```
70      config cfg;
71
72      if (cfg.put_string("path", PATH) != status::OK) {
73          cerr << pmemkv_errormsg() << endl;
74          exit(1);
75      }
76      if (cfg.put_uint64("force_create", 1) != status::OK) {
77          cerr << pmemkv_errormsg() << endl;
78          exit(1);
79      }
80      if (cfg.put_uint64("size", SIZE) != status::OK) {
81          cerr << pmemkv_errormsg() << endl;
82          exit(1);
83      }
84
85
86      // open the key-value store, using the cmap engine
87      if (kv->open("cmap", std::move(cfg)) != status::OK) {
88          cerr << db::errormsg() << endl;
89          exit(1);
90      }
91
92      // add some keys and values
93      if (kv->put("key1", "value1") != status::OK) {
94          cerr << db::errormsg() << endl;
95          exit(1);
96      }
97      if (kv->put("key2", "value2") != status::OK) {
98          cerr << db::errormsg() << endl;
99          exit(1);
100     }
101     if (kv->put("key3", "value3") != status::OK) {
102         cerr << db::errormsg() << endl;
103         exit(1);
104     }
105
106     // iterate through the key-value store, printing them
107     kv->get_all(kvprint);
108
109     // stop the pmemkv engine
110     delete kv;
111
112     exit(0);
113 }
```

- **57행** : 키-밸류 레코드를 출력하는 보조 함수 kvprint()를 정의합니다.

- **63행** : C++ 프로그램이 시작하는 main() 함수의 첫 번째 행입니다. 87행에서 키-밸류 스토어의 엔진 이름인 "cmap"을 사용하여 키-밸류 엔진 인스턴스를 생성합니다. 다른 엔진 유형에 대해서는 9장에서 설명합니다.
- **70행** : cmap 엔진은 config 구조체의 파라미터 변수들을 사용합니다. "path" 파라미터 변수는 "/daxfs/kvfile"로 설정하는데, 이는 DAX 파일 시스템을 사용하여 마운트된 퍼시스턴트 메모리 위에 저장되는 파일에 대한 경로입니다. "size" 파라미터 변수는 SIZE(1GB)로 설정합니다. DAX 파일 시스템을 만들고 마운트하는 방법에 대해서는 3장에서 설명합니다.
- **93행** : 여러 레코드를 키-밸류 스토어에 추가합니다. 키-밸류 스토어의 가장 큰 특징은 put()및 get()과 같이 사용이 간단한 함수들입니다. 이 예제에서는 put() 함수를 사용하는 예제만 보여줍니다.
- **107행** : get_all() 함수를 사용하여 콜백(callback) 함수인 kvprint() 함수를 전날 인자로 넘겨주면, 키-밸류 스토어에 저장되어 있는 전체 레코드들에 대해 kvprint() 함수가 호출되어 레코드들이 출력됩니다.

무엇이 다른가요?

거의 모든 프로그래밍 언어로 다양한 키-값 라이브러리를 사용할 수 있습니다. 키-값 저장소 자체가 퍼시스턴트 메모리에 있기 때문에 리스트 1-1의 퍼시스턴트 메모리 예제는 다릅니다. 비교를 위해 그림 1-1은 기존 스토리지를 사용하는 키-값 저장소를 배치하는 방법을 보여줍니다.

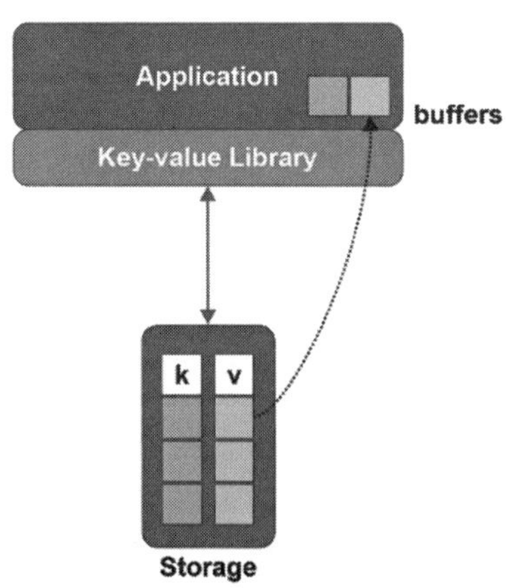

그림 1-1. 전통적인 스토리지 시스템을 사용하는 키-밸류 스토어

그림 1-1과 같이 응용 프로그램이 전통적인 스토리지 시스템에 저장되어 있는 키-밸류 스토어에서 데이터를 가져오려면 메모리 공간을 버퍼로 할당하여 데이터를 디스크로부터 복사해야 합니다. 이는 데이터가 블록 기반 스토리지에 존재하지만, 응용 프로그램이 디스크의 주소를 직접 지정하여 읽을 수 없기 때문입니다. 디스크에 있는 데이터를 접근하는 유일한 방법은 데이터를 메모리로 복사해 오는 것뿐이며, 이를 위해서는 스토리지 장치에서 데이터가 저장되어 있는 전체 블록(페이지)을 블록 I/O를 통해 읽어야 합니다. 위에서 살펴본 리스트 1과 같이 키-밸류 스토어가 퍼시스턴트 메모리에 있는 경우는 그림 1-2과 같습니다.

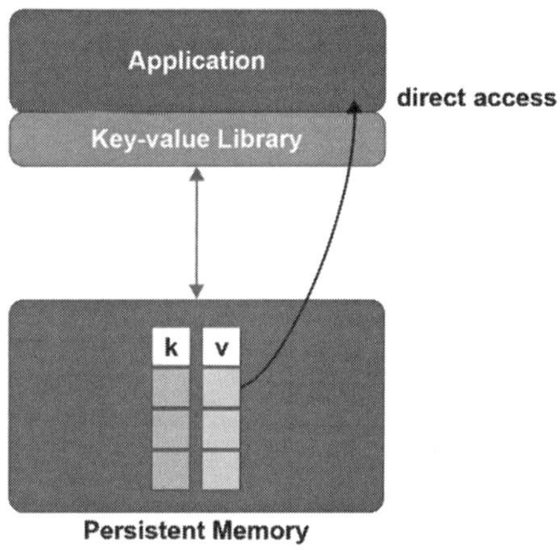

그림 1-2. 퍼시스턴트 메모리 기반 키-밸류 스토어

퍼시스턴트 메모리 기반 키-밸류 스토어를 사용하면 메모리에 버퍼를 할당하고 복사할 필요 없이 응용 프로그램이 직접 데이터에 접근할 수 있습니다. 리스트 1-1에서 사용된 kvprint() 함수는 실제 키-밸류 레코드에 대한 레퍼런스를 사용하여 값을 출력하는데, 이는 기존 스토리지 시스템을 사용해서는 불가능했던 것입니다. 실제로 키-밸류 스토어 라이브러리가 키-밸류 레코드를 저장하는데 사용되는 자료 구조도 응용 프로그램이 직접 접근합니다. 기존 스토리지 기반 키-밸류 스토어 라이브러리는 64 바이트의 작은 업데이트를 수행해야 하는 경우 그 64 바이트를 포함하는 디스크 블록을 메모리 버퍼로 읽어 64 바이트를 업데이트한 후 디스크 블록 전체를 써야 합니다. 스토리지 액세스는 블록 I/O(일반적으로 한 번에 4K 바이트)를 통해서만 발생할 수 있기 때문에 64 바이트를 업데이트하려면 4K 바이트를 읽고 업데이트한 후 4K 바이트를 디스크에 써야 합니다. 그러나 퍼시스턴트 메모리를 사용하는 경우 64 바이트를 변경하는 업데이트는 64 바이트만 퍼시스턴트 메모리에 쓰게 됩니다.

성능 차이

자료 구조를 기존 블록 기반 스토리지가 아닌 퍼시스턴트 메모리에 저장하면 I/O를 바이트 단위로 작게 할 수 있고 성능도 크게 향상시킬 수 있습니다. 그림 1-3은 프로그램의 데이터가 저장되는 여러 저장 장치들의 접근 지연 시간(Latency) 차이를 피라미드 형태로 도식화한 것입니다.

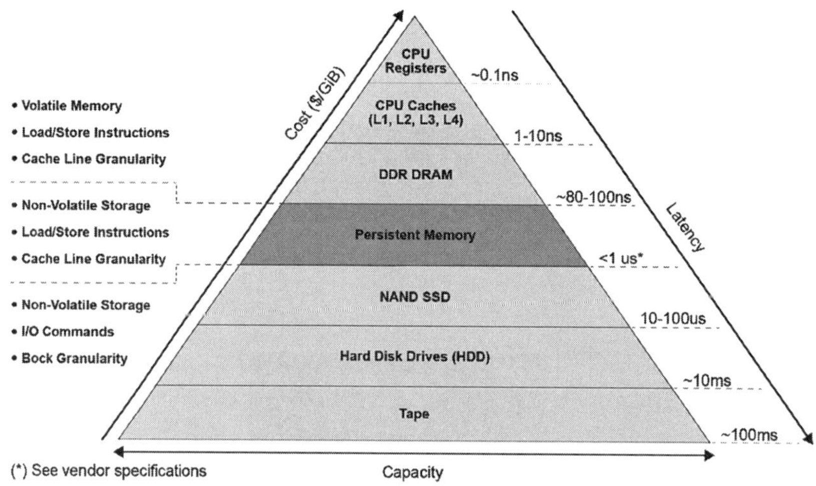

그림 1-3. 메모리/스토리지의 접근 지연 시간 차이

그림에서 볼 수 있듯이 퍼시스턴트 메모리는 DRAM 메모리와 유사하게 나노초(nanosecond, 10^{-9}) 단위의 시간에 접근 가능하며 블록 스토리지와 같이 비휘발성이라는 특징도 가지고 있습니다. 반면에 블록 스토리지는 세부 기술에 따라 다르지만, 약 1000배 느린 마이크로 초(microsecond, 10^{-6}) 단위로 시작하여 그 이상으로 접근 지연 시간이 증가합니다. 퍼시스턴트 메모리는 주기억 메모리 혹은 스토리지로도 동작할 수 있다는 점에서 기존 저장 매체들과 차이점이 있습니다.

프로그램 복잡성

위에서 살펴본 예제의 가장 중요한 점은 프로그래머가 여전히 키-밸류 스토리지의 친숙한 get/put 인터페이스를 그대로 사용한다는 것입니다. 자료 구조가 퍼시스턴트 메모리에 있다는 사실은 `libpmemkv`가 제공하는 상위 계층 API에 의해 추상화(abstraction)되어 세부 내용은 프로그래머가 알 필요가 없습니다. 응용 프로그램의 요구를 충족시키는 한 가능한 높은 수준으로 추상화하는 원칙은 이 책

전체에서 반복되는 주제가 될 것입니다. 이 책은 상위 계층의 추상화된 API로부터 시작하여, 이후 장에서는 세부적인 컨트롤을 필요로 하는 프로그래머들을 위해 낮은 수준의 하위 계층 프로그래밍을 다룹니다. 가장 낮은 수준의 퍼시스턴트 메모리 프로그래밍을 하려면 하드웨어 원자성(Atomicity), 캐시 플러시(Cache flush) 및 트랜잭션과 같은 어렵고 자세한 내용을 알아야 합니다. `libpmemkv`와 같은 상위 계층 라이브러리는 이러한 복잡한 세부 내용을 숨겨서 간단하고 오류가 적은 인터페이스를 제공합니다.

libpmemkv는 어떻게 작동하나요?

libpmemkv와 같은 상위 계층 라이브러리 안에 숨겨진 복잡한 내용에 대해서는 이후 장에서 자세히 설명하겠지만, 지금은 우선 libpmemkv 라이브러리를 사용하는데 필요한 요소들을 살펴보겠습니다. 그림 1-4는 응용 프로그램이 libpmemkv를 사용할 때 관련이 되는 전체 소프트웨어 스택을 보여줍니다.

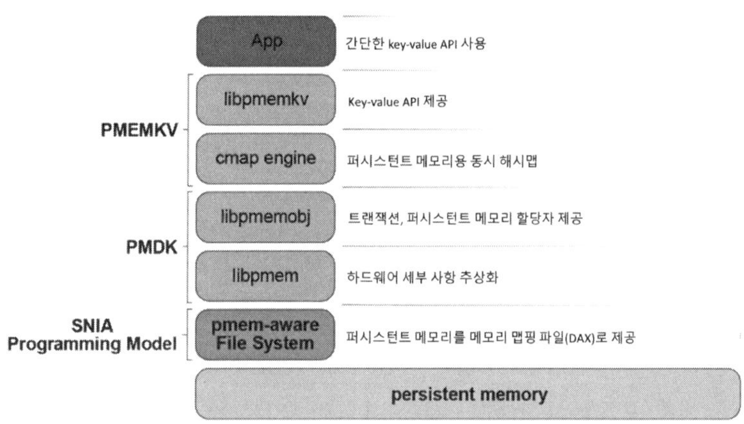

그림 1-4. libpmemkv를 사용하는데 필요한 소프트웨어 스택

그림 1-4의 맨 아래부터 시작하여 소프트웨어 스택의 각 구성 요소를 살펴보겠습니다.

- 퍼시스턴트 메모리 하드웨어는 일반적으로 시스템 메모리 버스에 연결되며 load와 store CPU 명령어를 통해 액세스합니다.
- 퍼시스턴트 메모리-인지(pmem-aware) 파일 시스템: 퍼시스턴트 메모리-인지 파일 시스템은 퍼시스턴트 메모리를 응용 프로그램에게 파일로 보여주는 커널 모듈입니다. 퍼시스턴트 메모리에 있는 파일들은 응용 프로그램들이 메모리 주소

를 사용하여 직접 액세스(DAX로 약칭)할 수 있도록 메모리에 맵핑되어 있는 파일들, 즉 메모리-맵드(Memory-mapped) 파일들입니다. 퍼시스턴트 메모리를 응용 프로그램에게 메모리-맵드 파일로 보이게 하는 이 방법은 SNIA(Storage Networking Industry Association)에서 발표했으며 3장에서 자세히 설명합니다.

- **libpmem**은 PMDK의 라이브러리입니다. 이 라이브러리는 CPU 캐시를 플러시(flush)하는 명령어와 같은 일부 하위 계층 하드웨어와 관련된 세부 기능들을 추상화하는 역할을 합니다.
- **libpmemobj** 라이브러리는 퍼시스턴트 메모리를 사용하는데 있어 필요한 모든 기능을 갖춘 트랜잭션 관리 및 메모리 할당(memory allocation) 라이브러리입니다. 7장과 8장에서는 **libpmemobj**에 대해 자세히 설명합니다. 만일 요구 조건을 충족하는 자료 구조를 찾지 못해 퍼시스턴트 메모리를 활용하는 자료 구조를 직접 작성해야 한다면, **libpmemobj** 라이브러리를 사용하여 11장에 기술되어 있는 대로 자료 구조를 구현하면 됩니다.
- 퍼시스턴트 메모리에 최적화된 다중 스레드용 동시성 해시 맵(Concurrent Hash Map)인 **cmap** 엔진.
- **libpmemkv** 라이브러리. 리스트 1-1에서 설명했던 키-밸류 스토어 API를 제공합니다.
- 마지막으로 **libpmemkv**에서 제공하는 API를 사용하는 응용 프로그램입니다.

이와 같이 소프트웨어 스택 구성 요소가 상당히 많아 보이지만 구성 요소 각각이 많은 양의 코드를 실행하는 것은 아니며, 일부 구성 요소는 실행 초기에만 사용됩니다. 예를 들어, 퍼시스턴트 메모리-인지 파일 시스템은 퍼시스턴트 메모리 파일을 찾고 접근 권한 검사를 수행하는 데에만 사용되며, 그 이후에는 사용되지 않습니다. 즉, PMDK 라이브러리는 응용 프로그램이 라이브러리를 통하지 않고 퍼시스턴트 메모리를 최대한 직접 접근할 수 있도록 설계되었습니다.

다음 장에서는?

1장부터 3장까지는 프로그래머가 퍼시스턴트 메모리 프로그래밍을 시작하기 위해 알아야 할 필수 배경 지식에 대해 설명합니다. 이번 1장에서는 간단한 예제로 시작하였고, 다음 두 장에서는 하드웨어 및 운영 체제 레벨에서 퍼시스턴트 메모리에 대한 자세한 설명을 합니다. 그 이후의 장들에서는 더 자세한 정보에 관심이 있는 개발자들을 대상으로 설명합니다.

최우선 목표는 여러분이 퍼시스턴트 메모리 프로그래밍을 바로 시작할 수 있게 하는 것이므로 우선 2장과 3장을 읽고 프로그래밍에 필요한 필수 배경 지식을 공부한 다음 4장으로 들어가서 더 자세한 퍼시스턴트 메모리 프로그래밍 예제를 공부하는 것을 추천합니다.

요약

이 장에서는 응용 프로그램 개발자가 퍼시스턴트 메모리의 복잡한 세부 사항에 대해 알지 못해도 `libpmemkv`와 같은 상위 계층 API를 사용하여 퍼시스턴트 메모리 프로그래밍을 할 수 있다는 것을 보여줬습니다. 퍼시스턴트 메모리를 사용하면 블록 기반 스토리지보다 작은 단위의 I/O를 할 수 있고 더 높은 성능을 얻을 수 있습니다. 또한, 가능하면 가장 간단하고 추상화가 많이 된 상위 계층 API를 사용하는 것을 권장하고, 복잡한 하위 계층 퍼시스턴트 메모리 프로그래밍은 꼭 필요한 경우에만 사용하는 것이 좋습니다.

제 2 장 퍼시스턴트 메모리의 구조

이 장에서는 퍼시스턴트 메모리 아키텍처에 대한 개요, 하드웨어 특성, 그리고 개발자가 알아야 할 퍼시스턴트 메모리의 요구 사항 등에 대해 소개합니다.

시스템에서 퍼시스턴트 메모리를 활용하도록 설계된 응용 프로그램들은 기존의 블록 기반 스토리지 시스템을 사용하는 응용들과 달리 CPU와 느린 스토리지 장치 간 데이터를 주고받을 필요가 없기 때문에 훨씬 빠르게 실행될 수 있습니다. DRAM(Dynamic Random-Access Memory)을 사용하지 않고 퍼시스턴트 메모리만을 사용하는 응용 프로그램들은 DRAM을 사용하는 경우에 비해 느릴 수 있기 때문에, 응용 프로그램들은 어떤 데이터를 DRAM에 저장하고, 어떤 데이터는 퍼시스턴트 메모리와 스토리지에 저장할지 결정해야 합니다. 퍼시스턴트 메모리만 사용하는 응용 프로그램은 느릴 수 있으므로 DRAM, 퍼시스턴트 메모리 및 스토리지에 어떤 데이터가 있는지 결정하는 것이 좋습니다.

퍼시스턴트 메모리의 용량은 DRAM보다 몇 배 더 크기 때문에, 응용 프로그램이 저장하고 처리할 수 있는 데이터의 양도 훨씬 커집니다. 따라서, 디스크 I/O 횟수가 크게 줄어들어 성능이 향상되고 스토리지 미디어의 마모가 줄어듭니다.

퍼시스턴트 메모리가 없는 시스템에서는 DRAM에 맞지 않는 대용량 데이터를 메모리 용량보다 작은 크기로 잘게 잘라서 처리하거나 스트림으로 처리해야 합니다. 응용 프로그램이 디스크에서 데이터를 읽어 DRAM에 복사하는 페이징(Paging) 기법을 사용하거나, 네트워크로부터 스트림으로 데이터를 읽으면, 응용 프로그램은 수시로 중단되어 데이터 처리 시간이 지연되는 문제가 발생합니다.

만일 응용 프로그램이 필요로 하는 데이터 전체가 퍼시스턴트 메모리 혹은 DRAM에 존재할 수 있으면 응용 프로그램은 스토리지에 데이터를 주기적으로 체크 포인팅하거나 페이지 포인트 할 필요 없이 메모리 내 처리를 수행 할 수 있어 성능이 크게 향상됩니다.

퍼시스턴트 메모리 특성

모든 새로운 기술들은 그에 맞게 새로운 특성들을 고려해야 합니다. 퍼시스턴트 메모리도 예외가 아니며, 퍼시스턴트 메모리를 사용하는 솔루션을 디자인하고 개발할 때 고려해야 하는 하드웨어 특성들은 다음과 같습니다.

- 퍼시스턴트 메모리의 성능(처리량, 대기 시간 및 대역폭)은 NAND보다 훨씬 우수하지만, DRAM보다는 느릴 수 있습니다.
- 퍼시스턴트 메모리는 DRAM과 달리 비휘발성입니다. 내구성은 일반적으로 NAND보다 월등히 뛰어나며 서버의 수명보다 더 오래 쓸 수 있습니다.
- 퍼시스턴트 메모리 DIMM 하나의 용량은 DRAM DIMM보다 훨씬 크며, DRAM과 동일한 메모리 채널을 공유할 수 있습니다.
- 퍼시스턴트 메모리를 사용하는 응용 프로그램은 데이터를 직렬화/직렬화(Serialization/Deserialization)할 필요 없이 데이터가 존재하는 제자리에 덮어 쓰는 인-플레이스(In-place) 업데이트를 할 수 있습니다.
- 퍼시스턴트 메모리는 메모리와 같이 바이트 주소를 통해 접근할 수 있습니다. 응용 프로그램은 읽기-수정-쓰기에 따르는 불필요한 데이터 복사 오버헤드 없이 필요한 데이터만 업데이트할 수 있습니다.
- 퍼시스턴트 메모리에 저장된 데이터는 CPU 캐시 일관성(Cache coherence)을 유지합니다.
- 퍼시스턴트 메모리는 직접 메모리 액세스(DMA) 및 원격 DMA(RDMA) 연산을 지원합니다.
- 전원이 꺼져도 퍼시스턴트 메모리에 기록된 데이터는 손실되지 않습니다.
- 접근 권한 검사를 완료하면 퍼시스턴트 메모리에 있는 데이터는 사용자 주소 공간에서 직접 액세스 할 수 있습니다. 즉, 커널 코드의 도움이 필요하지 않고, 파일 시스템 페이지 캐시를 사용하지 않으며, 디스크와 달리 IO 인터럽트가 발생하지 않습니다.
- 퍼시스턴트 메모리에 저장되어 있는 데이터는 즉시 사용할 수 있습니다.
- 시스템 전원을 켜면 즉시 데이터를 사용할 수 있습니다.

- 응용 프로그램은 데이터를 디스크로부터 파일 시스템 페이지 캐시로 복사하는 캐시 워밍업에 시간을 소비하지 않아도 됩니다. 응용 프로그램은 퍼시스턴트 메모리 파일을 메모리 주소 공간으로 맵핑(Memory mapping)하는 즉시 데이터에 액세스 할 수 있습니다.
- 퍼시스턴트 메모리에 저장된 데이터는 응용 프로그램이 더 빠른 액세스를 위해 데이터를 DRAM에 의도적으로 복사하지 않는 한 DRAM에 복사되지 않습니다.
- 퍼시스턴트 메모리에 저장된 데이터는 로컬 시스템에서만 사용할 수 있습니다. 분산 환경에서 원격 퍼시스턴트 메모리에 저장된 데이터에 접근하려면 응용 프로그램이 시스템 간 데이터 복제를 해야 합니다.

퍼시스턴트 메모리에 대한 하드웨어 플랫폼 지원

Intel, AMD, ARM 등의 하드웨어 플랫폼 공급 업체는 가장 낮은 하드웨어 수준에서 퍼시스턴트 메모리를 제작하는 방법을 결정할 것입니다. 우리는 하드웨어 제조 업체에 특화되지 않은 관점에서 이 책을 기술하려고 하지만, 필요한 경우에는 하드웨어 플랫폼에 특화된 세부 정보를 설명할 것입니다.

퍼시스턴트 메모리가 있는 시스템의 경우 고장 원자성(Failure-atomicity)은 전원이 꺼지거나 시스템이 장애가 발생한 후에도 시스템이 항상 일관된 상태로 복구되는 것을 보장한다는 것을 의미합니다. 응용 프로그램은 로깅(Logging), 플러시(Flush) 및 메모리 스토어 베리어(Store barrier) 연산을 사용하여 메모리 연산의 순서를 보장함으로써 고장 원자성을 보장할 수 있습니다. 실행 취소(Undo) 또는 재실행(Redo) 로깅(Logging)은 시스템 장애로 인해 마지막에 실행된 연산이 원자성 있게 완료되지 않았을 때 원자성을 보장합니다. 캐시 플러시 연산은 휘발성 CPU 캐시 내에 저장된 데이터가 영속성이 있는 퍼시스턴트 메모리에 도달하도록 내려보내 갑작스러운 장애가 발생하더라도 손실되지 않도록 합니다. 캐시 및 메모리 컨트롤러는 메모리 연산의 순서를 뒤바꿀 수 있는데, x86 CPU의 SFENCE 연산과 같은 메모리 스토어 베리어 연산은 캐시-메모리 계층 구조에서 연산 순서가 뒤바뀌는 것을 방지하는데 사용됩니다. 예를 들어, 베리어 연산은 실행 취소(Undo) 로그 복사본이 먼저 써진 후에 실제 데이터가 업데이트되는 순서를 보장할 수 있습니다. 이 순서 보장은 시스템 장애가 생겼을 때 완료되지 못한 마지막 연산이 이전 상태로 되돌아(Rollback) 갈 수 있어 고장 원자성을 보장할 수 있습니다. 그러나 쓰기 연산마다 로깅을 하고, 캐시를 플러시하고, 메모리 연산마다 베리어 연산을 불러주는 하위 계층 연산들을 사용하여 사용자 응용 프로그램이 고장 원자성을 보장하도록 만드는 것은 쉬운 일이 아닙니다. PMDK(Persistent Memory Development Kit)는 개발자가 이러한 하드웨어 복잡성을 직접 구현하지 않아도 되도록 개발되었습니다.

참고로, 대부분의 파일 시스템은 고장 원자성을 보장하기 위해 메타데이터를 저널링(Journaling) 하고 플러시(Flushing)하는 방식으로 구현되기 때문에, 고장 원자성은 새로운 개념이 아닙니다.

캐시의 계층 구조

퍼시스턴트 메모리는 기존 블록 기반 스토리지 장치와 다르게 달리 페이지 단위 I/O를 하지 않고, load와 store 명령을 사용하여 퍼시스턴트 메모리를 읽고 씁니다. CPU는 세대가 바뀔 때마다 새로운 명령어와 기능이 추가되고 최적화가 이루어지므로 더 자세한 설명이 필요하다면 CPU 아키텍처 설명서를 읽는 것을 권합니다. 인텔 아키텍처를 예로 들면, CPU 캐시에는 일반적으로 L1, L2 및 L3의 세 가지 레벨이 있습니다. 이 계층 구조는 CPU 코어와의 거리, 속도 및 캐시 크기와 관련이 있는데, L1 캐시가 CPU 코어에 가장 가깝고, 매우 빠르지만 용량이 매우 작습니다. L2 및 L3 캐시는 용량이 더 크지만, 상대적으로 느립니다. 그림 2-1은 세 가지 레벨의 CPU 캐시와 세 개의 메모리 채널을 사용하는 메모리 컨트롤러가 장착된 일반적인 CPU 마이크로 아키텍처를 보여줍니다. 각 메모리 채널에는 하나의 DRAM과 하나의 퍼시스턴트 메모리가 연결되어 있습니다.

전원이 꺼질 때 CPU 캐시가 시스템 장애로부터 보호되지 않는 *정전 보호 도메인*(Power-Fail Protected Domain) 하드웨어 플랫폼에서는, 퍼시스턴트 메모리로 플러시 되지 않은 CPU 캐시 내의 수정된 데이터는 시스템 전원이 꺼질 때 손실됩니다. 반면, 정전 보호 도메인 하드웨어 플랫폼에서는 시스템이 장애를 일으키거나 전원이 손실되는 경우 CPU 캐시 내의 수정된 데이터가 퍼시스턴트 메모리로 플러시 되는 것을 보장합니다. 이러한 기능에 대해서는 뒤에 나오는 정전 보호 도메인 섹션에서 다루도록 하겠습니다.

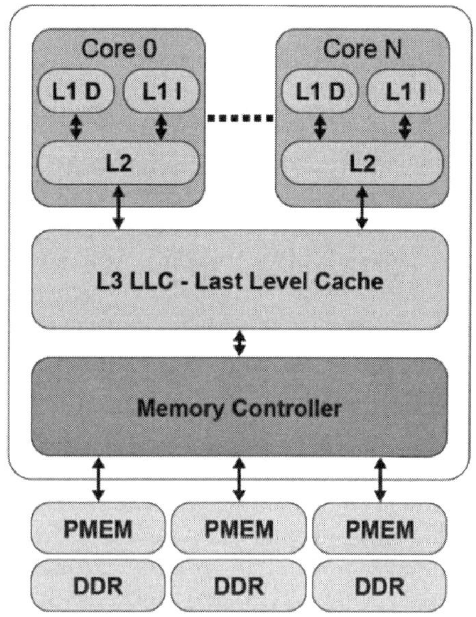

그림 2-1. CPU 캐시 및 메모리 계층 구조

L1(레벨 1) 캐시는 컴퓨터 시스템에서 가장 빠른 메모리입니다. L1 캐시에는 프로세스가 주어진 작업을 완료하는 데 필요한, 가장 우선순위가 높은 데이터가 저장됩니다. L1 캐시는 일반적으로 명령어 캐시(L1 I)와 데이터 캐시(L1 D) 두 종류의 캐시로 구분 됩니다. 명령어 캐시는 CPU가 수행해야 하는 명령어들에 대한 정보를 저장하는 반면, 데이터 캐시는 명령어들을 수행할 때 필요한 데이터를 저장합니다.

L2(레벨 2) 캐시는 L1 캐시보다 용량이 크지만 속도가 느립니다. L2 캐시는 CPU가 L1 캐시에 저장되어 있는 데이터 다음으로 액세스할 가능성이 높은 데이터를 저장합니다. 대부분의 최신 CPU에서 L1 및 L2 캐시는 CPU 코어 안에 존재하며, 각 캐시는 해당 코어만 접근할 수 있는 전용 캐시입니다.

L3(Level 3) 캐시는 용량이 가장 크지만 3 개 캐시 중 가장 느립니다. 또한, CPU의 모든 코어들이 공유할 수 있는 자원이지만, 각 코어가 전용 L3 캐시를 갖도록 내부적으로 분할 될 수도 있습니다.

DRAM 또는 퍼시스턴트 메모리에서 읽은 데이터는 메모리 컨트롤러를 통해 L3 캐시로 전송된 다음 L2 캐시로 전송되고 마지막으로 CPU 코어가 읽을 수 있는 L1 캐시로 전송됩니다. 프로세서가 어떤 작업을 수행하기 위해 데이터를 찾을 경우에는, 먼저 L1 캐시에서 해당 데이터를 찾으려고 시도합니다. CPU가 L1 캐시에서 데이터를 찾으면, 이를 캐시 적중, 캐시 히트(Cache hit)라고 합니다. CPU가

L1 캐시에서 데이터를 찾을 수 없으면 L2에서 검색하고, L2에서도 찾지 못하면 다음 L3에서 계속 검색합니다. 세 레벨의 캐시 모두에서 데이터를 찾을 수 없으면 DRAM 혹은 퍼시스턴트 메모리 접근을 시도합니다. 세 레벨의 캐시에서 데이터를 찾는 데 실패한 것을 우리는 캐시 미스(Cache miss)라고 부릅니다. 메모리에서도 데이터를 찾지 못하면 운영 체제는 블록-기반 저장 장치에서 데이터를 읽어 메모리로 복사하는 페이징(Paging)을 합니다.

CPU가 데이터를 쓸 때는 우선 L1 캐시에 기록합니다. CPU가 지속해서 L1 캐시를 사용하면, 특정 시점에서 L1 캐시에 써졌던 데이터가 L1 캐시에서 삭제되고 L2 캐시로 내려갑니다. 마찬가지로 데이터는 L2 캐시에서도 쫓겨나고 L3 캐시로 내려갔다가 결국 L3에서 메모리 컨트롤러의 쓰기 버퍼(Write buffer)로 내려간 뒤 메모리 장치에 기록됩니다.

퍼시스턴트 메모리가 없는 시스템의 소프트웨어는 데이터를 영구적으로 기록하기 위해 SSD, HDD, SAN, NAS 또는 클라우드 스토리지와 같은 비휘발성 저장 장치에 데이터를 기록하여 데이터를 유지합니다. 비휘발성 저장 장치에 데이터를 기록함으로써 응용 프로그램 오류 또는 시스템 장애 발생 시에 데이터를 보호할 수 있습니다. 수정되었지만 스토리지에 쓰이지 않은 중요한 데이터를 휘발성 메모리에서 플러시하여 비휘발성 스토리지에 쓰기 위해서는 `msync()`, `fsync()` 또는 `fdatasync()`와 같은 파일 시스템용 시스템 콜을 호출하여 명시적으로 플러시 할 수 있습니다. 파일 시스템은 `fdisk` 또는 `chkdsk` 유틸리티를 제공하여 필요한 경우 메타데이터가 손상된 파일 시스템을 검사하고 복구를 할 수 있습니다. 그러나, 파일 시스템은 일반적으로 제대로 써지지 않은 블록에 저장된 사용자의 데이터는 메타데이터와 달리 보호하지 않습니다. 응용 프로그램은 이러한 문제 상황을 감지하고 복구할 수 있어야 합니다. 데이터베이스 시스템이 트랜잭션 업데이트, 재실행(Redo)/실행 취소(Undo) 로깅 및 체크섬(Checksum)과 같은 다양한 기술을 사용하는 것은 이런 파일 시스템의 특징 때문입니다.

응용 프로그램은 퍼시스턴트 메모리의 주소 범위를 자체 응용 프로그램의 가상 메모리 주소 공간에 직접 맵핑합니다. 즉, 파일 시스템의 로깅과 같은 기능을 기대할 수 없으므로, 응용 프로그램은 스스로 데이터의 무결성을 확인하고 보장할 책임이 있습니다. 이 장의 뒷부분에서는 퍼시스턴트 메모리 환경에서 응용 프로그램이 책임져야 하는 것들과 데이터 일관성 및 무결성을 달성하는 방법에 대해 설명합니다.

정전 보호 도메인

컴퓨터 시스템은 하나 이상의 CPU, 휘발성 또는 퍼시스턴트 메모리 모듈, SSD 또는 HDD와 같은 비휘발성 저장 장치를 포함할 수 있습니다.

시스템 플랫폼 하드웨어는 정전 보호 도메인이라고도 하는 영속성 도메인(Persistence domain)이라는 개념을 지원합니다. 하드웨어 플랫폼에 따라 다르지만, 영속성 도메인에는 퍼시스턴트 메모리 컨트롤러와 쓰기 큐, 메모리 컨트롤러와 쓰기 큐, 그리고 CPU 캐시가 포함될 수 있습니다. 영속성 도메인에 저장된 데이터는 시스템이 재시작할 때 복구 프로세스에 의해 복구될 수 있습니다. 즉, 만일 데이터가 정전 발생 시에도 데이터가 보전되는 하드웨어 쓰기 큐 또는 버퍼에 저장되었다면, 응용 프로그램은 그 데이터가 비휘발성 저장 장치에 써진 것으로 보아도 됩니다. 예를 들어, 만일 전원이 꺼진다 해도 배터리를 사용하여 데이터를 정전 보호 도메인으로부터 비휘발성 저장 장치로 전송합니다. 그러나, 정전 보호 도메인으로 플러시 되지 않은 데이터는 전원이 꺼지면 데이터가 손실됩니다. 동일한 시스템 내에는 여러 개의 영속성 도메인이 존재할 수 있습니다(예 물리적 CPU가 두 개 이상인 시스템). 시스템은 또한 하드웨어 플랫폼의 자원을 분할하는 격리 메커니즘을 제공할 수도 있습니다. 이러한 메커니즘은 각 파일 시스템 혹은 저장 장치 볼륨이 SNIA의 NVM 프로그래밍 모델이 지정한 동작 방식대로 수행되어야 합니다.(3장에서는 운영 체제 및 파일 시스템에 적용되는 프로그래밍 모델에 대해 설명합니다. 3장의 "플랫폼 기능 감지" 섹션에서는 정전 보호 도메인을 포함하는 플랫폼의 여러 기능을 감지하기 위해 응용 프로그램이 수행해야 하는 것들에 대해 설명합니다. 3장 이후에는 응용 프로그램이 데이터를 왜, 어떻게, 그리고 언제 플러시 해야 정전 보호 도메인 혹은 퍼시스턴트 메모리 내에 데이터를 안전하게 저장할 수 있는지에 관해 상세히 설명합니다.)

컴퓨터 시스템의 전원이 차단되면 휘발성 메모리에 저장된 데이터는 손실됩니다. 비휘발성 스토리지 장치들과 마찬가지로 퍼시스턴트 메모리는 시스템 전원이 없는 경우에도 데이터가 유지됩니다. 퍼시스턴트 메모리 미디어에 실제로 저장된 데이터는 휴면 데이터(Data at rest)라고 부릅니다. 쓰기가 아직 완료되지 데이터(Data in-flight)는 다음과 같습니다.

- 퍼시스턴트 메모리로 쓰기는 전달되었지만, 아직 물리적으로 미디어에 커밋(Commit), 즉 완전히 쓰이지 않은 데이터

- 쓰기가 진행 중이지만 아직 완료되지 않은 모든 쓰기
- CPU 캐시 또는 메모리 컨트롤러에서 일시적으로 버퍼링 되거나 캐시에 저장된 데이터

시스템이 정상적으로 재부팅되거나 종료되면 시스템은 전원을 유지한 채로 CPU 캐시 및 메모리 컨트롤러의 모든 쓰기 내용을 플러시하여 쓰기가 완료되지 않은 데이터가 퍼시스턴트 메모리 또는 비휘발성 스토리지에 성공적으로 기록되도록 할 수 있습니다. 예기치 않은 정전이 발생하고 UPS(무정전 전원 공급 장치)를 사용할 수 없는 경우에, 시스템은 전원이 완전히 소진되기 전에 데이터를 플러시하기 위해서 전원 공급 장치 또는 커패시터(Capacitor)에 충분한 전력을 저장하고 있어야 합니다. 플러시되지 않은 데이터는 손실되고 복구할 수 없습니다.

ADR(Asynchronous DRAM Refresh)은 쓰기-보호(write-protected) 데이터 버퍼를 플러시하고 스스로 DRAM을 새로 리프레시하는 인텔 제품에서 지원되는 기능입니다. 이 프로세스는 정전 이벤트 또는 시스템 장애 발생 시 데이터가 지속적 메모리에서 안전하고 일관된 상태로 유지되는데 중요한 역할을 합니다. ADR은 기본적으로 CPU 캐시 내의 데이터는 플러시하지 않으며, 퍼시스턴트 메모리와 영속성 도메인에 포함되는 메모리 컨트롤러의 WPQ(Write-pending queue) 내에 있는 데이터만 플러시 합니다. 이것이 CLWB, CLFLUSHOPT, CLFLUSH, NT (non-temporal) 명령어, 또는 WBINVD 명령어를 사용하여 응용 프로그램이 직접 CPU 캐시의 데이터를 플러시해야 하는 이유입니다.

eADR(Enhanced Asynchronous DRAM Refresh)에서는 ADR 이벤트가 시작하기 전에 NMI(Non-Maskable Interrupt) 루틴을 호출하여 CPU 캐시를 플러시해야 합니다. eADR 플랫폼에서 실행되는 응용 프로그램은 하드웨어가 데이터를 자동으로 플러시 하므로 응용 프로그램이 명시적으로 캐시 플러시 작업을 수행할 필요는 없지만 쓰기 순서의 정확성을 유지하기 위해서는 SFENCE 명령을 수행해야 합니다. Store 연산은 써진 데이터를 다른 프로세스들이 볼 수 있어야 영구적으로 썼다고 볼 수 있으며, SFENCE 명령어가 이를 보장합니다.

그림 2-2는 ADR 및 eADR 플랫폼의 영속성 도메인을 보여줍니다.

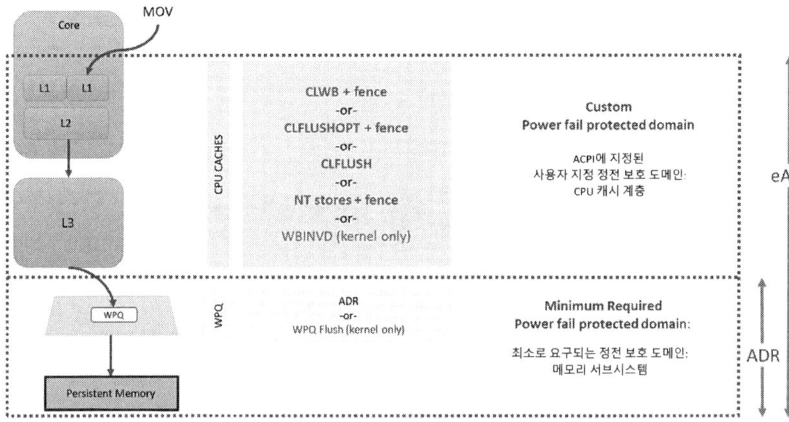

그림 2-2. ADR 및 eADR 정전 보호 도메인

ADR은 플랫폼이 퍼시스턴트 메모리를 사용하기 위해 반드시 지원해야 하는 필수 기능입니다. 메모리 컨트롤러 내의 WPQ(write pending queue)는 모든 데이터가 수신되면 쓰기 연산을 요청한 프로세서에게 데이터가 수신되었음을 알려줍니다. 데이터가 아직 비휘발성 메모리에 저장되지는 않았지만 ADR을 지원하는 플랫폼은 전원이 꺼져도 이 데이터가 성공적으로 기록되도록 합니다. 시스템의 전원이 나갔을 때, 써진 데이터가 아직 CPU 캐시에 남아 있는 경우에는 eADR을 지원하는 플랫폼만 그 데이터가 비휘발성 메모리에 저장되는 것을 보장하고, ADR을 지원하는 플랫폼에서는 데이터가 손실됩니다.

CPU 캐시를 영속성 도메인에 포함하지 못하는 이유는 CPU 캐시가 상당히 커서 CPU 캐시를 플러시 할 때 전원 공급 장치의 커패시터의 한계를 넘어 훨씬 많은 에너지를 소비한다는 것입니다. 이는 플랫폼에 배터리가 포함되거나 외부 전원 공급 장치를 사용해야 함을 의미합니다. 퍼시스턴트 메모리를 지원하는 모든 서버에 배터리를 요구하는 것은 실용적이지 않고 비용 측면에서도 효과적이지 않습니다. 배터리 수명은 일반적으로 서버보다 짧으므로 배터리를 교체하기 위한 유지보수 작업 때문에 서버의 가용 시간이 단축되는 문제도 있습니다. 또한, 배터리를 폐기 또는 재활용해야 하므로 배터리를 사용하면 환경 문제도 고려해야 합니다. 이러한 문제들에도 불구하고 서버 제품들은 배터리를 사용할 수도 있습니다.

실제로 일부 서버 제조 업체들은 배터리를 사용할 계획이며, 언젠가는 CPU 캐시가 영속성 도메인에 포함될 것이기 때문에, CPU 캐시를 플러시 하지 않아도 될 때 BIOS가 소프트웨어에 알려줄 수 있는 기능이 ACPI(OS에서 직접 각 장치들의 전원관리를 수행할 수 있게 하는 표준 인터페이스)에 포함되어 있습니다. eADR

이 지원되는 플랫폼에서는 명시적으로 캐시 라인(cache line) 플러시를 할 필요가 없습니다.

플러시, 실행 순서 보장 및 펜스의 필요성

커널 모드에서만 사용할 수 있는 WBINVD를 제외하고 표 2-1(퍼시스턴트 메모리용 인텔 명령어)에 나열된 명령어들은 Intel 및 AMD CPU의 사용자 모드에서 사용 가능합니다. 인텔은 퍼시스턴트 메모리 작업을 위해 SNIA NVM 프로그래밍 모델을 채택했습니다. 이 모델에서는 바이트 주소 지정 가능 연산(load/store)을 사용하여 퍼시스턴트 메모리를 직접 액세스(DAX) 할 수 있습니다. 그러나 CPU 캐시에 있는 데이터는 영속성 도메인에 현재 포함되어 있지 않아 영속성이 보장되지 않습니다. x86 아키텍처는 캐시 라인(cacho line)을 보다 최석화된 방식으로 플러시하기 위한 일련의 명령어들을 제공합니다. NT(Non-Temporal) 스토어 연산들, CLFLUSH 및 WBINVD와 같은 기존 x86 명령어들에 추가하여 CLFLUSHOPT 및 CLWB 두 가지 새로운 플러시 명령어들이 추가되었습니다. 이 두 명령어들은 그 다음 명령어가 수행되기 전에 SFENCE가 호출되어야 데이터가 플러시 되는 것이 보장됩니다. CLWB, CLFLUSHOPT 또는 CLFLUSH, 그리고 NT 스토어 명령들을 사용하여 캐시 라인을 플러시 하는 것은 모두 사용자 모드에서 가능합니다. 각 명령어에 대한 세부 사항은 인텔 혹은 AMD 아키텍처를 위한 소프트웨어 개발자 매뉴얼에서 찾아볼 수 있습니다. 예를 들어 인텔 플랫폼의 경우 이 명령어들에 대한 정보는 인텔 64 및 32 아키텍처 소프트웨어 개발자 매뉴얼(https://software.intel.com/en-us/articles/intel-sdm)에서 확인해 볼 수 있습니다.

NT 스토어 명령어들은 쓰고 있는 데이터를 곧 다시 읽지 않는 것을 가정하고 있기 때문에, CPU 캐시를 사용하지 않습니다. 즉, 시간적 지역성이 없으므로 프로세서의 캐시에 데이터를 보관하는 이점이 없으며 저장된 데이터가 캐시에서 다른 자주 접근되는 데이터를 대체 할 경우 성능이 저하될 수 있습니다.

사용자 공간에서 직접 퍼시스턴트 메모리로 플러시하는 것은 커널 모드로 컨텍스트 스위칭이 발생하지 않아 매우 효율적입니다. 이 기능은 "SNIA NVM 메모리 프로그래밍 모델 스펙" 문서[1]에 *최적화된 플러시*로 설명되어 있습니다. 이 문서에

1) SNIA NVM 메모리 프로그래밍 모델 스펙 : https://www.snia.org/tech_activities/standards/curr_standards/npm

서는 최적화된 플러시가 하드웨어 및 운영 체제에 따라 각 플랫폼에서 선택적으로 지원된다고 설명합니다. CPU가 최적화된 플러시를 지원하더라도, 운영 체제에서 최적화된 플러시가 안전하다고 명시한 경우에만 응용 프로그램은 최적화된 플러시를 사용해야 합니다. 예를 들어, `msync()` 함수는 파일 시스템의 메타데이터를 변경할 수도 있는데, 운영 체제는 `msync()` 함수 호출을 통해 퍼시스턴트 메모리를 제어할 필요가 있을 수 있습니다.

명령어 실행 순서의 중요성을 보다 잘 이해하기 위해 아주 간단한 연결 리스트(Linked List) 예제를 살펴보겠습니다. 두 개의 노드를 가지고 있는 연결 리스트에 새 노드를 삽입하기 위해서는 다음의 세 단계 연산들을 수행해야 합니다. 그림 2-3은 각 연산 시 CPU 캐시와 퍼시스턴트 메모리에 저장된 자료 구조의 상태를 보여줍니다.

1. 새 노드를 생성합니다(노드 2).
2. 새로 생성한 노드의 next 포인터를 업데이트하여 헤드 포인터(Head)가 가리키고 있는 노드를 가리키게 만듭니다(노드 2 → 노드 1).
3. 새 노드를 가리키도록 헤드 포인터를 업데이트합니다(헤드 → 노드 2).

그림 2-3의 3 단계는 헤드 포인터가 CPU 캐시 내에서는 업데이트되었지만 노드 1을 가리켜야 하는 노드 2의 포인터가 퍼시스턴트 메모리에서 아직 업데이트되지 않은 상태를 보여줍니다. 이러한 문제가 생기는 이유는 CPU 내에서 업데이트된 여러 캐시 라인(cache line)들 중 메모리로 플러시할 캐시 라인을 하드웨어가 선택할 수 있고 그 플러시 순서가 소스 코드의 쓰기 연산 순서와 일치하지 않을 수 있기 때문입니다. 이러한 상태에서 시스템이 죽거나 응용 프로그램이 죽으면 퍼시스턴트 메모리의 자료 구조는 결함을 가진(inconsistent) 상태가 되며 더 이상 사용할 수 없게 됩니다.

이 문제를 해결하기 위해서는 쓰기 연산의 실행 순서가 지켜지도록 메모리 스토어 베리어(memory store barrier) 연산을 사용합니다. 동일한 연결 리스트 예제에서 스토어 베리어를 사용하는 경우 코드는 다음과 같이 됩니다.

1. 새 노드를 생성합니다.
2. 새로 생성한 노드의 next 포인터를 업데이트하여 헤드 포인터(Head)가 가리키고 있는 노드를 가리키게 하고, 스토어 베리어/펜스(store barrier/fence) 연산을 수행합니다(노드 2 → 노드 1).

3. 새 노드를 가리키도록 헤드 포인터를 업데이트합니다(헤드 → 노드 2).

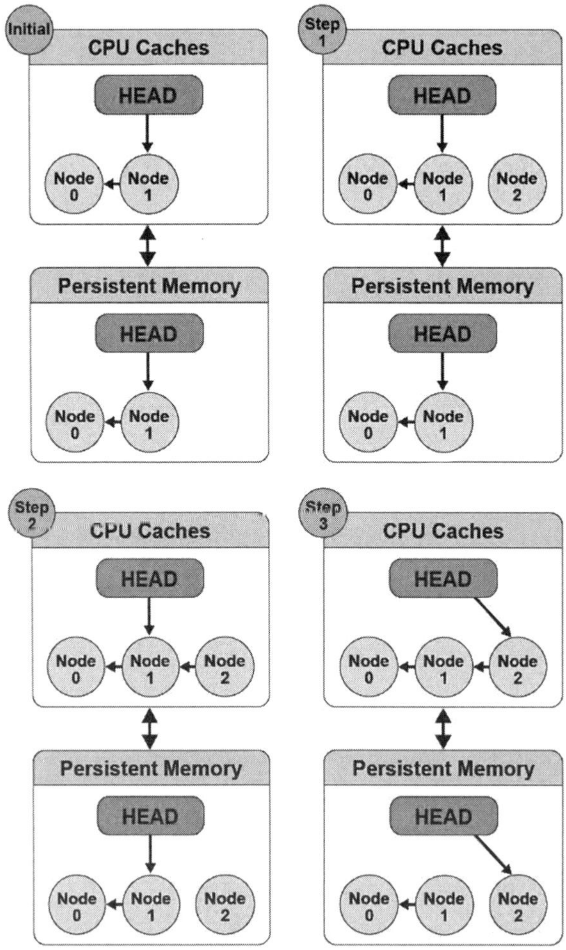

그림 2-3. 스토어 베리어를 사용하지 않고 연결 리스트에 새 노드 추가

그림 2-4는 스토어 베리어 명령을 추가하면 코드가 의도한 대로 작동하고 휘발성 CPU 캐시와 퍼시스턴트 메모리 내에 일관된 자료 구조가 유지됨을 보여줍니다. 그림 2-4의 3단계에서 스토어 베리어/펜스 연산은 헤드 포인터를 업데이트하기 전에 노드 2의 next 포인터가 노드 1을 가리킬 때까지 기다립니다. 이제 CPU 캐시 내의 업데이트와 퍼시스턴트 메모리 내의 버전과 일치하므로, 이 연결 리스트는 다른 모든 프로세스들이 접근해도 괜찮은 상태입니다. 스토어 베리어는 실행 순서만을 보장하는 단순한 방법일 뿐, 자료 구조의 원자성과 무결성을 보장하지는 않습니다. 완벽하게 데이터가 원자적으로 업데이트되도록 하려면 트랜잭션을 사용해야 합니다.

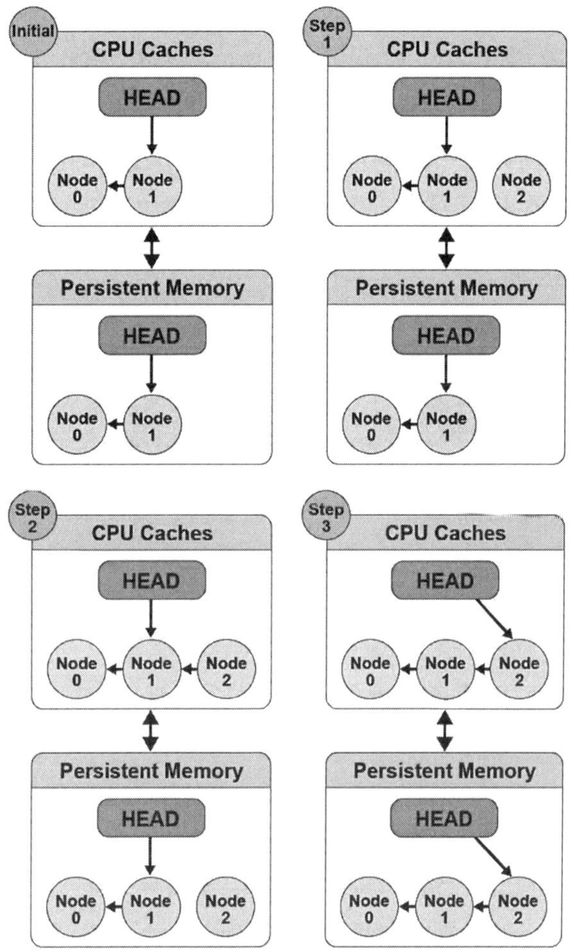

그림 2-4. 스토어 베리어를 사용하여 연결 리스트에 새 노드 추가

PMDK는 메모리 풀(Pool)을 오픈할 때 플랫폼, CPU 및 퍼시스턴트 메모리를 감지 한 후 최적의 명령어와 펜스(fence) 연산을 사용하여 쓰기 연산의 순서를 유지합니다(메모리 풀은 프로세스의 메모리 주소 공간에 맵핑된 파일이며, 이후에 자세히 설명합니다.).

응용 프로그램 개발자가 복잡한 하드웨어의 특징을 일일이 고려하면서 각 플랫폼 또는 디바이스에 특화된 코드를 구현하지 않아도 되게 만들기 위해, `libpmem` 라이브러리는 최적화된 플러시를 안전하게 사용할 수 있으면 응용 프로그램에게 알려주고, 안전하지 않으면 메모리에 맵핑된 파일에 데이터를 플러시하는 표준 방법을 사용합니다.

프로그래밍을 단순화하려면, 개발자는 PMDK 내의 **libpmem** 또는 다른 라이브러리를 사용하는 것이 좋습니다. **libpmem** 라이브러리는 또한 배터리를 장착한 플랫폼을 감지하도록 설계되어 이러한 플랫폼들에서는 플러시 연산을 간단한 SFENCE 명령어로 자동 변환하도록 설계되어 있습니다. 5장에서는 PMDK의 핵심 라이브러리를 보다 자세하게 소개하고 설명하며, 그 이후의 장에서는 PMDK 내의 각 라이브러리들이 제공하는 여러 API 기능을 자세히 살펴봅니다.

데이터의 가시성

데이터가 언제 다른 프로세스나 스레드에게 보이고 언제 영속성 도메인 안전하게 쓰이는지를 이해하는 것은 응용 프로그램에서 퍼시스턴트 메모리를 사용할 때 매우 중요합니다. 그림 2-2 및 2-3 예제에서, CPU 캐시 내에 업데이트된 데이터는 다른 프로세스나 스레드가 볼 수 있습니다. 가시성(Visibility)과 영속성(Persistence)은 종종 같은 것이 아니며 퍼시스턴트 메모리에 대한 변경 사항은 데이터가 퍼시스턴트 메모리에 실제 쓰이기 전에도 시스템에서 실행 중인 다른 프로세스나 스레드가 볼 수 있습니다. 가시성은 일반 DRAM의 경우에도 해당되는데, 각 플랫폼의 메모리 연산 실행 순서 및 가시성 규칙에 설명되어 있습니다(예 인텔 플랫폼의 가시성 규칙은 인텔 소프트웨어 개발 매뉴얼 참조). 변경된 데이터의 영속성은 세 가지 방법 중 하나로 달성할 수 있는데, 첫째, 영속성에 대한 표준 스토리지 API(리눅스의 경우 **msync** 또는 윈도우즈의 **FlushFileBuffers**)를 호출하거나, 둘째, 최적화된 플러시를 지원하는 플랫폼의 경우 최적화된 플러시를 사용하거나, 마지막으로, CPU 캐시가 비휘발성인 플랫폼에서 가시성을 확보하는 방법이 있습니다. 이것이 우리가 플러시 및 펜스 연산을 사용하는 여러 이유 중 하나입니다. C 코드 예제는 다음과 같습니다.

```
open()      // 파일 시스템에 있는 파일을 오픈
...
mmap()      // 파일을 메모리 주소 공간에 맵핑
...
strcpy()    // store 명령어 수행
...         // 데이터는 다른 프로세스들에게 노출됨
msync()     // 데이터가 영구적으로 저장됨
```

퍼시스턴트 메모리 개발은 수십 년 동안 사용되어온 이 오래된 모델을 따릅니다.

퍼시스턴트 메모리를 위한 Intel 명령어

인텔 및 AMD 기반 ADR 플랫폼에서는 인텔 64 및 32 아키텍처의 store 명령을 실행하는 것만으로는, 데이터가 CPU 캐시에 무한정 저장되어 있을 수 있고 전원이 꺼지면 데이터가 손실될 수 있으므로, 데이터를 영구적으로 저장하는 것을 보장하지 않습니다. 데이터를 영구적으로 유지하려면 별도의 캐시 플러시 명령을 호출해야 합니다. 중요한 것은, 이러한 루트 권한이 필요 없는 캐시 플러시 연산들이 사용자 모드에서 호출될 수 있다는 점입니다. 그리고, 이것은 응용 프로그램들이 언제 그리고 어디서 펜스 연산을 호출하고 데이터를 플러시할지 결정할 수 있다는 것을 의미합니다. 표 2-1에는 이러한 각 명령어가 요약되어 설명되어 있습니다. 더 자세한 내용은 인텔 64 및 32 아키텍처 소프트웨어 개발자 매뉴얼(https://software.intel.com/en-us/articles/intel-sdm)을 참조하시면 됩니다.

개발자는 **CLWB** 및 NT 스토어 명령어들이 사용 가능하다면 우선 이 명령어들에 초점을 두어야 하고, 필요에 따라 다른 스토어 연산들로 넘어가야 합니다. 표 2-1은 사용 가능한 모든 명령어들의 OPCODE와 설명을 종합적으로 정리하였습니다.

표 2-1. 퍼시스턴트 메모리에 대한 인텔 아키텍처 명령어

OPCODE	설명
CLFLUSH	여러 세대의 CPU에서 지원되는 이 명령어는 지정된 주소에 해당하는 하나의 캐시 라인을 CPU 캐시로부터 메모리로 플러시합니다. 이 **CLFLUSH** 명령은 직렬화(Serialize) 되어, 여러 스레드가 동시에 호출해도 순차적으로 하나씩 실행됩니다.
CLFLUSHOPT (SFENCE가 뒤따름)	퍼시스턴트 메모리를 지원하기 위해 새로 도입된 이 명령어는 **CLFLUSH**와 유사하지만 직렬화를 하지 않습니다. 특정 주소 범위의 여러 캐시 라인들을 플러시하기 위해서는 각 64 바이트 캐시 라인에 대해 **CLFLUSHOPT** 명령을 실행하고, 그 플러시가 완료되도록 다음 **CLFLUSHOPT** 명령을 실행하기 전에 **SFENCE** 명령을 실행합니다. **CLFLUSHOPT**는 여러 **CLFLUSHOPT** 명령을 연속적으로 실행할 때 어느 정도 동시성을 허용하는 최적화된 버전의 캐시 라인 플러시 명령입니다.
CLWB (SFENCE가 뒤따름)	**CLWB**(Cache Line Write Back) 명령은 **CLFLUSHOPT**와 동일하지만, 캐시 라인을 CPU 캐시에서 지우지 않고 유지하며 그 캐시 라인이 플러시가 되었기 때문에 더 이상 수정된(Dirty) 캐시 라인이 아니라는 점에서 차이가 있습니다. 만일 나중에 같은 데이터에 다시 액세스하면 이 캐시 라인에서 캐시 히트가 발생할 수 있어 캐시 적중률이 높아질 수 있습니다.

OPCODE	설명
Non-temporal stores (SFENCE가 뒤따름)	NT 스토어 명령어들이 x86 CPU에 사용된 지는 꽤 됐습니다. 이 스토어 연산들은 "쓰기 결합(Write-combining)"[2] 특성을 가지고 있으며 CPU 캐시를 건너뜁니다; 따라서 이 명령어들을 사용할 때에는 플러시가 명령이 필요하지 않습니다. 쓰기 연산이 영속성 도메인에 도달하는 것을 확실히 하려면 SFENCE 명령이 다음에 호출되어야 합니다.
SFENCE	SFENCE 명령은 프로그램의 순서상 SFENCE 호출 직전까지 호출된 모든 메모리 쓰기 명령에 대해 직렬화(Serialize) 연산을 수행합니다. 이 직렬화 연산은 SFENCE 명령 다음에 불리는 모든 메모리 쓰기 명령이 다른 프로세스나 스레드에게 보이기 전에 프로그램의 순서에서 SFENCE 명령 앞에 오는 모든 메모리 쓰기 명령이 다른 프로세스나 스레드에게 보이도록 만듭니다. SFENCE 명령어는 store 명령어, 다른 SFENCE 명령어, MFENCE 명령어, 그리고 또 다른 직렬화 명령어(예 CPUID 명령어)들과 순서가 뒤바뀌지 않고 프로그램의 순서대로 호출되는 것이 보장됩니다. load 명령 또는 LFENCE 명령에 대해서는 순서대로 호출되는 것이 보장되지 않습니다.
WBINVD	이 커널 모드 전용 명령어는 이 명령어를 실행하는 CPU의 모든 캐시 라인을 비우고 무효화합니다(Write-Back and INValiDate). 이 명령어를 수행하면 이전에 업데이트한 모든 데이터가 영속 도메인에 있지만 모든 캐시 라인이 비어있어 성능에 영향을 줍니다. 또한, 이 명령을 실행하기 위해 각 CPU에 메시지를 보내는 오버헤드도 상당히 클 수 있습니다. 이로 인해, WBINVD는 커널에서 매우 큰 데이터(최소 수 메가 바이트)를 플러시 하는 용도로만 사용될 것으로 예상됩니다.

플랫폼 기능 감지

운영 체제는 BIOS 및 ACPI를 통해 서버 플랫폼, CPU 및 퍼시스턴트 메모리의 기능들을 사용하며, 응용 프로그램은 이러한 기능들이 사용 가능한지 확인해볼 수 있습니다. 응용 프로그램은 하드웨어의 최적화 기능이 모두 사용되는 하드웨어에서 실행되고 있다고 가정해서는 안됩니다. 물리적 하드웨어가 최적화를 지원하더라도 가상화 기술은 이러한 기능을 게스트에게 노출할 수도 있고 노출시키지 않을 수도 있으며, 운영 체제가 이러한 최적화를 사용하는 기능을 구현할 수도 구현하지 않을 수도 있습니다. 따라서 개발자는 PMDK와 같은 라이브러리를 사용

2) 역주: 쓰기 결합(Write combining, WC): 데이터를 쓰기 결합 버퍼(Write combining buffer)에 임시 저장한 후 나중에 함께 버스로 내려보내는 쓰기 방식.

하여 필요한 기능이 사용 가능한지 확인하거나 응용 프로그램 코드 내에서 직접 그러한 기능이 사용 가능한지 확인하는 모듈을 구현하는 것을 권장합니다.

그림 2-5는 **libpmem** 라이브러리가 메모리 풀(Pool), 즉 메모리에 맵핑된 파일이 DAX 기능이 활성화된 파일 시스템에 있는지 그리고 실제 퍼시스턴트 메모리에 저장되어 있는지를 확인하는 과정을 보여줍니다. 3장에서는 DAX에 대해 자세히 설명합니다.

리눅스에서는 "`-o dax`"옵션을 사용하여 XFS 또는 ext4 파일 시스템을 마운트하면 사용자 공간에서 스토리지를 직접 액세스할 수 있는 DAX 기능이 활성화됩니다. 마이크로소프트 윈도우즈에서는 DAX 옵션을 사용하여 볼륨을 만들고 포맷하면 NTFS가 DAX를 활성화합니다. 파일 시스템이 DAX를 지원하지 않으면 응용 프로그램은 기존 방식대로 `msync()`, `fsync()` 또는 `FlushFileBuffers()`를 사용해야 합니다. 파일 시스템이 DAX를 지원하는 경우라면, CPU 캐시가 비휘발성인지 여부를 확인하고 플랫폼이 ADR 혹은 eADR을 지원하는지 여부를 확인해야 합니다. CPU 캐시가 비휘발성인 것으로 간주되는 eADR 플랫폼에서는 별도의 추가 작업이 필요하지 않습니다. 즉, CPU 캐시 내 모든 데이터는 영구적으로 써진 것으로 간주되므로 플러시를 수행할 필요가 없고, 따라서 최적화된 성능을 얻을 수 있습니다. 그러나, ADR 플랫폼에서는 앞에서 설명한 인텔 명령어들 중 가장 최적의 플러시 작업을 선택해야 하는 일련의 작업이 필요합니다.

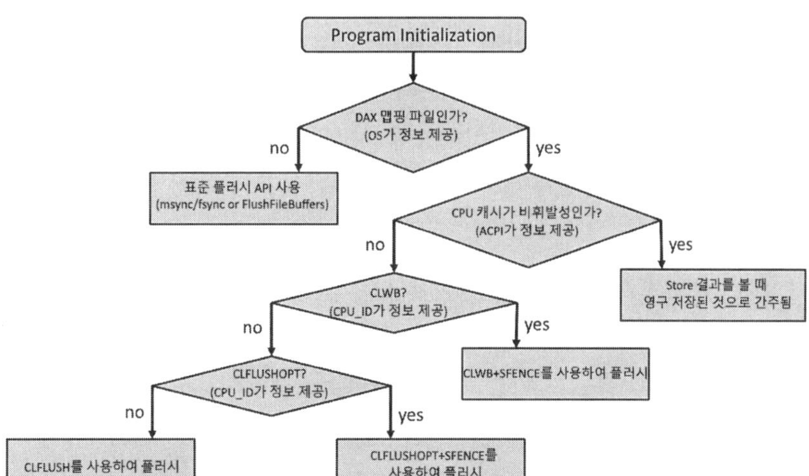

그림 2-5. 응용 프로그램이 플랫폼의 기능을 검사하는 단계를 보여주는 순서도

응용 프로그램 시작 및 복구

플랫폼의 기능을 확인하는 것 외에도 응용 프로그램은 플랫폼이 이전에 정상적으로 중지되고 정상적으로 다시 시작되었는지를 확인해야 합니다. 그림 2-6은 응용 프로그램이 시작할 때 PMDK가 어떤 과정으로 이전 수행의 종료 상태를 확인하고 복구 여부를 결정하는지 보여줍니다.

인텔 Optane DC 퍼시스턴트 메모리는 퍼시스턴트 메모리의 상태를 확인할 수 있는 SMART 카운터를 제공합니다. **libpmemobj**와 같은 PMDK 라이브러리는 BIOS, ACPI, OS 및 퍼시스턴트 메모리의 모듈 정보를 알아낸 후 유효성 검사를 수행하여 어떤 플러시 명령이 사용하기에 가장 적합한지를 결정합니다. 앞서 우리는 시스템 전원이 꺼지면 전원 공급 장치 및 플랫폼 내에 충분한 에너지가 저장되어 있어야만 메모리 컨트롤러의 WPQ(Write Pending Queue)의 데이터와 퍼시스턴트 메모리 장치의 쓰기 버퍼를 성공적으로 플러시할 수 있다고 설명했었습니다. 데이터가 성공적으로 퍼시스턴트 메모리에 플러시 되면 데이터는 일관성(Consistency)을 유지한다고 볼 수 있습니다. 모든 데이터가 성공적으로 플러시되기 전에 저장된 에너지를 모두 소모하여 데이터를 플러시하는 프로세스가 실패하면 퍼시스턴트 메모리 모듈은 종료가 지저분하게 되었다고 더티 셧다웃(Dirty Shutdown)을 보고합니다. 더티 셧다운은 퍼시스턴트 메모리 장치에 저장된 데이터의 일관성을 유지하지 않을 수 있음을 나타냅니다. 이 경우에는 백업에서 데이터를 복원해야 할 수도 있고 복원이 필요하지 않을 수도 있습니다. 이러한 복구 프로세스에 관한 자세한 정보 및 어떤 오류와 신호가 발생하는지에 관한 정보는 퍼시스턴트 메모리 장치에 대한 RAS 문서, 즉, 신뢰성, 가용성, 서비스 가능성(Reliability, Availability, Serviceability) 설명서에서 찾을 수 있습니다. 17장에서도 이에 대해 더 자세히 설명합니다.

더티 셧다운이 보고되지 않으면 응용 프로그램은 퍼시스턴트 메모리가 혹시 포이즌 블록(Poison block)이 있다고 보고하는지 확인해야 합니다(그림 2-6 참조). 포이즌 블록은 물리적으로 메모리 매체에 불량이 생긴 영역입니다.

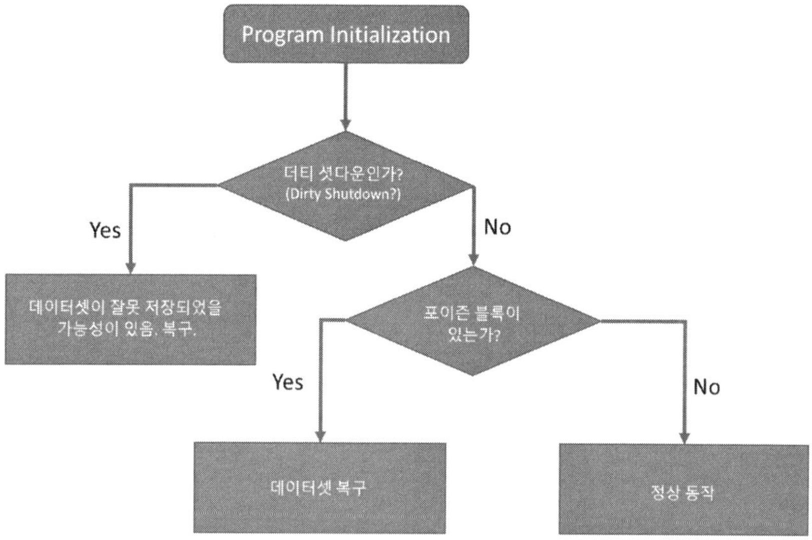

그림 2-6. 응용 프로그램의 시작 및 복구 흐름

응용 프로그램이 시작할 때 이러한 포이즌 블록과 데이터의 일관성 여부를 확인하지 않으면 미디어의 영속성 특성으로 인해 다음과 같이 무한 루프에 빠질 수 있습니다.

1. 응용 프로그램 시작
2. 메모리 주소 읽기
3. 포이즌 블록 발견
4. 응용 프로그램 혹은 시스템 장애로 인한 재부팅
5. 중단된 지점부터 연산을 다시 실행
6. 동일한 메모리 주소에서 읽기 수행.
7. 응용 프로그램 또는 시스템 오동작.
8. …
9. 수동으로 개입할 때까지 무한 반복

ACPI 규격을 준수하는 운영 체제는 백그라운드에서 ARS(Address Range Scrub), 즉, 퍼시스턴트 메모리의 주소 범위를 스캔하는 작업을 수행 할 수 있습니다. 시스템 관리자는 응용 프로그램이 불량 메모리 영역을 읽기 전에 미리 수동으로 ARS를 시작할 수도 있습니다. 만일 ARS가 문제를 발견하면, 하드웨어는 운영 체제와 응용 프로그램에게 문제를 보고하여 문제를 잘 처리할 수 있게 합니다. 만일 문제가 있는 주소 범위에 데이터가 있는 경우에는, 데이터를 복원할 수 있는 방법이 있어야 합니다. ARS에 대해서는 17장에서 더 자세히 설명하겠습니다.

개발자는 응용 프로그램 코드 내에서 이러한 기능들을 직접 구현할 수도 있습니다.

그러나 PMDK의 라이브러리는 새로운 퍼시스턴트 메모리 관련 제품들이 출시되어도 변하지 않는 API를 유지하면서 데이터 일관성과 관련된 복잡한 조건들을 처리할 것입니다. PMDK는 현재 그리고 미래의 CPU 또는 퍼시스턴트 메모리 제품의 복잡 미묘한 세부 구현을 이해하지 않아도 미래의 퍼시스턴트 메모리 제품에 대해서 대비할 수 있게 합입니다.

다음 장에서는?

3장에서는 커널 공간와 사용자 공간의 관점에서 기초가 되는 내용을 설명합니다. 또한, 퍼시스턴트 메모리를 지원하는 사용자 공간과 커널 공간의 구성 요소들이 상호 어떻게 동작해야 하는지 권장 안을 정의하고 있는 SNIA 비휘발성 프로그래밍 모델을 리눅스 및 윈도우즈 운영 체제가 어떻게 채택하고 구현했는지 설명합니다. 그 이후의 장은 1장부터 3장까지 설명한 기초 정보들을 바탕으로 설명합니다.

요약

이 장에서는 퍼시스턴트 메모리와 그 특성을 설명하고, CPU 캐시의 작동 방식을 요약하였으며, 응용 프로그램들이 CPU 캐시를 플러시하기 위해 직접 퍼시스턴트 메모리에 액세스하는 것이 왜 중요한지 그 이유에 대해 설명했습니다. 이 장은 주로 하드웨어 내용을 위주로 설명을 했습니다. PMDK와 함께 제공되는 사용자 라이브러리들은 개별 아키텍처 및 하드웨어에 특화된 기능들을 기반으로, 개발자들이 간단한 API를 사용하여 구현할 수 있도록 합니다. 이후 장들에서는 PMDK 라이브러리에 대해 자세히 설명하고 응용 프로그램에서 라이브러리를 사용하는 방법을 보여줍니다.

제3장 운영 체제의 퍼시스턴트 메모리 지원

3장에서는 운영 체제가 퍼시스턴트 메모리를 관리하는 방법과 퍼시스턴트 메모리를 사용할 때 응용 프로그램이 선택할 수 있는 옵션에 대해 알아보겠습니다. 우선 전통적인 컴퓨터 아키텍처에서 DRAM과 스토리지의 특성을 비교하고, 운영 체제가 퍼시스턴트 메모리를 지원하기 위해 어떻게 설계되었는지 설명합니다.

DRAM 및 스토리지를 위한 운영 체제 지원

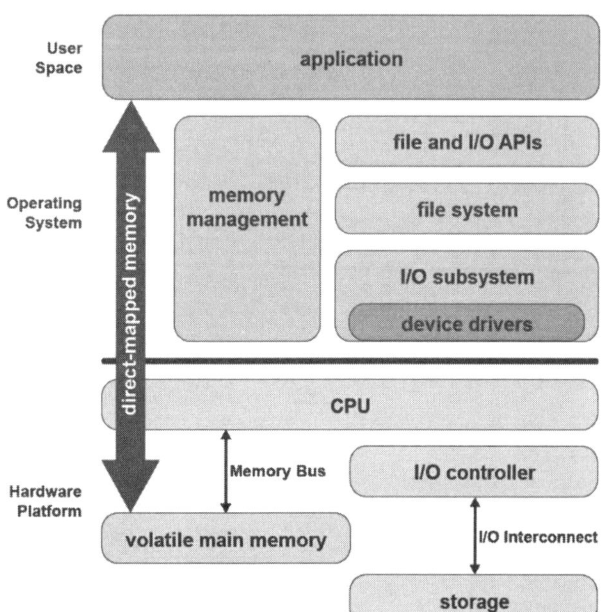

그림 3-1. 운영 체제와 스토리지 및 DRAM

그림 3-1은 운영 체제가 응용 프로그램을 위해 스토리지 및 DRAM을 어떻게 관리하는지를 보여주는 그림입니다. 그림에서와 같이, DRAM은 메모리 버스를 통

해 CPU와 직접 연결됩니다. 운영 체제는 DRAM 공간을 응용 프로그램이 볼 수 있는 가상 메모리 주소 공간으로 맵핑하는 것을 관리합니다. CPU보다 훨씬 느린 속도로 작동하는 스토리지는 CPU와 직접 연결되지 않고 I/O 컨트롤러를 통해 연결됩니다. 운영 체제의 I/O 서브시스템에 로딩된 디바이스 드라이버 모듈을 사용하여 운영 체제는 스토리지에 대한 I/O 요청을 처리합니다.

기초 프로그래밍 수업에서는 응용 프로그램은 휘발성 메모리는 주소를 통해 직접 접근할 수 있고 스토리지 I/O는 운영 체제를 통해 접근할 수 있다고 배워 왔습니다. 이러한 프로그래밍 모델에서 개발자는 자료 구조를 메모리에 할당하고 바이트 단위로 자료 구조에 접근합니다. 응용 프로그램이 데이터를 저장하려고 할 때는 파일 시스템에 접근하기 위한 시스템 콜을 호출하여 파일을 열고 데이터를 씁니다. 운영 체제 내에서 파일 시스템은 데이터를 쓰기 위해 저장 장치에 여러 I/O 작업을 수행합니다. 이러한 I/O 작업은 일반적으로 CPU 속도보다 훨씬 느리기 때문에 일반적으로 운영 체제는 I/O가 완료될 때까지 응용 프로그램을 임시 중단합니다.

퍼시스턴트 메모리는 응용 프로그램에서 직접 액세스할 수 있고 데이터를 제자리에 쓰는 인-플레이스(In-place) 업데이트를 하면서도 영속성을 유지할 수 있으므로 운영 체제는 메모리의 고성능을 유지하면서 비휘발성 저장 장치에 데이터를 유지하는 새로운 프로그래밍 모델을 지원할 수 있게 되었습니다.

1 세대 퍼시스턴트 메모리가 개발되는 동안 마이크로소프트 윈도우즈와 리눅스 개발자들은 SNIA(스토리지 네트워킹 산업 협회)와 표준 프로그래밍 모델을 정의하는데 협력하였고, 이 책에서 설명하는 퍼시스턴트 메모리를 사용하기 위한 기법들은 두 운영 체제에서 사용할 수 있게 되었습니다. 더 자세한 내용은 SNIA NVM 프로그래밍 모델 스펙(https://www.snia.org/tech_activities/standards/curr_standards/npm)에서 확인할 수 있습니다.

블록 스토리지로서의 퍼시스턴트 메모리

운영 체제가 퍼시스턴트 메모리를 지원하기 위해 확장된 여러 가지 기능 중 첫 번째 기능은 퍼시스턴트 메모리 모듈의 존재를 감지하고 장치 드라이버를 운영 체제의 I/O 서브시스템에 로드하는 기능입니다(그림 3-2 참조). 이 NVDIMM 드라이버는 두 가지 중요한 기능을 제공합니다. 첫째, 이 드라이버는 퍼시스턴트 메모리를 관리할 수 있는 인터페이스를 제공하고, 퍼시스턴트 메모리 하드웨어의 상태를 설정하고 모니터링할 수 있는 시스템 관리자 유틸리티를 제공합니다. 둘째, 이 드라이버는 스토리지 드라이버와 유사하게 작동합니다.

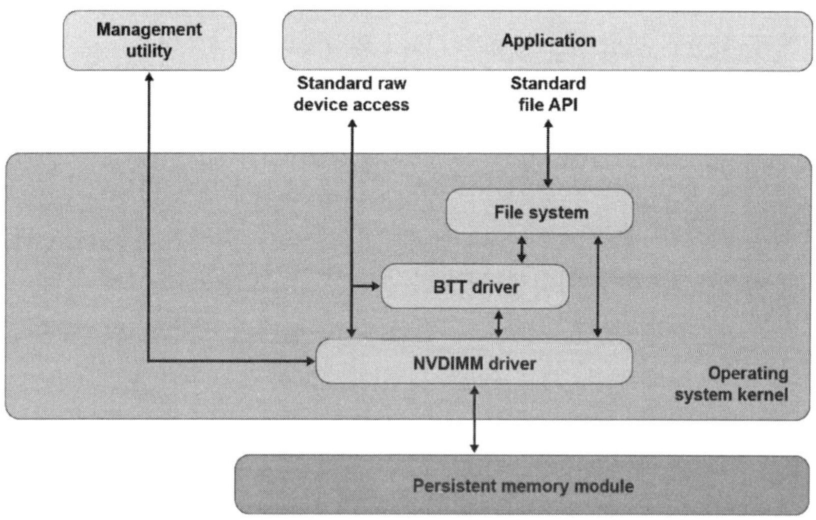

그림 3-2. 블록 스토리지로서의 퍼시스턴트 메모리

NVDIMM 드라이버는 퍼시스턴트 메모리를 응용 프로그램 및 운영 체제 모듈이 빠른 블록 저장 장치로 사용할 수 있도록 합니다. 이는 응용 프로그램, 파일 시스템, 볼륨 관리자 및 기타 스토리지 미들웨어 계층의 수정없이 현재 스토리지를 사용하는 것과 동일한 방식으로 퍼시스턴트 메모리를 사용할 수 있게 합니다.

그림 3-2는 I/O 서브시스템이 선택적으로 설정할 수 있는 BTT(Block Translation Table) 드라이버도 보여줍니다. HDD 및 SSD와 같은 저장 장치는 흔히 512k 또는 4k 바이트 두 가지 기본 블록 크기를 제공합니다. 일부 스토리지 장치, 특히 NVM Express SSD는 블록 쓰기가 진행 중인 동안 정전 또는 서버 오류가 발생할 때 블록의 전부가 쓰이거나 전부 쓰이지 않는 것을 보장합니다. BTT 드라이버는 퍼시스턴트 메모리를 블록 저장 장치로 사용할 때와 동일한 보장을 제공합니다. 응용 프로그램이 BTT 드라이버를 사용하지 않고 블록이 일부만 업데이트되어도 문제가 없는 경우를 위해 운영 체제는 BTT 드라이버를 사용하지 않는 옵션을 제공하기도 하지만, 대부분의 기존 응용 프로그램 및 파일 시스템은 블록 단위의 원자적 쓰기가 보장된다는 점에 기반하여 설계되었으며, 이러한 경우 BTT 드라이버를 사용하도록 설정되어야 합니다.

퍼시스턴트 메모리 인식 파일 시스템

퍼시스턴트 메모리를 지원하기 위해 확장된 운영 체제의 두 번째 기능은 파일시스템이 퍼시스턴트 메모리를 인식하고 최적화된 것입니다. 퍼시스턴트 메모리용으로 확장된 파일 시스템들은 리눅스의 ext4 및 XFS 파일 시스템, 그리고 마이크로소프트 윈도우즈의 NTFS가 있습니다. 그림 3-3에 표시된 것처럼 이러한 파일 시스템들은 이전 섹션에서 설명한 것처럼 I/O 서브시스템의 블록 드라이버를 사용하거나, I/O 서브시스템을 사용하지 않고 퍼시스턴트 메모리에 저장된 데이터를 직접 빠르게 읽고 쓸 수 있도록 바이트 주소로 접근할 수 있습니다. I/O 연산을 우회하는 것 외에, 이렇게 직접 퍼시스턴트 메모리에 접근하는 것은 작은 데이터를 쓰는 경우, 데이터를 블록 크기만큼 읽고, 블록을 수정한 뒤, 기존 블록 스토리지에 쓰는 것보다 더 빠르게 쓸 수 있게 합니다.

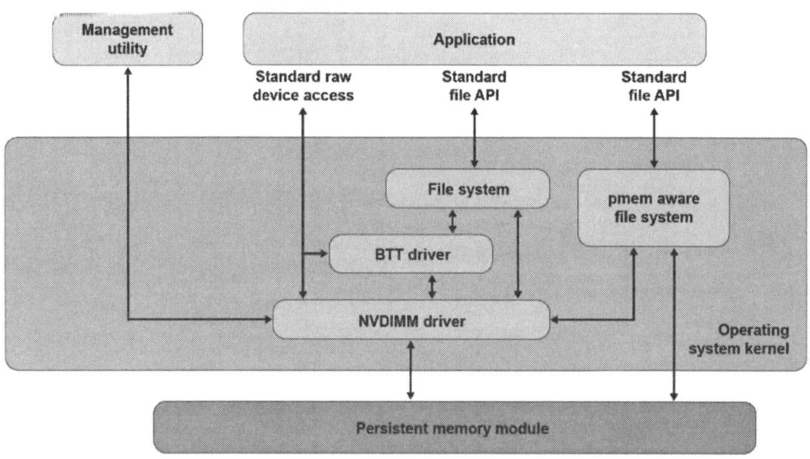

그림 3-3. 퍼시스턴트 메모리 인식 파일 시스템

이러한 퍼시스턴트 메모리 인식 파일시스템은 파일 오픈, 닫기, 읽기 및 쓰기 시스템 호출 등, 응용 프로그램에게 친숙한 표준 파일 API를 그대로 제공합니다. 이를 통해 응용 프로그램은 친숙한 파일 API를 계속 사용하면서 더 높은 성능의 퍼시스턴트 메모리를 활용할 수 있습니다.

메모리 맵핑 파일

퍼시스턴트 메모리를 위해 확장된 운영 체제의 그 다음 옵션을 설명하기 전에 이 섹션에서는 리눅스 및 윈도우즈에서 메모리 맵핑된 파일을 리뷰하고자 합니다. 파일을 메모리에 맵핑할 때 운영 체제는 파일의 크기에 해당하는 응용 프로그램의 가상 주소 공간을 할당하고, 파일의 페이지가 요청될 때마다 그 페이지를 실제 메모리에 페이징 합니다. 이를 통해 응용 프로그램은 바이트 주소로 접근 가능한 메모리 내의 자료 구조로 파일 데이터에 액세스하고 수정할 수 있습니다. 이는 특히 파일 데이터를 자주 업데이트하는 응용 프로그램의 경우 성능을 향상시키고 응용 프로그램 개발을 단순화할 수 있습니다.

응용 프로그램은 먼저 파일을 연 다음, 파일 핸들을 매개 변수로 리눅스의 `mmap()` 또는 윈도우즈의 `MapViewOfFile()` 시스템 콜을 호출하여 파일을 메모리에 맵핑합니다. 두 운영 체제의 경우 모두 파일 일부의 메모리 내 복사본에 대한 포인터를 반환합니다. 리스트 3-1은 파일을 메모리에 맵핑하고, 메모리처럼 액세스하여 파일에 데이터를 쓴 다음, `msync()` 시스템 콜을 사용하여 수정된 데이터를 파일에 쓰기 위한 I/O 작업을 수행하는 리눅스 C 코드의 예제를 보여줍니다. 리스트 3-2는 동일한 작업을 윈도우즈 용으로 작성한 코드를 보여줍니다. 두 코드 샘플의 주요한 단계를 살펴보겠습니다.

리스트 3-1. mmap_example.c - 리눅스의 메모리 맵핑된 파일 예

```
#include <err.h>
#include <fcntl.h>
#include <stdio.h>
#include <stdlib.h>
#include <string.h>
#include <sys/mman.h>
#include <sys/stat.h>
#include <sys/types.h>
#include <unistd.h>

int
main(int argc, char *argv[])
{
    int fd;
    struct stat stbuf;
    char *pmaddr;

```

```
67      if (argc != 2) {
68          fprintf(stderr, "Usage: %s filename\n",
69          argv[0]);
70          exit(1);
71      }
72
73      if ((fd = open(argv[1], O_RDWR)) < 0)
74          err(1, "open %s", argv[1]);
75
76      if (fstat(fd, &stbuf) < 0)
77          err(1, "stat %s", argv[1]);
78
79      /*
80       * Map the file into our address space for read
81       * & write. Use MAP_SHARED so stores are visible
82       * to other programs.
83       */
84      if ((pmaddr = mmap(NULL, stbuf.st_size,
85                  PROT_READ|PROT_WRITE,
86                  MAP_SHARED, fd, 0)) == MAP_FAILED)
87          err(1, "mmap %s", argv[1]);
88
89      /* Don't need the fd anymore because the mapping
90      * stays around */
91      close(fd);
92
93      /* store a string to the Persistent Memory */
94      strcpy(pmaddr, "This is new data written to the
95      file");
96
97      /*
98       * Simplest way to flush is to call msync().
99       * The length needs to be rounded up to a 4k page.
100      */
101     if (msync((void *)pmaddr, 4096, MS_SYNC) < 0)
102         err(1, "msync");
103
104     printf("Done.\n");
105     exit(0);
106 }
```

- **67-74행** : 프로그램 실행 시 오픈할 수 있는 파일 이름이 지정되었는지 확인합니다. open() 함수는 파일이 존재하지 않으면 새로 생성합니다.
- **76행** : 파일을 메모리에 맵핑할 때 사용하도록 파일의 크기를 알아내기 위해 파일 정보(stat)을 뽑아냅니다.

- **84행** : 파일의 내용이 메모리에 있는 것처럼 접근할 수 있도록 파일을 응용 프로그램의 주소 공간에 맵핑합니다. 두 번째 매개 변수에는 파일의 길이를 전달하여 리눅스가 전체 파일을 위한 메모리 공간을 초기화할 수 있게 합니다. 또한, 파일을 읽고 쓸 수 있도록 PROT_READ 및 PROT_WRITE 접근 권한을 가지도록 맵핑하고 다른 프로세스들이 동일한 파일을 맵핑할 수 있도록 MAP_SHARED로 맵핑합니다.
- **91행** : 파일이 맵핑된 후에는 파일 디스크립터가 더 이상 필요 없으므로 폐기합니다.
- **94행** : mmap을 통해 얻어낸 메모리 포인터를 통해 파일을 메모리처럼 접근하여 파일에 데이터를 씁니다.
- **101행** : 프로그램이 쓴 문자열을 스토리지에 명시적으로 플러시합니다.

리스트 3-2는 메모리가 파일을 맵핑하고 파일에 데이터를 쓴 다음 FlushViewOfFile() 및 FlushFileBuffers() 시스템 호출을 사용하여 수정된 데이터를 스토리지의 파일로 플러시하는 C 코드의 예제입니다.

리스트 3-2. 윈도우즈의 메모리 맵핑된 파일 예

```
45 #include <fcntl.h>
46 #include <stdio.h>
47 #include <stdlib.h>
48 #include <string.h>
49 #include <sys/stat.h>
50 #include <sys/types.h>
51 #include <Windows.h>
52
53 int
54 main(int argc, char *argv[])
55 {
56     if (argc != 2) {
57         fprintf(stderr, "Usage: %s filename\n",
58         argv[0]);
59     exit(1);
60     }
61
62     /* Create the file or open if the file exists */
63     HANDLE fh = CreateFile(argv[1],
64         GENERIC_READ|GENERIC_WRITE,
65         0,
66         NULL,
```

```
        OPEN_EXISTING,
        FILE_ATTRIBUTE_NORMAL,
        NULL);

    if (fh == INVALID_HANDLE_VALUE) {
        fprintf(stderr, "CreateFile, gle: 0x%08x",
        GetLastError());
        exit(1);
    }

    /*
    * Get the file length for use when
    * memory mapping later
    * */
    DWORD filelen = GetFileSize(fh, NULL);
    if (filelen == 0) {
        fprintf(stderr, "GetFileSize, gle: 0x%08x",
        GetLastError());
        exit(1);
    }

    /* Create a file mapping object */
    HANDLE fmh = CreateFileMapping(fh,
        NULL, /* security attributes */
        PAGE_READWRITE,
        0,
        0,
        NULL);

    if (fmh == NULL) {
        fprintf(stderr, "CreateFileMapping,
        gle: 0x%08x", GetLastError());
        exit(1);
    }

    /*
     * Map into our address space and get a pointer
     * to the beginning
     * */
    char *pmaddr = (char *)MapViewOfFileEx(fmh,
        FILE_MAP_ALL_ACCESS,
        0,
        0,
        filelen,
        NULL); /* hint address */

    if (pmaddr == NULL) {
        fprintf(stderr, "MapViewOfFileEx,
        gle: 0x%08x", GetLastError());
```

```
116         exit(1);
117     }
118 
119     /*
120      * On windows must leave the file handle(s)
121      * open while mmaped
122      * */
123 
124     /* Store a string to the beginning of the file */
125     strcpy(pmaddr, "This is new data written to
126     the file");
127 
128     /*
129      * Flush this page with length rounded up to 4K
130      * page size
131      * */
132     if (FlushViewOfFile(pmaddr, 4096) == FALSE) {
133         fprintf(stderr, "FlushViewOfFile,
134         gle: 0x%08x", GetLastError());
135         exit(1);
136     }
137 
138     /* Flush the complete file to backing storage */
139     if (FlushFileBuffers(fh) == FALSE) {
140         fprintf(stderr, "FlushFileBuffers,
141         gle: 0x%08x", GetLastError());
142         exit(1);
143     }
144 
145     /* Explicitly unmap before closing the file */
146     if (UnmapViewOfFile(pmaddr) == FALSE) {
147         fprintf(stderr, "UnmapViewOfFile,
148         gle: 0x%08x", GetLastError());
149         exit(1);
150     }
151 
152     CloseHandle(fmh);
153     CloseHandle(fh);
154 
155     printf("Done.\n");
156     exit(0);
157 }
```

- **45-75행** : 이전 리눅스 예제에서와 같이 argv를 통해 전달된 파일 이름을 사용하여 파일을 오픈합니다.
- **81행** : 나중에 메모리 맵핑시 사용할 파일의 크기를 알아냅니다.

- **89행** : 파일을 메모리 맵핑하는 첫 번째 단계인 파일 맵핑을 생성합니다. 이 단계는 파일을 응용 프로그램의 메모리 공간에 아직 맵핑하지 않습니다.
- **106행** : 이 단계에서 파일을 메모리 공간에 맵핑합니다.
- **125행** : 이전 리눅스 예제에서와 같이 메모리에 쓰는 것처럼 파일의 시작 부분에 문자열을 씁니다.
- **132행** : 수정된 메모리 페이지를 스토리지로 플러시합니다.
- **139행** : 윈도우즈에서 관리하는 파일 메타데이터를 포함하여 전체 파일을 스토리지로 플러시합니다.
- **146–157행** : 파일을 맵핑 해제(unmap)하고 파일을 닫은 다음 프로그램을 종료합니다.

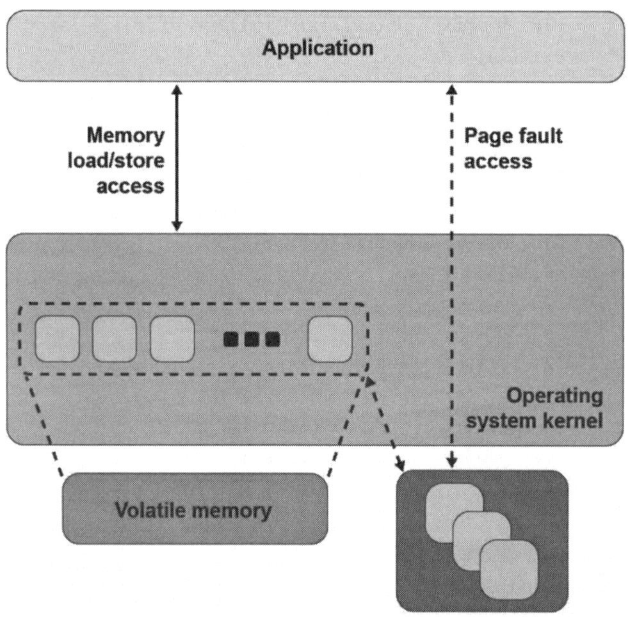

그림 3-4. 메모리에 맵핑된 스토리지의 파일

그림 3-4는 리눅스에서 응용 프로그램이 `mmap()`을 호출하거나 윈도우즈에서 `CreateFileMapping()`을 호출할 때 운영 체제에서 어떤 일이 발생하는 지 보여주는 그림입니다. 운영 체제는 메모리 페이지 캐시에서 메모리를 할당하고, 해당 메모리를 응용 프로그램의 주소 공간에 맵핑한 다음 스토리지 드라이버를 통해 해당 메모리를 파일과 연결합니다.

응용 프로그램이 메모리에서 파일의 페이지를 읽을 때, 해당 페이지가 메모리에 없으면, 운영 체제에서 페이지 폴트(page fault)가 발생하여 스토리지로부터 I/O 연산을 통해 해당 페이지를 메모리로 읽어 들입니다. 또한, 운영 체제는 해당 메모리 페이지가 쓰이는지를 추적하여, 스토리지 장치에 있는 원본 파일에 수정된 데이터를 쓰기 위해 비동기 I/O 작업을 스케줄링합니다. 또는, 코드 예제에서와 같이, 응용 프로그램이 다음 연산을 수행하기 전에 수정된 데이터를 스토리지에 다시 기록하는 것을 강제하려면, 리눅스의 `msync()` 시스템 콜 또는 윈도우즈의 `FlushViewOfFile()`를 호출하여 디스크 플러시를 실행하면 됩니다. 이로 인해, 운영 체제는 앞에서 설명한 파일 쓰기 작업과 마찬가지로 쓰기가 완료될 때까지 프로그램을 일시 중단시킬 수도 있습니다.

스토리지를 사용하는 메모리 맵핑 파일은 몇 가지 단점을 가지고 있습니다. 첫째, 메모리에 있는 제한된 크기의 커널 메모리 페이지 캐시의 일부가 파일의 복사본을 저장하는 데 사용됩니다. 둘째, 메모리 크기에 맞지 않는 파일의 경우 운영 체제가 I/O 작업을 통해 메모리와 스토리지 간에 페이지를 이동함에 따라 응용 프로그램이 예측 불가능하게 일시적으로 정지될 수 있습니다. 셋째, 메모리 내 복사본에 대한 업데이트는 스토리지에 다시 기록될 때까지 휘발성이므로 오류 발생 시 손실될 수 있습니다.

퍼시스턴트 메모리 직접 액세스(DAX)

리눅스 및 윈도우즈에서 DAX라고 불리는 운영 체제의 퍼시스턴트 메모리 직접 액세스 기능은 이전 섹션에서 설명한 메모리 맵핑 파일 인터페이스를 사용하지만, 데이터를 저장할 때, 그리고 메모리로 사용할 때, 퍼시스턴트 메모리의 기본 기능을 활용합니다. 퍼시스턴트 메모리는 기본적으로 응용 프로그램 메모리로 맵핑될 수 있으므로 운영 체제가 휘발성 메모리에 파일을 캐싱할 필요가 없습니다.

DAX를 사용하기 위해 시스템 관리자는 퍼시스턴트 메모리에 파일 시스템을 생성하고 해당 파일 시스템을 운영 체제의 파일 시스템 트리에 마운트해야 합니다. 리눅스 사용자의 경우 퍼시스턴트 메모리 장치는 `/dev/pmem*` 디렉토리에 디바이스 스페셜 파일로 보입니다. 퍼시스턴트 메모리 장치를 확인하기 위해 시스템 관리자는 리스트 3-3 및 3-4에 표시된 `ndctl` 및 `ipmctl` 유틸리티를 사용할 수 있습니다.

리스트 3-3. 리눅스에서 퍼시스턴트 메모리 물리적 장치 및 영역 표시

```
# ipmctl show -dimm
DimmID ¦ Capacity  ¦ HealthState ¦ ActionRequired ¦ LockState ¦ FWVersion
==============================================================================
0x0001 ¦ 252.4 GiB ¦ Healthy     ¦ 0              ¦ Disabled  ¦ 01.02.00.5367
0x0011 ¦ 252.4 GiB ¦ Healthy     ¦ 0              ¦ Disabled  ¦ 01.02.00.5367
0x0021 ¦ 252.4 GiB ¦ Healthy     ¦ 0              ¦ Disabled  ¦ 01.02.00.5367
0x0101 ¦ 252.4 GiB ¦ Healthy     ¦ 0              ¦ Disabled  ¦ 01.02.00.5367
0x0111 ¦ 252.4 GiB ¦ Healthy     ¦ 0              ¦ Disabled  ¦ 01.02.00.5367
0x0121 ¦ 252.4 GiB ¦ Healthy     ¦ 0              ¦ Disabled  ¦ 01.02.00.5367
0x1001 ¦ 252.4 GiB ¦ Healthy     ¦ 0              ¦ Disabled  ¦ 01.02.00.5367
0x1011 ¦ 252.4 GiB ¦ Healthy     ¦ 0              ¦ Disabled  ¦ 01.02.00.5367
0x1021 ¦ 252.4 GiB ¦ Healthy     ¦ 0              ¦ Disabled  ¦ 01.02.00.5367
0x1101 ¦ 252.4 GiB ¦ Healthy     ¦ 0              ¦ Disabled  ¦ 01.02.00.5367
0x1111 ¦ 252.4 GiB ¦ Healthy     ¦ 0              ¦ Disabled  ¦ 01.02.00.5367
0x1121 ¦ 252.4 GiB ¦ Healthy     ¦ 0              ¦ Disabled  ¦ 01.02.00.5367
# ipmctl show -region
SocketID ¦ ISetID             ¦ PersistentMemoryType ¦ Capacity   ¦ FreeCapacity ¦ HealthState
=================================================================================================
0x0000   ¦ 0x2d3c7f48f4e22ccc ¦ AppDirect            ¦ 1512.0 GiB ¦ 0.0 GiB      ¦ Healthy
0x0001   ¦ 0xdd387f488ce42ccc ¦ AppDirect            ¦ 1512.0 GiB ¦ 1512.0 GiB   ¦ Healthy
```

리스트 3-4. 리눅스에서 퍼시스턴트 메모리 물리적 장치, 영역 및 네임 스페이스 표시

```
# ndctl list -DRN
{
    "dimms":[
    {
        "dev":"nmem1",
            "id":"8089-a2-1837-00000bb3",
            "handle":17,
            "phys_id":44,
            "security":"disabled"
    },
    {
        "dev":"nmem3",
        "id":"8089-a2-1837-00000b5e",
        "handle":257,
        "phys_id":54,
        "security":"disabled"
    },
    [...snip...]
    {
        "dev":"nmem8",
        "id":"8089-a2-1837-00001114",
        "handle":4129,
        "phys_id":76,
```

```
        "security":"disabled"
    }
    ],
    "regions":[
    {
        "dev":"region1",
        "size":1623497637888,
        "available_size":1623497637888,
        "max_available_extent":1623497637888,
        "type":"pmem",
        "iset_id":-2506113243053544244,
        "mappings":[
        {
            "dimm":"nmem11",
            "offset":268435456,
            "length":270582939648,
            "position":5
        },
        {
            "dimm":"nmem10",
            "offset":268435456,
            "length":270582939648,
            "position":1
        },
        {
            "dimm":"nmem9",
            "offset":268435456,
            "length":270582939648,
            "position":3
        },
        {
            "dimm":"nmem8",
            "offset":268435456,
            "length":270582939648,
            "position":2
        },
        {
            "dimm":"nmem7",
            "offset":268435456,
            "length":270582939648,
            "position":4
        },
        {
            "dimm":"nmem6",
            "offset":268435456,
            "length":270582939648,
            "position":0
        }
        ],
```

```
        "persistence_domain":"memory_controller"
    },
    {
        "dev":"region0",
        "size":1623497637888,
        "available_size":0,
        "max_available_extent":0,
        "type":"pmem",
        "iset_id":3259620181632232652,
        "mappings":[
        {
            "dimm":"nmem5",
            "offset":268435456,
            "length":270582939648,
            "position":5
        },
        {
            "dimm":"nmem4",
            "offset":268435456,
            "length":270582939648,
            "position":1
        },
        {
            "dimm":"nmem3",
            "offset":268435456,
            "length":270582939648,
            "position":3
        },
        {
            "dimm":"nmem2",
            "offset":268435456,
            "length":270582939648,
            "position":2
        },
        {
            "dimm":"nmem1",
            "offset":268435456,
            "length":270582939648,
            "position":4
        },
        {
            "dimm":"nmem0",
            "offset":268435456,
            "length":270582939648,
            "position":0
        }
        ],
        "persistence_domain":"memory_controller",
        "namespaces":[
```

```
        {
            "dev":"namespace0.0",
            "mode":"fsdax",
            "map":"dev",
            "size":1598128390144,
            "uuid":"06b8536d-4713-487d-891d-795956d94cc9",
            "sector_size":512,
            "align":2097152,
            "blockdev":"pmem0"
        }
        ]
    }
    ]
}
```

/dev/pmem* 장치를 사용하여 파일 시스템을 생성하고 마운트하면 리스트 3-5와 같이 df 명령을 사용하여 파일 시스템을 확인할 수 있습니다.

리스트 3-5. 리눅스에서 퍼시스턴트 메모리 확인하기

```
$ df -h /dev/pmem*
Filesystem      Size    Used        Avail Use%   Mounted on
/dev/pmem0      1.5T     77M         1.4T  1%    /mnt/pmemfs0
/dev/pmem1      1.5T     77M         1.4T  1%    /mnt/pmemfs1
```

윈도우즈 개발자는 리스트 3-6에서와 같이 PowerShellCmdlet을 사용합니다. 두 경우 모두 관리자가 파일 생성 권한을 부여하면 퍼시스턴트 메모리에 하나 이상의 파일을 생성한 후 리스트 3-1 및 3-2의 코드와 같이 해당 파일을 응용 프로그램에 맵핑할 수 있습니다.

리스트 3-6. 윈도우즈에서 퍼시스턴트 메모리 찾기

```
PS C:\Users\Administrator> Get-PmemDisk
Number Size Health Atomicity Removable Physical device IDs Unsafe shutdowns
------ ---- ------ --------- --------- ------------------- ----------------
2 249 GB Healthy None True {1} 36
PS C:\Users\Administrator> Get-Disk 2 | Get-Partition
PartitionNumber  DriveLetter  Offset    Size       Type
---------------  -----------  ------    ----       ----
1                             24576     15.98 MB   Reserved
2                D            16777216  248.98 GB  Basic
```

퍼시스턴트 메모리를 파일로 관리하면 몇 가지 이점이 있습니다.

- 주요 파일 시스템들의 다양한 기능을 활용하여 사용자가 퍼시스턴트 메모리 파일 및 디렉토리의 이름을 지정하여 관리하고 접근을 제한할 수 있습니다.
- 여러 사용자간에 퍼시스턴트 메모리를 공유하고 퍼시스턴트 메모리에 저장된 데이터를 보호하기 위해서 기존 파일 시스템의 접근 권한 관리 방법을 사용할 수 있습니다.
- 시스템 관리자는 파일 시스템의 수정 히스토리를 추적하여 변경된 내역만 백업하는 기존 백업 도구를 사용할 수 있습니다.
- 앞에서 설명한 대로 기존의 메모리 맵핑 API를 사용할 수 있고, 이미 메모리 맵핑 파일을 사용하는 응용 프로그램은 별도의 수정 없이 바로 퍼시스턴트 메모리를 사용할 수 있습니다.

퍼시스턴트 메모리상에 파일을 생성하고 오픈하면, 응용 프로그램은 `mmap()` 또는 `MapViewOfFile()` 함수를 호출하여 퍼시스턴트 메모리를 가리키는 포인터를 가져옵니다. 그림 3-5은 퍼시스턴트 메모리 상에 있는 파일을 퍼시스턴트 메모리 인식 파일 시스템이 CPU의 메모리 관리 장치(MMU)를 통해 응용 프로그램의 주소 공간에 직접 맵핑하는 것을 보여주고 있습니다. 커널 메모리에 복사본을 만들 필요가 없고 스토리지 동기화를 위해 I/O 작업을 할 필요가 않습니다. 응용 프로그램은 `mmap()` 또는 `MapViewOfFile()` 함수 호출을 통해 얻은 포인터를 사용하여 퍼시스턴트 메모리에 있는 데이터를 직접 접근할 수 있습니다. 커널 I/O 작업이 필요하지 않고 전체 파일이 응용 프로그램의 메모리에 맵핑되기 때문에 I/O를 통해 접근하는 스토리지의 파일과 비교할 때 더 높고 안정적인 성능으로 많은 데이터를 처리할 수 있습니다.

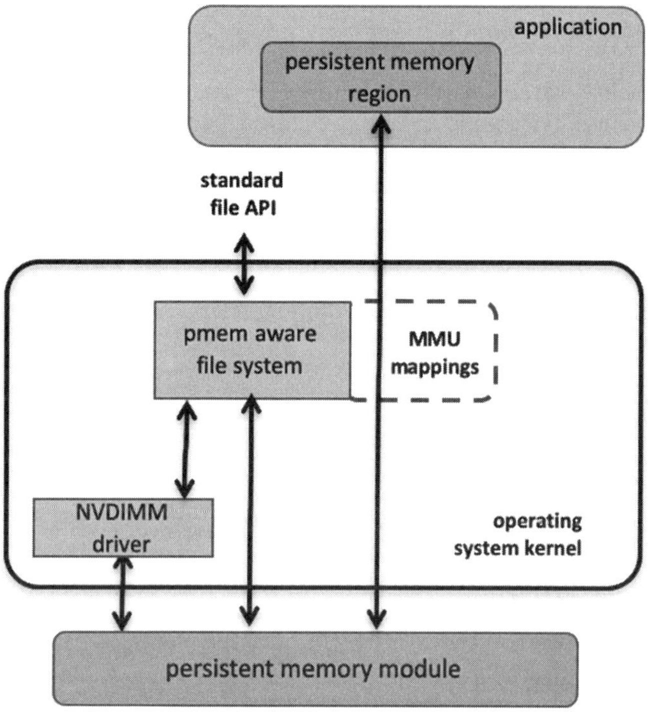

그림 3-5. 커널을 통한 직접 액세스(DAX) I/O 및 표준 파일 API I/O 경로

리스트 3-7은 DAX를 사용하여 문자열을 퍼시스턴트 메모리에 직접 쓰는 C 소스 코드 예제를 보여줍니다. 이 예제는 리눅스 및 윈도우즈에 포함된 **libpmem**이라는 퍼시스턴트 메모리 API 라이브러리를 사용합니다. 이후 장에서 이러한 라이브러리에 대해 자세히 설명하겠지만 **libpmem**이 제공하는 두 함수를 사용하는 방법을 이 예제에서 설명하겠습니다. **libpmem**의 API는 리눅스와 윈도우즈에서 동일하며 운영 체제 간의 차이점을 숨겼기 때문에 이 예제 코드는 두 운영 체제 플랫폼에서 모두 사용 가능합니다.

리스트 3-7. DAX 프로그램 예제

```
#include <sys/types.h>
#include <sys/stat.h>
#include <fcntl.h>
#include <stdio.h>
#include <errno.h>
#include <stdlib.h>
#ifndef _WIN32
#include <unistd.h>
#else
```

```
#include <io.h>
#endif
#include <string.h>
#include <libpmem.h>

/* Using 4K of pmem for this example */
#define PMEM_LEN 4096

int
main(int argc, char *argv[])
{
    char *pmemaddr;
    size_t mapped_len;
    int is_pmem;

    if (argc != 2) {
        fprintf(stderr, "Usage: %s filename\n",
        argv[0]);
        exit(1);
    }

    /* Create a pmem file and memory map it. */
    if ((pmemaddr = pmem_map_file(argv[1], PMEM_LEN,
            PMEM_FILE_CREATE, 0666, &mapped_len,
            &is_pmem)) == NULL) {
        perror("pmem_map_file");
        exit(1);
    }

    /* Store a string to the persistent memory. */
    char s[] = "This is new data written to the file";
    strcpy(pmemaddr, s);

    /* Flush our string to persistence. */
    if (is_pmem)
        pmem_persist(pmemaddr, sizeof(s));
    else
        pmem_msync(pmemaddr, sizeof(s));

    /* Delete the mappings. */
    pmem_unmap(pmemaddr, mapped_len);

    printf("Done.\n");
    exit(0);
}
```

- **38-42행** : include 파일에 대한 리눅스와 윈도우즈의 차이점을 처리합니다.
- **44행** : 이 예제에서 사용된 `libpmem` API의 헤더 파일을 include합니다.
- **56-60행** : 명령어 전달 인자에서 pathname 매개 변수를 가져옵니다.
- **63-68행** : `libpmem`의 `pmem_map_file()` 함수는 윈도우즈와 리눅스 모두에서 파일을 열고 주소 공간에 파일을 맵핑합니다. 파일은 퍼시스턴트 메모리에 상주하므로 퍼시스턴트 메모리 영역을 응용 프로그램의 가상 주소 공간에 맵핑하도록 운영 체제는 CPU에 있는 하드웨어 MMU를 프로그래밍합니다. 포인터 `pmemaddr`은 맵핑된 메모리 영역의 시작 주소로 설정됩니다. `pmem_map_file()` 함수는 커널 메모리를 사용하여 디스크 기반 파일을 메모리 맵핑하거나, 또는 퍼시스턴트 메모리를 직접 맵핑하는 데 사용될 수 있으므로, 파일이 퍼시스턴트 메모리에 상주하는 경우 `is_pmem`은 TRUE로 설정되고 커널 메모리를 통해 맵핑되는 경우에는 `FALSE`로 설정됩니다.
- **72행** : 퍼시스턴트 메모리에 문자열을 씁니다.
- **75-78행** : 파일이 퍼시스턴트 메모리에 상주하는 경우, `pmem_persist` 함수는(2장에서 설명한) 사용자 레벨 명령어를 사용하여 문자열이 CPU 캐시를 거쳐 정전 보호 도메인으로 플러시되고 궁극적으로 퍼시스턴트 메모리로 플러시 되도록 합니다. 만일 파일이 디스크 기반 스토리지에 있는 경우 리눅스 `mmap()` 또는 윈도우즈 `FlushViewOfFile()`을 사용하여 스토리지로 플러시합니다. `msync()` 또는 `FlushViewOfFile()`을 사용할 때 페이지 단위로 플러시를 하지 않고, 페이지보다 작은 크기(이 예제에서는 사용된 문자열 크기)를 플러시하도록 요청할 수 있습니다.
- **81행** : 마지막으로 퍼시스턴트 메모리 영역을 맵핑 해제합니다.

요약

그림 3-6은 이 장에서 설명하는 운영 체제의 전체 모습을 보여줍니다. 앞에서 설명한 것처럼 응용 프로그램은 퍼시스턴트 메모리를 빠른 SSD로 사용하거나, 퍼시스턴트 메모리 인식 파일 시스템을 통해 직접 사용하거나, DAX 옵션을 사용하여 응용 프로그램의 메모리 공간에 직접 맵핑하여 사용할 수 있습니다. DAX는

파일을 메모리에 맵핑하기 위해 운영 체제를 활용하지만 퍼시스턴트 메모리를 응용 프로그램의 주소 공간에 직접 맵핑하기 위해서 서버의 하드웨어의 기능을 활용합니다. 따라서 메모리와 스토리지 간에 데이터를 이동할 필요가 없습니다. 다음 몇 장에서는 퍼시스턴트 메모리에 있는 데이터를 직접 접근할 때 고려해야 할 사항을 설명하고 개발을 단순하게 만들어 줄 API에 대해 설명하겠습니다.

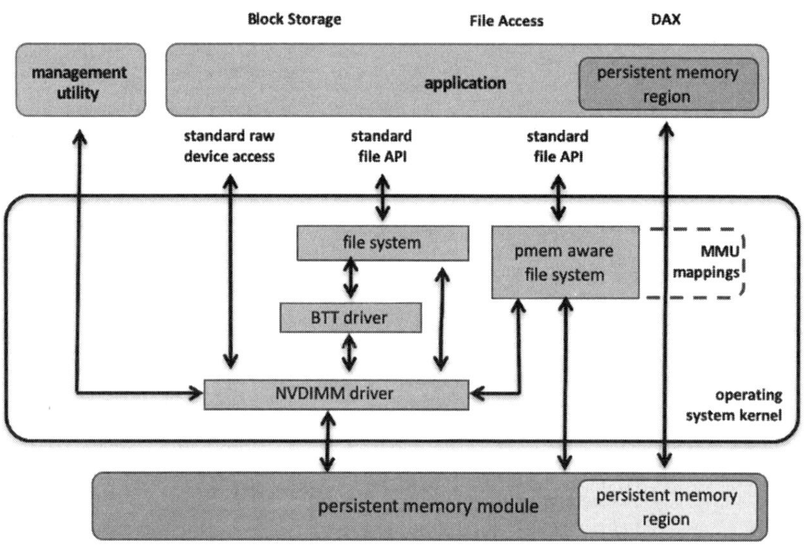

그림 3-6. 퍼시스턴트 메모리 프로그래밍 인터페이스

제4장 퍼시스턴트 메모리 프로그래밍의 기본 개념

3장에서는 운영 체제가 퍼시스턴트 메모리를 메모리 맵핑된 파일로 응용 프로그램에게 보여주는 방법을 살펴보았습니다. 이 장에서는 이러한 기본 모델을 기반으로, 퍼시스턴트 메모리 프로그래밍에서 발생하는 문제들을 살펴보겠습니다. 이러한 문제들을 이해하는 것은 퍼시스턴트 메모리 프로그래밍을 하는데 있어 필수적입니다. 특히 시스템 장애 및 정전과 같은 문제로 인해 응용 프로그램이 중단되었을 때 어떻게 복구할 것인지 계획을 세울 때 특히 필요합니다. 그러나 이러한 문제들이 있다고 해서 퍼시스턴트 메모리 프로그래밍을 어려워할 필요는 없습니다. 5장에서는 기존 솔루션을 활용하여 프로그래밍하는 시간을 단축시키고 복잡성을 줄이는 방법에 대해 설명합니다.

무엇이 다른가요?

응용 프로그램 개발자는 일반적으로 메모리에 상주하는 자료 구조와 스토리지에 상주하는 자료 구조를 따로 고려합니다. 데이터 센터 응용 프로그램의 경우 개발자는 시스템 장애가 발생하여도 스토리지에서는 일관된 자료 구조를 유지 관리하기 위해 주의합니다. 이러한 일관된 자료 구조 문제는 일반적으로 변경 사항을 로그에 기록한 다음 영구적인 스토리지로 플러시하는 로그 선행 기입(Write-Ahead Logging)과 같은 로깅 기술을 사용하여 해결합니다. 데이터를 수정하던 프로세스가 중단되어도 응용 프로그램은 로그에 충분한 정보가 있으면 다시 시작하여 작업을 완료할 수 있게 됩니다. 이와 같은 기술은 오랫동안 사용되어 왔습니다. 그러나 올바른 로깅을 구현하기 위해서는 개발 및 유지 관리에 많은 시간이 소요됩니다. 개발자는 종종 일관성을 제공하기 위해 데이터베이스, 라이브러리 및 최신 파일 시스템을 조합하여 사용합니다. 그럼에도 불구하고, 궁극적으로 응용 프로그램 및 시스템 장애로부터 복구할 때와 실행 중 스토리지에 일관된 자료 구조를 유지하는 방법을 설계하는 것은 응용 프로그램 개발자의 책임입니다.

응용 프로그램 개발자는 프로그램 실행 중 메모리에 상주하는 자료 구조의 일관성을 스토리지에 상주하는 자료 구조와는 다르게 유지해야합니다. 응용 프로그램에서 동일한 자료 구조에 접근하는 여러 스레드가 있는 경우 락(Lock)을 사용하여 한 스레드가 복잡한 자료 구조를 변경할 때, 다른 스레드가 일부만 변경된 자료 구조를 보지 못하게 막을 수 있습니다. 응용 프로그램이 종료되거나 장애를 일으키거나 시스템이 죽으면 메모리의 내용은 없어지므로 스토리지에 상주하는 자료 구조처럼 메모리에 상주하는 자료 구조의 일관성을 유지할 필요는 없습니다.

프로그램을 실행할 때마다 스토리지에 저장한 데이터는 유지되지만 메모리에 저장한 내용은 사라진다는 가정은 너무 당연하게 받아들여지는 내용이라, 대부분의 개발자들은 응용 프로그램을 개발할 때 이에 관해 많은 생각을 하지 않습니다. 퍼시스턴트 메모리가 다른 점은 영속성을 가진다는 것인데, 이로 인해 퍼시스턴트 메모리는 스토리지와 메모리에 대한 모든 고려 사항을 검토해야 합니다. 응용 프로그램은 매번 실행 시 그리고 재부팅 시에 일관된 자료 구조를 유지해야 하며, 메모리에 상주하는 자료 구조에 필요한 멀티 스레드용 락(Lock)을 사용해서 데이터를 안전하게 관리해야 합니다.

퍼시스턴트 메모리가 스토리지와 비슷한 속성을 가진다면 스토리지용으로 오랫동안 개발되어온 코드를 사용하는 것이 어떨까요? 스토리지용 코드를 사용하는 방법은 가능합니다. 퍼시스턴트 메모리에서 스토리지 API를 사용하는 것은 우리가 이미 3장에서 설명한 프로그래밍 모델입니다. 만일 기존 스토리지 API를 퍼시스턴트 메모리용으로 사용해도 충분히 빠르며 응용 프로그램이 요구하는 바가 충족되는 경우 별도의 수정 작업이 필요하지 않습니다. 그러나 자료 구조를 직접(in-place) 영속성 있게 쓸 수 있으며 바이트 단위로 읽고 쓰는 퍼시스턴트 메모리의 장점을 최대한 활용하기 위해서는, 응용 프로그램은 블록 스토리지 스택을 사용하는 대신 메모리 맵을 사용하여 퍼시스턴트 메모리를 직접 접근해야 합니다. 이렇게 하면 데이터에 접근하는 경로에서 버퍼 기반 스토리지 API를 제거할 수 있습니다.

원자성 업데이트(Atomic Updates)

퍼시스턴트 메모리를 지원하는 플랫폼들은 원자성을 가지는 메모리 연산자들을 가지고 있습니다. 인텔 하드웨어에서 원자성 있게 퍼시스턴트 메모리에 저장할 수 있는 단위는 8 바이트입니다. 따라서, 8로 나누어지는 메모리 주소에 저장된 8바이트 데이터들에 대해 store 연산을 수행하는 중 만일 시스템이 죽는다면, 복구 시 해당 8 바이트 메모리 공간에는 이전 내용이 저장되어 있거나 새 내용이 저장되어 있게 됩니다. 즉, 원자성 있게 쓰입니다. 인텔 프로세서에는 8 바이트 보다 큰 데이터를 저장하는 명령어도 있지만 그러한 명령어들은 원자성 있게 수행되지 않으므로 정전과 같은 이벤트로 인해 데이터가 부분적으로만 업데이트될 수 있습니다.

메모리에 상주하는 자료 구조를 업데이트하려면 때로 여러 명령이 필요하기 때문에 두 명령 사이에서 전원이 손실될 수 있고, 그러한 경우 수정한 자료 구조의 내용이 일부만 반영될 수 있습니다. 실행 중 락(Lock)을 사용하는 것은 다른 스레드가 부분적으로 변경된 내용을 보지 못하게 하지만 락은 고장 원자성(Failure atomicity)을 보장하지 않습니다. 응용 프로그램이 퍼시스턴트 메모리로 8 바이트보다 큰 변경을 수행해야 하는 경우 인텔 하드웨어가 원자성을 보장해주는 기본 8 바이트 연산들을 조합하여 하나의 원자성 있는 연산으로 결합해야 합니다.

트랜잭션

여러 명령어들을 조합하여 하나의 원자성 있는 작업으로 결합하는 것을 일반적으로 트랜잭션이라고합니다. 데이터베이스 세계에서 약어 ACID는 트랜잭션의 속성(원자성, 일관성, 격리, 및 지속성)을 의미합니다.

원자성(Atomicity)

앞에서 설명한 것처럼 원자성은 여러 연산들로 구성되어 있지만 쪼개지지 않는 하나의 동작으로 실행되는 것으로, 시스템 장애가 발생하더라도 모든 연산이 다 수행되거나 모두 다 수행되지 않는 것을 의미합니다. 퍼시스턴트 메모리의 경우 가장 일반적으로 사용되는 방법들은 다음과 같습니다.

- **Redo 로깅** : 수정 사항이 로그에 먼저 기록되는 것으로, 로그에 적었지만 완료되지 않은 연산을 복구 시에 재실행합니다(Roll forward).
- **Undo 로깅** : 수정 사항을 취소 할 수 있는 정보를 로그에 기록하는 것으로, 복구 시에는 수정되기 전 데이터로 되돌립니다(Rollback).
- 원자성 포인터 업데이트: 이전 데이터를 가리키는 하나의 포인터를 새로운 데이터를 가리키는 하나의 포인터로 원자성 있게 변경합니다.

이 목록에 포함되지 않는 방법도 있으며, 다소 복잡 할 수 있는 세부 정보는 생략하였습니다. 한 가지 고려해야 할 사항은 트랜잭션에 종종 메모리 할당/해제가 포함된다는 것입니다. 예를 들어, 트리 자료 구조에 노드를 추가하는 트랜잭션에는 일반적으로 새 노드의 할당이 포함됩니다. 트랜잭션이 롤백(rollback)되면 메모리 누수(memory leak)를 방지하기 위해 메모리를 비워야합니다. 여러 퍼시스턴트 메모리 공간을 할당하고 해제하는 작업을 수행하는 트랜잭션을 생각해보십시오. 이 모든 메모리 할당/해제 작업은 하나의 원자성 있는 작업이어야 합니다. 이 트랜잭션을 구현하는 것은 단순히 새로운 값을 로그에 쓰거나 단일 포인터를 업데이트하는 것보다 훨씬 더 복잡합니다.

일관성(Consistency)

일관성은 트랜잭션이 한 유효한 상태에서 다른 유효한 상태로만 자료 구조가 수정될 수 있음을 의미합니다. 퍼시스턴트 메모리의 경우 일반적으로 멀티 스레드들이 자료 구조를 안전하게 업데이트하기 위해 사용하는 락(Lock)이 일관성 있는 상태를 표시하는 지점이 되는 경우가 많습니다. 자료 구조가 업데이트 되고 있는 중간 상태를 보는 것이 허용되어서는 안되는 경우, 락을 사용하여 다른 스레드가 자료 구조를 보는 것을 방지할 수 있고, 다른 스레드가 자료 구조의 상태를 봐도 안전한 경우에는 락을 해제하기 때문입니다.

격리(Isolation)

최신 응용 프로그램들에서는 멀티 스레딩을 사용하는 것이 일반적입니다. 격리(Isolation)는 여러 트랜잭션들이 동시에 자료 구조를 업데이트해도 하나씩 순차적으로 실행한 것과 동일한 효과를 갖게 하는 것입니다. 런타임시 퍼시스턴트 메모리 업데이트에 대한 격리는 일반적으로 락을 통해 이루어집니다. 퍼시스턴트 메모리는 비휘발성이므로 응용 프로그램이 중단될 때 수행 중이던 트랜잭션들은 격리되어야 합니다. 퍼시스턴트 메모리 프로그래머는 일반적으로 프로그램을 재시작할 때 이러한 상황을 감지하고 다른 스레드가 자료 구조에 접근하기 전에 부분적으로 완료된 트랜잭션은 적절하게 앞으로 계속 진행시키거나 취소하여 되돌려야 합니다.

지속성(Durability)

트랜잭션이 완료될 때 영속성을 갖는 저장 장치에 저장되면 트랜잭션은 지속성을 가지게 됩니다. 만일 시스템 전원이 꺼지거나 그 시점에서 시스템 장애가 발생하더라도 트랜잭션은 완료된 상태로 유지됩니다. 이것은 2장에서 설명했듯이 트랜잭션의 변경 사항을 CPU 캐시에서 플러시해야 함을 의미합니다. 이는 리눅스 msync() 호출과 같은 표준 API 또는 Intel의 CLWB와 같은 플랫폼별 명령을 사용하여 수행할 수 있습니다. 퍼시스턴트 메모리에서 트랜잭션 기능을 구현할 때는 자료 구조를 수정하기 전에 로그가 퍼시스턴트 메모리에 플러시되어야 하고, 트랜잭션이 완료된 것으로 간주되기 전에 변경 사항을 퍼시스턴트 메모리에 플러시해야 합니다.

지속성 속성의 또 다른 측면은 응용 프로그램이 시작될 때 정보를 다시 찾는 기능입니다. 이는 스토리지의 경우 너무 당연한 것으로 간주됩니다. 파일 이름 및 디렉토리 이름과 같은 메타데이터는 스토리지에서 응용 프로그램의 상태를 찾는 데 사용됩니다. 퍼시스턴트 메모리의 경우에도, 3장에 설명된 프로그래밍 모델처럼 동일합니다. 여기서 퍼시스턴트 메모리는 먼저 DAX(Direct Access) 파일 시스템에서 파일을 연 다음 해당 파일을 메모리 맵핑하여 액세스합니다. 그러나 메모리 맵핑된 파일은 가공되지 않은 데이터 일뿐입니다. 응용 프로그램은 메모리 맵핑된 파일에 저장된 자료 구조를 어떻게 찾을 수 있을까요? 퍼시스턴트 메모리의 경우, 자료 구조의 시작점으로 사용할 최소한 하나의 잘 알려진 위치가 있어야합니다. 이것을 우리는 루트 객체라고 부릅니다(7장에서 설명). 루트 개체는 PMDK 내의 많은 고급 라이브러리에서 데이터에 접근하는 데 사용됩니다.

플러싱과 트랜잭션의 차이점

플러시 개념을 트랜잭션 업데이트와 분리하는 것이 중요합니다. 리눅스의 `msync()`와 `fsync()`, 그리고 윈도우즈의 `FlushFileBuffers()` 시스템 콜을 사용하여 변경 사항을 스토리지에 플러시하여 업데이트하는 것은 트랜잭션이 아닙니다. 응용 프로그램은 스토리지 변경 사항을 플러시하는 것뿐만 아니라 스토리지에 저장된 자료 구조의 일관성(consistency)을 유지해야 합니다. 퍼시스턴트 메모리의 경우에도 마찬가지입니다. 3장에서 보여준 간단한 프로그램은 문자열을 퍼시스턴트 메모리에 저장한 다음 수정된 사항을 플러시하여 영속성을 가지게 만들었습니다. 그러나, 이 코드는 트랜잭션이 아니었고, 만일 시스템이 장애를 일으키면, 변경된 내용은 완전히 손실될 수도 있고 부분적으로 손실될 수도 있으며 손실이 없는 상태일 수도 있는 등, 어떠한 상태가 될지 알 수 없습니다.

캐시의 기본 속성은 성능을 향상시키기 위해 데이터를 임시적으로 보관하지만 트랜잭션이 커밋 될 준비가 될 때까지 데이터를 보유하지는 않는다는 것입니다. 정상적인 시스템 활동으로 인해 캐시는 보관하던 데이터를 언제든 그리고 어떤 순서로든 제거할 수 있습니다. 3장의 예제 프로그램이 정전으로 인해 중단된 경우, 저장된 문자열의 순서와 상관없이 어떠한 부분도 손실될 수 있습니다. 캐시 플러시 작업은 아직 플러시되지 않은 데이터을 플러시하는 것이지 내가 수정한 데이터 모두를 지금 바로 플러시하는 것은 아닙니다.

마지막으로, 2장 그림 2-5의 의사 결정 트리에서 보았듯이, 캐시 플러시가 별도로 필요하지 않은 플랫폼도 있습니다. 예를 들어 정전 시 CPU 캐시가 자동으로 플러시되는 플랫폼이 이에 해당합니다. 그러나, 플러시 명령어가 필요하지 않은 플랫폼에서도, 자료 구조의 일관성을 유지하기 위해서는 트랜잭션이 필요합니다.

프로그램 시작 시 체크해야 할 것들

2장의 그림 2-5 및 2-6는 퍼시스턴트 메모리를 사용할 때 응용 프로그램이 체크해야 하는 일들을 순서도로 보여주고 있습니다. 이러한 체크 사항들은 플랫폼의 세부 정보, 사용 가능한 명령어들, 미디어의 오류 여부 등을 감지하는 일들입니다. 스토리지의 경우에는 이러한 작업들을 운영 체제의 스토리지 스택에서 처리합니다. 그러나 퍼시스턴트 메모리는 파일이 메모리에 맵핑되면 데이터에 접근할 때 커널을 사용하지 않고 직접 액세스를 할 수 있습니다.

프로그래머는 3장의 예제와 같이 퍼시스턴트 메모리를 맵핑하고 바로 사용해보려는 유혹을 받을 수 있습니다. 그러나, 상용 프로그램 수준의 프로그래밍을 하는 경우에는 프로그램 시작 시 체크해야하는 것들을 반드시 해야 합니다. 예를 들어, 그림 2-5의 검사를 건너뛰면 플러싱이 필요 없는 하드웨어에서 불필요하게 CPU 캐시를 플러시하고 응용 프로그램의 성능이 저하될 수 있습니다. 그림 2-6의 검사를 건너뛰면 저장 장치에 오류가 있어도 무시하게 되어 응용 프로그램이 손상된 데이터를 사용하여 예측할 수 없는 이상 동작이 발생할 수 있습니다.

하드웨어에 맞춘 튜닝

큰 자료 구조를 복사하여 퍼시스턴트 메모리에 영구적으로 저장하려면 다음 몇 가지 방법들을 사용할 수 있습니다. 일반적인 store 명령을 사용하여 데이터를 복사한 다음 필요한 경우 캐시를 플러시하거나, CPU 캐시를 우회하는 인텔의 NT 스토어 명령과 같은 특수 명령어를 사용할 수 있습니다. 한가지 고려해야 할 사항은 퍼시스턴트 메모리에 쓰는 성능이 일반 메모리에 쓰는 것보다 느릴 수 있으므로, 퍼시스턴트 메모리에 저장하기 전에 여러 개의 작은 쓰기를 모아 하나의 큰 쓰기 연산으로 결합하여 가능한 한 효율적으로 퍼시스턴트 메모리에 저장하는 것이 좋습니다. 퍼시스턴트 메모리에 쓰는 최적의 크기는 퍼시스턴트 메모리 제품의 특성뿐 아니라 퍼시스턴트 메모리가 설치된 플랫폼에 따라 다를 수 있습니다. 즉, 퍼시스턴트 메모리를 사용할 때 플랫폼마다 특성이 다르기 때문에 상용 소프트웨어 품질의 응용 프로그램은 대상 플랫폼에서 최상의 성능을 발휘하도록 튜닝되어야 합니다. 물론, 이 튜닝 작업을 쉽게 만드는 한 가지 방법은 이미 튜닝 및 검증된 라이브러리 또는 미들웨어를 활용하는 것입니다.

요약

이 장에서는 퍼시스턴트 메모리 프로그래밍의 기본 개념에 대한 개요를 알아보았습니다. 퍼시스턴트 메모리를 사용하는 응용 프로그램을 개발할 때는 다음 몇 가지 문제들을 신중하게 처리해야 합니다.

- 원자성 업데이트
- 플러싱과 트랜잭션의 차이점
- 프로그램 시작 시 체크해야할 것들
- 하드웨어에 맞게 튜닝

상용 소프트웨어 품질의 응용 프로그램에서 이러한 어려운 문제들에 잘 대처하기 위해서는 복잡한 프로그래밍과 광범위한 테스트, 그리고 성능 분석이 필요합니다. 다음 장에서는 이러한 문제를 응용 프로그램 개발자가 해결할 수 있게 도와주는 퍼시스턴트 메모리 개발 키트(PMDK)를 소개합니다.

제5장 퍼시스턴트 메모리 개발 키트 입문

이전 장에서는 퍼시스턴트 메모리의 고유한 속성을 소개했으며 퍼시스턴트 메모리를 위한 프로그램 작성은 쉽지 않다는 것을 알아보았습니다. 퍼시스턴트 메모리에 대한 코드를 연구해 보았거나 개발해 본 사람은 쉽지 않다는 것에 동의할 것입니다. 퍼시스턴트 메모리를 활용하는 프로그래밍을 쉽게 만들기 위해 인텔은 PMDK(Persistent Memory Development Kit)를 개발했습니다. PMDK 개발팀은 어떠한 종류의 퍼시스턴트 메모리를 사용하여도 퍼시스턴트 메모리 프로그래밍을 하는데 있어 PMDK는 표준 라이브러리가 되어 다양한 문제들에 대한 일반적인 솔루션을 제공할 것으로 예상합니다.

배경

PMDK는 대규모 오픈 소스 라이브러리 및 도구들의 모음으로 발전하여 응용 프로그램 개발자 및 시스템 관리자가 퍼시스턴트 메모리를 쉽게 관리하고 사용할 수 있게 합니다. PMDK는 운영 체제가 퍼시스턴트 메모리를 지원할 수 있게 수정되는 동안 함께 개발되었기 때문에, 운영 체제가 퍼시스턴트 메모리를 지원하기 위해 제공하는 모든 기능을 운영 체제 인터페이스를 통해 활용할 수 있습니다.

PMDK 라이브러리는 3장에서 설명한 SNIA NVM 프로그래밍 모델을 기반으로 개발되었습니다. PMDK 라이브러리는 SNIA 모델을 다양하게 확장하였는데, 운영 체제가 제공하는 기능을 사용하기 쉬운 함수로 제공하기도 하고, 퍼시스턴트 메모리를 위한 복잡한 자료 구조와 알고리즘을 제공하기도 합니다. 즉, 개발자는 어느 레벨의 함수가 자신에게 필요한 가장 적합한 수준의 함수인지 잘 파악하여 결정을 내릴 책임이 있습니다.

PMDK는 자사의 제품을 지원하기 위해 인텔에 의해 개발되었지만 인텔은 PMDK 라이브러리와 도구들이 특정 하드웨어 제조업체 및 플랫폼에 종속적이지 않도록 하기 위해 노력하고 있습니다. 즉, PMDK는 인텔 프로세서 또는 인텔 퍼시스턴트 메모리 장치만을 위한 것은 아닙니다. 리눅스와 마이크로소프트 윈도우즈뿐 아니라 PMDK에 필요한 인터페이스를 제공하는 운영체제라면 어떠한 플랫폼에서도 사용할 수 있습니다. PMDK는

개인, 하드웨어 생산 업체, 및 인터넷 서비스 제공 업체가 PMDK 개발에 참여하는 것을 환영하고 권장합니다. PMDK에는 BSD 3-Clause 라이센스가 있어 개발자가 오픈 소스이든 비공개 코드이든 모든 소프트웨어에 포함시킬 수 있습니다. 이 정책은 개발자들이 필요한 PMDK의 일부 코드만을 선택하여 사용하는 것도 허용합니다.

PMDK는 GitHub(https://github.com/pmem/pmdk)에서 무료로 제공되며 전용 웹사이트는 https://pmem.io 입니다. 매뉴얼 페이지는 PMDK와 함께 제공되며 각 라이브러리의 자체 매뉴얼 페이지에서 온라인으로 제공됩니다. 이 책의 부록 B는 시스템에 설치하는 방법을 설명합니다.

퍼시스턴트 메모리 커뮤니티는 Google 포럼 https://groups.google.com/forum/#!forum/pmem 에 있습니다. 이 포럼에서는 퍼시스턴트 메모리에 관심이 있는 개발자, 시스템 관리자 및 모든 사람들이 질문을 하고 도움을 받을 수 있습니다. 매우 훌륭한 정보를 얻을 수 있는 곳입니다.

올바른 라이브러리 선택

PMDK 내에는 사용할 수 있는 많은 라이브러리가 있으므로 신중하게 옵션을 고려해야 합니다. PMDK는 크게 두 가지 라이브러리 범주를 제공합니다.

1. 휘발성 라이브러리는 퍼시스턴트 메모리의 큰 용량만 활용하려는 경우를 위한 것입니다.
2. 퍼시스턴트 라이브러리는 시스템 장애 시에도 안전한 퍼시스턴트 메모리 알고리즘을 구현하려는 소프트웨어에 사용됩니다.

문제를 가장 잘 해결하는 방법을 결정하려 할 때, 그 문제가 어떤 범주에 속하는지 신중하게 고려해야 합니다. 시스템 장애 시에도 안전한 퍼시스턴트 프로그램을

작성하는 것은 휘발성 프로그램을 작성하는 것과 크게 다릅니다. 잘못된 선택을 하면 코드를 다시 작성해야 할 수도 있습니다.

프로그램의 각 모듈이 필요로 하는 기능이 서로 다르면, 하나의 응용 프로그램이 휘발성 라이브러리와 퍼시스턴트 라이브러리를 함께 사용할 수도 있습니다.

휘발성 라이브러리

휘발성 라이브러리는 일반적으로 퍼시스턴트 메모리를 사용할 수 없는 경우 DRAM으로 대체 될 수 있으므로 사용하기가 더 수월하며, 직관적으로 구현할 수 있습니다. 또한, 워크로드에 따라 다를 수 있지만, 시스템 장애가 발생하디라도 데이터의 일관성을 보장할 필요가 없기 때문에 유사한 퍼시스턴트 라이브러리에 비해 전반적인 오버헤드가 더 낮을 수 있습니다.

이 섹션에서는 휘발성 라이브러리가 무엇인지, 그리고 언제 사용하는 것인지, 등을 포함하여 응용 프로그램에서 퍼시스턴트 메모리를 휘발성 메모리로 사용하는 라이브러리에 관해 살펴봅니다. 각 라이브러리들의 사용 목적은 서로 중복될 수도 있습니다.

libmemkind

`libmemkind`라고 불리는 `memkind` 라이브러리는 `jemalloc` 위에 구축된 사용자 확장 가능 힙 관리자입니다. 메모리의 특성을 제어하고 서로 다른 종류의 메모리 간에 힙을 분할 할 수 있습니다. 서로 다른 종류의 메모리는 가상 주소 범위를 관리하는 운영 체제의 메모리 정책에 의해 정의되어 관리됩니다. `memkind`는 NUMA(Nonuniform Memory Access)를 제어하거나 페이지 크기를 제어할 수 있습니다. `jemalloc` 비표준 인터페이스는 `memkind` 파티션 인터페이스를 통해 운영 체제로부터 가상 메모리를 요청할 수 있는 특별한 메모리 영역(arena)을 활성화하도록 확장되었습니다. 다른 `memkind` 인터페이스를 사용하면, 메모리 파티션 기능들을 확장하거나 제어하고, 활성화된 기능을 선택하면서 메모리를 할당할 수 있습니다. `memkind` 인터페이스를 사용하면 PMEM 유형인 퍼시스턴트 메모리에서 파일-백업 메모리를 만들고 제어할 수 있습니다.

10장에서는 이 라이브러리에 대해 더 자세히 설명합니다. http://memkind.github.io/memkind/에서 **memkind** 라이브러리를 다운로드하고 아키텍처 사양 및 API 설명서를 읽을 수 있습니다. **memkind**는 GitHub https://github.com/memkind/memkind 에서 받을 수 있는 오픈 소스 프로젝트입니다.

언제 사용하나요?

전통적인 프로그래밍 모델을 유지하면서도 휘발성 응용 프로그램의 메모리 객체를 수동으로 퍼시스턴트 메모리로 이동하려면 **libmemkind**를 선택해야 합니다. **memkind** 라이브러리는 익숙한 **malloc()** 및 **free()** 함수를 제공합니다. 퍼시스턴트 메모리를 휘발성으로 사용하려는 경우에 권장되는 메모리 할당자입니다.

최신 메모리 할당자들은 일반적으로 운영 체제로부터 메모리 페이지를 할당받아 제공하기 위해서 익명의 메모리 맵핑(anonymoous memory mapping)을 사용합니다. 대부분의 시스템에서 이는 실제 물리적 메모리가 페이지에 처음 액세스할 때만 할당되어 OS가 물리적 메모리보다 크기가 큰 가상 메모리를 제공할 수 있도록 합니다. 또한, 필요한 경우 익명의 메모리 페이지를 물리적 메모리에서 쫓아낼 수도 있습니다. PMEM과 같은 파일 기반 메모리 유형과 함께 **memkind**를 사용하는 경우 물리적 메모리는 여전히 페이지에 처음 액세스할 때만 할당됩니다. 할당할 수 있는 메모리가 없으면 메모리 할당이 실패하므로 응용 프로그램 내에서 이러한 오류를 처리하는 것이 중요합니다.

여기서 설명한 것들은 메모리 단편화(memory fragmentation)와 같이 수동으로 동적 메모리를 할당하는 경우에 발생할 수 있는 비효율성을 없애는데 중요한 역할을 하며, 이는 사용할 수 있는 메모리 여유 공간이 충분하지 않은 경우에 메모리 할당이 실패할 수 있음을 의미합니다. 따라서 파일 기반 메모리는 불규칙한 할당/할당 해제 패턴이 있는 응용 프로그램의 경우, 메모리 공간 활용도가 낮을 수 있습니다. 이러한 워크로드들은 **libvmemcache**를 사용하는 것이 좋습니다.

libvmemcache

libvmemcache는 DAX(Direct Memory Access)를 사용하는 퍼시스턴트 메모리와 같이, 효율적이고 확장 가능한 메모리 맵핑을 통해, 대용량 메모리를 최대한 활용할 수 있게 하는 내장 가능하고 가벼운 인-메모리 캐싱 솔루션입니다. **libvmemcache**는 다음과 같은 고유한 특성들을 가지고 있습니다.

- 익스텐트-기반 메모리 할당자는 대부분의 인-메모리 데이터베이스에 영향을 미치는 메모리 단편화 문제를 피할 수 있게 하고, 워크로드들이 메모리 공간을 효율적으로 활용할 수 있도록 캐싱을 사용합니다.
- 버퍼 LRU(Buffered LRU) 알고리즘은 기존의 LRU 이중 연결 리스트와 논블로킹(Non-blocking) 링 버퍼(Ring buffer)를 결합하여 최신 멀티 코어 CPU 상에서 높은 확장성을 제공합니다.
- `critnib` 인덱싱 구조는 공간을 효율적으로 사용함과 동시에 높은 성능을 보여줍니다.

캐시는 값의 크기가 큰 경우에 최적의 성능을 보이도록 튜닝 되어 있습니다. 사용 가능한 가장 작은 값의 크기는 256 바이트이시만 `libvmemcache`는 값의 평균 크기가 1KB 이상인 경우에 가장 좋은 성능을 보입니다.

이 라이브러리에 대해서는 10장에서 자세히 설명하겠습니다. `libvmemcache`는 GitHub https://github.com/pmem/vmemcache 에서 받을 수 있는 오픈 소스 프로젝트입니다.

언제 사용하나요?

일반적인 메모리 할당자를 사용하여 캐시를 구현했을 때 만일 워크로드의 공간 효율성이 낮다면 `libvmemcache`를 사용하십시오.

libvmem

`libvmem`은 `libmemkind`에 의해 대체된 더 이상 사용되지 않는 라이브러리입니다. `libvmem`은 메타데이터 및 개체 할당을 모두 파일 기반 맵핑으로 처리하는 `jemalloc` 기반 메모리 할당자입니다. `libvmem` 라이브러리는 https://pmem.io/pmdk/libvmem/에서 받을 수 있는 오픈 소스 프로젝트입니다.

언제 사용하나요?

`libvmem`은 `libvmem`을 사용하는 기존 응용 프로그램이 있거나, 여러 개의 메모리 힙이 완전히 분리될 필요가 있는 경우에만 `libvmem`을 사용하세요. 그렇지 않으면 `libmemkind` 사용하는 것이 좋습니다.

퍼시스턴트 라이브러리

퍼시스턴트 라이브러리는 시스템 장애가 발생하더라도 응용 프로그램이 자료 구조의 일관성을 유지하도록 합니다. 앞에서 설명한 휘발성 라이브러리와는 전혀 다른 새로운 메모리 관리 체계를 사용하며 퍼시스턴트 메모리가 제공하는 새로운 가능성을 최대한 활용할 수 있게 합니다.

libpmem

`libpmem`은 퍼시스턴트 메모리를 위해 운영 체제가 제공하는 기본적인 기능들을 추상화시킨 하위 레벨 C 라이브러리입니다. 플랫폼을 감지하여 플랫폼 내에서 사용 가능한 기능을 자동으로 감지하고 퍼시스턴트 메모리에 최적화된 플러시 및 메모리간 데이터 전송(`memcpy()`) 방법을 선택합니다. 대부분의 응용 프로그램은 적어노 이 라이브러리의 일부를 사용하게 됩니다.

`libpmem` 라이브러리와 관련하여 4장에서는 퍼시스턴트 메모리를 사용하는 응용 프로그램의 요구 사항에 대해 설명했고, 6장에서는 `libpmem` 라이브러리에 대해 자세히 설명합니다.

언제 사용하나요?

이미 메모리 맵핑된 I/O를 사용하는 기존 응용 프로그램을 수정할 때는 `libpmem`을 사용하세요. 이러한 응용 프로그램은 사용자 레벨 플러싱과 같은 퍼시스턴트 메모리 동기화 기능을 활용하여 `msync()`를 대체하고 커널의 오버헤드를 줄일 수 있습니다.

또한, 모든 것을 처음부터 구축하려는 경우 `libpmem`을 사용하는 것이 좋습니다. 사용자가 메모리 관리 및 복구 기법을 지정하고 하위 레벨에서 영속성을 가진 자료 구조를 구현할 수 있게 합니다.

libpmemobj

`libpmemobj`는 동적 메모리 할당자, 트랜잭션, 그리고 퍼시스턴트 메모리 프로그래밍을 위해 필요한 여러 기능을 트랜잭션 객체 저장소(transactional object store)에게 제공해 주는 C 라이브러리입니다. 이 라이브러리는 퍼시스턴트 메모리를 위한 프로그래밍을 할 때 일반적으로 발생하는 많은 알고리즘 및 자료 구조

문제에 대한 솔루션을 제공합니다. 7장에서는 이 라이브러리에 대해 자세히 설명합니다.

언제 사용하나요?

C 언어를 사용하여 프로그래밍하고 자료 구조 설계 측면에서 유연성이 필요하지만 범용 메모리 할당자 및 트랜잭션을 사용해야 하는 경우에 `libpmemobj`를 사용하면 됩니다.

libpmemobj-cpp

`libpmemobj++` 라고 불리기도 하는 `libpmemobj-cpp`는 C++의 메타 프로그래밍 기능을 사용하여, `libpmemobj` 보다 간단하고 오류가 적게 발생하는 인터페이스를 제공하는 C++ 헤더 전용 라이브러리입니다. 스마트 포인터 및 클로저 기반 트랜잭션과 같이 C++ 프로그래머에게 이미 익숙한 여러 개념을 재사용하여 퍼시스턴트 메모리 응용 프로그램을 신속하게 개발할 수 있습니다.

이 라이브러리는 또한 맞춤형 STL 호환 자료 구조 및 컨테이너와 함께 제공되므로 응용 프로그램 개발자는 퍼시스턴트 메모리를 위한 기본 알고리즘을 다시 만들 필요가 없습니다.

언제 사용하나요?

C++가 선택 가능한 옵션인 경우에는, `libpmemobj`보다 `libpmemobj-cpp`가 범용 퍼시스턴트 메모리 프로그래밍에 선호됩니다. 7장에서는 이 라이브러리에 대해 자세히 설명하겠습니다.

libpmemkv

`libpmemkv`는 퍼시스턴트 메모리에 최적화된 범용 임베디드 키-밸류 저장소입니다. 사용하기 쉽고 C, C++ 및 JavaScript를 포함한 다양한 언어와 통합되어 제공됩니다.

이 라이브러리에는 다른 스토리지 엔진과 결합될 수 있는 백엔드(back-end)가 있습니다. 따라서 원래는 주로 비휘발성 사용 사례를 지원하도록 설계되었지만 휘발성 라이브러리로 사용할 수 있습니다.

9장에서는 이 라이브러리에 대해 자세히 설명합니다.

언제 사용하나요?

이 라이브러리는 접근하기 쉽고 인터페이스가 간단하기 때문에 퍼시스턴트 메모리 프로그래밍에 입문할 때 사용하는 것을 권장합니다. 사용자가 직접 설계해야 하는 복잡한 자료 구조가 필요하지 않고 범용 키-밸류 저장소 인터페이스가 주어진 문제를 해결하기에 충분할 때 사용할 수 있습니다.

libpmemlog

`libpmemlog`는 덧붙여 쓰기 전용(append-only) 퍼시스턴트 메모리 로깅 기능을 제공하여 정전으로 인한 오류를 방지하기 위해 사용하는 C 라이브러리입니다.

언제 사용하나요?

필요한 기능이 `libpmemlog` 라이브러리가 제공하는 로깅 함수들과 정확히 일치하는 경우에 `libpmemlog`를 사용하세요. 그렇지 않으면 `libpmemobj` 혹은 `libpmemobj-cpp`와 같은 보다 일반적인 라이브러리를 사용하는 것이 좋습니다.

libpmemblk

`libpmemblk`는 고정 크기의 블록 배열을 관리하기 위한 C 라이브러리입니다. 버퍼를 사용하여 블록을 업데이트하므로 정전 등의 오류가 발생해도 안전한 함수들을 제공합니다.

언제 사용하나요?

단순한 고정 크기 블록의 배열이 필요하고 바이트 단위 접근이 필요하지 않은 경우에만 `libpmemblk`를 사용하는 것이 좋습니다.

도구 및 명령 유틸리티

PMDK에는 퍼시스턴트 메모리 응용 프로그램 개발 및 배포를 지원하는 다양한 도구와 유틸리티가 제공됩니다.

pmempool

pmempool 유틸리티는 퍼시스턴트 메모리 풀의 관리 및 오프라인 분석을 위한 도구입니다. 아래 목록은 응용 프로그램의 전체 수명 주기 동안 사용할 수 있는 유용한 다양한 기능들 중 일부입니다.

- 메모리 풀에서 정보 및 통계 얻기
- 메모리 풀의 일관성을 확인하고 가능한 경우 복구
- 메모리 풀 생성
- 이전에 생성된 메모리 풀 제거/삭제
- 내부 메타데이터를 최신 레이아웃 버전으로 업데이트
- 풀세트 내에서 복제본 동기화
- 풀세트 내에서 내부 자료 구조 수정
- 풀 및 풀세트 기능 활성화 또는 비활성화

언제 사용하나요?

PMDK의 어떤 라이브러리를 사용하여도 응용 프로그램이 퍼시스턴트 메모리 풀을 생성한다면 pmempool 라이브러리를 사용해야 합니다

pmemcheck

pmemcheck 유틸리티는 플러시를 누락하였거나 또는 잘못된 트랜잭션을 사용하는 경우와 같이 흔한 퍼시스턴트 메모리 오류를 동적으로 실행 시에 분석하기 위한 Valgrind 기반 도구입니다. 12장에서는 이 유틸리티에 대해 자세히 설명합니다.

언제 사용하나요?

pmemcheck 유틸리티는 libpmemobj, libpmemobj-cpp 또는 libpmem을 사용하여 응용 프로그램을 개발할 때 유용합니다. 퍼시스턴트 메모리 응용 프로그램을 작성할 때 흔히 발생하는 버그를 찾는 데 도움이 되기 때문입니다. 잡기 어려운 버그가 쌓이는 것을 피하기 위해 코드를 개발하는 초기 단계에 오류 검사 도구를 미리미리 실행하는 것이 좋습니다. PMDK 개발자들은 pmemcheck 테스트를

PMDK의 통합 파이프라인에서 사용하고 있으며, 모든 다른 퍼시스턴트 응용 프로그램 개발 과정에서도 동일하게 테스트할 것을 권장합니다.

pmreorder

`pmreorder` 유틸리티는 시스템 장애가 발생한 경우에 퍼시스턴트 메모리 응용 프로그램의 자료 구조가 일관성을 유지하고 있는지 감지하는 것을 도와주는 도구입니다. 가능한 모든 상태에서 응용 프로그램의 퍼시스턴트 메모리 상태를 기록하고 다시 리플레이하면서 응용 프로그램의 자료 구조 일관성을 확인합니다. 이 유틸리티에 대해 12장에서 자세히 설명하겠습니다.

언제 사용하나요?

`pmemcheck`와 마찬가지로 `pmreorder`는 디버그하기 어려운 퍼시스턴트 메모리의 문제를 찾는 데 필수적인 도구이므로 모든 퍼시스턴트 메모리 응용 프로그램의 개발 및 테스트 주기에 사용되어야 합니다.

요약

이 장에서는 PMDK가 제공하는 여러 라이브러리 및 도구를 간략하게 소개하고 이들을 언제 사용해야 하는지 설명했습니다. 이제 여러분은 퍼시스턴트 메모리로 무엇을 할 수 있는지에 관해 충분히 알게 되었을 것입니다. 이 책의 뒷부분에서는 이러한 라이브러리와 도구를 사용하여 소프트웨어를 작성하는 방법을 다룹니다.

다음 장에서는 `libpmem` 라이브러리를 소개하고 이를 사용하여 간단한 퍼시스턴트 메모리 응용 프로그램을 만드는 방법을 설명하겠습니다.

제6장 libpmem: 하위 레벨 퍼시스턴트 메모리 지원

이 장에서는 PMDK의 여러 작은 라이브러리 중 하나인 `libpmem`을 소개합니다. 이 C 라이브러리는 가장 낮은 레벨의 라이브러리로, 퍼시스턴트 메모리와 관련된 CPU 명령어, 데이터를 퍼시스턴트 메모리에 복사하는 최적의 방법, 그리고 파일 맵핑과 같은 일들을 처리합니다. 메모리 할당자나 트랜잭션을 제공하는 라이브러리를 사용하지 않고, 퍼시스턴트 메모리를 직접 접근하려는 프로그래머는 `libpmem`을 초석으로 삼아 개발할 수 있습니다.

예를 들어, 사용 가능한 CPU 명령어를 감지하는 `libpmem` 코드는 응용 프로그램에서 반복적으로 개발하고 싶지 않은 평범한 상용구 코드입니다. `libpmem`에서 제공하는 이 소량의 코드를 활용하면 개발 시간이 절약되며, 완전히 테스트되고 성능이 최적화된 라이브러리 코드의 이점을 얻을 수 있습니다.

대부분의 프로그래머에게 `libpmem` 라이브러리는 너무 낮은 수준이므로 이 장을 빨리 훑어보거나 완전히 건너뛰어 PMDK에서 제공하는 보다 상위 레벨의 친숙한 라이브러리로 넘어가도 괜찮습니다. `libpmemobj`와 같이 영속성을 다루는 모든 PMDK 라이브러리는 하위 레벨에서 필요한 요구 사항을 충족시키기 위해 `libpmem` 라이브러리를 사용하고 있습니다.

모든 PMDK 라이브러리와 마찬가지로 `libpmem` 라이브러리도 온라인 매뉴얼 페이지를 사용할 수 있습니다. `libpmem` 메뉴얼은 http://pmem.io/pmdk/libpmem/에 있습니다. 이 사이트에는 리눅스 및 윈도우즈 버전 모두에 대한 매뉴얼 페이지 링크가 포함되어 있습니다. PMDK 프로젝트는 모든 운영 체제에서 인터페이스를 유사하게 만드는 것을 목표로 했지만, 경우에 따라 약간의 차이가 있습니다. 이 장에서 사용된 C 코드 예제는 리눅스와 윈도우즈 모두에서 컴파일되고 실행됩니다.

이 장에서 사용된 예제는 다음과 같습니다.

- simple_copy.c는 4KiB 블록을 소스 파일에서 퍼시스턴트 메모리의 타겟 파일로 복사하는 작은 프로그램입니다.
- full_copy.c는 전체 파일을 복사하는 보다 완벽한 복사 프로그램입니다.
- manpage.c는 **libpmem** 매뉴얼 페이지에서 사용된 간단한 예입니다.

라이브러리 사용

libpmem 라이브러리를 사용하려면 먼저 리스트 6-1에 표시된 대로 적절한 헤더를 포함 시켜야 합니다.

리스트 6-1. libpmem 헤더 포함

```
32
33 /*
34  * simple_copy.c
35  *
36  * usage: simple_copy src-file dst-file
37  *
38  * Reads 4KiB from src-file and writes it to dst-file.
39  */
40
41  #include <sys/types.h>
42  #include <sys/stat.h>
43  #include <fcntl.h>
44  #include <stdio.h>
45  #include <errno.h>
46  #include <stdlib.h>
47  #ifndef _WIN32
48  #include <unistd.h>
49  #else
50  #include <io.h>
51  #endif
52  #include <string.h>
53  #include <libpmem.h>
```

53번 행의 include 문을 주목하세요. **libpmem**을 사용하려면 이 include 행을 사용하고 리눅스에서 컴파일할 때 **-lpmem** 옵션을 사용하여 C 프로그램을 **libpmem**과 링크해야 합니다.

파일 맵핑

libpmem 라이브러리에는 메모리 맵핑 파일을 위한 편리한 기능이 포함되어 있습니다.

물론 응용 프로그램은 리눅스에서 mmap() 또는 윈도우즈에서 MapViewOfFile()을 직접 호출할 수도 있지만 libpmem을 사용하면 몇 가지 장점이 있습니다.

- libpmem은 운영 체제에 따른 올바른 맵핑 함수 호출 방법을 알고 있습니다. 예를 들어, 리눅스에서 mmap()을 호출해 맵핑을 생성할 때 MAP_SYNC 플래그를 사용하지 않으면 수정된 데이터를 CPU 명령어를 사용하여 직접 퍼시스턴트 메모리로 플러시하는 것이 안전하지 않습니다.
- libpmem은 메모리 맵핑이 실제 퍼시스턴트 메모리인지, 그리고 플러시할 때 직접 CPU 명령어를 사용하는 것이 안전한지 감지합니다.

리스트 6-2는 퍼시스턴트 메모리 인식 파일 시스템의 파일을 응용 프로그램에 메모리 맵핑하는 방법을 보여줍니다.

리스트 6-2. 퍼시스턴트 메모리 파일 맵핑

```
    /* create a pmem file and memory map it */
    if ((pmemaddr = pmem_map_file(argv[2], BUF_LEN,
            PMEM_FILE_CREATE|PMEM_FILE_EXCL,
            0666, &mapped_len, &is_pmem)) == NULL) {
        perror("pmem_map_file");
        exit(1);
    }
```

앞에서 언급한 것과 같이 퍼시스턴트 메모리 여부를 표시하는 is_pmem 플래그는 pmem_map_file 함수를 호출하여 얻을 수 있습니다. 이 플래그를 사용하여 수정된 데이터를 퍼시스턴트 메모리로 플러시하는 방법은 함수 호출자가 결정해야 합니다. 일정 범위의 메모리 주소 영역에 있는 데이터를 퍼시스턴트 메모리로 플러시할 때 호출자는 is_pmem 플래그가 설정된 경우에만 libpmem 라이브러리가 제공하는 최적의 플러시 함수인 pmem_persist()를 사용할 수 있습니다. 이것은 리스트 6-3의 예제에 설명되어 있습니다.

리스트 6-3. manpage.c: is_pmem 플래그 사용

```
/* Flush above strcpy to persistence */
if (is_pmem)
    pmem_persist(pmemaddr, mapped_len);
else
    pmem_msync(pmemaddr, mapped_len);
```

리스트 6-3은 pmem_msync()라는 편리한 함수를 사용하고 있습니다. 이 함수는 리눅스의 msync() 혹은 윈도우즈의 FlushViewOfFile()를 호출하는 작은 래퍼(wrapper) 함수입니다. libpmem이 운영 체제의 차이를 처리하므로 리눅스 및 윈도우즈에 대해 다른 방식으로 컴파일할 필요가 없습니다.

퍼시스턴트 메모리에 복사

libpmem에는 퍼시스턴트 메모리의 데이터를 복사하거나 0으로 초기화하기 위한 여러 최적화된 인터페이스가 있습니다. 리스트 6-4의 간단한 코드는 소스 파일에서 퍼시스턴트 메모리에 있는 타겟 파일로 데이터 블록을 복사하고 플러시합니다.

리스트 6-4. simple_copy.c: 퍼시스턴트 메모리에 복사

```
/* read up to BUF_LEN from srcfd */
if ((cc = read(srcfd, buf, BUF_LEN)) < 0) {
    pmem_unmap(pmemaddr, mapped_len);
    perror("read");
    exit(1);
}

/* write it to the pmem */
if (is_pmem) {
    pmem_memcpy_persist(pmemaddr, buf, cc);
} else {
    memcpy(pmemaddr, buf, cc);
    pmem_msync(pmemaddr, cc);
}
```

앞의 예제에서 pmem_persist()를 호출하기 위해 is_pmem 플래그가 사용되었던 것처럼 pmem_memcpy_persist() 함수도 퍼시스턴트 메모리로 플러시하는 연산을 포함하기 때문에 96행에서 is_pmem 플래그를 사용합니다.

pmem_memcpy_persist() 함수는 써진 데이터가 퍼시스턴트 메모리까지 쓰이는 과정까지 포함하는데, 이는 이 함수가 NT 스토어 명령을 사용해서 CPU 캐시를 우회하는 방식으로 캐시 플러시 명령을 수행하지 않고 데이터 복사를 최적화할 수 있는지 결정할 수 있게 합니다. libpmem은 데이터 복사와 플러시를 모두 수행하는 이 함수를 제공함으로써 퍼시스턴트 메모리로 플러시하는 가장 최적의 방법을 자유롭게 사용할 수 있도록 합니다.

플러시를 위한 두 단계

퍼시스턴트 메모리로 플러시 하는 것은 두 단계로 진행 됩니다.

1. **플러시** : 이전 예제에서 설명한 것처럼 CPU 캐시에 있는 데이터를 플러시하거나, 또는 CPU 캐시를 사용하지 않습니다.
2. **드레인(drain, 배수)** : 플러시된 데이터가 하드웨어 버퍼를 거쳐 퍼시스턴트 메모리에 도달할 때까지 기다립니다.

pmem_persist()가 호출되면 플러시와 드레인, 두 단계가 모두 수행되지만, 각 단계를 나누어 호출할 수도 있는데, 즉, 플러시 단계를 위해 pmem_flush()를 호출하고 두 번째 드레인 단계에서 pmem_drain()을 호출할 수 있습니다. 플랫폼에 따라 이러한 두 단계 중 하나가 필요하지 않을 수도 있으며, libpmem 라이브러리는 이러한 플랫폼의 특성에 따른 올바른 플러시 방법이 무엇인지 알고 있습니다. 예를 들어, 인텔 플랫폼에서 pmem_drain()은 아무 일도 하지 않는 빈 함수입니다.

이와 같이 두 단계로 나누어 플러시하는 것이 언제 필요할까요? 리스트 6-5 예제는 두 단계로 나누어 플러시해야 하는 한 가지 이유를 보여주고 있습니다. 이 예제에서는 memcpy()의 libpmem 버전인 pmem_memcpy_nodrain() 함수를 여러 번 호출하여 데이터를 플러시하고, 마지막에 데이터가 퍼시스턴트 메모리로 흘러내려 가게 하는 pmem_drain() 함수를 호출합니다. 플러시 단계와 달리 드레인 단계는 주소 범위를 갖지 않습니다. 드레인은 시스템 전체에서 퍼시스턴트 메모리에 써진 데이터를 배수하는 작업이며, 개별 데이터 블록을 복사/플러시하는 루프 다음에서 수행됩니다.

리스트 6-5. full_copy.c: 플러시의 두 단계

```
/*
 * do_copy_to_pmem
 */
static void
do_copy_to_pmem(char *pmemaddr, int srcfd, off_t len)
{
    char buf[BUF_LEN];
    int cc;

    /*
     * Copy the file,
     * saving the last flush & drain step to the end
     */
    while ((cc - read(srcfd, buf, BUF_LEN)) > 0) {
        pmem_memcpy_nodrain(pmemaddr, buf, cc);
        pmemaddr += cc;
    }

    if (cc < 0) {
        perror("read");
        exit(1);
    }

     /* Perform final flush step */
     pmem_drain();
}
```

리스트 6-5에서 사용되는 **pmem_memcpy_nodrain()**은 퍼시스턴트 메모리를 위해 특별히 설계되었습니다. **memcpy()**와 같은 다른 라이브러리의 표준 함수는 퍼시스턴트 메모리가 존재하기 전에 작성되었기 때문에, 퍼시스턴트 메모리로 데이터를 플러시하지 않습니다. 특히, C 런타임 환경에서 제공하는 **memcpy()**는 종종 별도의 플러시 명령을 필요로 하는 일반 store 명령과 플러시가 필요하지 않은 NT 스토어 명령 중에서 하나를 선택하여 메모리에 데이터를 씁니다. 데이터의 영속성을 고려하여 선택하는 것이 아니라 성능을 기준으로 선택합니다. 즉, **memcpy()** 함수가 어떤 명령어를 선택할지 알 수 없으므로, 퍼시스턴트 메모리에서는 **memcpy()** 함수가 아닌 **pmem_persist()** 또는 **msync()** 함수를 사용하여 플러시를 수행해야합니다.

데이터를 퍼시스턴트 메모리에 쓸 때 사용되는 명령어의 선택은 많은 응용 프로그램의 성능을 크게 좌우합니다. 퍼시스턴트 메모리에 할당된 데이터를 0으로 초기화 할 때도 마찬가지입니다. 따라서, `libpmem`은 함수를 호출할 때 어떠한 명령어를 사용하여 데이터를 쓸지 선택할 수 있도록 플래그 인자를 넘겨받는 `pmem_memmove()`, `pmem_memcpy()` 및 `pmem_memset()` 함수들을 제공합니다. 예를 들어, `PMEM_F_MEM_NONTEMPORAL` 플래그를 사용하여 이 함수들을 호출하면, 데이터의 크기에 따라 명령어를 선택하는 방식이 아니라, NT 스토어 명령을 사용하여 데이터를 씁니다. 사용 가능한 플래그들의 목록은 이 함수들의 매뉴얼 페이지에 설명되어 있습니다.

요약

이 장에서는 `libpmem`에서 제공하는 소수의 함수들을 보여주었습니다. 이 라이브러리는 변경된 내용을 추적하지 않으며, 시스템 장애를 견딜 수 있게 해주는 트랜잭션도 제공하지 않고, 메모리 할당자도 제공하지 않습니다. 다음 장에서 설명하는 `libpmemobj` 라이브러리는 이러한 모든 기능을 제공하는데, 간단한 플러시와 데이터 복사를 위해서 내부적으로는 `libpmem` 라이브러리를 사용합니다.

제 7 장 libpmemobj: 기본 트랜잭션 객체 저장소

이전 장에서는 쉽게 퍼시스턴트 메모리에 직접 액세스할 수 있는 방법을 제공하는 하위 계층 라이브러리인 `libpmem`에 대해 설명했습니다. `libpmem`은 작고 가볍지만 제한된 기능을 하는 라이브러리로, 퍼시스턴트 메모리에 쓰는 모든 store 명령을 퍼시스턴트 메모리까지 추적하고 변경된 데이터를 퍼시스턴트 메모리에 플러시 하는 소프트웨어를 위해 설계되었습니다. `libpmem`은 훌륭한 라이브러리이지만, 개발자 대부분은 편의성을 위해 PMDK(Persistent Memory Development Kit) 내에서 `libpmemobj`와 같은 상위 계층 라이브러리를 필요로 할 것입니다.

이 장에서는 `libpmem`을 기반으로 하며, 퍼시스턴트 메모리에 맵핑된 파일을 융통성 있는 객체 저장소로 만드는 `libpmemobj`에 대해 설명합니다. `libpmemobj`는 트랜잭션, 메모리 관리, 락, 리스트 및 기타 여러 기능을 지원합니다.

libpmemobj란 무엇입니까?

`libpmemobj` 라이브러리는 메모리에 대한 직접 액세스(DAX)를 사용하여 트랜잭션 및 퍼시스턴트 메모리 관리가 필요한 응용 프로그램에 퍼시스턴트 메모리 트랜잭션 객체 저장소를 제공합니다. 3장에서 소개된 DAX에 대해 간단히 요약하면, DAX를 통해 응용 프로그램은 퍼시스턴트 메모리 파일 시스템에 맵핑된 파일을 블록 저장 장치에 페이징하지 않고 `load/store` 명령을 수행할 수 있습니다. DAX는 커널을 우회하고 컨텍스트 스위칭 및 인터럽트를 피하며 응용 프로그램이 바이트 주소를 통해 접근하는 퍼시스턴트 스토리지를 직접 읽고 쓸 수 있도록 합니다.

왜 malloc()을 사용하지 않는가요?

libpmem을 사용하는 것은 간단해 보입니다. 쓴 모든 데이터를 플러시해야 하며, 데이터를 먼저 플러시한 후에 그 데이터를 가리키는 포인터가 활성화되는 순서를 지켜주면 됩니다.

퍼시스턴트 메모리 프로그래밍이 이렇게 간단하다면 얼마나 좋을까요. lipmemlog를 사용하여 효율적으로 처리할 수 있는 append-only 기록과 같은 몇 가지 특정한 패턴들을 제외하면, 새로운 데이터를 쓰기 위해서는 메모리 할당이 필요합니다. 그렇다면 언제 그리고 어떠한 방법으로 할당자는 데이터가 메모리에 할당되었다고 표시해야 할까요? 할당자가 데이터를 쓰기 전이나 후에 메모리가 할당된 것으로 표시하면 될까요? 다음과 같은 이유로 두 가지 방법 모두 잘 동작하지 않습니다.

- 할당자가 데이터를 쓰기 전에 메보리에 할당된 것으로 표시하면, 데이터 쓰기 중 예상치 못한 정전으로 인해 업데이트가 완전히 진행되지 않고, "영구적인 메모리 누수"(persistent leak)가 발생할 수 있습니다.
- 할당자가 데이터를 쓴 다음 메모리에 할당된 것으로 표시하면, 데이터 쓰기를 완료하고 할당자가 메모리에 할당된 것으로 표시하기 전에 발생한 정전으로 인하여 응용 프로그램이 재시작되었을 때 해당 블록이 할당되지 않은 것으로 인식하고 데이터를 덮어쓸 수 있습니다.

또 다른 문제는 그래프를 포함한 많은 자료 구조가 순환 참조를 하므로 트리를 형성하지 않는다는 것입니다. 이러한 구조를 트리로 구현할 수도 있지만, 일반적으로 이렇게 구현하기가 쉽지 않습니다.

바이트 주소를 통해 접근할 수 있는 메모리는 하나의 load/store 연산의 원자성만을 보장합니다. 현재 프로세서들의 경우 일반적으로 1개의 64 비트 워드(8 바이트) 쓰기만 원자성을 보장합니다만 이것으로는 충분하지 않습니다.

여러 데이터를 한 번에 읽고 쓸 수 있으면 앞의 문제를 모두 해결할 수 있습니다. 정전이 발생한 경우 불완전하게 써진 데이터는 정전이 발생하지 않은 것처럼 쓰던 데이터를 다시 쓰거나, 데이터를 전혀 안 쓴 것처럼 불완전하게 써진 데이터를 폐기해야 합니다. 일반적인 응용 프로그램은 원자성 연산(Atomic operation), 트랜잭션, 재실행/실행 취소 로깅 등을 사용하여 이를 해결합니다. libpmemobj 또한 원자성 트랜잭션과 재실행(Redo)/실행 취소(Undo) 로깅을 사용함으로 이러한 문제점을 해결할 수 있습니다.

그룹 연산

프로세서의 워드(word) 크기에 맞는 단일 스칼라 값을 수정하는 경우를 제외하고, 일련의 데이터 수정을 하는 경우, 데이터 수정은 하나의 그룹이 되어 전원 공급 중단을 감지하고 한꺼번에 수행되어야 합니다.

메모리 풀

메모리에 맵핑된 파일은 퍼시스턴트 메모리 프로그래밍 모델의 핵심입니다. libpmemobj 라이브러리는 직접 맵핑(directly mapping)하고 데이터를 동기화하는 복잡한 방법 대신 쉽게 풀을 생성하고 접근할 수 있는 편리한 API를 제공합니다. 또한 PMDK는 커맨드 라인에서 메모리 풀을 관리할 수 있는 pmempool 유틸리티를 제공합니다. 메모리 풀은 DAX를 마운트한 파일 시스템에 생성됩니다.

메모리 풀 생성

pmempool 유틸리티를 사용하여 응용 프로그램이 사용할 퍼시스턴트 메모리 풀을 생성할 수 있습니다. 생성되는 메모리 풀 유형에는 pmemblk, pmemlog 및 pmemobj를 포함하여 여러 유형이 있습니다. 응용 프로그램에서 libpmemobj를 사용하는 경우, obj (pmemobj) 타입의 풀을 생성해야 합니다. 사용 가능한 모든 명령 및 옵션에 대해서는 pmempool-create(1) 매뉴얼 페이지를 참조하십시오. 다음은 참조 예시입니다.

예1 마운트 된 파일 시스템 /mnt/pmemfs0/에 최소한의 크기를 갖는 "my_layout"이라는 레이아웃을 가진 libpmemobj (obj) 타입의 풀을 만듭니다.

```
$ pmempool create --layout my_layout obj /mnt/pmemfs0/pool.obj
```

예2 마운트 된 파일 시스템 /mnt/pmemfs0/에 20GiB 크기를 갖는 “my_layout”이라는 레이아웃을 가진 libpmemobj (obj) 타입의 풀을 만듭니다.

```
$ pmempool create --layout my_layout –size 20G obj /mnt/
pmemfs0/pool.obj
```

예3 마운트 된 파일 시스템 /mnt/pmemfs0/에 사용 가능한 모든 용량과 “my_layout”이라는 레이아웃을 가진 libpmemobj (obj) 타입의 풀을 만듭니다.

```
$ pmempool create --layout my_layout --max-size obj /mnt/
pmemfs0/pool.obj
```

응용 프로그램에서 pmemobj_create() 함수를 사용하여 응용 프로그램 시작 시간에 존재하지 않는 풀을 만들 수 있습니다. pmemobj_create()에는 다음과 같은 매개 변수가 사용됩니다:

```
PMEMobjpool *pmemobj_create (const char *path, const char
*layout, size_t poolsize, mode_t mode);
```

- path는 절대 또는 상대경로를 포함하여 생성될 메모리 풀 파일의 이름을 지정합니다.
- layout은 풀을 식별하기 위해 응용 프로그램의 레이아웃 타입을 문자열 형식으로 지정합니다.
- poolsize는 풀에 필요한 크기를 지정합니다. 메모리 풀 파일은 posix_fallocate(3)를 사용하여 poolsize 크기만큼 할당됩니다. 풀의 최소 크기는 <libpmemobj.h>에서 PMEMOBJ_MIN_POOL로 정의됩니다. 풀이 이미 존재하면 pmemobj_create()는 EEXISTS 오류를 반환합니다. poolsize를 0으로 지정하면 파일 크기로부터 풀 크기를 가져오며, 파일의 시작부분에 존재하는 풀 헤더에서 0이 아닌 데이터를 검색하여 파일이 비어있는지 확인합니다.
- mode는 create(2)의 설명대로 파일을 만들 때 사용할 ACL 권한을 지정합니다.

리스트 7-1 예제는 pmemobj_create() 함수를 사용하여 풀을 만드는 방법을 보여줍니다.

리스트 7-1. pwriter.c - pmemobj_create()를 사용하여 풀을 만드는 방법을 보여주는 예

```
/*
 * pwrtier.c – Write a string to a
 *              persistent memory pool
 */

#include <stdio.h>
#include <string.h>
#include <libpmemobj.h>

#define LAYOUT_NAME "rweg"
#define MAX_BUF_LEN 31

struct my_root {
size_t len;
char buf[MAX_BUF_LEN];
};

int
main(int argc, char *argv[])
{
    if (argc != 2) {
        printf("usage: %s file-name\n", argv[0]);
        return 1;
    }

    PMEMobjpool *pop = pmemobj_create(argv[1],
        LAYOUT_NAME, PMEMOBJ_MIN_POOL, 0666);

    if (pop == NULL) {
        perror("pmemobj_create");
        return 1;
    }

    PMEMoid root = pmemobj_root(pop,
        sizeof(struct my_root));

    struct my_root *rootp = pmemobj_direct(root);

    char buf[MAX_BUF_LEN] = "Hello PMEM World";

    rootp->len = strlen(buf);
    pmemobj_persist(pop, &rootp->len,
        sizeof(rootp->len));

    pmemobj_memcpy_persist(pop, rootp->buf, buf,
        rootp->len);

```

```
80     pmemobj_close(pop);
81
82     return 0;
83 }
```

- **42행** : 풀 레이아웃의 이름을 "rweg"(read-write example)로 정의합니다. 이는 그저 이름일 뿐이며, 응용 프로그램의 풀을 식별할 수 있는 고유한 문자열은 어느 것이나 가능합니다. NULL 값 또한 유효한 값이며 응용 프로그램에서 여러 개의 풀을 연 경우, 이 이름을 통해 각각의 풀을 식별합니다.
- **43행** : 쓰기 버퍼의 최대 길이를 정의합니다.
- **45-47행** : `len` 및 `buf`를 가진 루트 객체 데이터 구조(root object data structure)를 정의합니다. `buf`는 우리가 쓰고자 하는 문자열을 가지고 `len`은 버퍼의 길이를 나타냅니다.
- **53-56행** : pwriter는 "/mnt/pmemfs0/hellowrold_obj.pool"과 같이 데이터를 쓸 풀 파일 경로와 이름을 인수로 사용합니다. 파일 이름 확장자는 임의로 설정할 수 있습니다.
- **58-59행** : 커맨드 라인에서 전달된 파일 이름, "rweg"라는 레이아웃 이름, 풀 타입의 최소 크기로 설정된 크기 및 0666 권한을 사용하여 `pmemobj_create()` 함수를 통해 풀을 생성합니다. `PMEMOBJ_MIN_POOL`에서 정의된 크기보다 작은 풀이나 파일 시스템의 사용가능한 공간보다 큰 풀은 생성할 수 없습니다. 이 예제에서 문자열은 매우 작기 때문에 최소 크기의 풀로 충분합니다. 풀 생성에 성공하면 `pmemobj_create()`는 `PMEMobjpool` 타입의 풀 객체 포인터(POP)를 반환하며, 풀 객체 포인터는 루트 객체에 대한 포인터를 가져오는데 사용할 수 있습니다.
- **61-64행** : `pmemobj_create()`가 풀 생성에 실패하면 프로그램을 종료하고 오류를 반환합니다.
- **66행** : 58행에서 얻은 pop과 `pmemobj_root()` 함수를 사용하여 루트 객체를 배치합니다.
- **69행** : `pmemobj_direct()` 함수를 사용하여 66행의 루트 객체에 대한 포인터를 가져옵니다.
- **71행** : 문자열/버퍼를 "Hello PMEM World"로 설정합니다.

- **73-78행** : 버퍼의 길이를 설정한 후, 퍼시스턴트 메모리에 먼저 루트 객체의 `len`을 쓰고, 그 다음 루트 객체의 `buf`를 씁니다.
- **80행** : 맵핑 해제하여 퍼시스턴트 메모리 풀을 닫습니다.

풀 오브젝트 포인터(POP) 및 루트 오브젝트

대부분의 운영 체제에서 사용하는 ASLR(Address Space Layout Randomization) 기능으로 인해 응용 프로그램 주소 공간에 맵핑된 풀은 응용 프로그램의 실행과 시스템 재부팅 시에 다른 주소를 가질 수 있습니다. 풀 내의 데이터에 접근할 수 있는 방법이 없다면 풀에 있는 데이터의 위치를 찾기 어려울 것입니다. PMDK를 기반으로 하는 풀은 이 문제를 해결하기 위해 작은 크기의 메타 데이터를 가지고 있습니다.

모든 pmemobj (obj) 타입의 풀에는 루트 객체가 있습니다. 풀에 생성된 사용자 데이터와 같은 모든 객체를 찾을 때 이 루트 객체를 시작점으로 사용합니다. 응용 프로그램은 루트 객체의 위치를 찾기 위해 풀 객체 포인터(POP)라는 특수한 객체를 사용합니다. POP 객체는 휘발성 메모리에 존재하며 프로그램 호출 때마다 생성됩니다. POP 객체는 풀 내부의 루트 객체의 오프셋과 풀과 관련된 메타 데이터를 가지고 있습니다. 그림 7-1은 POP 및 메모리 풀 레이아웃을 보여줍니다.

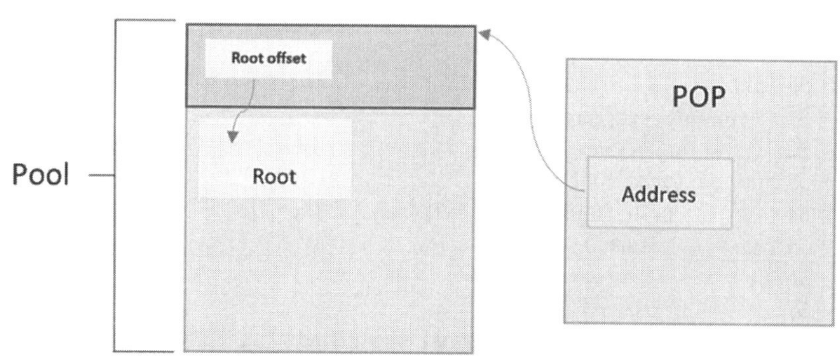

그림 7-1. 루트 객체를 가리키는 풀 객체 포인터(POP)가 있는 퍼시스턴트 메모리 풀에 대한 상위 계층의 개요

POP 포인터가 유효하면 `pmemobj_root()` 함수를 사용하여 루트 객체의 포인터를 가져올 수 있습니다. 이 함수는 맵핑된 풀의 현재 메모리 주소와 루트 객체의 오프셋을 더하여 유효한 포인터를 만듭니다.

메모리 풀 열기 및 읽기

pmemobj_create()를 사용하여 풀을 생성하고 pmemobj_open()을 사용하여 생성된 풀을 열 수 있습니다. 두 함수 모두 PMEMobjpool *pop 포인터를 반환합니다. 리스트 7-1의 pwriter 예제는 풀을 생성하고 그곳에 문자열을 쓰는 방법을 보여줍니다. 리스트 7-2는 리스트 7-1과 동일한 풀을 열어 문자열을 읽고 출력하는 방법을 보여줍니다.

리스트 7-2. preader.c - 풀을 열고 루트 객체 및 데이터에 액세스하는 방법을 보여주는 예제

```
/*
 * preader.c - Read a string from a
 * persistent memory pool
 */

#include <stdio.h>
#include <string.h>
#include <libpmemobj.h>

#define LAYOUT_NAME "rweg"
#define MAX_BUF_LEN 31

struct my_root {
    size_t len;
    char buf[MAX_BUF_LEN];
};

int
main(int argc, char *argv[])
{
    if (argc != 2) {
        printf("usage: %s file-name\n", argv[0]);
        return 1;
    }

    PMEMobjpool *pop = pmemobj_open(argv[1],
        LAYOUT_NAME);

    if (pop == NULL) {
        perror("pmemobj_open");
        return 1;
    }

    PMEMoid root = pmemobj_root(pop,
        sizeof(struct my_root));
```

```
68      struct my_root *rootp = pmemobj_direct(root);
69
70      if (rootp->len == strlen(rootp->buf))
71          printf("%s\n", rootp->buf);
72
73      pmemobj_close(pop);
74
75      return 0;
76  }
```

- **42-48행** : pwriter.c에 선언된 것과 동일한 데이터 구조를 사용합니다. 일관성을 위해 실제로는 헤더 파일에 선언해야 합니다.
- **58행** : 풀을 열고 POP 포인터를 반환합니다.
- **66행** : 풀을 여는데 성공하면 pmemobj_root()는 퍼시스턴트 메모리 풀 POP에서 루트 객체에 대한 핸들을 반환합니다.
- **68행** : pmemobj_direct()는 루트 객체에 대한 포인터를 반환합니다.
- **70-71행** : rootp->buf가 가리키는 버퍼의 길이를 확인하고, rootp->len에 쓴 버퍼 길이와 일치하면 버퍼의 내용이 STDOUT에 출력됩니다.

메모리 풀세트(Memory Poolsets)

풀세트를 이용하여 여러 풀의 용량을 하나로 묶을 수 있습니다. 용량을 늘리는 것 외에도 풀세트는 여러 퍼시스턴트 메모리 장치를 하나로 묶을 수 있으며, 로컬 및 원격 복제 기능 또한 제공합니다.

단일 풀과 마찬가지로 pmemobj_open()을 사용하여 풀세트를 열 수 있습니다(책을 쓴 시점에서는 pmemobj_create() 및 pmempool 유틸리티는 풀세트를 만들 수 없습니다. 이러한 기능에 대하여 개선이 필요합니다). 풀세트는 수동적으로 생성해야 하지만, libpmempool 또는 pmempool 유틸리티를 사용하여 풀세트의 관리를 자동화할 수 있습니다. 자세한 내용은 poolset(5) 매뉴얼 페이지에 나와 있습니다.

연결된 풀세트

풀세트는 같은 파일 시스템의 풀뿐만 아니라 다른 파일 시스템의 풀까지 연결하여 하나의 풀로 만들 수 있습니다. 다만 동일한 타입의 풀(블록, 객체, 또는 로그 풀)끼리만 연결할 수 있습니다. 리스트 7-3은 세 개의 작은 풀을 연결하여 하나의 큰 풀을 만든 "myconcatpool.set" 풀세트 파일을 보여주는 예제입니다. 각 풀은 서로 다른 파일 시스템에 서로 다른 크기를 가집니다. 이 풀세트를 사용하는 응용 프로그램은 하나의 700GiB 메모리 풀을 보게 됩니다.

리스트 7-3. myconcatpool.set - 서로 다른 파일 시스템에 있는 세 개의 풀을 연결하여 만드는 풀세트의 예제

```
PMEMPOOLSET
OPTION NOHDRS

100G /mountpoint0/myfile.part0
200G /mountpoint1/myfile.part1
400G /mountpoint2/myfile.part2
```

참고

/mountpoint0/myfile.part0에 저장된 데이터는 보존되지만 /mountpoint0/myfile.part1 또는 /mountpoint0/myfile.part2에 저장된 데이터는 손실됩니다. 풀세트에는 비어있는 새 풀만 추가하는 것이 좋습니다.

복제본 풀세트

풀세트는 여러 풀을 결합하여 더 큰 공간을 제공하는 것 외에도 동일한 데이터의 여러 복사본을 생성하여 복구 가능성을 높일 수 있습니다. 이러한 풀세트는 데이터를 로컬에 존재하는 풀세트 또는 원격에 존재하는 풀세트에 복제하여 저장합니다.

리스트 7-4는 로컬 /mnt/pmem0/pool1에 쓰이는 데이터를 다른 로컬 파일 시스템의 풀 /mnt/pmem1/pool1에 복제하고, 원격 호스트 example.com 에 존재하는 remote-objpool.set 풀세트에 복제하는 "myreplicatedpool.set" 풀세트 파일을 보여줍니다.

리스트 7-4. myreplicatedpool.set - 데이터를 로컬 호스트와 원격 호스트에 복제하는 예시

```
PMEMPOOLSET
256G /mnt/pmem0/pool1

REPLICA
256G /mnt/pmem1/pool1

REPLICA user@example.com remote-objpool.set
```

원격 퍼시스턴트 메모리를 지원하는 librpmem 라이브러리를 통해 이러한 기능을 사용할 수 있습니다. librpmem 라이브러리와 복제본 풀에 대한 더 자세한 설명은 18장에 있습니다.

메모리 풀 및 풀세트 관리

pmempool 유틸리티에는 개발자와 시스템 관리자가 유용하게 사용할 수 있는 여러 기능이 있습니다. 각각의 명령어에 대해 자세한 매뉴얼 페이지가 있기에 여기에서 자세한 설명은 생략하겠습니다.

- pmempool info는 지정된 풀에 대한 정보와 통계를 사람이 읽을 수 있는 형식으로 출력합니다.
- pmempool check는 풀의 일관성을 확인하고 풀이 일관성을 잃은 경우 복구합니다.
- pmempool create는 추가적인 속성으로 지정된 타입의 풀을 생성합니다.
- pmempool dump는 풀에서 사용 가능한 데이터를 16진수 또는 이진 형식으로 덤프합니다.
- pmempool rm은 풀 파일 또는 풀세트 설정 파일의 모든 풀 파일을 제거합니다.
- pmempool convert는 풀을 사용 가능한 가장 최신 레이아웃으로 업데이트합니다.
- pmempool sync는 풀세트 내 복제본을 동기화합니다.
- pmempool transform은 풀세트 내부 구조를 수정합니다.
- pmempool feature은 풀세트의 기능을 활성화/비활성화하거나 활성화 상태를 확인합니다.

타입이 지정된 개체 식별자(TOID)

퍼시스턴트 메모리 풀 또는 장치에 데이터를 쓸 때 물리적인 주소에 데이터를 커밋하게 됩니다. 하지만 운영체제의 ASLR 기능으로 인하여 응용 프로그램이 풀을 열고 메모리 주소 공간에 맵핑할 때마다 가상 메모리 주소가 변경됩니다. 그렇기에 변경되지 않는 핸들(포인터)이 필요합니다. 이러한 핸들을 OID(객체 식별자)라고 합니다. OID는 풀 또는 풀세트의 고유 식별자(UUID)와 풀 또는 풀세트 내부의 오프셋 쌍으로 구성되어 있으며 프로그램의 특정 인스턴스에 직접 사용할 수 있는 포인터 형태로 변환될 수 있습니다.

리스트 7-2의 preader.c 예제처럼 로우 레벨에서 `pmemobj_direct()`와 같은 함수를 사용해 수동으로 퍼시스턴트 포인터를 변환할 수도 있습니다. 이러한 수동적인 변환에서는 명시적인 타입 캐스팅이 필요하며, 에러가 발생하기 쉬우므로 모든 객체를 타입으로 태그(tag)하는 것이 바람직합니다. 객체를 타입으로 태그하여 사용하면 타입 안전성이 보장되며 매크로를 이용하여 컴파일 타임에서 검사를 할 수 있습니다.

예를 들어 `TOID(struct foo) x`와 같이 선언된 퍼시스턴트 변수는 `D_RO(x)->field`와 같은 방법을 통해 읽을 수 있습니다. 우선 풀의 레이아웃은 다음과 같습니다:

```
POBJ_LAYOUT_BEGIN(cathouse);
POBJ_LAYOUT_TOID(cathouse, struct canaries);
POBJ_LAYOUT_TOID(cathouse, int);
POBJ_LAYOUT_END(cathouse);
```

첫 번째 행에서 선언된 val은 다음 세 가지 방법으로 접근할 수 있습니다.

```
TOID(int) val;
TOID_ASSIGN (val, oid_of_val); // OID 'val'에 'oid_of_val'을 할당합니다.
D_RW(val) = 42; // 'val'에 대한 쓰기 포인터를 반환하고 42를 씁니다.
return D_RO(val); // 'val'에 대한 읽기 전용 (const) 포인터를 반환합니다.
```

메모리 할당

일반적으로 C와 같이 메모리 할당 및 해제를 자동으로 처리하지 않는 언어에서는 malloc()을 사용하여 메모리를 할당합니다. 퍼시스턴트 메모리의 경우 malloc()과 마찬가지 방법으로 pmemobj_alloc(), pmemobj_reserve() 또는 pmemobj_xreserve()를 사용하여 메모리에 임시 객체 공간을 예약하고 사용할 수 있습니다. 응용 프로그램이 더 이상 해당 객체를 필요로 하지 않을 때 런타임 메모리 누수를 피하기 위해 pmemobj_free() 또는 POBJ_FREE()를 사용하여 할당된 메모리를 해제하는 것이 좋습니다. 이러한 방법은 휘발성 메모리 할당이기 때문에 응용 프로그램의 크래시나 정상적인 종료 이후 영구적인 메모리 누수가 발생하지 않습니다.

데이터를 퍼시스턴트 메모리에 쓰기

퍼시스턴트 메모리는 일반적으로 데이터를 영구적으로 저장하기 위해 사용됩니다. 이를 위해 libpmemobj는 세 가지 API를 제공합니다.

- 원자성 연산(Atomic Operation)
- 예약/게시
- 트랜잭션

원자성 연산

pmemobj_alloc() 및 관련된 다양한 함수는 사용하기 쉽지만, 기능이 제한되어 있으므로 추가적인 코딩이 필요합니다.

```
int pmemobj_alloc(PMEMobjpool * pop, PMEMoid * oidp, size_t size,
   uint64_t type_num, pmemobj_constr constructor, void * arg);
int pmemobj_zalloc(PMEMobjpool *pop, PMEMoid *oidp, size_t size,
   uint64_t type_num);
void pmemobj_free(PMEMoid *oidp);
```

```
int pmemobj_realloc(PMEMobjpool *pop, PMEMoid *oidp, size_t size,
   uint64_t type_num);
int pmemobj_zrealloc(PMEMobjpool *pop, PMEMoid *oidp, size_t size,
   uint64_t type_num);
int pmemobj_strdup(PMEMobjpool *pop, PMEMoid *oidp, const char *s,
   uint64_t type_num);
int pmemobj_wcsdup(PMEMobjpool *pop, PMEMoid *oidp, const wchar_t *s,
   uint64_t type_num);
```

TOID 기반 랩퍼는 다음과 같습니다.

```
POBJ_NEW(PMEMobjpool *pop, TOID *oidp, TYPE,
     pmemobj_constr constructor, void *arg)
POBJ_ALLOC(PMEMobjpool *pop, TOID *oidp, TYPE,
     size_t size, pmemobj_constr constructor, void *arg)
POBJ_ZNEW(PMEMobjpool *pop, TOID *oidp, TYPE)
POBJ_ZALLOC(PMEMobjpool *pop, TOID *oidp, TYPE, size_t size)
POBJ_REALLOC(PMEMobjpool *pop, TOID *oidp, TYPE, size_t size)
POBJ_ZREALLOC(PMEMobjpool *pop, TOID *oidp, TYPE, size_t size)
POBJ_FREE(TOID *oidp)
```

이 함수는 객체를 임시로 할당하고, 생성자를 호출한 다음 한 번의 원자적 연산으로 할당을 영구적으로 표시하며 해당 객체에 대한 포인터를 선택한 변수에 삽입합니다.

새 객체를 0으로 초기화 하는 경우 생성자를 필요로 하지 않는 pmemobj_zalloc()을 사용할 수 있습니다.

libpmemobj는 NULL로 끝나는 문자열을 복사하는 기능을 하는 pmemobj_strdup() 와 wchar_t를 사용하는 pmemobj_wcsdup()와 같은 함수를 제공합니다. pmemobj_ strdup() 는 strdup(3)와 동일한 기능을 하지만 휘발성 메모리가 아닌 메모리 풀과 관련된 퍼시스턴트 메모리 힙에서 동작합니다.

객체를 이용한 작업이 끝나면 pmemobj_free()를 호출하여 포인터를 담은 변수를 0으로 초기화하고 객체 할당을 해제합니다. pmemobj_free() 함수는 poidbj_alloc(), pmemobj_xalloc(), pmemobj_zalloc(), pmemobj_realloc() 또는 pmemobj_zrealloc()의 함수를 이용하여 메모리에 할당된 주소 oidp의 할

당을 해제 합니다. **pmemobj_free()** 함수는 **free(3)**와 동일한 기능을 제공하지만, 시스템이 제공하는 프로세스 힙 대신 퍼시스턴트 메모리 힙에서 작동합니다.

리스트 7-5는 **libpmemobj** API를 사용하여 메모리를 할당하고 해제하는 간단한 예제입니다.

리스트 7-5. pmemobj_alloc()을 사용하여 메모리를 할당하고 pmemobj_free()를 사용하여 할당 해제하기

```
/*
 * pmemobj_alloc.c - An example to show how to use
 * pmemobj_alloc()
 */
..
typedef uint32_t color;

static int paintball_init(PMEMobjpool *pop,
       void *ptr, void *arg)
{
    *(color *)ptr = time(0) & 0xffffff;
    pmemobj_persist(pop, ptr, sizeof(color));
    return 0;
}

int main()
{
    PMEMobjpool *pool = pmemobj_open(POOL, LAYOUT);
    if (!pool) {
        pool = pmemobj_create(POOL, LAYOUT,
        PMEMOBJ_MIN_POOL, 0666);
        if (!pool)
            die("Couldn't open pool: %m\n");

    }
    PMEMoid root = pmemobj_root(pool,
             sizeof(PMEMoid) * 6);
    if (OID_IS_NULL(root))
        die("Couldn't access root object.\n");

    PMEMoid *chamber = (PMEMoid *)pmemobj_direct(root)
        + (getpid() % 6);
    if (OID_IS_NULL(*chamber)) {
        printf("Reloading.\n");
        if (pmemobj_alloc(pool, chamber, sizeof(color)
            , 0, paintball_init, 0))
            die("Failed to alloc: %m\n");
    } else {
```

```
80          printf("Shooting %06x colored bullet.\n",
81          *(color *)pmemobj_direct(*chamber));
82          pmemobj_free(chamber);
83      }
84
85      pmemobj_close(pool);
86      return 0;
87  }
```

- **47행** : 풀에 저장될 색을 정의합니다.
- **49-54행** : 메모리를 할당 할 때(76행) `paintball_init()` 함수를 호출합니다. 이 함수는 풀과 객체 포인터를 가져와 페인트 볼의 색으로 임의의 16진수 값을 계산하여 풀에 영구적으로 씁니다. 쓰기가 완료되면 프로그램이 종료됩니다.
- **59-70행** : 풀을 열거나 생성하고 풀 내의 루트 객체에 대한 포인터를 얻습니다.
- **72행** : 풀 내의 오프셋에 대한 포인터를 가져옵니나.
- **74-78행** : 72행의 포인터가 유효하지 않은 경우 공간을 할당하고 `paintball_init()`를 호출합니다.
- **79-80행** : 72행의 포인터가 유효한 경우 색상 값을 읽고 문자열로 출력하며 객체 할당을 해제합니다.

예약/게시(Reserve/Publish) API

원자적 할당 API는 다음과 같은 경우 도움이 되지 않습니다.

- 업데이트해야 할 객체에 대한 참조가 두 개 이상 있는 경우
- 업데이트해야 할 값이 여러 개 존재하는 경우

예를 들어, 프로그램이 A 계좌에서 돈을 빼고 B 계좌에 추가하는 경우 두 작업이 원자적으로 함께 수행되어야 합니다. 이러한 경우 예약/게시 API를 통해 작업을 수행할 수 있습니다.

예약/게시 API를 사용하려면 먼저 수행할 작업의 수를 지정해야 합니다. 작업에는 `pmemobj_set_value()`를 사용하여 64 비트 값을 쓰거나 `pmemobj_defer_free()`로 객체를 할당 해제하거나 `pmemobj_reserve()`를 사용하여 객체를 할당할 수 있습니다. 이 중 할당만 즉시 실행되고, 개발자는 새로 예약한 객체들을

할당된 메모리를 사용하여 초기화할 수 있습니다. 그러나 수정한 값들은 `pmemobj_publish()`가 호출될 때까지 퍼시스턴트 메모리에 기록되지 않습니다.

`libpmemobj`가 제공하는 예약/게시 API와 관련된 함수는 다음과 같습니다.

```
PMEMoid pmemobj_reserve(PMEMobjpool *pop,
    struct pobj_action *act, size_t size, uint64_t type_num);
void pmemobj_defer_free(PMEMobjpool *pop, PMEMoid oid,
    struct pobj_action *act);
void pmemobj_set_value(PMEMobjpool *pop,
    struct pobj_action *act, uint64_t *ptr, uint64_t value);
int pmemobj_publish(PMEMobjpool *pop,
    struct pobj_action *actv, size_t actvcnt);
void pmemobj_cancel(PMEMobjpool *pop,
    struct pobj_action *actv, size_t actvcnt);
```

리스트 7-6은 풀에 업데이트하기 전 여러 값(계좌 잔액)를 변경하는 간단한 예제입니다.

리스트 7-6. 예약/게시 API를 사용하여 은행 계좌 잔액을 변경하는 예제

```

/*
 * reserve_publish.c - An example using the
 *                    reserve/publish libpmemobj API
 */

..
#define POOL "/mnt/pmem/balance"

static PMEMobjpool *pool;

struct account {
    PMEMoid name;
    uint64_t balance;
};
TOID_DECLARE(struct account, 0);

..
static PMEMoid new_account(const char *name,
                    int deposit)
{
    int len = strlen(name) + 1;
```

```

    struct pobj_action act[2];
    PMEMoid str = pmemobj_reserve(pool, act + 0,
                      len, 0);
    if (OID_IS_NULL(str))
        die("Can't allocate string: %m\n");
..
    pmemobj_memcpy(pool, pmemobj_direct(str), name,
                      len, PMEMOBJ_F_MEM_NODRAIN);
    TOID(struct account) acc;
    PMEMoid acc_oid = pmemobj_reserve(pool, act + 1,
                       sizeof(struct account), 1);
    TOID_ASSIGN(acc, acc_oid);
    if (TOID_IS_NULL(acc))
        die("Can't allocate account: %m\n");
    D_RW(acc)->name = str;
    D_RW(acc)->balance = deposit;
    pmemobj_persist(pool, D_RW(acc),
                       sizeof(struct account));
    pmemobj_publish(pool, act, 2);
    return acc_oid;
}

int main()
{
    if (!(pool = pmemobj_create(POOL, "",
                              PMEMOBJ_MIN_POOL, 0600)))
        die("Can't create pool "%s": %m\n", POOL);

    TOID(struct account) account_a, account_b;
    TOID_ASSIGN(account_a,
                   new_account("Julius Caesar", 100));
    TOID_ASSIGN(account_b,
                   new_account("Mark Anthony", 50));

    int price = 42;
    struct pobj_action act[2];
    pmemobj_set_value(pool, &act[0],
                       &D_RW(account_a)->balance,
                       D_RW(account_a)->balance &#8211; price);
    pmemobj_set_value(pool, &act[1],
                       &D_RW(account_b)->balance,
                       D_RW(account_b)->balance + price);
    pmemobj_publish(pool, act, 2);

    pmemobj_close(pool);
    return 0;
}
```

- **44행** : 메모리 풀의 위치를 정의합니다.
- **48-52행** : 이름과 잔액을 가진 계좌 자료 구조를 선언합니다.
- **60-89행** : new_account() 함수는 메모리 공간을 예약하고(66 및 78행), 이름 및 잔액을 업데이트하며(83 및 84행), 업데이트 내용을 퍼시스턴트 메모리에 영구적으로 저장한 다음(85행), 업데이트를 게시합니다.(87행)
- **93-95행** : 새 풀을 만들고 실패 시 종료합니다.
- **97행** : 두 개의 계좌 인스턴스를 선언합니다.
- **98-101행** : 초기 잔고가 존재하는 새 계좌를 만듭니다.
- **103-111행** : Julius Caesar의 계좌에서 42를 빼고 Mark Anthony의 계좌에 42를 추가합니다. 수정 사항은 111행에 게시됩니다.

트랜잭션 API

예약/게시 API는 빠르지만 업데이트한 데이터를 바로 읽을 수는 없습니다. 이러한 경우 트랜잭션 API를 사용할 수 있습니다.

변수가 처음 쓰일 때는 트랜잭션에 명시적으로 추가되어야 합니다. 이러한 작업은 pmemobj_tx_add_range() 또는 그 변형(xadd, _direct) 함수를 통해 수행할 수 있습니다. TX_ADD() 또는 TX_SET()과 같은 매크로를 사용하여 동일한 작업을 수행할 수 있습니다. libpmemobj가 제공하는 트랜잭션 기반 함수 및 매크로는 다음과 같습니다.

```
int pmemobj_tx_add_range(PMEMoid oid, uint64_t off, size_t size);
int pmemobj_tx_add_range_direct(const void *ptr, size_t size);

TX_ADD(TOID o)
TX_ADD_FIELD(TOID o, FIELD)
TX_ADD_DIRECT(TYPE *p)
TX_ADD_FIELD_DIRECT(TYPE *p, FIELD)

TX_SET(TOID o, FIELD, VALUE)
TX_SET_DIRECT(TYPE *p, FIELD, VALUE)
TX_MEMCPY(void *dest, const void *src, size_t num)
TX_MEMSET(void *dest, int c, size_t num)
```

트랜잭션은 한 번의 트랜잭션 커밋으로 메모리 공간을 예약해 새로운 객체를 할당하고 이를 영구적으로 저장할 수 있습니다. 이러한 역할을 하는 함수는 다음과 같습니다.

```
PMEMoid pmemobj_tx_alloc(size_t size, uint64_t type_num);
PMEMoid pmemobj_tx_zalloc(size_t size, uint64_t type_num);
PMEMoid pmemobj_tx_realloc(PMEMoid, size_t size, uint64_t type_num);
PMEMoid pmemobj_tx_zrealloc(PMEMoid, size_t size, uint64_t type_num);
PMEMoid pmemobj_tx_strdup(const char *s, uint64_t type_num);
PMEMoid pmemobj_tx_wcsdup (const wchar_t *s, uint64_t type_num);
```

리스트 7-6의 은행 계좌 예제를 트랜잭션 API를 사용하여 작성할 수도 있습니다. 금액을 더하거나 빼는 부분을 제외한 다른 부분은 트랜잭션 API를 사용하더라도 동일하게 유지됩니다. 계좌 잔액을 변경하는 부분은 리스트 7-7처럼 트랜잭션을 사용하여 캡슐화 합니다.

리스트 7-7. 트랜잭션 API를 사용하여 은행 계좌 잔고를 수정하는 예제

```
/*
 * tx.c - An example using the transaction API
 */

..
int main()
{
    if (!(pool = pmemobj_create(POOL, "",
                        PMEMOBJ_MIN_POOL, 0600)))
        die("Can't create pool "%s": %m\n", POOL);

    TOID(struct account) account_a, account_b;
    TOID_ASSIGN(account_a,
                new_account("Julius Caesar", 100));
    TOID_ASSIGN(account_b,
                new_account("Mark Anthony", 50));

    int price = 42;
    TX_BEGIN(pool) {
        TX_ADD_DIRECT(&D_RW(account_a)->balance);
        TX_ADD_DIRECT(&D_RW(account_b)->balance);
        D_RW(account_a)->balance -= price;
        D_RW(account_b)->balance += price;
    } TX_END
```

```
113
114     pmemobj_close(pool);
115     return 0;
116 }
```

- **107행** : 트랜잭션을 시작합니다.
- **108-111행** : 여러 계좌의 잔액을 수정합니다.
- **112행** : 트랜잭션을 완료합니다. 트랜잭션이 완료되기 전에 응용 프로그램이나 시스템 장애 발생 시 모든 업데이트가 완료되거나 전부 롤백됩니다.

각 트랜잭션에는 응용 프로그램과 상호 작용할 수 있는 여러 단계가 있습니다. 이러한 트랜잭션 단계는 다음과 같습니다.

- TX_STAGE_NONE: 이 스레드에서 열린 트랜잭션이 없습니다.
- TX_STAGE_WORK: 트랜잭션이 진행 중입니다.
- TX_STAGE_ONCOMMIT: 성공적으로 커밋 되었습니다.
- TX_STAGE_ONABORT: 트랜잭션 시작이 실패했거나 중단되었습니다.
- TX_STAGE_FINALLY: 트랜잭션을 정리할 준비가 되었습니다.

리스트 7-7는 필수적인 두 단계 **TX_BEGIN** 과 **TX_END** 를 사용하며, 추가적으로 다른 단계에서의 행동을 설정한 예제입니다.

```
TX_BEGIN(Pop) {
        /* the actual transaction code goes here... */
} TX_ONCOMMIT {
        /*
         * optional - executed only if the above block
         * successfully completes
         */
} TX_ONABORT {
        /*
         * optional - executed only if starting the transaction
         * fails, or if transaction is aborted by an error or a
         * call to pmemobj_tx_abort()
         */
} TX_FINALLY {
        /*
```

```
         * optional - if exists, it is executed after
         * TX_ONCOMMIT or TX_ONABORT block
         */
} TX_END /* mandatory */
```

또한, 필요하다면 트랜잭션에 대한 매개 변수를 사용할 수 있습니다. 각 매개 변수는 다음과 같은 타입으로 이루어져 있습니다.

- TX_PARAM_NONE는 이어지는 값이 없는 마지막을 표시하는 마커(termination marker)입니다.
- TX_PARAM_MUTEX 다음에는 퍼시스턴트 메모리에 상주하는 PMEMmutex이라는 값 하나가 따라옵니다.
- TX_PARAM_RWLOCK 다음에는 퍼시스턴트 메모리에 상주하는 PMEMrwlock이라는 값 하나가 따라옵니다.
- TX_PARAM_CB 다음에는 pmemobj_tx_callback 유형의 콜백 함수와 void 포인터 값이 따라옵니다.

TX_PARAM_MUTEX 또는 TX_PARAM_RWLOCK을 사용하면 트랜잭션 시작 시 지정된 락이 요청됩니다. TX_PARAM_RWLOCK은 쓰기 락을 요청하게 되며 pmemobj_tx_begin()에서는 필요한 모든 락을 요청하고, 획득한 다음 가장 바깥쪽 트랜잭션이 완료될 때까지 현재 스레드가 락을 유지하게 됩니다. 락은 왼쪽에서 오른쪽 순서로 이루어지기 때문에 데드락 상태를 방지하려면 적절한 순서로 락을 배치해야 합니다.

TX_PARAM_CB는 각 트랜잭션 단계에서 사용할 콜백 함수를 등록합니다. TX_STAGE_WORK에서는 커밋 전에 등록된 콜백 함수가 실행되며 다른 단계에서 콜백 함수는 단계 변경 후 가장 먼저 실행되고 각 트랜잭션 후에도 호출됩니다.

플래그 옵션

원자성 연산, 예약/게시 및 트랜잭션 API에서 사용되는 많은 함수는 다양한 "플래그" 인자가 있습니다. 이러한 플래그는 다음과 같은 값을 가질 수 있습니다.

- POBJ_XALLOC_ZERO는 할당된 객체를 0으로 만듭니다.

- POBJ_XALLOC_NO_FLUSH는 자동으로 플러시 되는 것을 막습니다. 그렇기에 데이터를 어떠한 방식으로든 플러시 해주어야 예상치 못한 정전 시 데이터 손실을 막을 수 있습니다.

데이터를 퍼시스턴트 메모리에 쓰기 요약

원자성 연산, 예약/게시 및 트랜잭션 API의 강점은 다음과 같습니다.

- 원자성 연산의 할당이 가장 간단하고 빠르지만, 완전히 새로운 블록을 할당하고 전체를 초기화하는 용도로만 사용이 제한됩니다.
- 모든 작업이 객체를 할당 또는 할당 해제하거나 스칼라 값을 수정하는 경우에는 예약/게시 API의 성능이 원자성 있게 메모리를 할당하는 것만큼 빠를 수 있습니다. 그러나 쓴 데이터를 바로 읽는 용도로 사용하는 것은 바람직하지 않습니다.
- 트랜잭션 API는 변수가 트랜잭션에 추가될 때마다 느린 동기화가 필요합니다. 트랜잭션 중 변수가 여러 번 변경될 경우 후속 작업들은 취소가 됩니다. 트랜잭션 API는 단일 워드 크기보다 더 큰 데이터를 처리하는데 유용합니다.

libpmemobj의 API 보장

libpmemobj의 원자성 연산, 예약/게시, 그리고 트랜잭션 API는 모두 고장으로부터 안전한 원자성과 일관성을 제공합니다.

트랜잭션 API는 트랜잭션에 추가된 객체에 대한 모든 수정 사항의 지속성을 보장합니다. 단 POBJ_X***_NO_FLUSH 플래그가 사용되는 경우는 플러시가 자동으로 되지 않기 때문에 보장되지 않습니다. 그렇기에 이 경우 응용 프로그램은 해당 메모리 범위를 플러시 하거나 libpmemobj의 memcpy와 유사한 함수를 사용해야 합니다. no-flush 플래그는 스레드 간 고립성은 제공하지 않으므로, 다른 스레드에서 부분적인 쓰기를 즉시 볼 수 있습니다.

원자성 명령 API를 사용하려면 응용 프로그램이 객체의 생성자가 쓴 데이터를 플러시 해야 합니다. 플러시가 성공적으로 실행되었을 경우, 지속성이 보장됩니다. 원자성 명령 API는 스레드 간에 완전한 고립성을 제공하는 유일한 API입니다.

예약/게시 API를 사용하여 pmemobj_reserve()로 할당된 메모리 블록에 데이터를 쓰는 경우, 데이터를 쓰고 플러시 하는 pmemobj_set_value() 함수처럼 명시적으로 플러시 해야 합니다. pmemobj_publish()가 호출될 때까지 수정 사항이 적용되지 않지만, 스레드 간의 고립성은 제공하지 않으며 게시 단계에서 명시적인 락을 사용할 수 있습니다.

데이터베이스에서 자주 사용되는 용어로 제공되는 격리 수준을 설명하면 다음과 같습니다.

- 트랜잭션 API: READ_UNCOMMITTED
- 원자성 명령 API: READ_COMMITTED
- 예약/게시 API: pmemobj_publish() 이전까지는 READ_COMMITTED, 게시 이후에는 READ_UNCOMMITTED

라이브러리 동작 관리

pmemobj_set_funcs() 함수는 응용 프로그램의 메모리 할당을 libpmemobj의 함수로 대체합니다. 핸들러에 NULL 값을 전달하면 libpmemobj의 기본 함수를 사용하게 됩니다. libpmemobj 라이브러리는 시스템의 malloc() 함수를 여러 번 사용하는 대신, 사용 중인 메모리 풀에 약 4-8 킬로바이트를 할당하여 사용합니다.

libpmemobj는 기본적으로 최대 1024개의 병렬적인 트랜잭션/할당을 지원합니다. 하지만 디버깅 목적으로 쉘 환경 변수 PMEMOBJ_NLANES 를 원하는 값으로 설정하여 병렬성을 제한할 수 있습니다. 쉘 프롬프트에서 "export PMEMOBJ_NLANES = 512"를 실행한 다음, 응용 프로그램을 실행하는 경우는 다음과 같습니다.

```
$ export PMEMOBJ_NLANES = 512
$ ./my_app
```

PMEMOBJ_NPLANES를 기본설정으로 되돌리는 방법은 다음과 같습니다.

```
$ unset PMEMOBJ_NPLANES
```

디버깅 및 오류 처리

libpmemobj 함수를 호출하는 동안 오류가 감지되면 응용 프로그램은 pmemobj_errormsg()를 통해 오류의 이유를 설명하는 메세지를 찾을 수 있습니다. 이 함수는 현재 스레드에 마지막 오류 메시지가 쓰인 정적 버퍼의 포인터를 반환합니다. errno가 설정된 경우, 오류 메시지에는 strerror(3)에 의해 반환된 오류 코드에 대한 설명이 포함될 수 있습니다. 각 스레드 마다 오류 메시지 버퍼를 가지기에 한 스레드에서 발생한 오류는 다른 스레드의 값에 영향을 미치지 않습니다. 또한, 버퍼는 라이브러리 함수에 의해 지워지지 않기 때문에, 직전에 호출된 libpmemobj 함수의 반환 값이 에러를 가리키고 있거나 errno가 설정된 경우에만 이 반환 값이 의미가 있습니다. 이러한 오류 메시지는 응용 프로그램이 이후 다른 라이브러리 함수를 호출하면서 수정될 수 있습니다.

일반적으로 시스템 개발에 두 가지 버전의 libpmemobj를 사용할 수 있습니다. 비-디버그(non-debug) 버전은 성능에 최적화되어 있으며 -lpmemobj 옵션을 사용하여 프로그램을 링크할 때 사용됩니다. 비-디버그 버전은 성능에 영향을 주는 검사를 건너뛰고, 로그를 기록하거나 데이터를 추적하지 않으며 런타임 검사(assertion)를 수행하지 않습니다.

libpmemobj의 디버그 버전은 /usr/lib/pmdk_debug 또는 /usr/local/lib64/pmdk_debug에서 사용 가능합니다. 디버그 버전은 런타임 검사(assertion)을 수행하며 추적점(tracepoint)를 사용할 수 있습니다.

디버그 버전은 일반적으로 환경 변수 LD_LIBRARY_PATH를 설정하여 사용할 수 있습니다. 또한, LD_PRELOAD를 사용하여 /usr/lib/pmdk_debug 또는 /usr/lib64/pmdk_debug를 가리킬 수 있습니다. 디버그 버전의 위치는 리눅스 환경에 따라 또는 PMDK 설치경로를 /usr/local로 설정한 경우 다를 수 있습니다. 다음은 my_app라는 응용 프로그램에서 libpmemobj의 디버그 버전을 로드하고 사용하는 예제입니다.

```
$ export LD_LIBRARY_PATH=/usr/lib64/pmdk_debug
$ ./my_app
```

또는

```
$ LD_PRELOAD=/usr/lib64/pmdk_debug ./my_app
```

디버그 라이브러리가 제공하는 출력은 PMEMOBJ_LOG_LEVEL 및 PMEMOBJ_LOG_FILE 환경 변수를 통해 제어됩니다. 이 환경 변수들은 디버그 버전에서만 작동하며 비-디버그 버전에는 영향을 미치지 않습니다.

PMEMOBJ_LOG_LEVEL

PMEMOBJ_LOG_LEVEL 값을 설정하는 것으로 디버그 버전 라이브러리의 추적점 기능을 활성화 할 수 있습니다.

1. PMEMOBJ_LOG_LEVEL이 설정되지 않은 경우의 기본 레벨입니다. 이 레벨에서는 로그 메시지가 생성되지 않습니다.
2. 보통과 마찬가지로 감지된 에러의 errno를 반환하며 추가적으로 감지된 에러에 대해 정보가 기록됩니다. pmemobj_errormsg()를 사용하여 동일한 정보를 검색할 수 있습니다.
3. 기본 명령을 추적하며 기록됩니다.
4. 라이브러리의 많은 수의 함수 호출을 추적할 수 있습니다.
5. libpmemobj 개발자에게 유용한 방대하고 모호한 추적 정보를 활성화합니다.

PMEMOBJ_LOG_FILE을 설정하지 않으면 디버그 출력이 STDERR에 기록됩니다. 디버그 레벨을 설정하는 방법은 다음과 같습니다.

```
$ export PMEMOBJ_LOG_LEVEL=2
$ ./my_app
```

PMEMOBJ_LOG_FILE

PMEMOBJ_LOG_FILE에는 모든 로그 정보를 기록하는 파일의 전체 경로와 파일 이름을 가집니다. PMEMOBJ_LOG_FILE을 설정하지 않으면 로그 출력이 STDERR에 기록됩니다.

다음 예제는 로그 파일 위치를 /var/tmp/libpmemobj_debug.log로 설정하고 백그라운드에서 my_app을 실행하는 예제입니다. 예제에서는 libpmemobj의 디버그 버전을 사용하며 디버그 로그 레벨은 2로 설정하였고, tail -f를 통해 로그를 실시간으로 모니터합니다.

```
$ export PMEMOBJ_LOG_FILE=/var/tmp/libpmemobj_debug.log
$ export PMEMOBJ_LOG_LEVEL=2
$ LD_PRELOAD=/usr/lib64/pmdk_debug ./my_app &
$ tail -f /var/tmp/libpmemobj_debug.log
```

디버그 로그 파일 이름의 마지막 문자가 "-"인 경우, 로그 파일이 작성될 때 현재 프로세스의 프로세스 ID(PID)가 파일 이름에 추가됩니다. 이러한 기능은 여러 프로세스를 디버깅 할 때 유용합니다.

요약

이 장에서는 퍼시스턴트 메모리 프로그래밍을 쉽게 할 수 있게 설계된 **libpmemobj** 라이브러리에 대해 설명하였습니다. **libpmemobj**는 원자성 연산, 트랜잭션 및 예약/게시 기능을 제공하는 API를 제공함으로 데이터 무결성을 보장하면서 오류 발생 가능성이 낮은 응용 프로그램을 만드는 데 도움을 줍니다.

제8장 libpmemobj-cpp: 퍼시스턴트 메모리와 C++

소개

PMDK(Persistent Memory Development Kit)에는 여러 개의 개별 라이브러리가 있으며 각각의 라이브러리는 특정 용도를 위해 설계되었습니다. 이 중 가장 융통성이 좋고 강력한 라이브러리는 `libpmemobj`입니다. `libpmemobj`는 기존 컴파일러가 퍼시스턴트 메모리 프로그래밍 모델을 컴파일할 수 있게 합니다. 하위 계층 시스템 소프트웨어 개발자와 프로그래밍 언어 개발자를 위하여 `libpmemobj` 라이브러리는 할당자와 트랜잭션 그리고 객체를 자동으로 조작할 수 있는 방법을 제공합니다. 컴파일러를 수정하지 않았기 때문에 API는 장황하고 매크로가 많습니다.

PMDK는 퍼시스턴트 메모리 프로그래밍을 더 쉽게 하며 에러가 적게 발생하게 만들기 위해 `libpmemobj`를 사용하여 고수준의 객체 지향 언어인 C++를 지원합니다. C++ 언어는 `libpmemobj-cpp`(`libpmemobj++`라고도 불림)라는 `libpmemobj`에 대한 상위 계층 API를 만들기 위해 선택되었습니다. 기능이 풍부한 C++은 많은 개발자가 사용하고 있으며, C++ 프로그래밍 표준도 꾸준하게 업데이트 되고 있습니다.

`libpmemobj-cpp` 디자인의 주요 목표는 휘발성 프로그램의 자료 구조를 수정하는 것입니다. 즉, `libpmemobj-cpp`는 약간의 함수 수정을 통해 휘발성 응용 프로그램의 구조체와 클래스를 수정하려는 개발자를 위한 것입니다.

이 장에서는 메타 프로그래밍(metaprogramming)을 지원하는 C++을 이용하여 퍼시스턴트 메모리 프로그래밍을 더 쉽게 하는 방법을 설명합니다. 또한, 퍼시스턴트 컨테이너를 사용함으로 C++과 비슷하게 프로그래밍하는 방법에 대해 설명합니다. 마지막으로, C++ 표준 프로그래밍에서 퍼시스턴트 메모리를 사용할 때 발생하는 제한 사항, 예를 들어 객체의 수명 과 퍼시스턴트 메모리에 저장된 객체의 내부 레이아웃 등에 대해 설명합니다.

메타 프로그래밍

메타 프로그래밍은 컴퓨터 프로그램이 다른 프로그램을 데이터처럼 취급할 수 있는 기술입니다. 즉, 프로그램이 다른 프로그램을 읽고, 생성, 분석 또는 변환하며 프로그램이 실행되는 동안 자체적으로 수정하도록 할 수 있습니다. 경우에 따라서는 솔루션을 구현하기 위한 코드 라인수를 최소화하여 개발 시간을 단축할 수도 있습니다. 또한, 프로그램의 융통성이 향상되어 다시 컴파일하지 않고도 새로운 상황을 효율적으로 처리할 수 있습니다.

libpmemobj-cpp 라이브러리의 경우 타입-안전(type-safe) 컨테이너로 **PMEMoid**(퍼시스턴트 메모리 객체 ID)를 캡슐화하는 데 상당한 노력을 기울였습니다. 타입 안전성을 제공하기 위한 정교한 매크로 대신 템플릿과 메타프로그래밍을 사용하여 네이티브 C **libpmemobj** API를 크게 단순화시킬 수 있습니다.

퍼시스턴트 포인터

SNIA(Storage Networking Industry Association)에서 개발한 퍼시스턴트 메모리 프로그래밍 모델은 메모리 맵핑 파일을 기반으로 합니다. PMDK는 이 모델을 아키텍처 및 설계 구현에 사용하고 있습니다. SNIA 프로그래밍 모델은 3장에서 논의했습니다.

대부분의 운영 체제는 ASLR(Address Space Layout Randomization)을 사용합니다. ASLR은 컴퓨터 보안 기술이며, 메모리가 손상되어 발생할 수 있는 취약점을 악용하지 못하도록 방지합니다. 예를 들어 공격자가 메모리의 함수를 이용하여 특정 주소를 지정하고 그 곳으로 이동하는 것을 막기 위해 ASLR은 실행 파일의 베이스 주소, 스택, 힙 그리고 라이브러리를 포함한 프로세스의 중요한 데이터 주소를 주소 공간에 임의로 배치합니다. 그렇기 때문에 응용 프로그램이 실행될 때마다 파일은 프로세스 주소 공간의 다른 위치에 맵핑될 수 있어 절대 주소를 저장하는 기존 포인터는 사용할 수 없습니다. 매 실행 시 기존 포인터는 초기화되지 않은 메모리 주소를 가리킬 수 있으며, 이 주소를 참조 해제하면 세그먼테이션 폴트(segmentation fault)가 발생할 수 있습니다. 이 포인터가 유효한 메모리 주소를 가리킬 수도 있지만, 사용자가 예상한 메모리 주소를 가리키지 않는 경우 예기치 않은 동작이 발생합니다.

퍼시스턴트 메모리 프로그래밍에서 이 문제를 해결하기 위해 다른 유형의 포인터가 필요합니다. libpmemobj는 풀의 식별자와 오프셋으로 구성된 PMEMoid라는 C 구조체를 생성했습니다. 이 팻 포인터(fat pointer)는 libpmemobj C++의 pmem::obj::persistent_ptr 템플릿 클래스로 바인딩되어 캡슐화되었습니다. 이 포인터는 C 와 C++ 구현 모두 동일한 16 바이트 크기를 가지며 PMEMoid가 생성자를 제공하기 때문에 C API와 C++를 혼합하여 사용할 수 있습니다. pmem::obj::persistent_ptr은 C++11에 도입된 스마트 포인터(std::shared_ptr, std::auto_ptr, std::unique_ptr 및 std::weak_ptr)와 비슷한 개념으로 비슷하게 구현되었습니다. 단 pmem::obj::persistent_ptr은 객체의 수명 주기를 관리하지 않는다는 차이점을 가집니다.

std::pointer_traits 및 std::iterator_traits와의 호환성을 위한 operator*, operator->, operator[] 및 typedef 외에도 pmem::obj::persistent_ptr에는 데이터를 퍼시스턴트 메모리에 영구적으로 쓰기 위한 메소드도 정의되어 있습니다. 또한 pmem::obj::persistent_ptr은 표준 라이브러리 알고리즘 및 컨테이너에서 사용할 수 있습니다.

트랜잭션

퍼시스턴트 메모리에서 사용하려는 중요한 알고리즘의 경우 일반적으로 단일 논리 작업에서 여러 번의 store 연산이 필요하기 때문에 한 번에 8 바이트 이상의 데이터를 원자성 있게 수정할 수 있어야 합니다. 예를 들어 간단한 리스트 기반 큐에 데이터를 삽입하려면 tail 포인터와 마지막 리스트의 next 포인터 두 번의 store 연산이 필요합니다. 이러한 상황에서 전원 공급이 중단되더라도 대량의 데이터를 원자적으로 수정할 수 있도록 PMDK의 일부 라이브러리들은 트랜잭션 기능을 제공합니다. C++ 언어의 바인딩은 이러한 트랜잭션을 두 가지 개념으로 접근합니다. 하나는 "자원 획득은 초기화"(RAII, Resource Acquisition is Initialization)라는 관용구를 기반으로 하고 다른 하나는 호출 가능한 std::function 객체를 기반으로 합니다. 또한, 일부 C++ 표준 문제로 인해 범위가 지정된 트랜잭션은 수동 및 자동 두 가지 방식으로 제공됩니다. 이 장에서는 std::function 객체를 사용한 방식만 설명합니다. RAII 기반 트랜잭션에 대한 정보는 libpmemobj-cpp 문서(https://pmem.io/pmdk/cpp_obj/)를 참조하시길 바랍니다.

std::function을 사용하는 메소드는 다음과 같이 선언됩니다.

```
void pmem::obj::transaction::run(pool_base &pop, std::function<void ()> tx, Locks&... locks)
```

locks 매개 변수는 가변 길이 템플릿(variadic template)이며 **std::function** 덕분에 수많은 타입을 전달하여 실행할 수 있습니다. 가장 흔한 방식 중 하나는 람다 함수를 **tx** 매개 변수로 전달하는 것입니다. 이러한 방식을 사용하면 코드를 간결하고 분석하기 쉽게 만들 수 있습니다. 리스트 8-1은 람다를 사용하여 트랜잭션 작업을 수행하는 방법을 보여주는 예시입니다.

리스트 8-1. 함수 객체 트랜잭션

```
// execute a transaction
pmem::obj::transaction::run(pop, [&]() {
    // do transactional work
});
```

물론 이 API는 람다 함수만 전달할 수 있는 것은 아닙니다. 함수, 바인딩 표현식, 함수 객체 및 멤버 함수에 대한 포인터와 같이 호출 가능한 모든 대상을 **tx**로 전달할 수 있습니다. 또한 **run**은 일반적인 정적 멤버 함수이므로 예외(exception) 처리를 할 수 있다는 이점이 있습니다. 트랜잭션 실행 중 예외가 발생하면 트랜잭션은 자동으로 중단되고 예외 처리가 발생하여 이에 대한 정보가 손실되지 않습니다. 만약 어떤 이유로 기본 C 라이브러리에서 실패가 발생하면 트랜잭션도 중단되고 C++ 라이브러리의 예외 처리가 발생합니다. 그렇기에 개발자는 이전 트랜잭션의 상태를 확인해야 하는 부담이 없습니다.

libpmemobj-cpp 트랜잭션은 **pmem::obj::mutex**, **pmem::obj::shared_mutex** 및 **pmem::obj::timed_mutex** 와 같은 퍼시스턴트 메모리에 사용할 수 있는 여러 동기화 방법을 제공합니다. **libpmemobj**는 처음으로 락을 획득할 때 모든 락을 적절하게 초기화합니다. 물론 퍼시스턴트 메모리 락을 사용하는 것은 전적으로 선택 사항이기 때문에 트랜잭션은 락 없이도 사용할 수 있습니다. 락의 개수는 임의로 선택할 수 있으며, 락의 타입 또한 자유롭게 혼합하여 사용할 수 있습니다. 락은 주어진 트랜잭션이 끝날 때까지, 여러 트랜잭션이 중첩된 경우에는 가장 바깥 트랜잭션까지 유효합니다. 그렇기에 트랜잭션이 try-catch 문으로 묶인 경우 catch 절에 도달하기 전에 락이 해제됩니다. 이러한 특성은 어떤 트랜잭션이 중지되어 공유 상태를 수정해야 할 때 매우 중요하게 작용합니다. 이러한 상황에서는 필요한 락을 올바른 순서로 다시 획득해야 합니다.

스냅 샷

트랜잭션에서 데이터를 수정하기 전에 C 라이브러리는 수동적인 스냅 샷을 요구합니다. C++ 바인딩은 오류의 가능성을 줄이기 위해 모든 스냅 샷을 자동으로 수행합니다. 이러한 메커니즘의 기본 구성 요소는 `pmem::obj::p` 템플릿 래퍼 클래스입니다. 이 클래스는 클래스 또는 POD(*Plain Old Data*, 필드만 있고 객체지향 기능이 없는 구조체)와 같은 복잡한 타입이 아닌 기본 타입과 함께 사용하도록 설계되었습니다. 이는 `pmem::obj::p`가 `operator=()`를 기반으로 구현되었으며, `operator->()`를 정의하지 않아 `operator.()`를 구현할 수 없기 때문입니다. 대입 연산자가 호출될 때마다 `p`로 래핑한 값은 변경되며, 라이브러리는 이전 값의 스냅 샷을 남겨야 합니다. 스냅 샷을 남기기 위해 `p<>` 템플릿은 변수가 올바르게 영구적으로 저장되었는지 확인하고, 필요한 경우 데이터를 플러시 합니다. 리스트 8-2는 `p<>` 템플릿을 사용하는 예제입니다.

리스트 8-2. p<> 템플릿을 사용하여 올바르게 값을 영구적으로 저장하는 예제

```
struct bad_example {
    int some_int;
    float some_float;
};

struct good_example {
    pmem::obj::p<int> pint;
    pmem::obj::p<float> pfloat;
};

struct root {
    bad_example bad;
    good_example good;
};

int main(int argc, char *argv[]) {
    auto pop = pmem::obj::pool<root>::open("/daxfs/file", "p");

    auto r = pop.root();

    pmem::obj::transaction::run(pop, [&]() {
```

```
60          r->bad.some_int = 10;
61          r->good.pint = 10;
62
63          r->good.pint += 1;
64      });
65
66      return 0;
67  }
```

- **39–42행** : 여기에서는 some_int와 some_float 두 개의 변수를 가진 bad_example 구조체를 선언합니다. 하지만 이 구조체의 데이터는 자동으로 스냅샷이 되지 않기 때문에 이를 퍼시스턴트 메모리에 저장하고 수정하는 것은 위험합니다.
- **44–47행** : 두 개의 p<> 타입 변수 – pint 및 pfloat를 가진 good_example 구조체를 선언합니다. 트랜잭션에서 pint 또는 pfloat를 수정할 때마다 스냅샷을 자동으로 수행하기 때문에 이 구조체는 퍼시스턴트 메모리에 안전하게 저장할 수 있습니다.
- **55–57행** : pmempool 명령어를 사용하여 생성된 퍼시스턴트 메모리 풀을 열고 루트 객체에 대한 포인터를 루트 변수에 저장합니다.
- **60행** : bad_example 구조체의 정수 값을 수정합니다. 이 변수는 트랜잭션에 추가되지 않았기 때문에 값을 변경하는 것은 안전하지 않으며 예상하지 못한 응용 프로그램 또는 시스템 오류나 정전으로 인하여 영속성을 가지지 못할 수 있습니다.
- **61행** : 여기서는 p<> 템플릿으로 래핑된 정수 값을 수정합니다. operator=()가 자동으로 스냅 샷을 수행하기 때문에 이러한 변경 방식은 안전합니다.
- **63행** : p<>에서 산술 연산자(기본 유형이 지원하는 경우)를 사용하는 것도 안전합니다.

할당

std::shared_ptr과 마찬가지로 pmem::obj::persistent_ptr은 할당 및 할당 해제 함수를 제공합니다. 이 함수를 이용하여 메모리를 할당하고 객체를 생성할 수 있으며 객체를 소멸하고 메모리 할당을 해제할 수 있습니다. 이러한 함수는 전원 공급 중단이 발생해도 모든 할당과 객체 생성/소멸을 원자적으로 수행해야

하는 퍼시스턴트 메모리에서 특히 중요합니다. 트랜잭션 할당은 객체 생성을 위해 완벽 전달(perfect forwarding) 및 가변인자 템플릿(variadic template)을 사용합니다. 이러한 방법은 객체 생성이 생성자를 호출 것과 비슷하게 만들며 **`std::make_shared`**와 동일하게 만듭니다. 그러나 트랜잭션 배열의 경우 객체가 기본 생성자를 통하여 생성할 수 있어야 합니다. 트랜잭션 배열은 다차원 배열로 생성할 수도 있습니다. **`pmem::obj::make_persistent`** 및 **`pmem::obj::make_persistent_array`**는 트랜잭션 내에서 호출해야 하며 그렇지 않을 경우 예외가 발생합니다. 객체 생성 중에 다른 트랜잭션의 할당을 수행할 수 있기에 이 API는 매우 유연하게 사용될 수 있습니다. 또한 **`pmem::obj::delete_persistent`** **함수를 만들어 도입하여 퍼시스턴트 메모리에서** 객체와 객체 배열의 소멸시킬 수 있게 하였습니다. 다만 **`pmem::obj::persistent_ptr`**은 객체의 수명을 자동으로 처리하지 않으므로 더 이상 해당 객체를 사용하지 않는 경우 이를 폐기해야 합니다. 리스트 8-3은 트랜잭션 할당의 예를 보여줍니다.

원자 할당의 경우 포인터를 반환하지 않기 때문에 다르게 동작합니다. 개발자는 함수의 매개변수로 각각에 대한 참조를 제공해야 합니다. 또한 원자적 할당은 트랜잭션 컨텍스트에서 실행되지 않으므로 실제 포인터 할당은 명령을 재실행 로깅하는 것처럼 다른 방법을 통해 수행해야 합니다. 리스트 8-3은 원자 할당의 예도 제공합니다.

리스트 8-3. 트랜잭션 및 원자성 할당의 예

```
struct my_data {
    my_data(int a, int b): a(a), b(b) {

    }

    int a;
    int b;
};

struct root {
    pmem::obj::persistent_ptr<my_data> mdata;
};

int main(int argc, char *argv[]) {
    auto pop = pmem::obj::pool<root>::open("/daxfs/file", "tx");

    auto r = pop.root();

```

```
57      pmem::obj::transaction::run(pop, [&]() {
58          r->mdata = pmem::obj::make_persistent<my_data>(1, 2);
59      });
60
61      pmem::obj::transaction::run(pop, [&]() {
62          pmem::obj::delete_persistent<my_data>(r->mdata);
63      });
64      pmem::obj::make_persistent_atomic<my_data>(pop, r->mdata,
        2, 3);
65
66      return 0;
67  }
```

- **58행** : 여기서는 `my_data` 객체를 트랜잭션 방식으로 할당합니다. `make_persistent`에 전달 된 매개 변수는 `my_data` 생성자로 전달됩니다. `r->mdata`에 할당하면 이전 퍼시스턴트 포인터 값을 가지는 스냅 샷이 수행됩니다.
- **62행** : 여기서는 `my_data` 객체를 삭제합니다. `delete_persistent`는 객체의 소멸자를 호출하고 메모리 할당을 해제합니다.
- **64행** : `my_data` 객체를 원자적으로 할당합니다. 이 함수 호출은 트랜잭션 내부에서 수행할 수 없습니다.

C++ 표준의 제한

퍼시스턴트 메모리에 저장되는 객체는 C++ 언어의 제한과 퍼시스턴트 메모리 프로그래밍 패러다임으로 인하여 심각한 제약을 받을 수 있습니다. `libpmemobj` 및 SNIA 프로그래밍 모델을 이용하는 응용 프로그램은 메모리 맵핑된 파일을 통해 바이트 주소 단위로 접근 가능한 이점을 살려 퍼시스턴트 메모리에 액세스합니다. 여기서 직렬화(serialization)가 수행되지 않으므로 응용 프로그램을 닫았다가 다시 열었을 때 또는 전원 공급 중단 이후에도 퍼시스턴트 메모리 장치로부터 직렬화를 푸는 과정 없이 데이터를 직접 읽고 수정할 수 있어야 합니다.

앞의 내용은 C++ 및 `libpmemobj`의 관점에서 어떤 의미를 가질까요? 여기에는 다음과 같은 네 가지 문제가 있습니다.

1. 객체의 수명
2. 트랜잭션에서 객체 스냅 샷

3. 저장된 객체의 고정된 레이아웃
4. 객체 멤버로서의 포인터

이 네 가지 문제에 대해 다음 네 섹션에서 설명합니다.

객체의 수명

객체의 수명은 C++ 표준(https://isocpp.org/std/the-standard)의 [basic.life] 섹션에 설명되어 있습니다.

> *객체 또는 레퍼런스의 수명은 런타임 속성입니다. 변수가 기본값으로 초기화되거나, 또는 변수가 간단한 기본 생성자를 가진 클래스 타입 혹은 (다차원) 배열인 경우, 변수가 빈 초기화(vacuous initialization)를 가지고 있다고 말합니다. 타입 T 객체의 수명은 다음과 같은 경우에 시작됩니다.*

(1.1) 타입 T에 맞는 크기의 그리고 적절히 정렬된 스토리지 공간이 할당되고,

(1.2) 앞서 설명한 빈 초기화가 끝났을 때입니다([dcl.init]). 다만, 객체 또는 하위 객체가 공용체(union) 타입인 경우는 예외입니다. 공용체의 수명은 그 공용체의 멤버가 초기화할 때 시작되거나 공용체 멤버가 이미 초기화되어 있는 경우에 시작됩니다([dcl.init.aggr], [class.base.init], [class.union]). T 유형의 객체 수명은 다음과 같은 경우에 종료됩니다.

(1.3) T가 클래스 타입이 아닌 경우 객체가 삭제되거나

(1.4) T가 클래스 타입인 경우 소멸자(destructor)가 호출되거나

(1.5) 스토리지에서 객체가 할당된 부분이 해제되거나 o([intro.object]) 내에서 중첩되지 않는 객체가 재사용할 때.

표준에 따르면 객체의 속성은 해당 객체의 수명에만 적용됩니다. 이러한 맥락에서, 퍼시스턴트 메모리 프로그래밍에서의 문제는 네트워크를 통해 데이터를 전송하는 경우의 문제와 유사합니다. C++ 응용 프로그램은 객체의 타입을 인식할 수 있는 바이트 배열을 받게 됩니다. 그러나 이 응용 프로그램에서는 그 객체가 생성되지 않았으므로 이를 사용하는 것은 예상하지 못한 동작을 발생시킬 수 있습니다.

이 문제는 널리 알려져 있으며 WG21 C++ Standard Committee Working Group(https://isocpp.org/std/the-committee 및 http://www.open-std.org/jtc1/sc22/wg21/)에서 다뤄지고 있습니다.

현재 C++ 표준의 관점에서 객체 수명 문제를 극복하고 예상치 못한 동작을 막을 수 있는 방법은 없습니다. **libpmemobj-cpp**는 다양한 C++11 호환 컴파일러와 다양한 시나리오로 테스트 및 검증되었습니다. **libpmemobj-cpp 사용자에게 유일한 권장 사항은** 응용 프로그램을 개발할 때 이러한 제한 사항을 명심해야 한다는 것입니다.

간단한 타입

트랜잭션은 **libpmemobj**의 핵심입니다. 그렇기에 **libpmemobj-cpp**는 최대한 사용하기 쉽게 C++ 버전으로 가장 심혈을 기울여 구현되었습니다. 개발자는 세부적인 구현 사항을 알 필요가 없으며 실행 취소(Undo) 로그 기반 트랜잭션이 작동하도록 수정된 데이터의 스냅 샷에 대해 걱정할 필요가 없습니다. 변수가 수정되면 수정된 사항이 자동으로 실행 취소 로그에 추가되는 특별한 템플릿 클래스가 구현되어 있습니다. 이 클래스에 대한 설명은 "스냅 샷" 섹션에 있습니다.

그렇다면 데이터 스냅 샷 생성은 무엇을 의미하는 걸까요? 답은 매우 간단하지만 C++에서는 그렇지 않습니다. **libpmemobj**는 **memcpy()**를 **통해** 지정된 길이의 데이터를 지정된 주소에서 다른 주소로 복사하여 스냅 샷을 구현합니다. 트랜잭션이 중단되거나 시스템의 전원에 문제가 발생하면 메모리 풀을 다시 열 때 실행 취소 로그에서 데이터를 읽어 트랜잭션을 취소합니다. 리스트 8-4에서 정의한 C++ 객체를 보고, **memcpy()**를 사용한 결과에 대해 생각해봅시다.

리스트 8-4. 객체에 안전하지 않은 memcpy()를 보여주는 예제

```
class nonTriviallyCopyable {
private:
    int* i;
public:
    nonTriviallyCopyable (const nonTriviallyCopyable & from)
    {
        /* perform non-trivial copying routine */
        i = new int(*from.i);
    }
};
```

깊은 복사(Deep copy), 얕은 복사(Shallow copy)의 간단한 예시입니다. 문제의 핵심은 데이터를 수동으로 복사하면 복사 생성자(copy constructor)에 의존해야 하는 객체의 데이터를 망가뜨릴 수 있다는 것입니다. 포인터를 공유하는 경우도 또 다른 좋은 예입니다. 단순히 `memcpy()`를 사용하여 복사하면 해당 클래스를 사용할 때 만든 "약속"을 깨뜨려서 누수나 크래시가 발생할 수 있습니다.

응용 프로그램은 객체를 수동으로 복사할 때 더 복잡하고 세부적인 것을 처리해야 합니다. C++11 표준은 `<type_traits>` 타입 특성과 `std::is_trivially_copyable`을 제공하여 지정된 유형이 '간단한 복사'(*TriviallyCopyable*)의 요구 사항을 충족하는지 확인합니다. C++ 표준을 참조하면 객체는 다음과 같은 경우 간단한 복사 요구 사항을 충족합니다.

> *간단하게 복사 가능한 클래스는 다음과 같은 클래스입니다.*
>
> *— 간단하지 않은 복사 생성자(copy constructor)가 없습니다(12.8).*
>
> *— 간단하지 않은 이동 생성자(move constructor)가 없습니다(12.8).*
>
> *— 간단하지 않은 복사 할당 연산자(copy assignment operator)가 없습니다(13.5.3, 12.8).*
>
> *— 간단하지 않은 이동 할당 연산자(move assignment operator)(13.5.3, 12.8)가 없으며*
>
> *— 간단한 소멸자(destructor)가 있습니다(12.4).*
>
> *간단한 클래스는 간단한 기본 생성자(default constructor) (12.1)를 가지고 있으며 간단하게 복사할 수 있는 클래스입니다.*

참고

특히 간단하게 복사 가능한 또는 간단한 클래스에는 가상 함수(virtual function) 또는 가상 기본 클래스(virtual base class)가 없습니다.

C++ 표준은 간단하지 않은 메소드를 다음과 같이 정의합니다.

클래스 X에 대한 복사/이동 생성자는 사용자가 제공하지 않은 경우 간단하며

— 클래스 X에는 가상 함수(virtual function) (10.3) 및 가상 기본 클래스 (virtual base class) (10.1)가 없으며

— 각 기본 클래스 하위 객체를 복사/이동하는 생성자는 간단하며

— X의 각각의 비정적(non-static) 클래스(또는 배열) 멤버 데이터를 복사/이동하는 생성자는 간단합니다.

이 외의 복사/이동 생성자는 간단하지 않습니다.

이는 즉 사용자가 제공하지 않으면 복사 또는 이동 생성자가 간단한 것임을 의미합니다. 이러한 특성은 가상 객체가 없는 클래스의 모든 멤버와 기본 클래스에 대해 재귀적으로 유지됩니다. C++ 표준 및 `libpmemobj` 트랜잭션 구현은 간단한 타입의 요구 사항을 충족시키기 위해 퍼시스턴트 메모리에 저장할 수 있는 객체 타입을 제한하지만, 객체의 레이아웃을 반드시 고려해야 합니다.

객체 레이아웃

레이아웃이라고 불리는 객체의 형태는 컴파일러 또는 컴파일러 플래그 및 ABI(Application Binary Interface)에 따라 다를 수 있습니다. 컴파일러는 일부 레이아웃과 관련된 최적화를 수행할 수 있으며 같은 지정 타입의 멤버들의 순서를 자유롭게 섞을 수 있습니다(예 public 다음 protected 다음 다시 public). 객체 레이아웃은 다형성(polymorphism) 타입에 따라 인식되지 않을 수도 있습니다. 현재 메모리 풀을 다시 열었을 때 vtable을 다시 구축할 수 있는 안정적이고 이식 가능한 방법이 없기 때문에 퍼시스턴트 메모리에서는 현재 다형성 객체를 지원하지 못합니다.

메모리 맵핑된 파일을 사용하여 퍼시스턴트 메모리에 객체를 저장하고 SNIA NVM 프로그래밍 모델을 따르려면 다음 캐스팅이 항상 유효해야 합니다.

```
someType A = *reinterpret_cast<someType *>(mmap (...));
```

특정 데이터 타입의 객체를 비트로 표현하는 방식은 항상 동일해야 하며 응용 프로그램은 직렬화 없이 메모리 맵핑된 파일에서 저장된 객체를 찾을 수 있어야 합니다.

C++의 어떤 타입들은 위 요구 사항을 만족시킵니다. C++11은 `std::is_standard_layout`이라는 타입 특성을 제공합니다. C++ 표준에 따르면 `std::is_standard_layout`은 네이티브 C++ 라이브러리에 대한 언어 바인딩을 만드는 것처럼 다른 언어와 통신하는데 유용하게 사용될 수 있습니다. 그렇기 때문에 C++ 표준 레이아웃 클래스는 C 구조체 또는 공용체와 동일한 메모리 레이아웃을 가지고 있습니다. 일반적으로 표준 레이아웃 클래스에는 모든 비정적 데이터 멤버에 대해 동일한 접근 제어방식을 가져야 합니다. 이는 섹션 앞부분에서 언급하였듯이 C++ 호환 컴파일러가 동일한 클래스의 멤버들을 자유롭게 섞을 수 있기 때문입니다.

클래스 상속을 사용하는 경우 전체 상속 트리에서 하나의 클래스만 비정적 데이터 멤버를 가질 수 있으며 첫 번째 비정적 데이터 멤버는 앨리어싱(aliasing) 규칙을 위반할 수 있으므로 기본 클래스 타입이 될 수 없습니다. 이러한 특징을 가지지 않는다면 표준 레이아웃 클래스가 아닙니다.

C++11 표준은 `std::is_standard_layout`을 다음과 같이 정의합니다.

> *표준 레이아웃 클래스는 다음과 같은 클래스입니다.*
>
> *— 비표준 레이아웃 클래스 타입(또는 이러한 타입의 배열) 또는 레퍼런스에 비정적 데이터 멤버가 없습니다.*
>
> *— 가상 함수(10.3) 및 가상 기본 클래스(10.1)가 없습니다.*
>
> *— 모든 비정적 데이터 멤버에 대해 동일한 접근 제어 방식(Clause 11)을 가집니다.*
>
> *— 비표준 레이아웃 기본 클래스가 없습니다.*
>
> *— 파생된 클래스에 비정적 데이터 멤버가 없고, 비정적 데이터 멤버가 있는 기본 클래스가 하나이거나 비정적 데이터 멤버가 있는 기본 클래스가 없습니다.*
>
> *— 첫 번째 비정적 데이터 멤버로 동일한 타입의 기본 클래스가 없습니다.*
>
> *표준 레이아웃 구조체는 클래스 키 구조체(class-key struct) 또는 클래스 키 클래스(class-key class)로 정의된 표준 레이아웃 클래스입니다.*
>
> *표준 레이아웃 공용체는 클래스 키 공용체로 정의된 표준 레이아웃 클래스입니다.*

참고

표준 레이아웃 클래스는 다른 프로그래밍 언어로 작성된 코드와 통신하는 데 유용합니다. 이러한 레이아웃은 9.2에 명시되어있습니다.

객체 레이아웃에 대해 이야기한 후, 포인터 타입에 대한 또 다른 문제와 그것을 퍼시스턴트 메모리에 저장하는 방법을 살펴보겠습니다.

포인터

이전 섹션에서는 C++ 표준의 일부를 인용하여 설명하였습니다. 어떠한 데이터 타입은 스냅 샷과 복사가 안전하며, 어떤 타입은 고정 레이아웃을 고려하지 않고 바이너리 캐스팅(binary-cast) 할 수 있는지 타입의 한계에 대해 설명했습니다. 그렇다면 포인터는 어떨까요? 퍼시스턴트 메모리 프로그래밍 모델을 다룰 때는 객체의 포인터를 어떻게 처리해야 할까요? 휘발성 포인터를 클래스 멤버로 사용하는 클래스의 예제 리스트 8-5를 보며 생각해봅시다.

리스트 8-5. 휘발성 포인터를 클래스 멤버로 사용하는 클래스 예제

```
struct root {
    int* vptr1;
    int* vptr2;
};

int main(int argc, char *argv[]) {
    auto pop = pmem::obj::pool<root>::open("/daxfs/file", "tx");

    auto r = pop.root();

    int a1 = 1;

    pmem::obj::transaction::run(pop, [&](){
        auto ptr = pmem::obj::make_persistent<int>(0);
        r->vptr1 = ptr.get();
        r->vptr2 = &a1;
    });

    return 0;
}
```

- **39-42행** : 두 개의 휘발성 포인터를 멤버로 가지는 루트 구조체를 만듭니다.
- **51-52행** : 응용 프로그램은 트랜잭션 방식으로 두 개의 가상 주소를 할당합니다. 하나는 스택에 상주하는 정수형이며 다른 하나는 퍼시스턴트 메모리에 상주하는 정수형입니다. 트랜잭션 실행 후 크래시가 발생하거나 종료 후 응용 프로그램을 다시 실행하면 어떻게 될까요? 변수 `a1`은 메모리 스택에 있었기 때문에 값이 사라집니다. 그렇다면 `vptr1`에 할당된 값은 무엇일까요? ASLR을 사용하기에 `mmap()`을 호출하였을 때 동일한 가상 메모리 주소를 얻을 수 없기에 퍼시스턴트 메모리에 있더라도 휘발성 포인터는 더 이상 유효하지 않습니다. 이 포인터는 어떤 것을 가리키거나, 아무것도 가리키지 않을 수도, 쓰레기 값을 가리킬 수도 있습니다.

앞의 예에서 볼 수 있듯이 휘발성 메모리 포인터를 퍼시스턴트 메모리에 저장하는 거의 대부분의 경우는 설계 오류라는 것을 인식하는 것이 매우 중요합니다. 하지만 `pmem::obj::persistent_ptr<>` 클래스 템플릿을 사용하는 것은 안전합니다. 이 클래스 템플릿은 응용 프로그램이 죽어도 특정 메모리에 안전하게 접근할 수 있는 유일한 방법을 제공합니다. 그러나 `pmem::obj::persistent_ptr<>` 타입은 명시적으로 정의된 생성자 때문에 '간단한 복사'(TriviallyCopyable) 요구사항을 충족하지 않아 `pmem::obj::persistent_ptr<>` 멤버의 객체는 `std::is_trivially_copyable` 확인 검사를 통과하지 못합니다. 모든 퍼시스턴트 메모리 개발자는 각각의 경우에 `pmem::obj::persistent_ptr<>`을 복사 할 수 있는지 확인하여 오류 및 퍼시스턴트 메모리 누수가 발생하지 않도록 해야 합니다. 또한 개발자는 `std::is_trivially_copyable`이 구문(syntax) 검사일 뿐이며 의미(semantic)를 테스트하지 않음을 알고 있어야 합니다. 이러한 상황에서 `pmem::obj::persistent_ptr<>`을 사용하면 정의되지 않은 동작이 발생할 수 있습니다. 현재 이러한 문제에 대한 단일 해결책은 없습니다. 이 책을 쓰고 있는 시점에서 C++ 표준은 퍼시스턴트 메모리 프로그래밍을 아직 완벽하게 지원하지 않으므로 개발자는 `pmem::obj::persistent_ptr<>`를 각각의 경우에 안전하게 복사할 수 있는지 확인해야 합니다.

제한 사항 요약

C++11은 퍼시스턴트 메모리 프로그래밍에 매우 유용한 몇 가지 타입 특성을 제공합니다.

이러한 타입은 다음과 같습니다.

- template <typename T>
  struct std::is_pod;
- template <typename T>
  struct std::is_trivial;
- template <typename T>
  struct std::is_trivially_copyable;
- template <typename T>
  struct std::is_standard_layout;

이들은 서로 상관되어 있으며, 가장 일반적이고 제한적인 것은 그림 8-1에 표시된 POD 타입의 정의입니다.

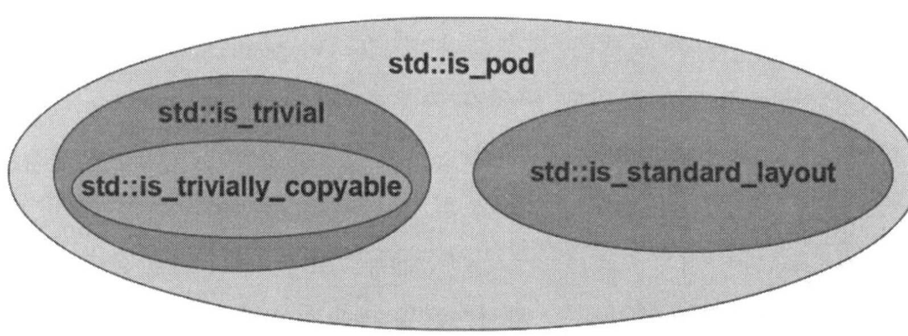

그림 8-1. 퍼시스턴트 메모리 관련 C++ 타입 특성 간의 관계

퍼시스턴트 메모리 상주하는 클래스는 다음 요구 사항을 충족해야 한다고 앞서 언급했습니다.

- std::is_trivially_copyable
- std::is_standard_layout

퍼시스턴트 메모리 개발자는 필요한 경우 제한적인 타입 특성을 자유롭게 사용할 수 있습니다. 그러나 퍼시스턴트 포인터를 사용하려면 타입 특성에 의존할 수 없으며 memcpy()를 사용한 객체의 복사와 객체의 레이아웃 표현에 관련된 문제를 알고 있어야 합니다. 퍼시스턴트 메모리 프로그래밍을 위해서는 C++ 표준 그룹 내에서 앞서 언급한 형식에 대한 설명이나 표준화 개념이 공식적으로 설계되고 구현될 수 있도록 논의되어야 합니다. 그때까지 개발자는 정의되지 않은 객체 수명 동작을 관리하기 위한 제한 사항과 한계를 알고 있어야 합니다.

영속성 단순화

휘발성 DRAM에 데이터를 저장하는 간단한 큐 구현(리스트 8-6)을 생각해봅시다.

리스트 8-6. 휘발성 큐의 구현

```
#include <cstdio>
#include <cstdlib>
#include <iostream>
#include <string>

struct queue_node {
    int value;
    struct queue_node *next;
};

struct queue {
    void
    push(int value)
    {
        auto node = new queue_node;
        node->value = value;
        node->next = nullptr;

        if (head == nullptr) {
            head = tail = node;
        } else {
            tail->next = node;
            tail = node;
        }
    }

    int
    pop()
    {
        if (head == nullptr)
            throw std::out_of_range("no elements");

```

```
65         auto head_ptr = head;
66         auto value = head->value;
67 
68         head = head->next;
69         delete head_ptr;
70 
71         if (head == nullptr)
72             tail = nullptr;
73 
74         return value;
75     }
76 
77     void
78     show()
79     {
80         auto node = head;
81         while (node != nullptr) {
82             std::cout << "show: " << node->value << std::endl;
83             node = node->next;
84         }
85 
86         std::cout << std::endl;
87     }
88 
89 private:
90     queue_node *head = nullptr;
91     queue_node *tail = nullptr;
92 };
```

- **38–40행** : queue_node 구조체의 레이아웃을 선언합니다. 리스트의 정수값과 다음 노드에 대한 포인터를 저장합니다.
- **44–57행** : 새로운 노드를 할당하고 그 값을 설정하는 push() 메소드를 구현합니다.
- **59–75행** : 큐의 첫 번째 요소를 삭제하는 pop() 메소드를 구현합니다.
- **77–87행** : show() 함수는 리스트를 따라 각 노드의 내용을 표준 출력으로 출력합니다.

앞의 큐 구현은 int 타입의 값을 연결 리스트에 저장하고 push(), pop() 및 show() 세 가지 기본 함수를 제공합니다.

이 섹션에서는 `libpmemobj-cpp` 바인딩을 사용하여 휘발성 구조체가 퍼시스턴트 메모리에 저장하는 것으로 변경하는 방법을 보여줍니다. 모든 데이터 수정 함수는 트랜잭션을 사용하여 원자성과 일관성을 보장 받을 수 있습니다.

휘발성 응용 프로그램을 변경하여 퍼시스턴트 메모리의 장점을 얻으려면, 함수를 약간만 수정하여 구조체와 클래스를 변경해야 합니다. 리스트 8-7과 같이 레이아웃을 변경하여 `queue_node` 구조를 수정하겠습니다.

리스트 8-7. 퍼시스턴트 큐 구현 - queue_node 구조체 수정 예제

```
#include <libpmemobj++/make_persistent.hpp>
#include <libpmemobj++/p.hpp>
#include <libpmemobj++/persistent_ptr.hpp>
#include <libpmemobj++/pool.hpp>
#include <libpmemobj++/transaction.hpp>

struct queue_node {
    pmem::obj::p<int> value;
    pmem::obj::persistent_ptr<queue_node> next;
};

struct queue {
...
private:
    pmem::obj::persistent_ptr<queue_node> head = nullptr;
    pmem::obj::persistent_ptr<queue_node> tail = nullptr;
};
```

보다시피, 수정 사항은 휘발성 포인터를 `pmem::obj::persistent_ptr`로 바꾸고 `p<>` 속성을 사용하는 것뿐입니다.

다음으로 리스트 8-8에서는 `push()` 함수를 수정합니다.

리스트 8-8. 퍼시스턴트 큐 구현 - 퍼시스턴트 push() 함수

```
    void
    push(pmem::obj::pool_base &pop, int value)
    {
        pmem::obj::transaction::run(pop, [&]{
            auto node = pmem::obj::make_persistent<queue_node>();
            node->value = value;
            node->next = nullptr;

            if (head == nullptr) {
```

```
                head = tail = node;
            } else {
                tail->next = node;
                tail = node;
            }
        });
    }
```

수정한 모든 함수는 각각이 어떤 퍼시스턴트 메모리 풀에서 작동해야 하는지 인식해야 합니다. 단일 메모리 풀인 경우는 간단하지만 응용 프로그램 메모리가 다른 파일 시스템의 파일을 맵핑한 경우, 어떤 풀에 어떤 데이터가 있는지 알아야 합니다. 이러한 문제를 해결하기 위해 `pmem::obj::pool_base` 타입의 추가 매개변수를 소개합니다. 함수 정의 내에서 C++ 람다 표현식 [&]을 사용하여 코드를 트랜잭션으로 포장하고 원자성과 일관성을 보장합니다. 스택에 새 노드를 할당하는 대신 `pmem::obj::make_persistent<>()`를 호출하여 퍼시스턴트 메모리에 할당합니다.

리스트 8-9는 `pop()` 메소드를 수정한 것입니다.

리스트 8-9. 퍼시스턴트 큐 구현 - 퍼시스턴트 pop() 메소드

```
    int
    pop(pmem::obj::pool_base &pop)
    {
        int value;
        pmem::obj::transaction::run(pop, [&]{
            if (head == nullptr)
                throw std::out_of_range("no elements");

            auto head_ptr = head;
            value = head->value;

            head = head->next;
            pmem::obj::delete_persistent<queue_node>(head_ptr);

            if (head == nullptr)
                tail = nullptr;
        });

        return value;
    }
```

`pop()`의 로직은 `libpmemobj-cpp` 트랜잭션에 의해 포장됩니다. 유일한 수정 사항은 휘발성 삭제 명령 대신 트랜잭션의 `pmem::obj::delete_persistent<>()`를 사용하는 것입니다.

`show()` 메소드는 휘발성 DRAM 또는 퍼시스턴트 메모리의 어떤 것도 수정하지 않으며 `pmem::obj::persistent_ptr`가 `operator->`를 지원하기 때문에 변경하지 않아도 됩니다.

이 큐 예제의 퍼시스턴트 버전 사용하기 위해선 응용 프로그램이 루트 객체와 이 큐를 연결 해야합니다. 리스트 8-10은 퍼시스턴트 큐를 사용하는 응용 프로그램 예제입니다.

리스트 8-10. 퍼시스턴트 큐를 사용하는 응용 프로그램 예제

```
#include "persistent_queue.hpp"

enum queue_op {
    PUSH,
    POP,
    SHOW,
    EXIT,
    MAX_OPS,
};

const char *ops_str[MAX_OPS] = {"push", "pop", "show", "exit"};

queue_op
parse_queue_ops(const std::string &ops)
{
    for (int i = 0; i < MAX_OPS; i++) {
        if (ops == ops_str[i]) {
            return (queue_op)i;
        }
    }
    return MAX_OPS;
}

int
main(int argc, char *argv[])
{
    if (argc < 2) {
        std::cerr << "Usage: " << argv[0] << " path_to_pool"
        << std::endl;
        return 1;
    }

```

```
    auto path = argv[1];
    pmem::obj::pool<queue> pool;

    try {
        pool = pmem::obj::pool<queue>::open(path, "queue");
    } catch(pmem::pool_error &e) {
        std::cerr << e.what() << std::endl;
        std::cerr << "To create pool run: pmempool create obj
        --layout=queue -s 100M path_to_pool" << std::endl;
    }

    auto q = pool.root();

    while (1) {
        std::cout << "[push value|pop|show|exit]" << std::endl;

        std::string command;
        std::cin >> command;

        // parse string
        auto ops = parse_queue_ops(std::string(command));

        switch (ops) {
            case PUSH: {
                int value;
                std::cin >> value;

                q->push(pool, value);

                break;
            }
            case POP: {
                std::cout << q->pop(pool) << std::endl;
                break;
            }
            case SHOW: {
                q->show();
                break;
            }
            case EXIT: {
                exit(0);
            }
            default: {
                std::cerr << "unknown ops" << std::endl;
                exit(0);
            }
        }
    }

```

생태계

`libpmemobj` C++ 바인딩의 전반적인 목표는 퍼시스턴트 메모리 프로그래밍을 위해 친숙하고 오류가 덜 발생하는 API를 만드는 것입니다. 하지만 트랜잭션 생성 및 관리를 위한 편리한 인터페이스, 자동 스냅 샷 클래스 템플릿과 스마트 퍼시스턴트 포인터, 그리고 퍼시스턴트 메모리를 사용하는 응용 프로그램을 설계하는 것은 퍼시스턴트 메모리 풀 할당자를 사용하더라도 C++ 프로그래머에게 별다른 즐거움을 주지 못하는 어려운 일일 수 있습니다. 퍼시스턴트 메모리 프로그래밍을 더 쉽게 만들기 위한 다음 단계는 프로그래머들에게 효율적이고 유용한 컨테이너를 제공하는 것입니다.

퍼시스턴트 컨테이너

C++ 표준 라이브러리 컨테이너는 퍼시스턴트 메모리 프로그래머가 사용하길 원하는 것입니다. 컨테이너는 할당자를 사용하여 할당/생성 및 할당 해제/파괴를 통해 가진 객체의 수명을 관리합니다.

C++ STL(Standard Template Library) 컨테이너에 대한 사용자 지정 퍼시스턴트 할당자를 구현하는 데는 두 가지 주요 단점이 있습니다.

- **구현 세부 사항**
  - STL 컨테이너는 퍼시스턴트 메모리 프로그래밍 관점에서 최적의 알고리즘을 사용하지 않습니다.
  - 퍼시스턴트 메모리 컨테이너에는 지속성과 일관성 속성이 있어야 하지만 모든 STL 함수가 강력한 예외 안전성을 보장하는 것은 아닙니다.
  - 퍼시스턴트 메모리 컨테이너는 단편화(fragmentation) 한계를 인식하고 설계해야 합니다.
- **메모리 레이아웃**
  - STL은 새 라이브러리 버전에서 컨테이너 레이아웃이 변경되지 않는다고 보장하지 않습니다.

이러한 문제로 인해 `libpmemobj-cpp`에는 퍼시스턴트 메모리의 잠재력과 특성을 온전히 활용하기 위해 최적화된 온-미디어 레이아웃(on-media layout) 및 알고리즘을 사용하는 사용자 정의 컨테이너가 있습니다. 이러한 함수는 원자성, 일관성 및 내구성을 보장합니다. 구현 세부 사항 외에도 **libpmemobj-cpp** 퍼시스턴트 메모리 컨테이너에는 잘 알려진 STL과 유사한 인터페이스가 있으며 STL 알고리즘과 함께 작동합니다.

퍼시스턴트 컨테이너의 예

libpmemobj-cpp의 주요 목표는 코드가 아닌 휘발성 응용 프로그램의 데이터 구조를 수정하는 것입니다. 그렇기 때문에 **libpmemobj-cpp** 퍼시스턴트 컨테이너의 사용법은 STL과 거의 동일합니다. 리스트 8-11은 퍼시스턴트 벡터의 예제입니다.

리스트 8-11. 퍼시스턴트 컨테이너를 사용한 트랜잭션 방식 벡터 할당 예제

```
#include <libpmemobj++/make_persistent.hpp>
#include <libpmemobj++/transaction.hpp>
#include <libpmemobj++/persistent_ptr.hpp>
#include <libpmemobj++/pool.hpp>
#include "libpmemobj++/vector.hpp"

using vector_type = pmem::obj::experimental::vector<int>;

struct root {
    pmem::obj::persistent_ptr<vector_type> vec_p;
};

  ...

    /* creating pmem::obj::vector in transaction */
    pmem::obj::transaction::run(pool, [&] {
        root->vec_p = pmem::obj::make_persistent<vector_type>
        (/* optional constructor arguments */);
    });

    vector_type &pvector = *(root->vec_p);
```

리스트 8-11은 예외가 발생하지 않도록 트랜잭션을 사용하여 퍼시스턴트 메모리에 생성되고 할당되는 **pmem::obj::vector**를 보여줍니다. 벡터 타입 생성자는 내부적으로 다른 트랜잭션을 열어서 객체를 생성할 수 있으며, 이 경우 내부 트랜잭션은 외부 트랜잭션으로 병합됩니다. 리스트 8-12가 보여주듯 **pmem::obj::vector**의 인터페이스는 **std::vector**의 인터페이스와 유사합니다.

리스트 8-12. 퍼시스턴트 컨테이너 사용 예제

```
pvector.reserve(10);
assert(pvector.size() == 0);
assert(pvector.capacity() == 10);

    pvector = {0, 1, 2, 3, 4};
    assert(pvector.size() == 5);
    assert(pvector.capacity() == 10);

    pvector.shrink_to_fit();
    assert(pvector.size() == 5);
    assert(pvector.capacity() == 5);

    for (unsigned i = 0; i < pvector.size(); ++i)
        assert(pvector.const_at(i) == static_cast<int>(i));

    pvector.push_back(5);
    assert(pvector.const_at(5) == 5);
    assert(pvector.size() == 6);

    pvector.emplace(pvector.cbegin(), pvector.back());
    assert(pvector.const_at(0) == 5);
    for (unsigned i = 1; i < pvector.size(); ++i)
        assert(pvector.const_at(i) == static_cast<int>(i - 1));
```

퍼시스턴트 메모리 컨테이너를 수정하는 모든 함수는 묵시적 트랜잭션 내부에서 수행되어 완전한 예외 안전성을 보장합니다. 이러한 함수 중 하나가 다른 트랜잭션 범위 내에서 호출되면 해당 트랜잭션에서 명령이 수행됩니다. 그렇지 않으면 자체 범위에서만 원자성을 보장합니다.

`pmem::obj::vector`를 탐색하는건 `std::vector`와 동일하며, 범위 기반 색인 연산자를 사용하여 루프 또는 반복자를 활용할 수 있습니다. 리스트 8-13과 같이 `pmem::obj::vector`는 `std::algorithms`를 사용하여 처리할 수도 있습니다.

리스트 8-13. 퍼시스턴트 컨테이너 탐색과 STD 알고리즘과의 호환성의 예제

```
    std::vector<int> stdvector = {5, 4, 3, 2, 1};
    pvector = stdvector;

    try {
        pmem::obj::transaction::run(pool, [&] {
            for (auto &e : pvector)
                e++;
```

```
            /* 6, 5, 4, 3, 2 */

            for (auto it = pvector.begin();
            it != pvector.end(); it++)
                *it += 2;
                /* 8, 7, 6, 5, 4 */

            for (unsigned i = 0; i < pvector.size(); i++)
                pvector[i]--;
            /* 7, 6, 5, 4, 3 */

            std::sort(pvector.begin(), pvector.end());
            for (unsigned i = 0; i < pvector.size(); ++i)
                assert(pvector.const_at(i) == static_cast<int>
                (i + 3));

            pmem::obj::transaction::abort(0);
        });
    } catch (pmem::manual_tx_abort &) {
        /* expected transaction abort */
    } catch (std::exception &e) {
        std::cerr << e.what() << std::endl;
    }

    assert(pvector == stdvector); /* pvector element's value was
    rolled back */

    try {
        pmem::obj::delete_persistent<vector_type>(&pvector);
    } catch (std::exception &e) {
    }
```

활성화된 트랜잭션이 존재하면 이전 함수가 접근하고 있는 데이터 항목은 스냅 샷 됩니다. **begin()** 및 **end()**에서 반복자를 반환하면 반복자 역참조(deferencing) 단계 중에 스냅 샷이 됩니다. 여기서 스냅 샷은 수정할 수 있는 항목에 대해서만 수행됩니다. 그렇기에 상수 반복자 또는 상수 버전의 인덱싱 연산자의 경우 트랜잭션에 아무것도 추가되지 않습니다. 따라서 가능할 때마다 **cbegin()** 또는 **cend()**와 같은 함수를 오버로드하는 **const** 함수를 사용해야 합니다. 현재 트랜잭션에서 객체의 스냅 샷이 발생하면 동일한 메모리 주소에 대해서는 두 번째 스냅 샷이 수행되지 않으므로 성능 상의 오버헤드는 없습니다. 이를 통해 스냅 샷 수를 줄이고 트랜잭션 성능에 미치는 영향을 크게 줄일 수 있습니다. 또한, **pmem::obj::vector**는 편리한 생성자를 정의하고 **std::vector**를 매개변수로 사용하는 연산자를 사용합니다.

요약

이 장에서는 `libpmemobj-cpp` 라이브러리에 관해 설명했습니다. `libpmemobj-cpp` 라이브러리를 사용하면 응용 프로그램 작성 시 오류가 덜 발생하며 표준 C++ API와 유사하므로 기존 휘발성 프로그램을 퍼시스턴트 메모리에 맞게 쉽게 수정할 수 있습니다. 또한, 이 라이브러리의 한계와 개발 시 고려해야 할 문제를 설명하였습니다.

제9장 pmemkv: 퍼시스턴트 인-메모리 키-밸류 스토어

퍼시스턴트 메모리 프로그래밍은 쉽지 않습니다. 앞서 여러 장에서 응용 프로그램이 퍼시스턴트 메모리의 장점을 활용하기 위해서는 명령어들의 원자성 및 자료 구조의 일관성을 보장해야 한다는 것을 설명하였습니다. `libpmemobj`와 같은 PMDK 라이브러리는 융통성 있게 그리고 단순하게 설계되었습니다. 이 두 요구 사항은 서로 상충 되는 요구 사항이므로 다른 하나를 위해 희생하는 것이 일반적입니다. 대부분의 경우 API의 융통성은 복잡성을 증가시킵니다.

현재 클라우드 컴퓨팅 환경에서는 데이터 수요를 예측하기 어렵습니다. 소비자는 웹 서비스가 짧은 지연 시간과내에 안정적으로 데이터가 제공되기를 기대합니다. 퍼시스턴트 메모리는 바이트 단위 주소 접근이 가능하다는 점과 용량이 크다는 점은 대부분의 클라우드 환경에 잘 맞는 특성들입니다.

오늘날 많은 수의 장치가 다양한 네트워크에 연결됨에 따라 기업과 소비자에게 빠르고 어디에서나 데이터에 접속할 수 있는 클라우드가 매력적인 옵션이 되고 있습니다. 클라우드를 사용함에 따라 단말 장치의 스토리지 용량이 줄어들어도 소비자는 만족하고 있습니다. IDC는 2020년까지 소비자 장치보다 클라우드에 더 많은 양의 데이터가 저장될 것으로 예측하고 있습니다(그림 9-1).

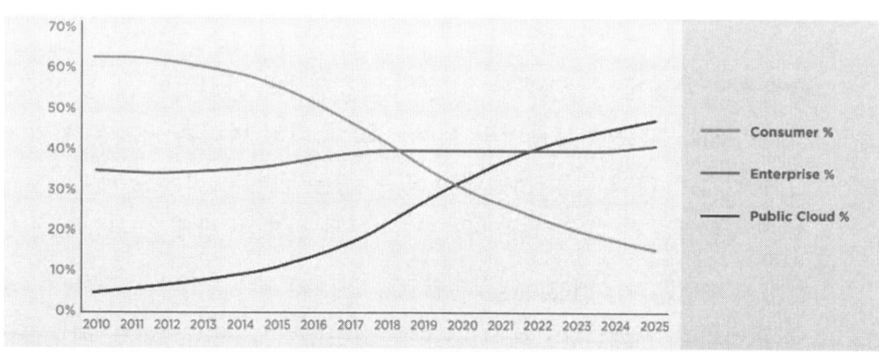

그림 9-1. 데이터는 어디에 저장됩니까? 출처: IDC 백서 - # US44413318

클라우드의 에코시스템, 그 모듈 방식, 그리고 다양한 서비스는 프로그래밍 및 응용 프로그램 배포를 우리가 클라우드에 대해 알고 있는 것처럼 하는 것을 가능하게 합니다. 우리는 이것을 클라우드 네이티브 컴퓨팅이라고 부르며, 그 인기로 인해 점점 더 많은 고급 언어, 프레임 워크 및 추상화 계층이 생기고 있습니다. 그림 9-2는 Pull 요청을 기반으로 GitHub에서 가장 많이 사용되는 15가지 언어를 보여줍니다.

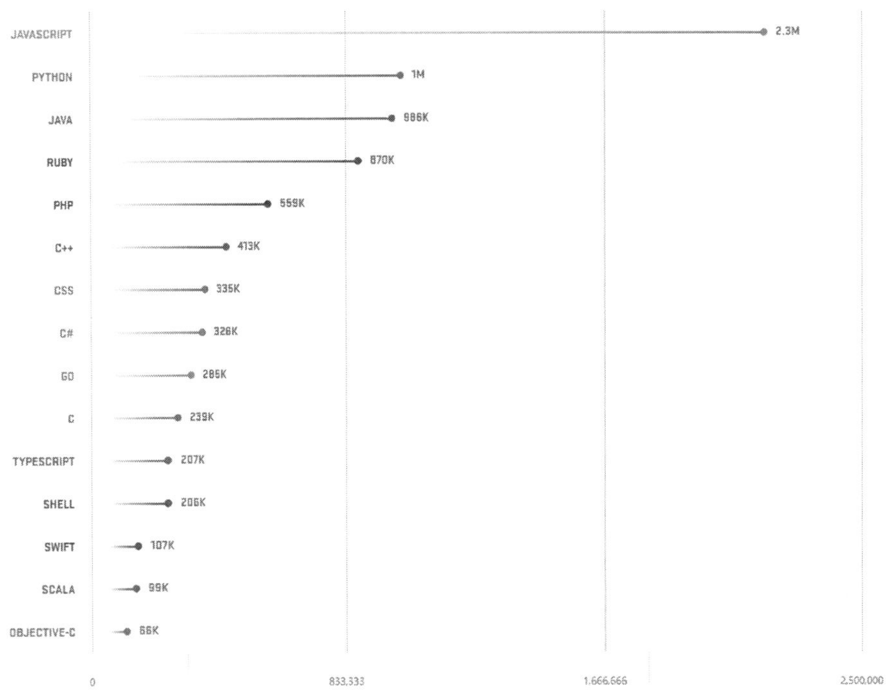

그림 9-2. Pull 요청 기반 GitHub에서 가장 인기 있는 15가지 언어(2017).

출처: https://octoverse.github.com/2017/

클라우드 환경에서 플랫폼은 일반적으로 가상화 환경이며, 응용 프로그램은 추상화되어 하위 계층 하드웨어의 세부 사항에 대해 별다른 가정을 하지 않습니다. 만일 물리적 장치가 특정 서버에만 있는 경우라면, 클라우드 네이티브 환경에서 퍼시스턴트 메모리 프로그래밍을 보다 쉽게 만드는 방법은 무엇일까요?

한가지 방법은 키-밸류 스토어입니다. 간단한 API로 연관된 배열을 저장, 검색 및 관리하도록 설계된 이 데이터 저장 패러다임은 퍼시스턴트 메모리의 장점을 쉽게 활용할 수 있습니다. 이것이 pmemkv가 만들어진 이유입니다.

pmemkv 구조

현재 다양한 종류의 키-밸류 스토어들이 널리 사용되고 있습니다. 서로 다른 기능과 라이센스가 있으며 API는 서로 다른 사용 목적을 두고 있습니다. 그러나 핵심적인 API는 동일합니다. 모든 키-밸류 스토어는 put, get, remove, exists, open 및 close와 같은 API를 제공합니다. 이 책을 집필하고 있는 현재 가장 인기 있는 키-밸류 스토어는 Redis입니다. 오픈소스이며(https://redis.io/) 엔터프라이즈 버전(https://redislabs.com)으로도 제공됩니다. DB-Engines(https://db-engines.com)에 따르면 Redis는 다른 경쟁자들보다 더 높은 순위를 자랑합니다.

Rank	Name	Score
1.	Redis	144,26
2.	Amazon DynamoDB	56,42
3.	Microsoft Azure Cosmos DB	29,08
4.	Memcached	27,07
5.	Hazelcast	8,27
6.	Aerospike	6,59
7.	Ehcache	6,56
8.	Riak KV	6,06
9.	OrientDB	5,69
10.	ArangoDB	4,66
11.	Ignite	4,26
12.	Oracle NoSQL	3,46
13.	InterSystems Caché	3,30
14.	LevelDB	3,29
15.	Oracle Berkeley DB	3,04

그림 9-3. DB-Engines 키-밸류 스토어 순위(2019년 7월)

순위 측정 방법: https://db-engines.com/en/ranking_definition
출처: https://db-engines.com/en/ranking/key-value+store

pmemkv는 PMDK와는 별개의 프로젝트로 개발되었는데, PMDK의 라이브러리들이 클라우드 네이티브 환경을 지원하도록 보완하는 것이 하나의 목적으로 하고, 또 다른 목적은 퍼시스턴트 메모리를 위한 키-밸류 API를 제공하는 것입니다. pmemkv 개발자의 주요 목표 중 하나는 오픈 소스 커뮤니티가 PMDK의 도움으로 새로운 엔진을 개발하고 다른 프로그래밍 언어와 함께 사용할 수 있는 친숙한 환경을 만드는 것입니다. pmemkv는 PMDK와 동일한 BSD 3-Clause 허가 라이센스를 사용합니다. pmemkv의 기본 API는 C 및 C++입니다. JavaScript, Java 및 Ruby

와 같은 다른 프로그래밍 언어 바인딩 또한 사용할 수 있습니다. 또한, 다른 언어를 쉽게 추가할 수 있습니다.

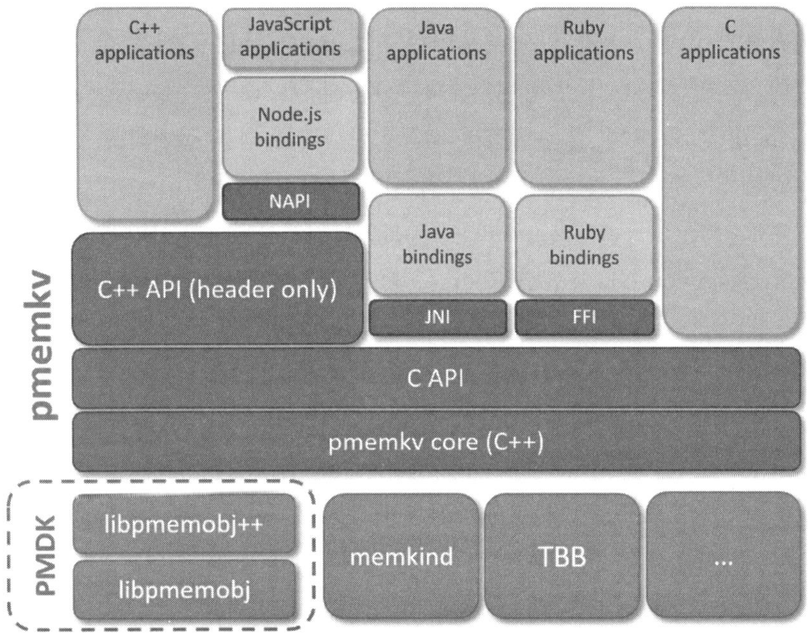

그림 9-4. pmemkv 구조 및 프로그래밍 언어 지원

pmemkv API는 대부분의 키-밸류 데이터베이스와 유사합니다. 융통성과 기능성을 위해 여러 스토리지 엔진을 사용할 수 있습니다. 각 엔진은 서로 다른 성능 특성을 가지며 서로 다른 문제를 해결하는 것을 목표로 합니다. 그렇기 때문에 각 엔진에서 제공하는 기능도 다릅니다. 다음과 같은 특성으로 설명할 수 있습니다.

- **영속성**(persistence) : 퍼시스턴트 엔진은 수정이 유지되고 전원 장애로부터 안전한 것을 보장하지만 휘발성 엔진은 응용 프로그램 수명 동안만 컨텐츠를 유지합니다.
- **동시성**(concurrency) : 동시성 엔진은 `get()/put()/remove()`와 같은 일부 메소드에 대해 스레드 안전성(thread-safe)을 보장합니다.
- **키 순서** : "정렬" 엔진은 `get_above()`와 같은 범위 쿼리(range query) 메소드를 제공합니다.

pmemkv와 다른 키-밸류 데이터베이스의 차이점은 pmemkv는 데이터에 직접 접근할 수 있다는 점입니다. 이는 데이터를 읽을 때 퍼시스턴트 메모리에서 DRAM으로 데이터를 복사할 필요가 없다는 것을 의미합니다. 이것은 1장에서 이미 언급되었으며 그림 9-5에서 다시 확인할 수 있습니다.

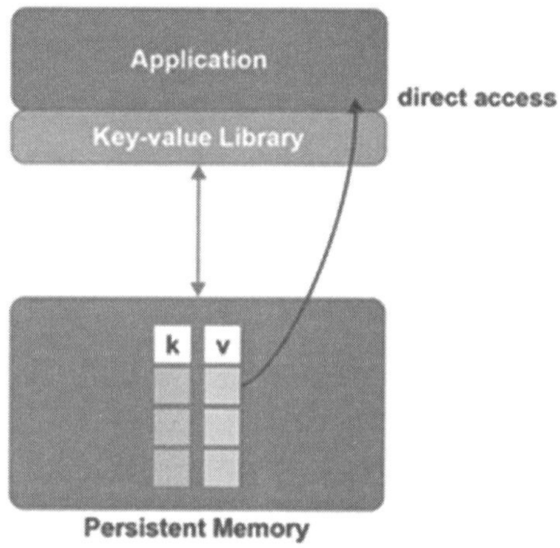

그림 9-5. pmemkv를 사용하여 데이터를 직접 액세스하는 응용 프로그램

데이터에 직접 액세스함으로 응용 프로그램의 속도가 크게 향상됩니다. 이러한 이점은 프로그램이 데이터베이스에 저장된 일부분의 데이터만 찾는 상황에서 가장 두드러집니다. 기존 방식에서는 전체 데이터를 버퍼에 복사하여 응용 프로그램에 반환합니다. pmemkv를 사용하면 응용 프로그램에 직접 액세스할 수 있는 포인터를 제공하고 응용 프로그램은 필요한 만큼만 데이터를 읽습니다.

다양한 엔진 타입에서 API가 완벽하게 작동하기 위해 유연한 pmemkv_config 구조체가 도입되었습니다. pmemkv_config는 엔진 옵션 설정을 저장하고 동작을 조정할 수 있습니다. 모든 엔진은 자신이 지원하는 옵션 전달 인자들을 문서화하였습니다. pmemkv 라이브러리는 개발자의 요구 사항을 지원하도록 엔진을 플러그 가능하고(pluggable) 확장할 수 있게 설계되었습니다. 개발자는 기존 엔진을 자유롭게 수정하거나 새 엔진을 사용할 수 있습니다.(https://github.com/pmem/pmemkv/blob/master/CONTRIBUTING.md#engines).

리스트 9-1은 네이티브 C API를 사용한 pmemkv_config 구조체의 기본설정을 보여줍니다. 모든 설정 코드는 사용자 정의 함수인 config_setup()에 포함되어 있으며, 이 함수는 다음 섹션의 전화번호부 예제에서 사용됩니다. 이 예제에서 pmemkv의 오류가 어떻게 처리되는지 볼 수 있습니다. 즉, pmemkv_close() 및

pmemkv_errormsg()를 제외한 모든 메소드는 상태 값을 반환하며 pmemkv_errormsg() 함수를 사용하여 해당 상태의 오류 메시지를 얻을 수 있습니다. 반환되는 값의 전체 목록은 pmemkv 매뉴얼 페이지에서 찾을 수 있습니다.

리스트 9-1. pmemkv_config.h – C API를 사용하는 pmemkv_config 구조체의 예제

```
1  #include <cstdio>
2  #include <cassert>
3  #include <libpmemkv.h>
4
5  pmemkv_config* config_setup(const char* path, const uint64_t fcreate,
   const uint64_t size) {
6      pmemkv_config *cfg = pmemkv_config_new();
7      assert(cfg != nullptr);
8
9      if (pmemkv_config_put_string(cfg, "path", path) !=
       PMEMKV_STATUS_OK) {
10         fprintf(stderr, "%s", pmemkv_errormsg());
11         return NULL;
12     }
13
14     if (pmemkv_config_put_uint64(cfg, "force_create", fcreate) !=
       PMEMKV_STATUS_OK) {
15         fprintf(stderr, "%s", pmemkv_errormsg());
16         return NULL;
17     }
18
19     if (pmemkv_config_put_uint64(cfg, "size", size) !=
       PMEMKV_STATUS_OK) {
20         fprintf(stderr, "%s", pmemkv_errormsg());
21         return NULL;
22     }
23
24     return cfg;
25 }
```

- **5행** : pmemkv_config 설정 구조체를 만들고 엔진에 필요한 매개 변수를 설정하는 사용자 정의 함수를 선언합니다.
- **6행** : pmemkv_config 설정 클래스의 인스턴스 cfg를 만듭니다. 실패하면 nullptr을 반환합니다.
- **9-22행** : 모든 매개변수가 cfg 인스턴스에 하나씩 입력되고(각 매개 변수 타입 전용 함수를 사용) 성공적으로 저장되었는지 확인합니다(오류가 발생하지 않으면 PMEMKV_STATUS_OK가 반환됩니다).

전화번호부 예제

리스트 9-2는 pmemkv C++ API v0.9를 사용하여 구현한 간단한 전화번호부 예제입니다. pmemkv의 주요 목적 중 하나는 다른 키-밸류 스토어와 유사하며 친숙한 API를 제공하는 것입니다. 이는 키-밸류 스토어를 매우 직관적이고 사용하기 쉽게 만듭니다. 이 예제에서는 리스트 9-1에서 정의한 config_setup() 함수를 사용합니다.

리스트 9-2. pmemkv C++ API를 사용한 간단한 전화번호부 예제

```
#include <iostream>
#include <cassert>
#include <libpmemkv.hpp>
#include <string>
#include "pmemkv_config.h"

using namespace pmem::kv;

auto PATH = "/daxfs/kvfile";
const uint64_t FORCE_CREATE = 1;
const uint64_t SIZE = 1024 * 1024 * 1024; // 1 Gig

int main() {
    // Prepare config for pmemkv database
    pmemkv_config *cfg = config_setup(PATH, FORCE_CREATE, SIZE);
    assert(cfg != nullptr);

    // Create a key-value store using the "cmap" engine.
    db kv;

    if (kv.open("cmap", config(cfg)) != status::OK) {
        std::cerr << db::errormsg() << std::endl;
        return 1;
    }

    // Add 2 entries with name and phone number
    if (kv.put("John", "123-456-789") != status::OK) {
        std::cerr << db::errormsg() << std::endl;
        return 1;
    }
    if (kv.put("Kate", "987-654-321") != status::OK) {
        std::cerr << db::errormsg() << std::endl;
        return 1;
    }

```

```
    // Count elements
    size_t cnt;
    if (kv.count_all(cnt) != status::OK) {
        std::cerr << db::errormsg() << std::endl;
        return 1;
    }
    assert(cnt == 2);

    // Read key back
    std::string number;
    if (kv.get("John", &number) != status::OK) {
        std::cerr << db::errormsg() << std::endl;
        return 1;
    }
    assert(number == "123-456-789");

    // Iterate through the phonebook
    if (kv.get_all([](string_view name, string_view number) {
        std::cout << "name: " << name.data() <<
        ", number: " << number.data() << std::endl;
        return 0;
        }) != status::OK) {
        std::cerr << db::errormsg() << std::endl;
        return 1;
    }

    // Remove one record
    if (kv.remove("John") != status::OK) {
        std::cerr << db::errormsg() << std::endl;
        return 1;
    }

    // Look for removed record
    assert(kv.exists("John") == status::NOT_FOUND);

    // Try to use one of methods of ordered engines
    assert(kv.get_above("John", [](string_view key, string_view value) {
        std::cout << "This callback should never be called" << std::endl;
        return 1;
    }) == status::NOT_SUPPORTED);

    // Close database (optional)
    kv.close();

    return 0;
}
```

- **51행** : 이전 섹션에서 소개한 config_setup() 함수(#include "pmemkv_config.h"로 가져옴)를 호출하여 pmemkv_config 구조체를 설정합니다.
- **55행** : 퍼시스턴트 데이터베이스 관리를 위한 인터페이스를 제공하는 pmem::kv::db 클래스의 휘발성 객체 인스턴스를 만듭니다.
- **57행** : 여기서는 설정된 매개 변수를 사용하여 cmap 엔진을 사용하는 키-밸류 데이터베이스를 엽니다. cmap 엔진은 libpmemobj-cpp로 구현된 퍼시스턴트 동시 해시 맵(persistent concurrent hash map) 엔진입니다. cmap 엔진 내부 알고리즘 및 자료 구조에 대한 자세한 내용은 13장에 있습니다.
- **58행** : pmem::kv::db 클래스는 자세한 에러 메시지를 반환하는 static errormsg() 메소드를 제공합니다. 이 예제에서는 errormsg() 함수를 오류를 처리하는 방법으로 사용합니다.
- **63행 및 67행** : put() 메소드는 키-밸류 쌍을 데이터베이스에 삽입합니다. 이 함수는 모든 엔진이 구현합니다. 이 예제에서는 두 개의 키-밸류 쌍을 데이터베이스에 삽입하고 반환된 상태를 status::OK와 비교합니다. 함수가 성공적으로 수행되었는지 확인을 하는 것이 좋습니다.
- **74행** : count_all()에는 size_t 타입의 단일 매개 변수가 있습니다. 이 메소드는 매개변수(cnt)에 의해 데이터베이스에 저장된 아이템(전화번호부 항목)의 개수를 반환합니다.
- **82행** : 여기서는 "John"을 키로 가지는 아이템의 값을 반환하기 위해 get() 메소드를 사용합니다. 값은 사용자의 number 변수에 복사됩니다. get() 함수는 성공적으로 수행되었을 경우 status::OK를, 실패 시 오류를 반환합니다. 이 기능은 모든 엔진에서 구현되어 있습니다.
- **86행** : 이 예제에서 "John"에 대한 number 변수의 예상 값은 "123-456-789"입니다. 이 값을 받지 못하였다면 검증 에러(assertion error)가 발생합니다.
- **89행** : 이 예제에서 사용된 get_all() 메소드는 응용 프로그램이 데이터를 직접 읽기 전용으로 접근할 수 있게 합니다. 키 및 값 변수 모두 퍼시스턴트 메모리에 저장된 데이터를 직접 접근할 수 있게 해주는 레퍼런스입니다. 이 예제에서는 단순히 방문한 모든 쌍의 이름과 번호를 출력합니다.
- **99행** : 여기에서는 remove() 메소드를 호출하여 데이터베이스에서 "John"의 이름과 전화번호를 제거합니다. 이 함수 또한 모든 엔진에서 구현되어 있습니다.

- **105행** : "John, 123-456-789" 쌍을 제거한 후 데이터베이스에 해당 키-값 쌍이 여전히 존재하는지 확인합니다. API 메소드 `exist()`는 주어진 키를 가진 아이템의 존재를 확인합니다. 아이템이 존재하면 `status::OK`가 반환됩니다. 그렇지 않으면 `status::NOT_FOUND`가 반환됩니다.
- **108행** : 모든 엔진이 사용 가능한 모든 API 메소드의 구현을 제공하는 것은 아닙니다. 이 예제에서는 아이템이 정렬되지 않는 타입의 엔진인 cmap 엔진을 사용했습니다. 그렇기 때문에 `get_above()` 함수를(같은 이유로, 다른 함수 `get_blow()`, `get_between()`, `count_above()`, `count_below()`, `count_between()`들도) 지원하지 않습니다. 이러한 함수를 호출하면 `status::NOT_SUPPORTED`가 반환됩니다.
- **114행** : 마지막으로 `close()` 메소드를 호출하여 데이터베이스를 닫습니다. kv는 스택에 할당되었으므로 스택에 있는 다른 변수들과 마찬가지로 kv에 대한 소멸자가 자동으로 호출되므로 `close()` 함수를 호출하는 것은 선택 사항입니다.

퍼시스턴트 메모리를 클라우드에 더 가깝게 하기

JavaScript 바인딩을 사용하여 전화번호부 예제를 다시 작성해 보겠습니다. pmemkv는 JavaScript, Java, Ruby 및 Python 등과 같이 다양한 언어들의 바인딩을 지원합니다. 그러나 모든 언어가 네이티브 C 및 C++과 같은 기능 및 API를 지원하지는 않습니다. 리스트 9-3은 JavaScript 바인딩 API를 사용하여 작성된 전화번호부 응용 프로그램의 예제입니다.

리스트 9-3. pmemkv v0.8의 JavaScript 바인딩을 사용하여 작성한 간단한 전화번호부 예제

```
const Database = require('./lib/all');

function assert(condition) {
    if (!condition) throw new Error('Assert failed');
}

console.log('Create a key-value store using the "cmap" engine');
const db = new Database('cmap', '{"path":"/daxfs/kvfile","size":1073741824, "force_create":1}');

console.log('Add 2 entries with name and phone number');
```

```
db.put('John', '123-456-789');
db.put('Kate', '987-654-321');

console.log('Count elements');
assert(db.count_all == 2);

console.log('Read key back');
assert(db.get('John') === '123-456-789');

console.log('Iterate through the phonebook');
db.get_all((k, v) => console.log(` name: ${k}, number: ${v}`));

console.log('Remove one record');
db.remove('John');

console.log('Lookup of removed record');
assert(!db.exists('John'));

console.log('Stopping engine');
db.stop();
```

더 높은 상위 계층 언어와 pmemkv를 바인딩하는 이유는 클라우드 소프트웨어 개발자가 퍼시스턴트 메모리 프로그래밍을 더욱 쉽게 하고, 더 편리한 도구를 제공하기 위해서입니다.

요약

이 장에서는 클라우드 소프트웨어 개발자들에게 친숙한 키-밸류 데이터 스토어를 사용하여 퍼시스턴트 메모리를 사용하고 데이터에 직접 액세스하는 간단한 방법을 설명하였습니다. 모듈식 설계, 융통성 있는 엔진 API, 그리고 가장 널리 사용되는 클라우드 프로그래밍 언어들의 지원은 클라우드 네이티브 소프트웨어 개발자들이 pmemkv를 직관적으로 사용할 수 있게 합니다. 또한, 오픈소스이며 경량 라이브러리이기 때문에 기존 응용 프로그램에 쉽게 통합되어 퍼시스턴트 메모리를 활용할 수 있습니다.

pmemkv 엔진 중 일부는 8장에서 설명한 `libpmemobj-cpp`를 사용하여 구현됩니다. 이러한 엔진 구현 코드들은 개발자들이 응용 프로그램을 작성할 때 PMDK(및 관련 라이브러리)를 어떻게 사용하는지 볼 수 있는 좋은 예제들입니다.

제 10 장 퍼시스턴트 메모리의 휘발성 사용

소개

이 장에서는 대량의 휘발성 메모리가 필요한 응용 프로그램이 작은 용량의 DRAM을 보완하기 위한 용도로 대용량 퍼시스턴트 메모리를 활용하는 방법에 대해 설명합니다.

인-메모리 데이터베이스, 캐싱 시스템, 또는 과학 시뮬레이션과 같이 대규모 데이터를 처리하는 응용 프로그램은 종종 휘발성 메모리의 용량이 부족하거나 데이터 전체 용량보다 큰 DRAM을 구매하기 위해 필요한 비용이 커지는 문제가 생깁니다. 퍼시스턴트 메모리는 이러한 응용 프로그램의 메모리 부족 문제를 해결하기 위해 대용량 메모리 계층으로 사용할 수 있습니다.

전통적인 메모리 스토리지 계층 구조(자세한 설명은 1장에 있습니다)에서 자주 접근되는 데이터는 지연 시간이 짧은 DRAM에, 접근 빈도가 낮은 데이터는 용량이 크고 지연 시간이 긴 스토리지에 저장됩니다. Redis on Flash(https://redislabs.com/redis-enterprise/technology/redis-on-flash/) 또는 Extstore for Memcached (https://memcached.org/blog/extstore-cloud/)가 이러한 예에 해당합니다.

메모리를 많이 사용하고 영속성이 필요 없는 응용 프로그램은 퍼시스턴트 메모리를 대용량 휘발성 메모리로 사용하는 것이 새로운 해결책이 됩니다.

퍼시스턴트 메모리를 휘발성 메모리의 해결책으로 사용하는 것은 다음과 같은 응용 프로그램들에게 있어 장점이 있습니다.

- 데이터를 DRAM 및 다른 스토리지 계층 어느 곳에 저장할 것인지 결정할 수 있는 응용 프로그램
- 데이터의 영속성이 필요 없는 응용 프로그램
- NVMe 또는 SSD보다 빠르지만 DRAM보다 느린 퍼시스턴트 메모리의 지연 시간을 잘 활용할 수 있는 응용 프로그램

배경

응용 프로그램은 사용자 데이터, 키-밸류 스토어, 메타데이터 및 작업 버퍼와 같은 다양한 종류의 자료 구조를 사용합니다. 메모리 및 스토리지 계층 구조를 사용하는 방법을 잘 설계하면 응용 프로그램의 성능이 향상될 수 있습니다. 예를 들어 자주 접근되는 객체를 지연 시간이 짧은 DRAM에 배치하고 지연 시간에 민감하지 않은 객체를 퍼시스턴트 메모리에 배치할 수 있습니다. 전통적인 저장 장치는 영속성을 제공하는데 사용됩니다.

메모리 할당

1장부터 3장까지 설명한 것처럼 퍼시스턴트 메모리는 응용 프로그램이 데이터에 직접 접근할 수 있는 퍼시스턴트 메모리 용 파일 시스템에서 메모리 맵핑된 파일을 통해 응용 프로그램에 보여지게 됩니다. `malloc()` 및 `free()`는 DRAM 이외의 다른 메모리 타입 또는 메모리 맵핑된 파일에서는 작동하지 않으므로 다른 메모리 타입에 대해 `malloc()` 및 `free()` 와 동일한 역할을 제공하는 인터페이스가 필요합니다. 이러한 인터페이스는 `memkind` 라이브러리(http://memkind.github.io/memkind/)로 구현됩니다.

작동 원리

`memkind` 라이브러리는 `jemalloc` 위에 구현된 사용자 확장 가능한 힙 관리자로, 여러 "유형(kind)"의 메모리 간에 힙을 분할할 수 있습니다. `memkind`는 높은 대역폭 메모리(HBM)가 도입되었을 때 다양한 유형의 메모리를 지원하기 위해 만들어졌습니다. 퍼시스턴트 메모리를 지원하기 위해 `PMEM` 유형이 도입되었습니다.

서로 다른 유형의 메모리는 가상 메모리 주소 범위에 적용되는 운영 체제의 메모리 정책에 의해 결정됩니다. `memkind`를 통해 지원되는 메모리 특징으로는 NUMA(Non-Uniform Memory Access) 방식이나 페이지 사이즈 등이 있습니다. 그림 10-1은 `libmemkind` 라이브러리의 구성 요소 및 하드웨어 지원에 대한 개요를 보여주고 있습니다.

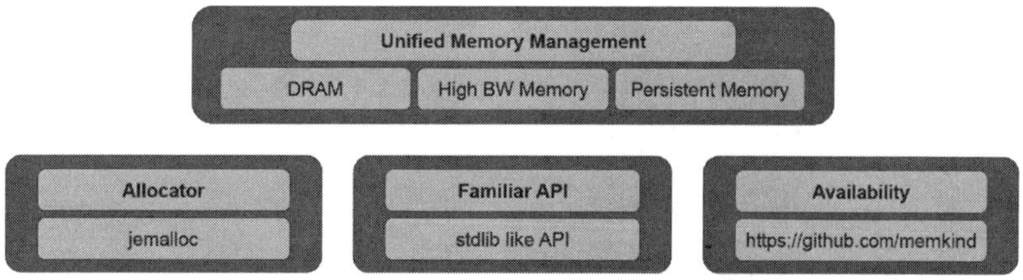

그림 10-1. memkind 구성 요소 및 하드웨어 지원 개요

memkind 라이브러리는 응용 프로그램이 메모리 할당을 요청할 때 이 요청을 힙을 관리하는 메모리 할당자에게 전달하는 역할을 합니다. 이 책을 쓰고 있는 현재에는 jemalloc 메모리 할당자만 지원하고 있지만, 이후 버전에서는 여러 메모리 할당자를 지원하게 될 것입니다. memkind는 jemalloc에게 다양한 유형의 메모리를 제공합니다. '정적 유형'은 자동으로 생성되며 '동적 유형'은 응용 프로그램이 memkind_create_kind()를 호출하여 생성합니다.

지원되는 메모리의 유형

동적 PMEM 유형은 시스템 페이지 캐시를 거치지 않고 load/store 작업을 지원하는 DAX 파일 시스템을 통해 바이트 단위로 접근 가능한 퍼시스턴트 메모리에 가장 적합합니다. PMEM 유형의 경우 memkind 라이브러리는 메모리 맵핑된 파일에서 기존 malloc/free와 유사한 인터페이스를 지원합니다. 응용 프로그램이 PMEM으로 memkind_create_kind()를 호출하면 마운트된 DAX 파일 시스템에 임시 파일(tmpfile (3))이 만들어지고 응용 프로그램의 가상 주소 공간에 메모리 맵핑이 일어납니다. 이 임시 파일은 프로그램이 종료될 때 자동으로 삭제되어 휘발성을 가집니다.

그림 10-2는 DRAM(MEMKIND_DEFAULT) 및 퍼시스턴트 메모리(PMEM_KIND) 두 가지 유형의 메모리 맵핑을 보여줍니다.

DRAM에서 할당하는 경우 응용 프로그램은 malloc()을 사용하는 대신 유형 매개 변수를 MEMKIND_DEFAULT로 설정하여 memkind_malloc()을 호출할 수 있습니다. MEMKIND_DEFAULT는 메모리 할당에 운영 체제의 기본 페이지 크기를 사용하는 정적 유형입니다. 더 큰 페이지 사이즈나 휴즈 페이지(huge page) 지원에 대해서는 memkind 문서를 참조하십시오.

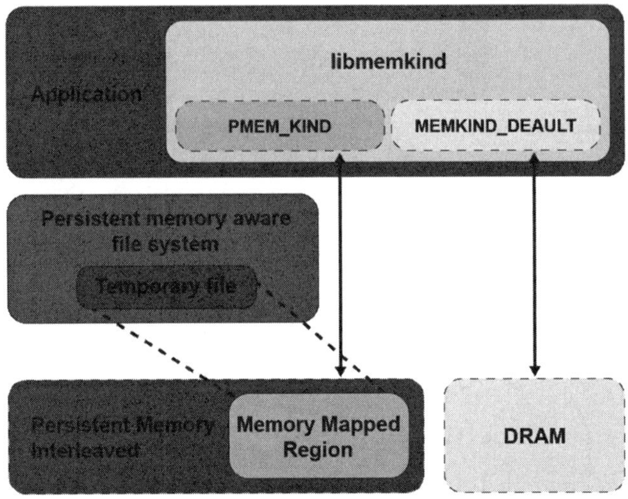

그림 10-2. 다른 유형의 메모리를 사용하는 응용 프로그램

DRAM 및 퍼시스턴트 메모리와 함께 `libmemkind`를 사용하는 경우 알아야 할 핵심 사항은 다음과 같습니다.

- 하나는 DRAM, 다른 하나는 퍼시스턴트 메모리용으로 두 개의 메모리 풀을 응용 프로그램에서 사용할 수 있습니다.
- 퍼시스턴트 메모리를 사용할 땐 메모리 유형을 `PMEM_KIND`로 설정하고 DRAM 메모리를 사용할 땐 메모리 유형을 `MEMKIND_DEFAULT`로 설정하면 두 개의 풀에 동시에 접근할 수 있습니다.
- `jemalloc`은 모든 유형의 메모리를 관리하는 데 사용되는 단일 메모리 할당자입니다.
- `memkind` 라이브러리는 다양한 유형의 메모리 할당을 위한 통합 API를 제공하는 `jemalloc`의 래퍼(wrapper)입니다.
- `PMEM_KIND` 메모리 할당은 퍼시스턴트 메모리를 지원하는 파일 시스템에서 생성된 임시 파일(`tmpfile(3)`)를 통해 제공됩니다. 응용 프로그램이 종료되면 파일이 삭제됩니다. 즉, 할당된 메모리는 영속성을 가지고 있지 않습니다.
- `libmemkind`를 통해 퍼시스턴트 메모리를 사용하려면 응용 프로그램을 조금 수정해야 합니다.

memkind API

퍼시스턴트 메모리 프로그래밍과 관련된 **memkind** API 함수는 리스트 10-1과 이 섹션에서 설명합니다. **memkind** API는 **memkind** 메뉴얼 페이지(http://memkind.github.io/memkind/man_pages/memkind.html)에서 사용할 수 있습니다.

리스트 10-1. 퍼시스턴트 메모리 관련 memkind API 함수

유형 생성 관리 :

```
int memkind_create_pmem(const char *dir, size_t max_size, memkind_t *kind);
int memkind_create_pmem_with_config(struct memkind_config *cfg, memkind_t *kind);
memkind_t memkind_detect_kind(void *ptr);
int memkind_destroy_kind(memkind_t kind);
```

유형 힙 관리 :

```
void *memkind_malloc(memkind_t kind, size_t size);
void *memkind_calloc(memkind_t kind, size_t num, size_t size);
void *memkind_realloc(memkind_t kind, void *ptr, size_t size);
void memkind_free(memkind_t kind, void *ptr);
size_t memkind_malloc_usable_size(memkind_t kind, void *ptr);
memkind_t memkind_detect_kind(void *ptr);
```

유형 설정 관리 :

```
struct memkind_config *memkind_config_new();
void memkind_config_delete(struct memkind_config *cfg);
void memkind_config_set_path(struct memkind_config *cfg, const char *pmem_dir);
void memkind_config_set_size(struct memkind_config *cfg, size_t pmem_size);
void    memkind_config_set_memory_usage_policy(struct    memkind_config    *cfg,
memkind_mem_usage_policy policy);
```

유형 관리 API

memkind 라이브러리는 동적 메모리라고 하는 새로운 메모리 유형을 통합하는 플러그인 구조를 지원합니다. **memkind** 라이브러리는 동적 유형에 대한 힙을 생성하고 관리하기 위한 API를 제공합니다.

유형 생성

memkind_create_pmem() 함수를 사용하여 파일 백업 소스에서 PMEM 유형의 메모리를 만들 수 있습니다. 이 파일은 지정된 디렉토리(PMEM_DIR)에 tmpfile (3)으로 생성되어 링크가 해제되므로 파일 이름이 디렉토리에 나타나지 않습니다. 프로그램이 종료되면 임시 파일은 자동으로 제거됩니다.

응용 프로그램 요구 사항에 따라 고정 사이즈 또는 동적 사이즈의 힙을 memkind_create_pmem()를 사용하여 생성할 수 있습니다. 또한, 설정 옵션을 *_create_* 함수에 전달하지 않고도 설정을 생성하고 제공할 수 있습니다.

고정 사이즈 힙 만들기

고정된 양의 메모리가 필요한 응용 프로그램은 memkind_create_pmem() 함수에 0이 아닌 값 PMEM_MAX_SIZE 전달 인자를 통해 지정할 수 있습니다(아래 참조). 이는 지정된 유형의 메모리에 대해 생성될 메모리 풀의 크기를 정의합니다. ENOMEM 또는 ENOSPC와 같은 오류를 피하기 위해 PMEM_MAX_SIZE의 값은 PMEM_DIR에 지정된 파일 시스템의 사용 가능한 공간보다 작아야 합니다. 내부 구조체 struct memkind는 라이브러리에 의해 값들이 채워지고 메모리 관리 함수에서 사용됩니다.

```
int memkind_create_pmem(PMEM_DIR, PMEM_MAX_SIZE, & pmem_kind)
```

memkind_create_pmem()의 매개변수는 다음과 같습니다.

- PMEM_DIR은 임시 파일이 생성되는 디렉토리입니다.
- PMEM_MAX_SIZE는 jemalloc에 전달될 메모리 영역의 크기(바이트)입니다.
- &pmem_kind는 memkind 구조체의 주소입니다.

성공적으로 수행되면 memkind_create_pmem()은 0을 반환합니다. 하지만 실패할 경우 오류 번호가 반환되며 이 오류 번호는 memkind_error_message()를 호출하여 오류 메시지 문자열로 변환할 수 있습니다. 리스트 10-2는 32MiB PMEM 유형을 /daxfs 파일 시스템에 생성하는 예제입니다. 이 예제에는 memkind 오류 메시지를 출력하고 종료되는 memkind_fatal()를 정의합니다. 이 장의 나머지 예제에서는 이 예제 함수가 정의되었다고 가정합니다.

리스트 10-2. 32MiB PMEM 유형 만들기 예제

```
void memkind_fatal(int err)
{
    char error_message[MEMKIND_ERROR_MESSAGE_SIZE];
    memkind_error_message(err, error_message,
        MEMKIND_ERROR_MESSAGE_SIZE);
    fprintf(stderr, "%s\n", error_message);
    exit(1);
}

/* ... in main() ... */

#define PMEM_MAX_SIZE (1024 * 1024 * 32)

struct memkind *pmem_kind;
int err;

// Create PMEM memory pool with specific size
err = memkind_create_pmem("/daxfs",PMEM_MAX_SIZE, &pmem_kind);
if (err) {
    memkind_fatal(err);
}
```

memkind_create_pmem_with_config() 함수를 사용하면 지정된 설정으로 힙을 생성할 수 있습니다. 이 함수는 크기, 파일 경로 및 메모리 사용 정책과 같은 선택적인 매개변수와 함께 **memkind_config** 구조체를 사용합니다. 리스트 10-3은 **memkind_config_new()**를 사용하여 **test_cfg**를 빌드한 다음 해당 설정을 **memkind_create_pmem_with_config()**에 전달하여 PMEM 유형을 만드는 예제입니다. 비교를 위해 리스트 10-2 예제와 동일한 경로 및 크기 매개변수를 사용합니다.

리스트 10-3. 구성으로 PMEM 유형 만들기

```
struct memkind_config *test_cfg = memkind_config_new();
memkind_config_set_path(test_cfg, "/daxfs");
memkind_config_set_size(test_cfg, 1024 * 1024 * 32);
memkind_config_set_memory_usage_policy(test_cfg, MEMKIND_MEM_USAGE_POLICY_
CONSERVATIVE);

// create a PMEM partition with specific configuration
err = memkind_create_pmem_with_config(test_cfg, &pmem_kind);
if (err) {
    memkind_fatal(err);
}
```

가변 크기 힙 만들기

PMEM_MAX_SIZE가 0으로 설정되면 아래와 같이 임시 파일이 커질 수 있는 한계까지 할당될 수 있습니다. 최대 힙 크기는 PMEM_DIR 경로에 마운트된 파일 시스템의 용량에 의해 제한됩니다.

```
memkind_create_pmem(PMEM_DIR, 0, &pmem_kind)
```

memkind_create_pmem()의 매개변수는 다음과 같습니다.

- PMEM_DIR은 임시 파일이 생성되는 디렉토리입니다.
- PMEM_MAX_SIZE는 0입니다.
- &pmem_kind는 memkind 자료 구조의 주소입니다.

PMEM 유형이 성공적으로 생성되면 memkind_creatc_pmem()은 0을 반환합니다. 실패하면 리스트 10-2의 memkind_fatal()과 같이 memkind_error_message()를 사용하여 오류 메시지 문자열로 변환할 수 있는 오류 번호를 memkind_create_pmem()가 반환합니다.

리스트 10-4는 가변 크기의 PMEM 유형을 만드는 예제입니다.

리스트 10-4. 가변 크기의 PMEM 유형 만들기 예제

```
struct memkind *pmem_kind;
int err;
err = memkind_create_pmem("/daxfs",0,&pmem_kind);
if (err) {
    memkind_fatal(err);
}
```

메모리 유형 감지

memkind는 유형에 대한 자동 감지와 포인터가 참조하는 메모리의 유형을 감지하는 함수 모두 지원합니다.

자동 유형 감지

libmemkind를 사용할 때 필요한 코드 변경을 단순화하기 위해서, 메모리 유형을 자동으로 감지할 수 있습니다. 따라서 memkind 라이브러리는 할당이 이루어진 메모리 풀의 유형을 자동으로 감지하기 때문에 유형을 지정하지 않고 표 10-1에 나열된 힙 관리 함수를 호출할 수 있습니다.

표 10-1. 자동 유형 감지 함수 및 이에 상응하는 지정된 유형 함수 및 연산

연산	유형을 사용하는 memkind API	유형을 자동 감지하는 memkind API
메모리 해제	memkind_free(kind, prt)	memkind_free(NULL, ptr)
메모리 재할당	memkind_realloc(kind, ptr, size)	memkind_realloc(NULL, ptr, size)
할당된 메모리 크기 알아 내기	memkind_malloc_usable_size(kind, ptr)	memkind_malloc_usable_size(NULL, ptr)

memkind 라이브러리는 내부적으로 할당자 메타데이터로 객체의 유형을 추적합니다. 그러나 이 정보를 얻기 위해 일부 명령은 다른 스레드로부터의 접근을 막기 위해 락을 획득해야 할 수 있으며, 이는 멀티 스레드 환경의 성능에 부정적인 영향을 줄 수 있습니다.

메모리 유형 감지

memkind 라이브러리는 아래에 memkind_detect_kind() 함수를 제공하여 함수에 전달된 포인터가 참조하는 메모리 유형을 감지하고 반환합니다. 입력된 포인터가 NULL이면 함수는 NULL을 반환합니다. memkind_detect_kind()에 전달된 포인터는 호출 전에 memkind_malloc(), memkind_calloc(), memkind_realloc() 또는 memkind_posix_memalign()을 통해 반환된 주소를 가져야 합니다.

```
memkind_t memkind_detect_kind (void *ptr)
```

메모리 유형 자동 감지 방식과 유사하게 이 함수는 적지 않은 성능 오버헤드를 가집니다. 리스트 10-5는 유형 타입을 감지하는 방법을 보여주는 예제입니다.

리스트 10-5. pmem_detect_kind.c - 메모리 '유형' 을 자동으로 감지하는 방법

```
err = memkind_create_pmem(path, 0, &pmem_kind);
if (err) {
    memkind_fatal(err);
}

```

```
/* do some allocations... */
buf0 = memkind_malloc(pmem_kind, 1000);
buf1 = memkind_malloc(MEMKIND_DEFAULT, 1000);

/* look up the kind of an allocation */
if (memkind_detect_kind(buf0) == MEMKIND_DEFAULT) {
    printf("buf0 is DRAM\n");
} else {
    printf("buf0 is pmem\n");
}
```

유형 객체 파괴

아래에 표시된 **memkind_destroy_kind()** 함수를 사용하여 **memkind_create_pmem()** 또는 **memkind_create_pmem_with_config()** 함수를 사용하여 이전에 생성된 유형 객체를 삭제할 수 있습니다.

```
int memkind_destroy_kind (memkind_t kind);
```

리스트 10-5와 동일한 **pmem_detect_kind.c** 코드를 사용하여 리스트 10-6은 프로그램이 종료되기 전에 유형 객체가 어떻게 파괴되는지 보여줍니다.

리스트 10-6. 유형 객체 파괴 예제

```
err = memkind_destroy_kind(pmem_kind);
if (err) {
    memkind_fatal(err);
}
```

memkind_create_pmem() 또는 **memkind_create_pmem_with_config()**에서 반환한 유형이 성공적으로 삭제되면 해당 유형 객체에 할당된 모든 메모리가 해제됩니다.

힙 관리 API

이 섹션에서 설명하는 힙 관리 함수에는 ISO C 표준 API로 설계된 인터페이스가 있으며 할당에 사용되는 메모리 타입을 지정하기 위한 "유형" 매개 변수가 있습니다.

메모리 할당

memkind 라이브러리는 다음과 같이 정의된 메모리 할당을 위한 memkind_malloc(), memkind_calloc() 및 memkind_realloc() 함수를 제공합니다.

```
void *memkind_malloc (memkind_t kind, size_t size);
void *memkind_calloc (memkind_t kind, size_t num, size_t size);
void *memkind_realloc (memkind_t kind, void *ptr, size_t size);
```

memkind_malloc()은 바이트 크기만큼 지정된 유형의 메모리에 초기화하지 않고 할당합니다. 할당된 공간은 모든 객체 타입의 저장 장치에 포인터 강제 후 정렬됩니다. 만약 size가 0이면 memkind_malloc()은 NULL을 반환합니다.

memkind_calloc()은 num 개의 객체 각각에 size 바이트만큼의 공간을 할당합니다. 결과는 num * size의 전달 인자로 memkind_malloc()을 호출하는 것과 같습니다. 차이점은 할당된 메모리 공간은 명시적으로 0으로 초기화됩니다. num 또는 size가 0이면 memkind_calloc()은 NULL을 반환합니다.

memkind_realloc()은 ptr이 참조하고 있는 이전에 할당된 메모리를 지정된 size 바이트 크기의 메모리 유형으로 변경합니다. 메모리의 내용은 변경되지 않은 상태로 유지됩니다. 새로 설정한 크기가 기존의 크기보다 더 크면, 새로 할당된 메모리 부분의 내용은 정의되지 않습니다. 성공하면 ptr이 참조하는 메모리가 해제되고 새로 할당된 메모리에 대한 포인터가 반환됩니다.

리스트 10-7 예제는 memkind_malloc()을 사용하여 DRAM 및 퍼시스턴트 메모리(pmem_kind)에서 메모리를 할당하는 방법을 보여줍니다. DRAM에 C 라이브러리 malloc()을 사용하고 퍼시스턴트 메모리에 memkind_malloc()을 사용하는 대신 단일 라이브러리를 사용하여 코드를 단순화하는 것이 좋습니다.

리스트 10-7. DRAM 및 퍼시스턴트 메모리에서 메모리를 할당하는 예제

```
/*
 * Allocates 100 bytes using appropriate "kind"
 * of volatile memory
 */

// Create a PMEM memory pool with a specific size
```

```
err = memkind_create_pmem(path, PMEM_MAX_SIZE, &pmem_kind);
if (err) {
    memkind_fatal(err);
}
char *pstring = memkind_malloc(pmem_kind, 100);
char *dstring = memkind_malloc(MEMKIND_DEFAULT, 100);
```

메모리 할당 해제

메모리 누수를 방지하기 위해 다음과 같이 정의된 memkind_free() 함수를 사용하여 할당된 메모리를 해제할 수 있습니다.

```
void memkind_free (memkind_t kind, void *ptr);
```

memkind_free()는 ptr이 참조하는 할당된 메모리가 나중에 다시 할당될 수 있게 만듭니다. 이 포인터는 memkind_malloc(), memkind_calloc(), memkind_realloc() 또는 memkind_posix_memalign() 함수를 통해 반환된 주소를 가져야 합니다. memkind_free(kind, ptr)가 이전에 호출된 경우 정의되지 않은 동작이 발생합니다. ptr이 NULL이면 아무런 명령도 수행되지 않습니다. memkind_free() 호출에서 메모리 유형을 알 수 없는 경우 memkind_free()에 유형을 NULL로 지정할 수 있지만, 내부적으로 올바른 유형을 탐색하는 것이 필요합니다. 유형을 검색하면 성능에 큰 저하가 있을 수 있으므로 항상 올바른 유형을 지정하는 것이 좋습니다.

리스트 10-8은 memkind_free()의 네 가지 사용 예를 보여줍니다. 처음 두 함수는 유형을 지정하고 다음 두 함수는 NULL을 사용하여 유형을 자동으로 감지합니다.

리스트 10-8. memkind_free() 사용 예제

```
/* Free the memory by specifying the kind */
memkind_free(MEMKIND_DEFAULT, dstring);
memkind_free(PMEM_KIND, pstring);

/* Free the memory using automatic kind detection */
memkind_free(NULL, dstring);
memkind_free(NULL, pstring);
```

유형 설정 관리

memkind_create_pmem_with_config() 함수를 사용하여 특정 설정으로 힙을 생성할 수도 있습니다. 이 함수를 사용하려면 크기, 파일 경로 및 메모리 사용 정책과 같은 선택적인 매개변수를 사용하여 memkind_config 구조체를 만들어야 합니다.

메모리 사용 정책

jemalloc에서 dirty_decay_ms라는 런타임 옵션은 사용되지 않은 메모리를 운영 체제로 얼마나 빨리 반환하는지 결정합니다. 시간이 짧을수록 사용되지 않은 메모리 페이지가 더 빨리 제거되지만 CPU 사이클이 소요됩니다. 이 매개변수를 사용하기 전에 이 작업에 필요한 메모리와 CPU 사이클 간의 절충점을 신중하게 고려해야 합니다.

memkind 라이브러리는 이 기능과 관련된 두 가지 정책을 지원합니다.

1. MEMKIND_MEM_USAGE_POLICY_DEFAULT
2. MEMKIND_MEM_USAGE_POLICY_CONSERVATIVE

PMEM 유형에 할당된 메모리 영역의 경우 MEMKIND_MEM_USAGE_POLICY_DEFAULT를 사용하는 dirty_decay_ms의 최소값과 최대값은 0ms ~ 10,000ms입니다.

MEMKIND_MEM_USAGE_POLICY_CONSERVATIVE를 설정하면 감소 시간이 줄어들어 사용하지 않는 메모리를 더 빨리 제거하게 되며 메모리 사용량을 줄입니다. 메모리 사용 정책을 정의하려면 다음과 같이 memkind_config_set_memory_usage_policy()를 사용하면 됩니다.

```
void memkind_config_set_memory_usage_policy(struct memkind_
config * cfg, memkind_mem_usage_policy policy);
```

- MEMKIND_MEM_USAGE_POLICY_DEFAULT는 기본 메모리 사용 정책입니다.
- MEMKIND_MEM_USAGE_POLICY_CONSERVATIVE를 통해 dirty_decay_ms 매개변수를 변경할 수 있습니다.

리스트 10-9는 사용자 지정 구성으로 `memkind_config_set_memory_usage_policy()`를 사용하는 방법을 보여주는 예제입니다.

리스트 10-9. 사용자 지정 설정 및 메모리 정책 사용 예제

```
struct memkind_config *test_cfg =
    memkind_config_new();
if (test_cfg == NULL) {
    fprintf(stderr,
        "memkind_config_new: out of memory\n");
    exit(1);
}

memkind_config_set_path(test_cfg, path);
memkind_config_set_size(test_cfg, PMEM_MAX_SIZE);
memkind_config_set_memory_usage_policy(test_cfg,
    MEMKIND_MEM_USAGE_POLICY_CONSERVATIVE);

// Create PMEM partition with the configuration
err = memkind_create_pmem_with_config(test_cfg,
    &pmem_kind);
if (err) {
    memkind_fatal(err);
}
```

추가 memkind 코드 예제

memkind 소스 트리에는 많은 코드 예제가 있으며 Github의 https://github.com/memkind/memkind/tree/master/examples 에서 사용할 수 있습니다.

PMEM 유형에 대한 C++ 할당자

퍼시스턴트 메모리의 할당을 지원하기 위해 C++11 할당자 요구 사항을 준수하는 새로운 `pmem::allocator` 클래스 템플릿이 만들어졌습니다. 이 할당자는 다음과 같은 C++ 호환 자료 구조와 함께 사용할 수 있습니다.

- 표준 템플릿 라이브러리(STL)
- Intel® Threading Building Blocks(Intel® TBB) 라이브러리

pmem::allocator 클래스 템플릿은 앞에서 설명한 memkind_create_pmem() 함수를 사용합니다. 이 할당자는 할당된 메모리의 상태 정보를 저장하는 상태 저장(stateful) 할당자이며 기본 생성자가 없습니다.

pmem::allocator 메소드

```
pmem::allocator(const char *dir, size_t max_size);
pmem::allocator(const std::string& dir, size_t max_size) ;
template <typename U> pmem::allocator<T>::allocator(const
pmem::allocator<U>&);
template <typename U> pmem::allocator(allocator<U>&& other);
pmem::allocator<T>::~allocator();
T* pmem::allocator<T>::allocate(std::size_t n) const;
void pmem::allocator<T>::deallocate(T* p, std::size_t n) const
;
template <class U, class... Args> void pmem::allocator<T>
::construct(U* p,
Args... args) const;
void pmem::allocator<T>::destroy(T* p) const;
```

pmem::allocator 클래스 템플릿에 대한 자세한 내용은 pmem allocator(3) 매뉴얼 페이지를 참고하십시오.

중첩 컨테이너(Nested Containers)

리스트의 벡터, 튜플, 맵, 문자열 등과 같은 객체들을 저장하는 벡터와 같은 멀티 레벨 컨테이너들은 중첩된 객체를 관리해야 하는데, 여기에는 어려운 점이 있습니다.

문자열 벡터를 만들어 퍼시스턴트 메모리에 저장해야 한다고 가정해봅시다. 이 작업의 문제점들과 해결책들은 다음과 같습니다.

1. **문제** : `std::string`은 `std::basic_string`의 다른 이름이므로 이 용도로 사용할 수 없습니다. `std::allocator`는 `pmem::allocator`를 사용하는 다른 이름이 필요합니다.

   해결책 : `std::basic_string`을 `typedef`하여 생성될 때 `pmem::allocator`를 사용하는 `pmem_string`이라는 새로운 이름의 타입을 정의합니다.

2. **문제** : 어떻게 벡터가 올바른 `pmem::allocator` 인스턴스를 사용하여 내부의 `pmem_string`객체를 생성하게 만들 수 있을까요?

   해결책 : C++11 이상에서는 `std::scoped_allocator_adapter` 클래스 템플릿을 멀티 레벨 컨테이너와 함께 사용할 수 있습니다. 이 어댑터의 목적은 멀티 레벨 컨테이너에서 사용할 상태 저장(stateful) 할당자를 초기화하는 것입니다. 예를 들면, 중첩 컨테이너 내의 모든 객체들을 동일한 메모리 세그먼트에 배치하는 역할을 할 수 있습니다.

C++ 예제

이 섹션에서는 C 및 C++환경에서 `libmemkind` 사용법을 보여주는 몇 가지 코드 예제를 제공합니다.

pmem::allocator 사용

앞에서 언급했듯이 `pmem::allocator`는 STL과 비슷한 자료 구조와 함께 사용할 수 있습니다. 리스트 10-10의 코드 예제에는 `pmem::allocator`를 사용하기 위한 `pmem_allocator.h` 헤더 파일을 포함하고 있습니다.

리스트 10-10. pmem_allocator.cpp: `std:vector`와 함께 `pmem::allocator` 사용 예제

```
#include <pmem_allocator.h>
#include <vector>
#include <cassert>

int main(int argc, char *argv[]) {
    const size_t pmem_max_size = 64 * 1024 * 1024; //64 MB
    const std::string pmem_dir("/daxfs");

```

```
45      // Create allocator object
46      libmemkind::pmem::allocator<int>
47          alc(pmem_dir, pmem_max_size);
48
49      // Create std::vector with our allocator.
50      std::vector<int,
51          libmemkind::pmem::allocator<int>> v(alc);
52
53      for (int i = 0; i < 100; ++i)
54          v.push_back(i);
55
56      for (int i = 0; i < 100; ++i)
57         assert(v[i] == i);
```

- **43행** : 64MiB 크기의 퍼시스턴트 메모리 풀을 정의합니다.
- **46-47행** : `pmem::allocator<int>` 타입의 할당자 객체 `alc`를 생성합니다.
- **50행** : `std::vector<int, pmem::allocator<int> >` 타입의 벡터 객체 `v`를 생성하고 메모리 할당자로 47행의 `alc`를 지정합니다. `pmem::allocator`는 기본 생성자가 없습니다. 그렇기에 할당자 객체를 벡터 생성자에 반드시 전달해야 하며, 그렇지 않으면 `std::vector<int, pmem::allocator<int> >` 클래스의 생성자(constructor)가 존재하지 않는 `pmem::allocator`의 기본 생성자를 호출하기 때문에 컴파일 오류가 발생 합니다.

문자열 벡터 생성

리스트 10-11은 퍼시스턴트 메모리에 문자열 벡터를 만드는 방법을 보여줍니다. `pmem_string`을 `pmem::allocator`와 함께 `std::basic_string`의 `typedef`으로 정의합니다. 이 예제에서 `std::scoped_allocator_adaptor`를 사용하면 `pmem::allocator` 인스턴스를 벡터에 저장된 모든 `pmem_string` 객체로 전달 할 수 있습니다.

리스트 10-11. vector_of_strings.cpp: 문자열 벡터 만들기 예제

```
#include <pmem_allocator.h>
#include <vector>
#include <string>
#include <scoped_allocator>
#include <cassert>
#include <iostream>
```

```
43
44  typedef libmemkind::pmem::allocator<char> str_alloc_type;
45
46  typedef std::basic_string<char, std::char_traits<char>,
    str_alloc_type> pmem_string;
47
48  typedef libmemkind::pmem::allocator<pmem_string> vec_alloc_type;
49
50  typedef std::vector<pmem_string, std::scoped_allocator_adaptor
    <vec_alloc_type> > vector_type;
51
52  int main(int argc, char *argv[]) {
53      const size_t pmem_max_size = 64 * 1024 * 1024; //64 MB
54      const std::string pmem_dir("/daxfs");
55
56      // Create allocator object
57      vec_alloc_type alc(pmem_dir, pmem_max_size);
58      // Create std::vector with our allocator.
59      vector_type v(alc);
60
61      v.emplace_back("Foo");
62      v.emplace_back("Bar");
63
64      for (auto str : v) {
65          std::cout << str << std::endl;
66      }
```

- **46행** : `pmem_string`을 `std::basic_string`의 `typedef`으로 정의합니다.
- **48행** : `pmem_string` 유형을 사용하여 `pmem::allocator`를 정의합니다.
- **50행** : `std::scoped_allocator_adaptor`를 사용하면 `pmem::allocator` 인스턴스를 벡터에 저장된 모든 `pmem_string` 객체로 전달 할 수 있습니다.

퍼시스턴트 메모리를 사용한 휘발성 메모리 확장

퍼시스턴트 메모리는 커널에서 디바이스(device)로 취급됩니다. 일반적으로 퍼시스턴트 메모리 파일 시스템은 `-o dax` 옵션을 사용하여 생성 및 마운트 되며, 파일은 프로세스의 가상 주소 공간에 맵핑되어 응용 프로그램이 퍼시스턴트 메모리에 직접 접근할 수 있습니다.

퍼시스턴트 메모리를 휘발성 메모리로 광범위하게 사용할 수 있도록 리눅스 커널 v5.1에 새로운 기능이 추가되었습니다. 이는 퍼시스턴트 메모리 장치를 커널에 바인딩하여 수행되며 커널은 이를 DRAM으로 관리합니다. 퍼시스턴트 메모리는 DRAM과 다른 특성을 가지므로 제공되는 메모리는 해당 소켓에서 별도의 NUMA 노드로 표시됩니다.

MEMKIND_DAX_KMEM 유형을 사용하려면 pmem을 /dev/dax*와 같은 이름의 장치로 볼 수 있는 device dax를 사용해야 합니다. 기존 dax 장치가 있고 DEV_DAX_KMEM 유형으로 장치를 사용하려면 다음과 같은 방법을 사용하면 됩니다.

```
$ sudo daxctl migrate-device-model
```

사용 가능한 첫 번째 공간(NUMA 노드)에서 사용 가능한 모든 용량을 사용하여 새 dax 장치를 만들려면 다음 명령을 사용하면 됩니다.

```
$ sudo ndctl create-namespace --mode=devdax --map=mem
```

영역 및 용량을 지정하여 새 dax 장치를 만들려면 다음 명령을 사용하면 됩니다.

```
$ sudo ndctl create-namespace --mode=devdax --map=mem
--region=region0
--size=32g
```

네임 스페이스 목록을 표시하려면 다음 명령을 사용하면 됩니다.

```
$ ndctl list
```

default fsdax와 같은 다른 모드에서 네임 스페이스를 만든 경우 다음 명령을 사용하여 장치를 다시 구성할 수 있습니다. 여기서 namespace0.0은 재구성하려는 기존 네임 스페이스입니다.

```
$ sudo ndctl create-namespace --mode=devdax --map=mem
--force -e namespace0.0
```

새 네임 스페이스 생성에 대한 자세한 내용은 https://docs.pmem.io/ndctl-users-guide/managing-namespaces#creating-namespaces을 참조하십시오.

DAX 장치는 system-ram 모드를 사용하도록 변환되어야 합니다. 다음 명령을 사용하여 dax 장치를 시스템 메모리와 사용하기에 적합한 NUMA 노드로 변환할 수 있습니다.

```
$ sudo daxctl reconfigure-device dax2.0 --mode=system-ram
```

이 방법을 사용하면 장치를 device_dax 드라이버에서 dax_pmem 드라이버로 변환할 수 있습니다. 다음은 dax1.0이 기본 devdax 유형으로 설정되고 dax2.0이 system-ram인 경우의 출력입니다.

```
$ daxctl list
  [
    {
      "chardev":"dax1.0",
      "size":263182090240,
      "target_node":3,
      "mode":"devdax"
    },
    {
      "chardev":"dax2.0",
      "size":263182090240,
      "target_node":4,
      "mode":"system-ram"
    }
  ]
```

numactl -H를 사용하여 하드웨어 NUMA 구성을 표시할 수 있습니다. 다음 예제 출력은 2- 소켓 시스템에서 노드 4가 퍼시스턴트 메모리로 생성한 시스템-램 기반 NUMA 노드임을 보여줍니다.

```
$ numactl -H
    available: 3 nodes (0-1,4)
    node 0 cpus: 0 1 2 3 4 5 6 7 8 9 10 11 12 13 14 15 16 17 18 19 20 21 22
                 23 24 25 26 27 56 57 58 59 60 61 62 63 64 65 66 67 68 69
                 70 71 72 73 74 75 76 77 78 79 80 81 82 83
    node 0 size: 192112 MB
    node 0 free: 185575 MB
    node 1 cpus: 28 29 30 31 32 33 34 35 36 37 38 39 40 41 42 43 44 45 46
                 47 48 49 50 51 52 53 54 55 84 85 86 87 88 89 90 91 92 93
                 94 95 96 97 98 99 100 101 102 103 104 105 106 107 108 109
                 110 111
    node 1 size: 193522 MB
    node 1 free: 193107 MB
```

```
node 4 cpus:
node 4 size: 250880 MB
node 4 free: 250879 MB
node distances:
node   0   1   4
  0:  10  21  17
  1:  21  10  28
  4:  17  28  10
```

NUMA 노드를 온라인 상태로 전환하고 커널이 새 메모리를 관리하게 하려면 다음 명령을 사용하면 됩니다.

```
$ sudo daxctl online-memory dax0.1
dax0.1: 5 sections already online
dax0.1: 0 new sections onlined
onlined memory for 1 device
```

이 시점에서 커널은 평범한 연산들을 위해 새로운 공간을 사용합니다. 예제와 같이 `lsmem` 명령을 사용하면 0x0000003380000000-0x00000035ffffffff 주소 범위에서 10GiB의 추가적인 시스템-램을 볼 수 있습니다.

```
$ lsmem
RANGE                                   SIZE  STATE REMOVABLE   BLOCK
0x0000000000000000-0x000000007fffffff     2G online        no       0
0x0000000100000000-0x000000277fffffff   154G online       yes    2-78
0x0000002780000000-0x000000297fffffff     8G online        no   79-82
0x0000002980000000-0x0000002effffffff    22G online       yes   83-93
0x0000002f00000000-0x0000002fffffffff     4G online        no   94-95
0x0000003380000000-0x00000035ffffffff    10G online       yes 103-107
0x000001aa80000000-0x000001d0ffffffff   154G online       yes 853-929
0x000001d100000000-0x000001d37fffffff    10G online        no 930-934
0x000001d380000000-0x000001d8ffffffff    22G online       yes 935-945
0x000001d900000000-0x000001d9ffffffff     4G online        no 946-947

Memory block size:      2G
Total online memory:  390G
Total offline memory:   0B
```

퍼시스턴트 메모리를 사용하는 NUMA 노드에서 프로그래밍 방식으로 메모리를 할당하기 위해서, `MEMKIND_DAX_KMEM`이라는 새로운 정적 유형을 `system-ram` DAX 장치를 사용하는 `libmemkind`에 추가했습니다.

아래에 memkind_malloc()의 첫 번째 전달 인자로 MEMKIND_DAX_KMEM을 사용하면 단일 응용 프로그램에서 별도의 NUMA 노드에서 퍼시스턴트 메모리를 사용할 수 있습니다. 퍼시스턴트 메모리는 여전히 물리적으로 CPU 소켓에 연결되어 있으므로 응용 프로그램은 최적의 성능을 위해 CPU 우선순위를 고려해야 합니다.

```
memkind_malloc(MEMKIND_DAX_KMEM, size_t size)
```

그림 10-3은 MEMKIND_DEFAULT 및 MEMKIND_DAX_KMEM이라는 두 가지 정적 유형 객체를 만든 응용 프로그램을 보여줍니다.

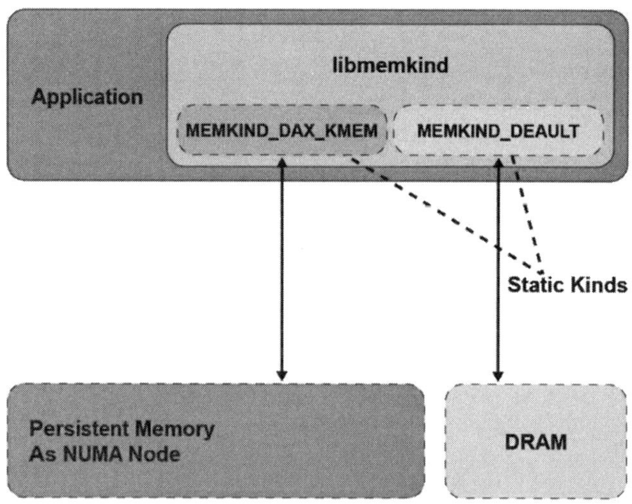

그림 10-3. 서로 다른 유형의 메모리에서 두 유형의 객체를 만든 응용 프로그램

앞에서 설명한 PMEM_KIND와 MEMKIND_DAX_KMEM의 차이점은 MEMKIND_DAX_KMEM은 정적 유형이며 MAP_PRIVATE 플래그와 함께 mmap()를 사용하는 반면 동적 PMEM_KIND는 memkind_create_pmem()으로 생성되고 DAX를 지원하는 파일 시스템에서 메모리 맵핑 파일을 작성할 때 MAP_SHARED 플래그를 사용한다는 점입니다.

fork(2) 시스템 호출을 사용하여 작성된 자식 프로세스는 부모 프로세스에서 MAP_PRIVATE 맵핑을 상속받습니다. 부모 프로세스가 메모리 페이지를 수정하면 커널에서 쓰기-시-복사(copy-on-write) 과정을 실행하며 자식 프로세스에게 수정되지 않은 사본을 생성합니다. 이 페이지는 원본 페이지와 동일한 NUMA 노드에 할당됩니다.

libvmemcache: 대용량 퍼시스턴트 메모리를 위한 효율적인 휘발성 키-밸류 캐시

일부 인-메모리 데이터베이스 (IMDB)는 동적 메모리 할당(`malloc`, `jemalloc`, `tcmalloc`)에 의존하며, 장기간 실행 시 외부 및 내부 메모리 단편화(fragmentation)가 발생하여 대량의 메모리를 할당할 수 없게 됩니다. 내부 및 외부 단편화는 다음과 같이 간단히 설명됩니다.

- 내부 단편화는 필요한 것보다 많은 메모리가 할당되고 할당된 영역에 사용하지 않은 메모리가 포함된 경우 발생합니다. 예를 들어, 요청된 할당 크기가 200바이트인 경우 256바이트 청크가 할당됩니다.
- 외부 단편화는 다양한 크기의 동적 메모리 할당이 이루어지면서 요청된 메모리 청크가 시스템에서 사용 가능한 양보다 적지만 연속된 공간에 할당하는 것에 실패할 때 발생합니다. 이 문제는 대용량의 퍼시스턴트 메모리가 휘발성 메모리로 사용되는 경우 더 두드러집니다. 상당히 긴 실행시간을 가진 응용 프로그램은 특히 할당하는 크기가 다양한 경우 이 문제를 해결해야 합니다. 응용 프로그램 및 런타임 환경은 다음과 같은 다양한 방법으로 이 문제를 해결합니다.
- Java 및 .NET은 압축 가비지 콜렉션(garbage collection)을 사용합니다.
- Redis 및 Apache Ignite*는 조각 모음 알고리즘을 사용합니다.
- Memcached는 슬랩 할당자를 사용합니다.

위의 할당자 메커니즘 각각에는 장단점이 있습니다. 가비지 콜렉션 및 조각 모음 알고리즘은 사용되지 않은 부분을 할당 해제하거나 데이터를 이동하여 연속적인 공간을 만드는 일을 힙에서 처리합니다. 슬랩 할당자(slab allocator)는 일반적으로 응용 프로그램에 필요한 각 버킷 수를 모르더라도 초기화 시 서로 다른 고정 크기의 버킷을 정의합니다. 슬랩 할당자가 특정 크기의 버킷을 모두 사용하면, 더 큰 크기의 버킷을 사용하여 할당되어 여유 공간이 줄어듭니다. 이러한 메커니즘은 잠재적으로 응용 프로그램의 처리를 막고 성능을 저하시킬 수 있습니다.

libvmemcache 개요

`libvmemcache`는 키-밸류 스토어의 핵심인 내장형 경량 인-메모리 캐싱 솔루션입니다. `libvmemcache`는 확장 가능한 방식의 메모리 맵핑을 효율적으로 사용

하여 퍼시스턴트 메모리와 같은 대용량 메모리를 최대한 활용하도록 설계되었습니다. **load/store** 명령을 지원하는 DAX 지원 파일 시스템을 통해 바이트 단위 메모리 주소 접근이 가능한 퍼시스턴트 메모리에 사용하도록 최적화되었습니다. **libvmemcache**에는 다음과 같은 고유한 특성이 있습니다.

- 익스텐트(extent) 기반 메모리 할당자는 대부분의 인-메모리 데이터베이스에 영향을 미치는 단편화 문제를 회피하고 캐시가 대부분의 워크로드에 대해 매우 높은 공간 활용도를 가질 수 있도록 합니다.
- 버퍼된 LRU (Buffered LRU)는 기존 LRU를 멀티코어 CPU 환경에서 높은 확장성을 가진 비차단(Non-Blocking) 링 버퍼와 이중 연결 리스트를 결합된 형태입니다.
- 고유한 인덱싱 **critnib** 자료 구조는 높은 성능과 공간 효율성을 제공합니다.

libvmemcache의 캐시는 비교적 큰 값 크기에서 최적으로 작동하도록 조정되어 있습니다. 사용 가능한 가장 작은 크기는 256 바이트이지만 **libvmemcache**는 값 크기가 1 킬로바이트보다 큰 경우 가장 잘 작동합니다.

libvmemcache는 익스텐트 기반 접근 방식 (파일 시스템의 익스텐트 기반 접근 방식과 비슷한)을 사용하여 사용자 정의 메모리 할당 방식을 구현하므로 할당에 대해 더 잘 제어할 수 있습니다. 그렇기에 **libvmemcache**는 연속된 공간을 병합하여 상당히 좋은 공간 효율성 가질 수 있습니다. 또한, 캐시이기 때문에 최악의 경우 새 항목을 할당하기 위해 데이터를 제거할 수 있습니다. **libvmemcache**는 항상 할당이 해제된 메모리의 크기에서 메타데이터 오버헤드를 뺀 크기의 메모리를 할당합니다. **memkind**와 같은 공통 메모리 할당자를 기반으로 하는 캐시는 해당하지 않습니다. **libvmemcache**는 테라바이트 크기의 인-메모리 워크로드에서 높은 공간 효율성을 가지고 작동하도록 설계되었습니다.

libvmemcache는 DAX 지원 파일 시스템에 임시 파일을 자동으로 생성하고 이를 응용 프로그램의 가상 주소 공간에 메모리 맵핑하여 작동합니다. 임시 파일은 프로그램이 종료될 때 삭제되고 휘발성인 것처럼 동작합니다. 그림 10-4는 **malloc()**을 사용하여 DRAM에서 메모리를 할당하고 **libvmemcache**를 사용하여 퍼시스턴트 메모리에서 DAX 지원 파일 시스템에 있는 임시 파일을 메모리에 맵핑하는 응용 프로그램을 보여줍니다.

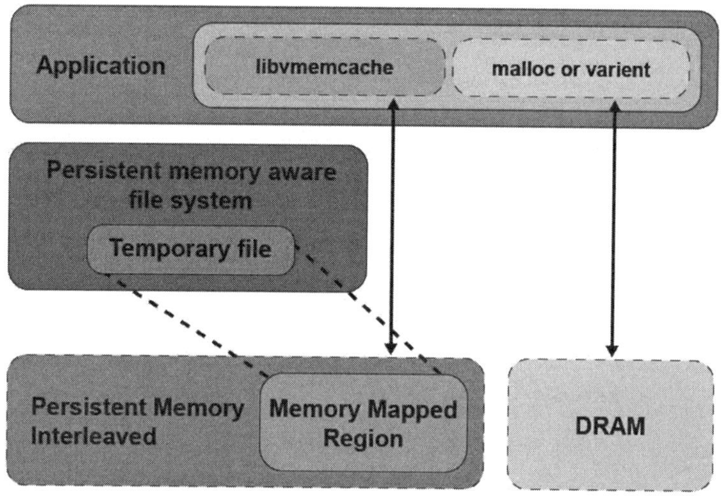

그림 10-4. DAX 지원 파일 시스템에서 libvmemcache를 사용하여 임시 파일을 맵핑하는 응용 프로그램

libmemkind는 다양한 유형의 메모리 및 메모리 사용 정책을 지원하지만 기본 할당자는 동적 메모리 할당을 사용하는 jemalloc입니다. 표 10-2는 libvmemcache와 libmemkind의 구현 세부 사항을 비교합니다.

표 10-2. libmemkind 및 libvmemcache의 설계

	libmemkind (PMEM)	libvmemcache
할당 방법	동적 할당자	익스텐트 기반 (섹터, 페이지, 등에 제한받지 않음)
목적	범용	경량 인-메모리 캐시
단편화	오랫동안 수행되면서 임의의 크기의 메모리를 할당하고 해제하는 응용 프로그램	최소화

libvmemcache 디자인

libvmemcache에는 두 가지 주요 디자인 측면이 있습니다.

1. 단편화 문제를 개선/해결하기 위한 할당자 디자인

2. 확장 가능하고 효율적인 LRU 정책

익스텐트 기반 할당자

libvmemcache는 테라바이트 크기의 인-메모리 워크로드 작업 시 단편화 문제를 해결하고 높은 공간 활용도를 제공할 수 있습니다. 그림 10-5는 오랫동안 작은 객체를 많이 생성함에 따라 단편화로 인해 할당자가 중지되는 워크로드 예제를 보여줍니다.

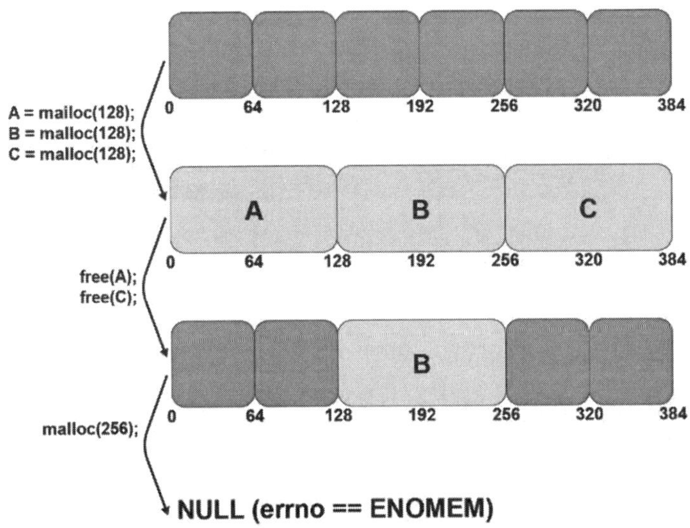

그림 10-5. 많은 작은 객체를 생성하여 단편화로 인해 할당자가 중지되는 워크로드의 예제

libvmemcache는 데이터베이스에 데이터를 저장하기 위해 할당된 연속 블록인 익스텐트를 기반으로 하는 할당자를 사용합니다. 익스텐트는 일반적으로 파일 시스템에서 지원하는 큰 블록(섹터, 페이지 등)을 사용하지만, 더 작은 크기의 블록(캐시 라인)을 지원하는 퍼시스턴트 메모리에서는 이러한 제한이 없습니다. 그림 10-6은 하나의 연속된 미사용 블록을 사용하여 객체를 할당할 수 없는 경우 연속되지 않은 여러 블록을 사용하여 블록을 할당하는 것을 보여줍니다. 이러한 불연속 할당은 응용 프로그램에게는 하나의 할당으로 보입니다.

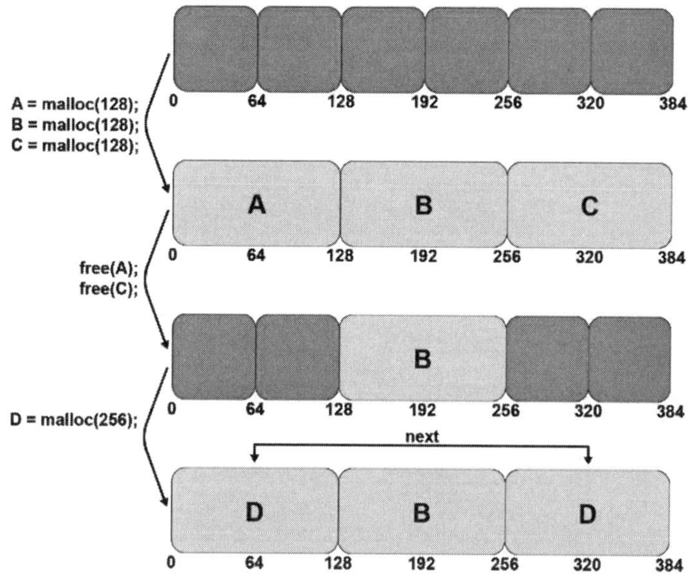

그림 10-6. 불연속 미사용 블록을 사용하여 더 큰 할당 요청을 수행

확장성이 높은 교체 정책

LRU 캐시는 전통적으로 이중 연결 리스트로 구현됩니다. 이 리스트에서 아이템을 사용하면 리스트의 중간에서 앞으로 이동됩니다. 멀티 스레드 환경에서, 여러 스레드는 사용한 아이템을 리스트의 맨 앞으로 옮기기 위해 경쟁하게 됩니다. 사용한 아이템을 이동하기 전에 리스트의 맨 앞은 일반적으로 락에 걸려 잠겨 있으므로 락 경쟁이 발생합니다. 이 방법은 확장성이 좋다고 할 수 없고 비효율적입니다.

버퍼 기반 LRU 정책은 확장할 수 있고 효율적인 교체 정책을 가집니다. 비차단(Non-Blocking) 링 버퍼는 LRU 연결 리스트의 맨 앞에 위치하고 사용 중인 항목들을 저장합니다. 아이템이 사용되면 이 버퍼에 추가되고 버퍼가 가득 찰 때 (또는 리스트에서 아이템이 제거될 때) 연결 리스트에 락을 걸고 버퍼의 아이템을 처리하여 리스트의 맨 앞으로 이동됩니다. 이 방법은 성능 저하를 최소화하면서 확장 가능한 LRU 메커니즘을 제공합니다. 그림 10-7은 링 버퍼 기반 LRU 알고리즘을 보여줍니다.

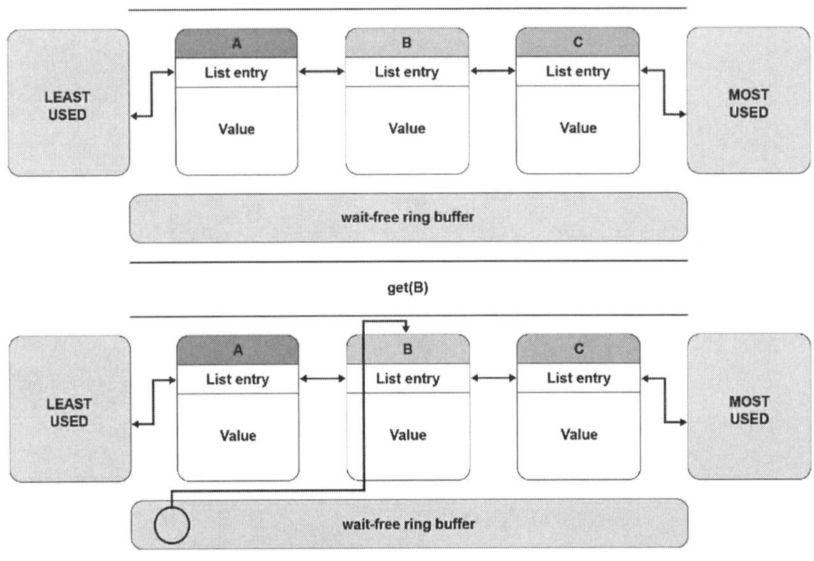

그림 10-7. 링 버퍼 기반 LRU

libvmemcache의 사용

표 10-3에는 libvmemcache가 제공하는 기본 함수들이 나열되어 있습니다. 전체 목록은 libvmemcache 매뉴얼 페이지(https://pmem.io/vmemcache/manpages/master/vmemcache.3.html)를 참조하십시오.

표 10-3. libvmemcache 함수

Function Name	Description
vmemcache_new	설정되지 않은 빈 vmemcache 인스턴스를 기본값으로 생성합니다. Eviction_policy=VMEMCACHE_REPLACEMENT_LRU Extent_size = VMEMCAHE_MIN_EXTENT VMEMCACHE_MIN_POOL
vmemcache_add	캐시를 경로와 연결합니다.
vmemcache_set_size	캐시의 크기를 설정합니다.
vmemcache_set_extent_size	캐시의 블록 크기를 설정합니다 (최소 256 바이트).
vmemcache_set_eviction_policy	교체 정책을 설정합니다. 1. VMEMCACHE_REPLACEMENT_NONE 2. VMEMCACHE_REPLACEMENT_LRU

Function Name	Description
vmemcache_add	DAX 사용 파일 또는 비 DAX 사용 파일 시스템의 지정된 경로와 캐시를 연결합니다.
vmemcache_delete	캐시와 관련된 모든 구조를 해제합니다.
vmemcache_get	주어진 키를 검색하고, 찾은 경우 항목의 값이 vbuf에 복사됩니다.
vmemcache_put	지정된 키-값 아이템을 캐시에 삽입합니다.
vmemcache_evict	캐시에서 주어진 키를 제거합니다.
vmemcache_callback_on_evict	아이템이 캐시에서 제거 될 때 호출됩니다.
vmemcache_callback_on_miss	get 쿼리가 없는 키를 삽입하지 못할 때 호출됩니다.

libvmemcache가 사용되는 방법을 보여주기 위해 리스트 10-12 예제는 기본값을 사용하여 vmemcache 인스턴스를 생성합니다. 이 예제는 DAX 지원 파일 시스템에서 임시 파일을 사용하며 키 "meow"에 대한 캐시 미스 후 콜백이 등록되는 방법을 보여줍니다.

리스트 10-12. vmemcache.c: libvmemcache를 사용한 예제 프로그램

```
#include <libvmemcache.h>
#include <stdio.h>
#include <stdlib.h>
#include <string.h>

#define STR_AND_LEN(x) (x), strlen(x)

VMEMcache *cache;

void on_miss(VMEMcache *cache, const void *key,
    size_t key_size, void *arg)
{
    vmemcache_put(cache, STR_AND_LEN("meow"),
        STR_AND_LEN("Cthulhu fthagn"));
}

void get(const char *key)
{
    char buf[128];
    ssize_t len = vmemcache_get(cache,
    STR_AND_LEN(key), buf, sizeof(buf), 0, NULL);
    if (len >= 0)
        printf("%.*s\n", (int)len, buf);
```

```
60      else
61          printf("(key not found: %s)\n", key);
62  }
63
64  int main()
65  {
66      cache = vmemcache_new();
67      if (vmemcache_add(cache, "/daxfs")) {
68          fprintf(stderr, "error: vmemcache_add: %s\n",
69              vmemcache_errormsg());
70          exit(1);
71      }
72
73      // Query a non-existent key
74      get("meow");
75
76      // Insert then query
77      vmemcache_put(cache, STR_AND_LEN("bark"),
78          STR_AND_LEN("Lorem ipsum"));
79      get("bark");
80
81      // Install an on-miss handler
82      vmemcache_callback_on_miss(cache, on_miss, 0);
83      get("meow");
84
85      vmemcache_delete(cache);
```

- **66행** : eviction_policy 및 extent_size의 기본 값을 사용하여 vmemcache의 새 인스턴스를 생성합니다.
- **67행** : vmemcache_add() 함수를 호출하여 캐시를 지정된 경로와 연결합니다.
- **74행** : get() 함수를 호출하여 키를 요청합니다. 이 함수는 vmemcache_get() 함수를 호출하고 이 함수 호출이 성공했는지 확인하는 에러 검사를 수행합니다.
- **77행** : vmemcache_put()을 호출하여 새 키를 삽입합니다.
- **82행** : 캐시에 "meow" 키를 삽입하기 위해 미스 시에 불리는 콜백 핸들러를 추가합니다.
- **83행** : get() 함수를 사용하여 "meow" 키를 검색합니다.
- **85행** : vmemcache 인스턴스를 삭제합니다.

요약

이 장에서는 대용량 퍼시스턴트 메모리를 휘발성 응용 프로그램 데이터를 보관하는 방법에 대해 설명했습니다. 응용 프로그램은 DRAM이나 퍼시스턴트 메모리 또는 둘 다에 데이터를 할당하고 접근하도록 선택할 수 있습니다.

`memkind`는 개발자가 자주 사용하는 `libc malloc/free` API와 유사한 체계를 가진 매우 유연하고 사용하기 쉬운 라이브러리입니다.

`libvmemcache`는 응용 프로그램이 효율적으로 그리고 확장성이 높은 방식으로 대용량 퍼시스턴트 메모리를 사용할 수 있게 하는 내장형 경량 인-메모리 캐싱 솔루션입니다. `libvmemcache`는 Github의 https://github.com/pmem/vmem-cache에서 다운로드할 수 있는 오픈 소스 프로젝트입니다.

제 11 장 퍼시스턴트 메모리용 자료 구조 설계

바이트 단위 접근성, 데이터 영속성과 지정된 위치의 데이터를 덮어 쓰는 인-플레이스 업데이트 (in-place update) 등 퍼시스턴트 메모리 특유의 이점들을 활용함으로써, 데이터 직렬화(serialization)가 필요하거나 디스크로 플러시를 해야 하는 자료 구조보다 훨씬 빠른 자료 구조를 설계할 수 있습니다. 하지만 이는 많은 노력이 요구됩니다. 알고리즘들은 CPU 캐시를 플러시하거나 NT 스토어를 사용하여 데이터를 올바르게 퍼시스턴트 메모리에 써야 하며, 메모리 베리어를 적절히 사용해 데이터 일관성을 보장하는 등 세심한 설계가 필요합니다. 이 장에서는 위와 같은 자료 구조 및 알고리즘을 설계하는 방법과 알고리즘들이 어떤 특성을 지녀야 하는지에 대해 설명합니다.

연속적인 자료 구조와 단편화

단편화는 힙의 수명의 길이를 고려할 때 퍼시스턴트 메모리용 자료 구조를 설계하는 데 고려해야 할 가장 중요한 요소 중 하나입니다. 한 응용 프로그램이 여러 버전으로 업데이트 되는 동안에도 그 프로그램의 힙은 수년간 존재할 수 있습니다. 반면에 휘발성 메모리에서는 힙은 응용 프로그램이 종료됨과 동시에 사라집니다. 이 경우 힙의 수명은 보통 시간, 일 혹은 주 단위로 측정됩니다.

메모리 할당에 파일 백업 페이지를 사용하면 단편화를 최소화하기 위해 운영체제가 제공하는 메커니즘, 예를 들어 비연속적인 물리 메모리를 연속적인 가상 영역으로 보여주는 것과 같은 메커니즘을 활용하기 어렵습니다. 사용자 공간의 객체들을 위해 페이지 단위 단편화 메커니즘을 사용하며 가상 메모리를 수동으로 관리할 수는 있습니다. 하지만 이 방법은 물리 메모리의 완전한 단편화와 휴즈 페이지의 활용 침해로 이어질 수 있습니다. 이로 인해, TLB(Translation Lookaside Buffer, 변환 색인 버퍼) 미스가 늘어나 전체 응용 프로그램의 성능을 현저히 떨어뜨릴 수 있습니다. 퍼시스턴트 메모리를 효과적으로 사용하기 위해서는 단편화를 최소화하는 방식으로 자료 구조를 설계해야 합니다.

내부와 외부 단편화

내부 단편화란 할당된 블록 내에서 과도하게 공급된 공간을 말합니다. 할당자는 항상 고정된 크기의 청크(chunk) 또는 버킷(bucket)으로 메모리를 반환합니다. 할당자는 각 버킷의 크기와 서로 다른 크기의 버킷을 얼마나 제공할지 결정해야 합니다. 메모리 할당 요청의 크기가 미리 정의된 버킷 크기와 정확히 일치하지 않으면, 할당자는 요청받은 메모리 크기보다 더 큰 메모리 버킷을 반환합니다. 예를 들어 할당자의 버킷 크기가 128KiB와 256KiB일 때 응용 프로그램이 200KiB의 메모리 할당을 요청할 경우, 해당 요청은 사용 가능한 256KiB 버킷에 할당됩니다. 할당자는 일반적으로 내부 정렬 요구 사항으로 인해 16으로 나누어지는 크기의 메모리 청크를 반환해야 합니다.

외부 단편화는 여유 메모리가 작은 블록에 흩어져있을 때 발생합니다. 예를 들어, 4KiB 단위로 메모리를 할당해 메모리 전체를 사용하는 상황을 가정하겠습니다. 두 개의 할당된 공간마다 하나의 공간을 해제하면 사용 가능한 메모리는 전체 메모리 크기의 절반이 됩니다. 하지만 4KiB가 연속된 여유 공간의 최대 크기이므로 한 번에 4KiB 이상의 공간은 할당할 수 없습니다. 그림 11-1은 이러한 단편화를 보여줍니다. 이 그림에서 짙은 셀은 할당된 공간을 나타내고 흰색 셀은 여유 공간을 나타냅니다.

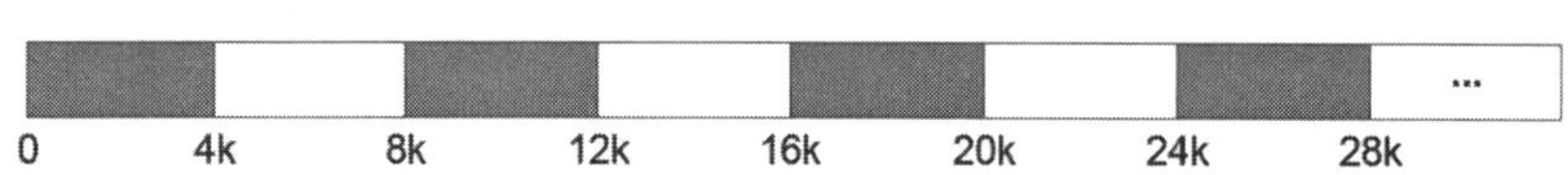

그림 11-1. 외부 단편화

퍼시스턴트 메모리에 시퀀스의 항목을 저장할 때 사용 가능한 자료 구조는 다음과 같습니다.

- 연결 리스트: 각 노드는 퍼시스턴트 메모리에 할당됩니다.
- 동적 배열(벡터): 더 큰 청크에 메모리를 미리 할당하는 자료 구조입니다. 새로운 항목을 위한 여유 공간이 없을 경우, 더 큰 배열을 새로 할당해 기존 배열의 항목을 새로 할당한 배열에 모두 옮깁니다.

- 세그먼트 벡터: 고정된 크기 배열의 리스트입니다. 어느 세그먼트에도 여유 공간이 없을 경우, 새로운 세그먼트를 할당합니다.

위와 같은 자료 구조에 단편화를 고려해보겠습니다.

- 연결 리스트의 경우 단편화로 인한 효율성 저하는 노드 크기에 따라 결정됩니다. 노드 크기가 충분히 작다면 높은 내부 단편화가 발생할 수 있습니다. 노드를 할당할 때, 모든 메모리 할당자는 연결 리스트 노드의 크기와 다를 수 있는 메모리 공간을 특정 주소에 정렬하여 반환합니다.
- 동적 배열을 사용하면 메모리 할당이 줄어들지만 모든 할당의 크기가 다르기 때문에 (대부분의 구현은 이전 구현의 두 배) 외부 단편화가 높아집니다.
- 세그먼트 벡터를 사용하면 세그먼트의 크기가 고정되므로 모든 할당의 크기가 동일합니다. 해제된 각 세그먼트에 대해 새 세그먼트를 할당할 수 있으므로 외부 단편화가 실질적으로 제거됩니다[3].

원자성과 일관성

일관성을 보장하려면 store 연산을 올바르게 정렬하고 데이터가 영속적으로 저장되도록 해야 합니다. 8 바이트보다 큰 store를 원자성 있게 하려면 몇 가지 추가 메커니즘을 사용해야 합니다. 이 섹션에서는 여러 메커니즘에 대해 설명하고 메모리 및 시간 오버 헤드에 대해 설명합니다. 시간 오버 헤드의 경우 성능에 가장 큰 영향을 미치기 때문에 사용된 플러시 및 메모리 배리어의 수를 분석하는 데 중점을 둡니다.

트랜잭션

원자성과 일관성을 보장하는 한 가지 방법은 트랜잭션을 사용하는 것입니다 (7장에서 자세히 설명). 여기서는 트랜잭션을 효율적으로 사용하기 위해 자료 구조를 설계하는 방법에 중점을 둡니다. 트랜잭션을 사용하는 자료 구조의 예시는, 이 장 뒷부분의 "버전 관리로 정렬된 배열" 섹션에 설명되어 있습니다.

---

3) libpmemobj 할당자를 사용하면 할당 클래스를 사용하여 내부 단편화를 쉽게 줄일 수 있습니다(7장 참조).

트랜잭션은 일관성을 보장하기 위한 가장 간단한 솔루션입니다. 트랜잭션을 사용하면 대부분의 연산을 쉽게 원자적으로 만들 수 있지만 두 가지 항목을 염두에 두어야 합니다. 첫째, 로깅을 하는 트랜잭션은 항상 메모리 및 시간 오버헤드를 발생시킵니다. 둘째, 실행 취소 로깅의 경우 메모리 오버헤드는 수정하는 데이터의 크기에 비례하고, 시간 오버 헤드는 스냅샷 수에 따라 달라집니다. 각 스냅샷은 스냅샷 데이터를 수정하기 전에 퍼시스턴트 메모리에 써져야 합니다.

퍼시스턴트 메모리를 위한 자료 구조를 설계할 때 데이터 지향 접근 방식을 사용하는 것이 좋습니다. 기본 아이디어는 연산을 처리하는 CPU에 캐시 친화적인 방식으로 데이터를 저장하는 것입니다. 2 개의 정수 값으로 구성된 1000 개의 레코드 시퀀스를 저장해야 한다고 가정해보겠습니다. 이 경우 두 가지 접근 방식이 있습니다. 리스트 11-1에 표시된 대로 두 개의 정수 배열을 사용하는 것, 그리고 리스트 11-2에 표시된 대로 한 쌍의 배열을 사용하는 것입니다. 첫 번째 접근법은 배열 구조체(Structure of Arrays)고 두 번째는 구조체 배열(Array of Structures)입니다.

리스트 11-1. 배열 구조체 데이터 저장 접근 방식

```
struct soa {
    int a[1000];
    int b[1000];
};
```

리스트 11-2. 구조체 배열 데이터 저장 접근 방식

```
std::pair<int, int> aos_records[1000];
```

데이터에 대한 액세스 패턴에 따라 하나의 솔루션을 다른 솔루션보다 선호할 수 있습니다. 프로그램이 배열 항목의 두 필드를 함께 자주 업데이트하는 경우 구조체 배열 솔루션이 더 좋습니다. 하지만 프로그램이 모든 배열 항목의 첫 번째 변수만 업데이트하는 경우 배열 구조체 솔루션이 훨씬 좋습니다.

휘발성 메모리를 사용하는 응용 프로그램의 경우 주요 관심사는 일반적으로 단일 명령, 다중 데이터(SIMD) 처리를 위한 캐시 미스 및 최적화입니다. SIMD는 플린 분류 체계(Flynn's taxonomy)의 병렬 컴퓨터 클래스로, 여러 데이터 포인트에서 동일한 연산을 동시에 수행하는 여러 처리 요소가 있는 컴퓨터를 뜻합니다[4].

4) SIMD의 전체 정의를 보려면 https://en.wikipedia.org/wiki/SIMD를 참고하십시오.

이러한 머신은 데이터 수준의 병렬 처리를 하지만 동시성은 사용하지 않습니다. 동시(병렬) 계산이 있지만 주어진 순간에는 단일 프로세스(명령)만 있습니다.

퍼시스턴트 메모리에 대해서는 여전히 유효한 문제지만, 개발자는 트랜잭션을 사용할 때 스냅샷의 성능을 고려해야 합니다. 하나의 연속적인 메모리 공간의 스냅샷을 생성하는 것이 여러 개의 작은 영역의 스냅샷을 생성하는 것보다 항상 좋습니다. 전자가 더 적은 메타데이터를 사용해 더 낮은 오버헤드를 발생시키기 때문입니다. 이러한 사항을 고려한 효율적인 자료 구조 레이아웃은 DRAM 기반 구현에서 퍼시스턴트 메모리로 데이터를 마이그레이션할 때 발생할 수 있는 향후 문제를 방지하는 데 필수적입니다.

리스트 11-3은 두 가지 접근 방식을 모두 보여줍니다. 본 예시에서는 첫 번째 정수를 1씩 늘립니다.

리스트 11-3. 레이아웃 및 스냅샷 성능

```
struct soa {
    int a[1000];
    int b[1000];
};

struct root {
    soa soa_records;
    std::pair<int, int aos_records[1000];
};

int main()
{
    try {
        auto pop = pmem::obj::pool<root>::create("/daxfs/pmpool",
                  "data_oriented", PMEMOBJ_MIN_POOL, 0666);

        auto root = pop.root();

        pmem::obj::transaction::run(pop, [&]{
            pmem::obj::transaction::snapshot(&root->soa_records);
            for (int i = 0; i < 1000; i++) {
                root->soa_records.a[i]++;
            }

            for (int i = 0; i < 1000; i++) {
                pmem::obj::transaction::snapshot(
                                &root->aos_records[i].first);
                root->aos_records[i].first++;
```

```
65             }
66         });
67
68         pop.close();
69     } catch (std::exception &e) {
70         std::cerr << e.what() << std::endl;
71     }
72 }
```

- **37-45행** : 정수 레코드를 저장할 두 가지 자료 구조를 정의합니다. 첫 번째는 값을 두 개의 개별 배열에 저장하는 배열 구조체입니다. 44행은 구조체 배열이라는 단일 쌍의 배열을 나타냅니다.
- **56-59행** : 한 번에 전체 배열의 스냅샷을 생성해 배열 구조체 레이아웃을 활용합니다. 그런 다음 각 항목을 안전하게 수정할 수 있습니다.
- **61-65행** : 구조체 배열을 사용할 때 수정하려는 항목이 메모리에서 연속적이지 않기 때문에 모든 반복에서 데이터 스냅샷을 생성해야 합니다.

트랜잭션을 사용하는 자료 구조의 예시는 장 뒷부분의 "트랜잭션이 있는 해시 테이블" 및 "트랜잭션과 선택적 영속성이 있는 해시 테이블" 섹션에 나와 있습니다.

쓰기 시 복사(Copy-on-Write)와 버전 관리 기법

일관성을 유지하는 또 다른 방법은 CoW (Copy-on-Write, 쓰기-시-복사) 기술입니다. 이 접근 방식에서 모든 수정은 퍼시스턴트 자료 구조의 일부를 수정하려고 할 때마다 새 위치에 새로운 버전을 만듭니다. 예를 들어 연결 리스트의 노드는 다음과 같이 CoW 접근 방식을 사용할 수 있습니다.

1. 리스트에 있는 항목의 복사본을 만듭니다. 복사본이 퍼시스턴트 메모리에 동적으로 할당되는 경우 메모리 누수를 방지하기 위해 해당 포인터도 퍼시스턴트 메모리에 저장해야 합니다. 만약 포인터를 저장하지 않을 시, 할당 후 응용 프로그램에 오류가 발생하면 응용 프로그램을 다시 시작했을 때 새로 할당된 메모리에 연결할 수 없습니다.
2. 복사본을 수정하고 변경 사항을 영속합니다.
3. 복사본으로 원본을 원자성 있게 변경하고 변경 사항을 퍼시스턴트 메모리에 쓴 다음, 필요한 경우 원본 노드를 해제합니다. 이 단계가 성공적으로 완료되면

항목이 업데이트되고 일관성이 있는 상태가 됩니다. 이 단계 전에 시스템 장애가 발생하면 원래 항목은 그대로 유지됩니다.

트랜잭션에 비해 이 방법을 사용하는 것이 더 빠를 수 있지만, 데이터를 수동으로 영속시켜야 하므로 구현하기가 훨씬 더 어렵습니다.

Copy-on-write는 일반적으로 더 이상 사용되지 않는 복사본을 해제하기 위해 참조 횟수 또는 가비지 컬렉션과 같은 메커니즘을 사용하는 다중 스레드 시스템에서 잘 작동합니다. 이러한 내용은 이 책이 다루어야 하는 범위를 넘어서지만, 14장에서 다중 스레드 응용 프로그램의 동시성에 대해 설명하겠습니다.

버전 관리는 copy-on-write와 매우 유사한 개념입니다. 차이점은 여기에 둘 이상의 데이터 필드 버전이 있다는 것입니다. 각 수정 사항은 새 버전의 필드를 만들고 현재 필드에 대한 정보를 저장합니다. 이 장 뒷부분의 "버전 관리로 정렬된 배열"에 제시된 예시는 정렬된 배열에 대한 삽입 연산 구현에서 이 기법을 보여줍니다. 앞의 예시에서는 두 버전의 변수만 유지됩니다. 이전 버전과 현재 버전은 항목을 2개 가진 배열로 유지됩니다. 삽입 연산은 이 배열의 첫 번째 항목과 두 번째 항목에 데이터를 교대로 씁니다.

선택적 영속성

퍼시스턴트 메모리는 디스크 스토리지보다 빠르지만 잠재적으로 DRAM보다 느립니다. 일부는 DRAM에 저장되고 일부는 퍼시스턴트 메모리에 저장되는 하이브리드 자료 구조를 구현해 성능을 가속화 할 수 있습니다. DRAM에서 이전에 계산된 값 또는 자료 구조의 자주 액세스되는 부분을 캐싱하면 접근 지연을 개선하고 전반적인 성능을 향상시킬 수 있습니다.

데이터를 항상 퍼시스턴트 메모리에 저장할 필요는 없습니다. 트랜잭션이 필요하지 않다면, 런타임 성능을 향상시키기 위해 데이터를 DRAM에서 읽을 수 있도록 응용 프로그램을 다시 시작할 때 자료 구조를 DRAM에소 매번 새로 생성할 수 있습니다. 이 접근 방식의 예시는 "트랜잭션 및 선택적 영속성이 있는 해시 테이블"에 나와 있습니다.

자료 구조 예제

이 섹션에서는 일관성을 보장하기 위해 이전에 설명한 방법을 사용하여 설계된 여러 자료 구조 예제를 제공합니다. 코드는 C++로 작성되었으며 `libpmemobj-cpp`를 사용합니다. 이 라이브러리에 대한 자세한 내용은 8장을 참조하십시오.

트랜잭션이 있는 해시 테이블

`libpmemobj-cpp`의 트랜잭션 및 컨테이너를 사용하여 구현된 해시 테이블의 예시를 제시합니다.

일부 초보자들을 위해, 또는 독자들의 기억을 되살리기 위해 간략히 설명하면, 해시 테이블은 키를 값에 맵핑하고 O(1) 조회 시간을 보장하는 자료 구조입니다. 일반적으로 버킷 배열로 구현됩니다(버킷은 하나 이상의 키-값 쌍을 보유할 수 있는 자료 구조). 해시 테이블에 새 항목을 삽입할 때 항목의 키에 해시 함수가 적용됩니다. 결과 값은 항목이 삽입되는 버킷의 인덱스로 처리됩니다. 다른 키에 대한 해시 함수의 결과가 동일할 수 있습니다. 이것을 충돌(collision)이라고 합니다. 충돌을 해결하는 한 가지 방법은 별도의 체인을 사용하는 것입니다. 이 접근 방식은 여러 키-값 쌍을 하나의 버킷에 저장합니다. 리스트 11-4의 예제는 이 방법을 사용합니다.

단순화를 위해 리스트 11-4의 해시 테이블은 `const Value& get(const std::string &key)` 및 `void put(const std::string &key, const Value &value)` 메소드만 제공합니다. 또한, 버킷의 수는 고정되어 있습니다. 제거 연산과 동적 버킷을 지원하도록 이 자료 구조를 확장하는 것은 연습으로 남겨둡니다.

리스트 11-4. 트랜잭션을 사용하는 해시 테이블의 구현

```
#include <functional>
#include <libpmemobj++/p.hpp>
#include <libpmemobj++/persistent_ptr.hpp>
#include <libpmemobj++/pext.hpp>
#include <libpmemobj++/pool.hpp>
#include <libpmemobj++/transaction.hpp>
#include <libpmemobj++/utils.hpp>
#include <stdexcept>
#include <string>

#include "libpmemobj++/array.hpp"
```

```
#include "libpmemobj++/string.hpp"
#include "libpmemobj++/vector.hpp"

/**
 * Value - type of the value stored in hashmap
 * N - number of buckets in hashmap
 */
template <typename Value, std::size_t N>
class simple_kv {
private:
    using key_type = pmem::obj::string;
    using bucket_type = pmem::obj::vector<
        std::pair<key_type, std::size_t>>;
    using bucket_array_type = pmem::obj::array<bucket_type, N>;
    using value_vector = pmem::obj::vector<Value>;

    bucket_array_type buckets;
    value_vector values;

public:
    simple_kv() = default;

    const Value &
    get(const std::string &key) const
   {
    auto index = std::hash<std::string>{}(key) % N;

    for (const auto &e : buckets[index]) {
      if (e.first == key)
        return values[e.second];
    }

    throw std::out_of_range("no entry in simplekv");
   }

    void
    put(const std::string &key, const Value &val)
    {
     auto index = std::hash<std::string>{}(key) % N;

     /* get pool on which this simple_kv resides */
     auto pop = pmem::obj::pool_by_vptr(this);

     /* search for element with specified key - if found
      * update its value in a transaction*/
     for (const auto &e : buckets[index]) {
       if (e.first == key) {
         pmem::obj::transaction::run(
           pop, [&] { values[e.second] = val; });
```

```
98
99          return;
100        }
101      }
102
103      /* if there is no element with specified key, insert
104       * new value to the end of values vector and put
105       * reference in proper bucket */
106       pmem::obj::transaction::run(pop, [&] {
107         values.emplace_back(val);
108         buckets[index].emplace_back(key, values.size() - 1);
109          });
110      }
111 };
```

- **58-66행** : 해시 맵의 레이아웃을 버킷의 pmem::obj::array로 정의합니다. 여기서 각 버킷은 키 및 인덱싱 쌍의 pmem::obj::vector이고, pmem::obj::vector에는 값이 포함됩니다. 버킷 항목의 인덱스는 항상 별도의 벡터에 지정된 실제 값의 위치를 지정합니다. 스냅샷 최적화의 경우 값은 버킷의 키 옆에 저장되지 않습니다. pmem::obj::vector의 요소에 대한 상수가 아닌 참조를 가져올 때 요소는 항상 스냅샷이 생성됩니다. 예를 들어, 키의 변경이 불가능한 경우 불필요한 데이터 스냅샷을 방지하기 위해 키와 값을 별도의 벡터로 분할합니다. 이것은 하나의 트랜잭션에서 여러 값을 업데이트하는 경우에도 도움이 됩니다. "Copy-on-Write와 버전 관리" 섹션에서 논의한 내용을 상기하십시오. 결과는 벡터에서 서로 옆에 있는 것으로 판명 될 수 있고, 스냅샷에 더 적은 수의 더 큰 영역이 있을 수 있습니다.
- **74행** : 표준 라이브러리 기능을 사용하여 테이블의 해시 값을 계산합니다.
- **76-79행** : index 아래의 테이블에 저장된 모든 버킷을 반복하여 지정된 키가 있는 항목을 검색합니다. e는 키-값 쌍에 대한 상수 참조입니다. libpmemobj-cpp 컨테이너가 작동하는 방식 때문에 이것은 비상수 참조와 비교할 때 성능에 긍정적인 영향을 미칩니다. 상수가 아닌 참조를 얻으려면 스냅샷이 필요하지만 상수 참조는 그렇지 않습니다.
- **90행** : 자료 구조가 있는 퍼시스턴트 메모리 풀을 관리하는 데 사용되는 pmemobj 풀 개체의 인스턴스를 가져옵니다.
- **94-95행** : 지정된 버킷의 모든 항목을 반복하여 값 벡터에서 값의 위치를 찾습니다.

- **96-98행** : 지정된 키가 있는 항목이 발견되면 트랜잭션을 사용해 해당 값을 업데이트합니다.
- **106-109행** : 지정된 키가 있는 항목이 없으면 값 벡터에 값을 삽입하고 이 값에 대한 참조를 적절한 버킷에 넣습니다. 즉, 키와 인덱스 쌍을 만듭니다. 이 두 연산은 완전히 성공하거나 실패해야하기 때문에 원자성을 보장하는 하나의 트랜잭션에서 완료되어야 합니다.

트랜잭션 및 선택적 영속성이 있는 해시 테이블

이 예시에서는 일부 데이터를 퍼시스턴트 메모리 밖으로 이동하여 퍼시스턴트 자료 구조(해시 테이블)를 수정하는 방법을 보여줍니다. 리스트 11-5에 표시된 자료 구조는 리스트 11-4에 있는 해시 테이블의 수정된 버전이며, 이 해시 테이블 디자인의 구현을 포함합니다. 여기서는 키 벡터와 값 벡터만 퍼시스턴트 메모리에 저장합니다. 응용 프로그램 시작 시 버킷을 빌드하고 런타임 중에 더 빠른 처리를 위해 휘발성 메모리에 저장합니다. 가장 눈에 띄는 성능 향상은 **get()** 메소드입니다.

리스트 11-5. 트랜잭션 및 선택적 영속성이 있는 해시 테이블의 구현

```
#include <array>
#include <functional>
#include <libpmemobj++/p.hpp>
#include <libpmemobj++/persistent_ptr.hpp>
#include <libpmemobj++/pext.hpp>
#include <libpmemobj++/pool.hpp>
#include <libpmemobj++/transaction.hpp>
#include <libpmemobj++/utils.hpp>
#include <stdexcept>
#include <string>
#include <vector>

#include "libpmemobj++/array.hpp"
#include "libpmemobj++/string.hpp"
#include "libpmemobj++/vector.hpp"

template <typename Value, std::size_t N>
struct simple_kv_persistent;

/**
 * This class is runtime wrapper for simple_kv_peristent.
 * Value - type of the value stored in hashmap
```

```
 * N - number of buckets in hashmap
 */
template <typename Value, std::size_t N>
class simple_kv_runtime {
private:
    using volatile_key_type = std::string;
    using bucket_entry_type = std::pair<volatile_key_type, std::size_t>;
    using bucket_type = std::vector<bucket_entry_type>;
    using bucket_array_type = std::array<bucket_type, N>;

    bucket_array_type buckets;
    simple_kv_persistent<Value, N> *data;

public:
    simple_kv_runtime(simple_kv_persistent<Value, N> *data)
    {
      this->data = data;

      for (std::size_t i = 0; i < data->values.size(); i++) {
        auto volatile_key = std::string(data->keys[i].c_str(),
                    data->keys[i].size());

        auto index = std::hash<std::string>{}(volatile_key)%N;
        buckets[index].emplace_back(
          bucket_entry_type{volatile_key, i});
      }
    }

    const Value &
    get(const std::string &key) const
    {
      auto index = std::hash<std::string>{}(key) % N;

      for (const auto &e : buckets[index]) {
        if (e.first == key)
          return data->values[e.second];
      }

      throw std::out_of_range("no entry in simplekv");
    }

    void
    put(const std::string &key, const Value &val)
    {
      auto index = std::hash<std::string>{}(key) % N;

      /* get pool on which persistent data resides */
      auto pop = pmem::obj::pool_by_vptr(data);

```

```
        /* search for element with specified key - if found
         * update its value in a transaction */
        for (const auto &e : buckets[index]) {
          if (e.first == key) {
            pmem::obj::transaction::run(pop, [&] {
              data->values[e.second] = val;
            });

            return;
          }
        }

        /* if there is no element with specified key, insert new value
         * to the end of values vector and key to keys vector
         * in a transaction */
        pmem::obj::transaction::run(pop, [&] {
          data->values.emplace_back(val);
          data->keys.emplace_back(key);
        });

        buckets[index].emplace_back(key, data->values.size() - 1);
      }
};

/**
 * Class which is stored on persistent memory.
 * Value - type of the value stored in hashmap
 * N - number of buckets in hashmap
 */
template <typename Value, std::size_t N>
struct simple_kv_persistent {
  using key_type = pmem::obj::string;
  using value_vector = pmem::obj::vector<Value>;
  using key_vector = pmem::obj::vector<key_type>;

 /* values and keys are stored in separate vectors to optimize
  * snapshotting. If they were stored as a pair in single vector
  * entire pair would have to be snapshotted in case of value update */
  value_vector values;
  key_vector keys;

  simple_kv_runtime<Value, N>
  get_runtime()
  {
    return simple_kv_runtime<Value, N>(this);
  }
};
```

- **67행** : 휘발성 메모리에 있는 데이터 유형을 정의합니다. 이는 "트랜잭션이 있는 해시 테이블"의 퍼시스턴트 버전에서 사용되는 유형과 매우 유사합니다. 유일한 차이점은 여기에서는 `pmem::obj` 대신 `std` 컨테이너를 사용한다는 것입니다.
- **72행** : 휘발성 버킷 배열을 선언합니다.
- **73행** : 퍼시스턴트 데이터에 대한 포인터를 선언합니다(`simple_kv_persistent` 구조체).
- **75-88행** : `simple_kv_runtime` 생성자에서 퍼시스턴트 메모리의 키와 값을 반복하여 버킷의 배열을 다시 빌드합니다. 휘발성 메모리에는 퍼시스턴트 데이터의 복사본인 키와 값 벡터의 인덱스가 저장됩니다.
- **90-101행** : `get()` 함수는 휘발성 버킷 배열에서 항목 참조를 찾습니다. 97행에서 실제 값을 읽을 때 퍼시스턴트 메모리에 대한 참조는 하나뿐입니다.
- **113-121행** : `get()` 함수와 유사하게 휘발성 자료 구조를 사용하여 항목을 검색하고 발견되면 트랜잭션의 값을 업데이트합니다.
- **126-129행** : 해시 테이블에 지정된 키를 가진 항목이 없는 경우 트랜잭션의 퍼시스턴트 메모리에 있는 해당 벡터에 값과 키를 모두 삽입합니다.
- **131행** : 데이터를 퍼시스턴트 메모리에 삽입한 후 휘발성 자료 구조의 상태를 업데이트합니다. 프로그램에 충돌이 발생하면 프로그램 재시작 시 버킷 배열이 다시 작성되기 때문에, 이 연산은 원자적일 필요는 없습니다.
- **149-150행** : 퍼시스턴트 데이터의 레이아웃을 정의합니다. 키와 값은 별도의 `pmem::obj::vector`에 저장됩니다.
- **153-156행** : 이 해시 테이블의 런타임 개체를 반환하는 함수를 정의합니다.

버전 관리로 정렬된 배열

이 섹션에서는 정렬된 배열에 항목을 삽입하고 항목의 순서를 유지하는 알고리즘의 개요를 제공합니다. 이 알고리즘은 버전 관리 기술을 사용하여 데이터의 일관성을 보장합니다.

먼저 정렬된 배열의 레이아웃을 설명하겠습니다. 그림 11-2 및 리스트 11-6은 두 개의 항목 배열과 두 개의 크기 필드가 있음을 보여줍니다. 또한, 하나의 `current` 필드에는 현재 사용되는 배열 및 크기 변수에 대한 정보가 저장됩니다.

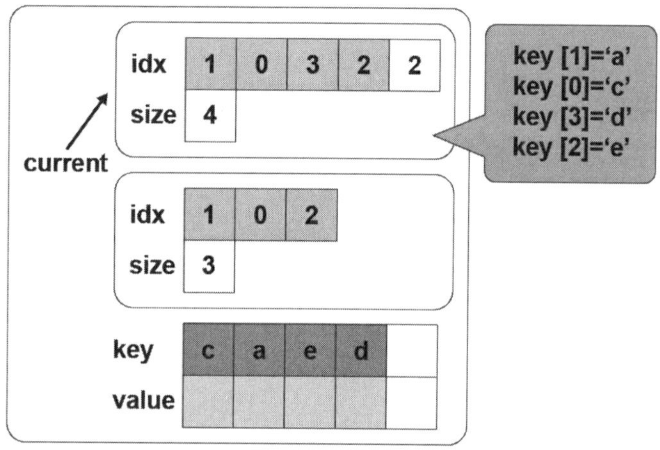

그림 11-2. 정렬된 배열의 레이아웃

리스트 11-6. 정렬된 배열의 레이아웃

```
41 template <typename Value, uint64_t slots>
42 struct entries_t {
43     Value entries[slots];
44     size_t size;
45 };
46
47 template <typename Value, uint64_t slots>
48 class array {
49 public:
50     void insert(pmem::obj::pool_base &pop, const Value &);
51     void insert_element(pmem::obj::pool_base &pop, const Value&);
52
53     entries_t<Value, slots> v[2];
54     uint32_t current;
55 };
```

- **41-45행** : 인덱스 배열과 `size` 변수로 구성된 도우미 구조체를 정의합니다.
- **53행** : `entries_t` 구조체 타입의 두 항목을 갖는 배열을 정의합니다. `entry_t`는 entries 배열과 노드의 배열 크기를 `size` 변수로 보유합니다.
- **54행** : 이 변수는 53행의 어떤 `entry_t` 구조체가 사용되는지 결정합니다. 0 또는 1 만 가능합니다. 그림 11-2는 `current`가 0이고 `v` 배열의 첫 번째 항목을 가리키는 상황을 보여줍니다.

두 가지 버전의 entry_t 구조체와 현재 필드가 필요한 이유를 이해하기 위해 그림 11-3은 삽입 연산이 작동하는 방식을 보여주며 해당 수도 코드는 리스트 11-7에 있습니다.

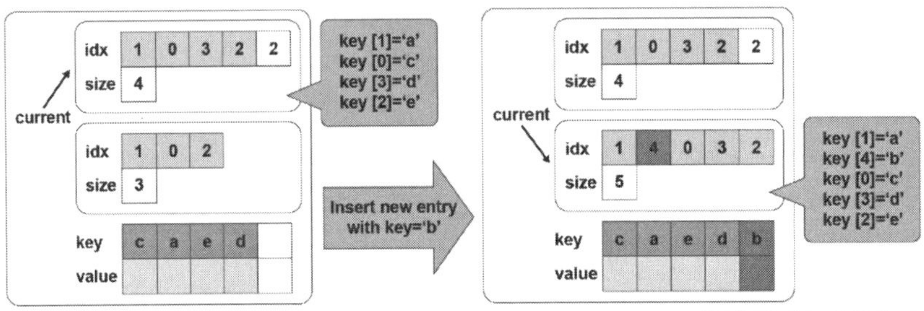

그림 11-3. 정렬된 트리 삽입 연산의 개요

리스트 11-7. 정렬된 트리 삽입 연산의 수도코드

```
template <typename Value, uint64_t slots>
void array<Value, slots>::insert_element(pmem::obj::pool_base &pop,
                     const Value &entry) {
    auto &working_copy = v[1 - current];
    auto &consistent_copy = v[current];

    auto consistent_insert_position = std::lower_bound(
      std::begin(consistent_copy.entries),
      std::begin(consistent_copy.entries) +
                consistent_copy.size, entry);
      auto working_insert_position =
        std::begin(working_copy.entries) +
        std::distance(std::begin(consistent_copy.entries),
        consistent_insert_position);

        std::copy(std::begin(consistent_copy.entries),
                  consistent_insert_position,
                  std::begin(working_copy.entries));

        *working_insert_position = entry;

        std::copy(consistent_insert_position,
                  std::begin(consistent_copy.entries) +
                      consistent_copy.size,
                  working_insert_position + 1);

             working_copy.size = consistent_copy.size + 1;
}

```

```
84 template <typename V, uint64_t s>
85 void array<V,s>::insert(pmem::obj::pool_base &pop,
86                                    const Value &entry){
87   insert_element(pop, entry);
88   pop.persist(&(v[1 - current]), sizeof(entries_t<Value, slots>));
89
90   current = 1 - current;
91   pop.persist(&current, sizeof(current));
92 }
```

- **60–61행** : 배열의 현재 버전과 작업 중인 버전에 대한 참조를 정의합니다.
- **63행** : 현재 배열에서 항목을 삽입해야 하는 위치를 찾습니다.
- **67행** : 작업 중인 배열에 대한 반복자를 만듭니다.
- **71행** : 현재 배열의 일부를 `working` 배열로 복사합니다(현재 배열의 시작부터 새 항목을 삽입해야 하는 위치까지의 범위).
- **75행** : 작업 중인 배열에 항목을 삽입합니다.
- **77행** : 현재 배열의 나머지 항목을 방금 삽입한 항목 뒤의 작업 중인 배열로 복사합니다.
- **81행** : 삽입된 항목에 대해 작업 중인 배열의 크기를 현재 배열의 크기에 1을 더한 크기로 업데이트합니다.
- **87–88행** : 항목을 삽입하고 전체 `v[1-current]` 항목을 영속시킵니다.
- **90–91행** : `current` 값을 업데이트하고 저장합니다.

이 접근 방식이 데이터 일관성을 보장하는지 분석해 보겠습니다. 첫 번째 단계에서는 원래 배열의 항목을 현재 사용되지 않는 배열로 복사하고 새 항목을 삽입한 다음 데이터가 영속성 도메인으로 이동하도록 영속시킵니다. 또한, `persist` 호출은 다음 연산(current 값 업데이트)이 이전 store 연산들과 순서가 뒤바뀌지 않도록 합니다. 따라서 current 변수가 항상 유효한 버전을 가리키기 때문에 current 변수를 업데이트하라는 명령을 내리기 전이나 후에 인터럽트 되어도 데이터가 손상되지 않습니다.

삽입 연산에 버전 관리를 사용하는데 따른 메모리 오버헤드는 배열 및 current 필드의 크기와 같습니다. 시간 오버헤드 측면에서는 두 번의 `persist`만 호출했습니다.

요약

이 장에서는 퍼시스턴트 메모리의 특성과 기능을 고려하여 퍼시스턴트 메모리용 자료 구조를 설계하는 방법을 소개했습니다. 단편화와 왜 단편화가 퍼시스턴트 메모리에서 문제가 되는지 설명했습니다. 또한, 데이터 일관성을 보장하는 몇 가지 다른 방법을 제시했습니다. 트랜잭션을 사용하는 것이 가장 간단하고 오류 발생 가능성이 가장 적은 방법입니다.

Copy-on-Write 또는 버전 관리와 같은 다른 접근 방식은 성능이 더 좋을 수 있지만 올바르게 구현하기 훨씬 더 어렵습니다.

제 12 장 퍼시스턴트 메모리 응용 프로그램 디버깅

퍼시스턴트 메모리 프로그래밍은 개발자가 직렬화 없이 그리고 기존 블록 기반 I/O를 사용하지 않고 자료 구조에 직접 접근할 수 있는 새로운 방법을 제공합니다. 결과적으로 속도가 느리지만 비휘발성인 기존 스토리지 장치에 저장된 데이터와 빠르고 바이트 주소 지정이 가능하지만 휘발성인 메모리에 저장된 데이터를 구분하는 고전적인 데이터 모델을 피하고 통합된 데이터 모델을 사용할 수 있습니다.

퍼시스턴트 메모리 프로그래밍은 문제도 야기합니다. 2장에서의 전원 장애 보호 영속성 도메인에 관한 논의를 상기해 보십시오. ADR(Asynchronous DRAM Refresh, 비동기적 DRAM 새로고침)이 지원되는 플랫폼에서 프로세스 또는 시스템 장애가 발생하면, 아직 플러시 되지 않고 CPU 캐시에 남아 있던 데이터는 손실됩니다. 휘발성 메모리의 경우 모든 메모리 계층이 휘발성이기 때문에 이는 문제가 되지 않습니다. 하지만 퍼시스턴트 메모리를 사용할 경우, 시스템 장애로 인해 영구적인 데이터 손상이 발생할 수 있습니다. 데이터를 얼마나 자주 플러시 해야 할까요? 너무 자주 플러시 하게 되면 성능이 좋지 않고, 충분히 자주 플러시하지 않으면 데이터가 손실되거나 손상될 수 있습니다.

11장에서는 자료 구조를 설계하고 데이터 무결성을 유지하기 위해 CoW(Copy-on-Write, 쓰기-시-복사), 버전 관리 및 트랜잭션과 같은 방법을 사용하는 몇 가지 접근 방식을 설명했습니다. PMDK(Persistent Memory Development Kit) 내의 많은 라이브러리는 자료 구조 및 변수의 트랜잭션 업데이트를 제공하고 있습니다. 이런 라이브러리는 플랫폼에서 필요로 할 때 최적의 CPU 캐시 플러시를 정확하게 적시에 제공하므로 하드웨어 복잡성에 대한 걱정 없이 프로그래밍할 수 있습니다.

이 프로그래밍 패러다임은 프로그래머가 알아야 할 오류 및 성능 문제와 관련하여 새로운 가능성을 제공합니다. PMDK 라이브러리는 퍼시스턴트 메모리 프로그래밍의 오류를 줄여주지만 제거할 수는 없습니다. 이 장에서는 일반적인 퍼시스턴트 메모리 프로그래밍의 문제와 함정, 그리고 몇 가지 도구를 사용하여 이를 수정하는 방법에 대해 설명합니다. 이 장의 전반부에서는 해당 도구를 소개합니다. 후반부에서는 몇 가지 잘못된 프로그래밍 시나리오를 제시하고 코드를 공개하기 전에 도구를 사용해 실수를 수정하는 방법을 설명하겠습니다.

Valgrind용 pmemcheck

pmemcheck는 인텔에서 개발 한 Valgrind(http://www.valgrind.org/) 도구입니다. 메모리 관련 버그를 발견하기 위한 Valgrind의 기본 도구인 memcheck와 매우 유사하지만 퍼시스턴트 메모리에 맞게 조정되었습니다. Valgrind는 동적 분석 도구를 구축하기 위한 코드 분석 프레임워크입니다. 일부 Valgrind 도구는 많은 메모리 관리 및 스레딩 버그를 자동으로 감지하고 프로그램을 자세히 프로파일링할 수 있습니다. 또한, Valgrind를 사용하여 직접 새로운 도구를 만들 수도 있습니다.

pmemcheck를 실행하려면 새로운 CLFLUSHOPT 및 CLWB 플러시 명령을 지원하는 버전의 Valgrind가 필요합니다. 퍼시스턴트 메모리 버전의 Valgrind에는 pmemcheck 도구가 포함되어 있으며 자세한 내용은 https://github.com/pmem/valgrind에서 확인할 수 있습니다. 설치 지침은 GitHub 프로젝트 내의 README.md를 참조하십시오.

PMDK의 모든 라이브러리는 pmemcheck를 사용하고 있습니다. 퍼시스턴트 메모리 프로그래밍에 PMDK를 사용하면 코드의 수정 없이 pmemcheck로 코드를 쉽게 확인할 수 있습니다.

pmemcheck의 세부 정보를 논의하기 전에 다음 두 섹션에서는 메모리의 범위를 벗어나 발생하는 오류와 메모리 누수 예제에서 오류를 식별하는 방법을 보여줍니다.

스택 오버플로우 예제

범위를 벗어난 시나리오는 스택/버퍼 오버플로우 버그로, 스택 또는 배열의 용량을 초과하여 데이터를 쓰거나 읽는 경우입니다. 리스트 12-1 코드의 상황을 고려해보겠습니다.

리스트 12-1. stackoverflow.c: 경계를 벗어난 버그 예제

```
32 #include <stdlib.h>
33
34 int main() {
35         int *stack = malloc(100 * sizeof(int));
36         stack[100] = 1234;
37         free(stack);
38     return 0;
39 }
```

36행에서 0-99의 배열 범위를 벗어난 위치인 100에 값 1234를 잘못 할당하고 있습니다. 이 코드를 컴파일하고 실행하면 문제 없이 실행될 수도 있습니다. 이는 배열에 400 바이트(정수 100개)만 할당하더라도 운영 체제가 전체 메모리 페이지(일반적으로 4KiB)를 제공하기 때문입니다. Valgrind에서 바이너리 파일을 실행하면 리스트 **12-2**와 같이 문제점이 보고됩니다.

리스트 12-2. 리스트 12-1의 코드로 Valgrind 실행

```
$ valgrind ./stackoverflow
==4188== Memcheck, a memory error detector
...
==4188== Invalid write of size 4
==4188==    at 0x400556: main (stackoverflow.c:36)
==4188== Address 0x51f91d0 is 0 bytes after a block of size 400 alloc'd
==4188==    at 0x4C2EB37: malloc (vg_replace_malloc.c:299)
==4188==    by 0x400547: main (stackoverflow.c:35)
...
==4188== ERROR SUMMARY: 1 errors from 1 contexts (suppressed: 0 from 0)
```

Valgrind는 긴 리포트를 생성하므로 리포트의 관련 "잘못된 쓰기" 오류 부분만 표시하였습니다. 심볼 정보 (gcc -g)로 코드를 컴파일하면 코드에서 오류가 감지된 정확한 위치를 쉽게 확인할 수 있습니다. 이 경우 Valgrind는 stackoverflow.c 파일의 36행이 잘못되었음을 표시합니다. 따라서 코드에서 식별된 문제를 통해 수정해야 할 위치를 알 수 있습니다.

메모리 누수 예제

메모리 누수는 또 다른 흔히 발생하는 문제입니다. 리스트 12-3의 코드를 살펴보겠습니다.

리스트 12-3. leak.c: 메모리 누수 예제

```
32 #include <stdlib.h>
33
34 void func(void) {
35     int *stack = malloc(100 * sizeof(int));
36 }
37
38 int main(void) {
39     func();
40     return 0;
41 }
```

메모리 할당은 `func()` 함수에서 진행됩니다. 새로 할당된 메모리에 대한 포인터가 35행의 로컬 변수이기 때문에 함수가 반환될 때 손실됩니다. 따라서 메모리 누수가 발생합니다. 리스트 12-4에서는 `Valgrind`에서 이 프로그램을 실행했을 때의 결과를 보여줍니다.

리스트 12-4. 리스트 12-3의 코드로 Valgrind 실행

```
$ valgrind --leak-check=yes ./leak
==4413== Memcheck, a memory error detector
...
==4413== 400 bytes in 1 blocks are definitely lost in loss record 1 of 1
==4413==    at 0x4C2EB37: malloc (vg_replace_malloc.c:299)
==4413==    by 0x4004F7: func (leak.c:35)
==4413==    by 0x400507: main (leak.c:39)
==4413==
==4413== LEAK SUMMARY:
...
==4413== ERROR SUMMARY: 1 errors from 1 contexts (suppressed: 0 from 0)
```

`Valgrind`는 leak.c:35에서 할당된 400 바이트의 메모리가 손실되었음을 보여줍니다. 자세한 내용은 공식 `Valgrind` 문서를 참조하십시오(http://www.valgrind.org/docs/manual/index.html).

Intel Inspector - Persistence Inspector

Intel Inspector - Persistence Inspector는 개발자가 퍼시스턴트 메모리 프로그램에서 프로그래밍 오류를 감지하는 데 사용하는 런타임 도구입니다. 이 도구는 캐시 플러시 미스 외에도 아래의 경우를 탐지할 수 있습니다.

- 중복된 캐시 플러시 및 메모리 펜스
- 비순차적인 퍼시스턴트 메모리 저장 연산
- PMDK에 대한 잘못된 취소 로깅

Persistence Inspector는 윈도우 및 리눅스 운영 체제 모두에서 작동하며, C, C++ 및 Fortran 용으로 사용하기 쉽게 개발된 메모리 및 스레딩 오류 디버거인 Intel Inspector의 일부입니다. 직관적인 그래픽 및 커맨드라인 인터페이스가 있으며 마이크로소프트 Visual Studio와 통합 할 수 있습니다. Intel Inspector는 Intel Parallel Studio XE(https://software.intel.com/en-us/ parallel-studio-xe) 및 Intel System Studio의 일부로 제공됩니다(https://software.intel.com/en-us/system-studio).

이 섹션에서는 Intel Inspector 도구가 리스트 12-1 및 12-3의 스택오버플로우 예제 및 메모리 누수 예제에서작동하는 방식을 설명합니다.

스택 오버플로 예제

리스트 12-5 예제는 커맨드라인 인터페이스를 사용해 분석을 수행하고 데이터를 수집한 다음, GUI로 전환하여 결과를 자세히 검토하는 방법을 보여줍니다. 메모리 문제 감지를 위한 데이터를 수집하기 위해 inspxe-cl 유틸리티를 -c==mi2 수집 옵션과 함께 사용합니다.

리스트 12-5. 리스트 12-1의 코드로 Intel Inspector 실행

```
$ inspxe-cl -c=mi2 -- ./stackoverflow

1 new problem(s) found
    1 Invalid memory access problem(s) detected
```

Intel Inspector는 데이터 및 분석 결과가 포함된 새 디렉토리를 만들고 요약된 결과를 터미널에 출력합니다. stackoverflow 프로그램의 경우 잘못된 메모리 액세스가 하나 감지되었습니다.

inspxe-gui를 사용하여 GUI를 시작한 후 File ➤ Open ➤ Results 메뉴를 통해 결과의 컬렉션을 열고 inspxe-cli에서 만든 디렉토리로 이동합니다. 첫 번째 실행인 경우 디렉토리의 이름은 r000mi2로 지정됩니다. 디렉토리 내에 r000mi2.inspxe라는 파일이 있을 것입니다. 파일을 열고 처리한 후에 GUI는 그림 12-1에 표시된 데이터를 출력합니다.

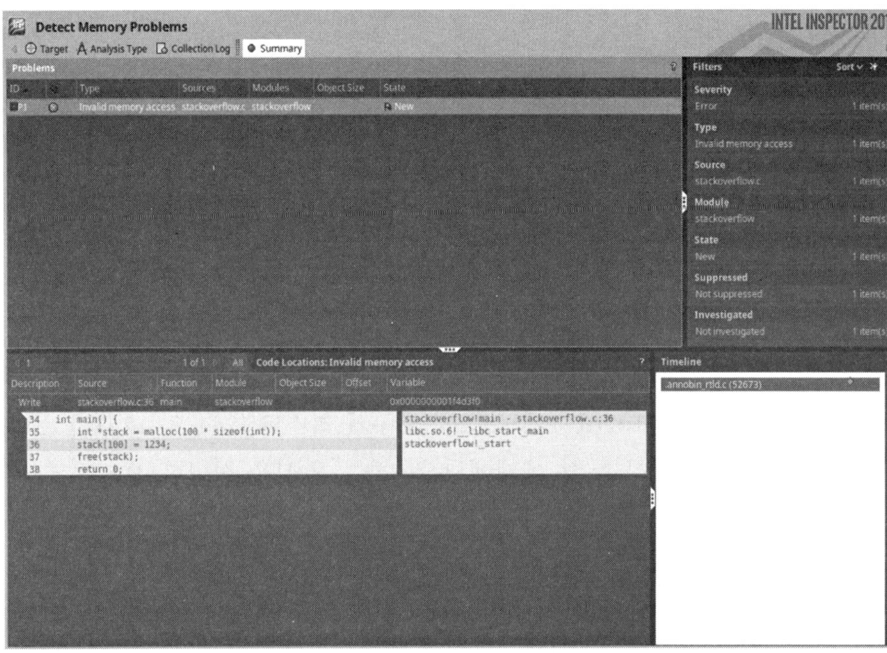

그림 12-1. 리스트 12-1의 결과를 보여주는 Intel Inspector의 GUI

GUI는 분석 개요를 제공하는 Summary 탭을 기본 화면으로 보여줍니다. 프로그램을 심볼과 함께 컴파일했기 때문에 하단의 Code Locations 패널에 문제가 감지된 코드의 정확한 위치가 표시됩니다. Intel Inspector는 Valgrind가 발견한 36행에서 동일한 오류를 식별한 것을 확인할 수 있습니다.

Intel Inspector가 프로그램 내에서 여러 문제를 감지하면 해당 문제가 창의 왼쪽 상단 영역에 있는 Problems 섹션에 나열됩니다. 각 문제를 선택하고 창의 다른 섹션에서 관련 정보를 확인할 수 있습니다.

메모리 누수 예제

리스트 12-6 예제는 리스트 12-2의 **leak.c** 코드를 사용하여 **Intel Inspector**를 실행하고 stackoverflow 프로그램의 동일한 전달 인자를 사용하여 메모리 문제를 감지합니다.

리스트 12-6. 리스트 12-2의 코드로 Intel Inspector 실행

```
$ inspxe-cl -c=mi2 -- ./leak

1 new problem(s) found
    1 Memory leak problem(s) detected
```

Intel Inspector 출력은 그림 12-2에 나와 있으며 메모리 누수 문제가 감지되었음을 보여줍니다. GUI에서 **r001mi2/r001mi2.inspxe** 결과 파일을 열면 그림 12-2의 왼쪽 아래 섹션에 표시된 것과 같은 결과를 볼 수 있습니다.

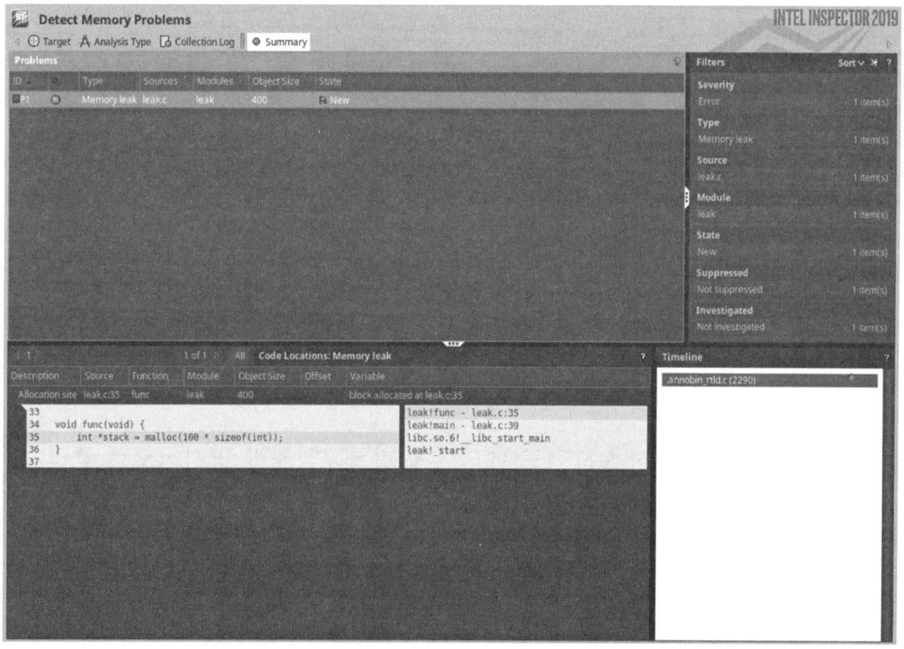

그림 12-2. 리스트 12-2의 결과를 보여주는 Intel Inspector의 GUI

메모리 누수가 발생한 객체와 관련된 정보는 코드 리스트 위에 표시됩니다.

- 할당 위치(소스, 함수명 및 모듈)

- 객체 크기(400 바이트)
- 메모리 누수를 일으킨 변수명

Code 패널의 오른쪽에는 버그를 유발한 호출 스택이 표시됩니다(호출 스택은 아래에서 위로 읽음). 39행(leak.c:39)의 main() 함수에서 func() 호출을 보고 35행(leak.c:35)의 func() 내에서 메모리 할당이 발생합니다.

Intel Inspector는 위에서 제시한 것보다 훨씬 더 많은 정보를 제공합니다. 자세한 내용은 설명서(https://software.intel.com/en-us/intelinspector-support/documentation)를 참조하십시오.

일반적인 퍼시스턴트 메모리 프로그래밍의 문제점

이 섹션에서는 발생할 수 있는 몇 가지 코딩 및 성능 문제, pmemcheck와 Intel Inspector 도구를 사용하여 해당 문제를 포착하는 방법, 그리고 해결 방법을 검토합니다.

우리가 사용할 도구들은 버그, 데이터 손상 또는 기타 여러 문제들을 일으킬 수 있는 코드 상의 문제점들을 보여줍니다. pmemcheck의 경우 도구들이 확인할 필요가 없는 데이터 섹션은 우회할 수 있도록 하며, 또한 우리가 어떤 의도로 디버깅하려는지 도구들이 알 수 있게 만들 수 있습니다.

비영속 저장(Nonpersistent Store)

비영속 저장은 퍼시스턴트 메모리에 기록되었지만 명시적으로 플러시되지 않은 데이터를 뜻합니다. 프로그램이 퍼시스턴트 메모리에 데이터를 쓰는 것은 해당 데이터를 영구적으로 보존하는 것이 목적이라 말할 수 있습니다. 하지만, 쓰기를 명시적으로 플러시하지 않은 채로 프로그램이 종료되면 데이터가 손상될 가능성이 있습니다. 프로그램이 정상적으로 종료되면 CPU 캐시에서 보류 중인 모든 쓰기는 자동으로 플러시 됩니다. 그러나 프로그램이 예기치 않게 종료되는 경우 CPU 캐시에 있는 쓰기가 손실될 수 있습니다.

데이터를 플러시하지 않고 /mnt/pmem에 마운트된 퍼시스턴트 메모리 장치에 데이터를 쓰는 리스트 12-7의 코드를 살펴보겠습니다.

리스트 12-7. 플러시 하지 않고 퍼시스턴트 메모리에 쓰는 예제

```
32 #include <stdio.h>
33 #include <sys/mman.h>
34 #include <fcntl.h>
35
36 int main(int argc, char *argv[]) {
37     int fd, *data;
38     fd = open("/mnt/pmem/file", O_CREAT|O_RDWR, 0666);
39     posix_fallocate(fd, 0, sizeof(int));
40     data = (int *) mmap(NULL, sizeof(int), PROT_READ |
41                     PROT_WRITE, MAP_SHARED_VALIDATE |
42                     MAP_SYNC, fd, 0);
43     *data = 1234;
44     munmap(data, sizeof(int));
45     return 0;
46 }
```

- **38행** : `/mnt/pmem/file`을 엽니다.
- **39행** : `posix_fallocate()`를 호출하여 정수를 할당할 수 있는 충분한 공간이 파일에 있는지 확인합니다.
- **40행** : `/mnt/pmem/file`을 메모리에 맵핑합니다.
- **43행** : `1234` 값을 맵핑한 메모리에 작성합니다.
- **44행** : 맵핑했던 메모리를 해제합니다.

리스트 12-7과 같이 pmemcheck를 실행하면 pmemcheck는 어떤 메모리 주소가 휘발성이고 어떤 주소가 비휘발성인지 알 수 없기 때문에 유용한 정보를 얻지 못할 것입니다. 향후 버전에서는 어떤 주소가 비휘발성인지 스스로 알 수 있는 기능이 추가될 수도 있습니다. pmemcheck를 실행하기 위해 리스트 12-8과 같이 `--tool=pmemcheck` 전달 인자를 `valgrind`에 전달합니다. 이 예제의 결과에서는 발견된 문제가 없습니다.

리스트 12-8. 리스트 12-7의 코드로 pmemcheck 실행

```
$ valgrind --tool=pmemcheck ./listing_12-7
==116951== pmemcheck-1.0, a simple persistent store checker
==116951== Copyright (c) 2014-2016, Intel Corporation
==116951== Using Valgrind-3.14.0 and LibVEX; rerun with -h for copyright info
==116951== Command: ./리스트_12-9
```

```
==116951==
==116951==
==116951== Number of stores not made persistent: 0
==116951== ERROR SUMMARY: 0 errors
```

리스트 12-9의 52행에 표시된 VALGRIND_PMC_REGISTER_PMEM_MAPPING 매크로를 사용하면 어떤 메모리 영역이 비휘발성인지 pmemcheck에 알릴 수 있습니다. 이 동작을 수행하려면 36행에서 VALGRIND_PMC_REGISTER_PMEM_MAPPING 매크로 등을 정의하는 valgrind/pmemcheck.h 헤더를 include 해야 합니다.

리스트 12-9. 플러시하지 않고 Valgrind 매크로를 사용해 퍼시스턴트 메모리에 쓰는 예시

```
33 #include <stdio.h>
34 #include <sys/mman.h>
35 #include <fcntl.h>
36 #include <valgrind/pmemcheck.h>
37
38 int main(int argc, char *argv[]) {
39     int fd, *data;
40
41     // open the file and allocate enough space for an
42     // integer
43     fd = open("/mnt/pmem/file", O_CREAT|O_RDWR, 0666);
44     posix_fallocate(fd, 0, sizeof(int));
45
46     // memory map the file and register the mapped
47     // memory with VALGRIND
48     data = (int *) mmap(NULL, sizeof(int),
49             PROT_READ|PROT_WRITE,
50             MAP_SHARED_VALIDATE | MAP_SYNC,
51             fd, 0);
52     VALGRIND_PMC_REGISTER_PMEM_MAPPING(data,
53                                  sizeof(int));
54
55     // write to pmem
56     *data = 1234;
57
58     // unmap the memory and un-register it with
59     // VALGRIND
60     munmap(data, sizeof(int));
61     VALGRIND_PMC_REMOVE_PMEM_MAPPING(data,
62                                  sizeof(int));
63     return 0;
64 }
```

VALGRIND_PMC_REMOVE_PMEM_MAPPING 매크로를 사용하면 pmemcheck에서 퍼시스턴트 메모리 맵핑 식별을 제거할 수 있습니다. 앞서 언급했듯이 이는 분석에서 퍼시스턴트 메모리의 일부를 제외하려는 경우에 유용합니다. 리스트 12-10은 리스트 12-9의 수정된 코드로 pmemcheck를 실행하는 것을 보여줍니다. 이번 실행에는 문제가 발견되는 것을 확인할 수 있습니다.

리스트 12-10. 리스트 12-9의 코드를 pmemcheck로 실행

```
$ valgrind --tool=pmemcheck ./listing_12-9
==8904== pmemcheck-1.0, a simple persistent store checker
...
==8904== Number of stores not made persistent: 1
==8904== Stores not made persistent properly:
==8904== [0]    at 0x4008B4: main (listing_12-9.c:56)
==8904==        Address: 0x4027000 size: 4 state: DIRTY
==8904== Total memory not made persistent: 4
==8904== ERROR SUMMARY: 1 errors
```

pmemcheck가 리스트 12-9 코드의 56행에서 쓴 데이터가 플러시 되지 않음을 감지했습니다. 이 문제를 해결하기 위해 주소와 크기를 받아들이는 새로운 flush() 함수를 정의하고 CLFLUSH 기계 명령어(_mm_clflush())를 사용해 데이터가 저장되는 모든 CPU 캐시 라인을 플러시 합니다. 리스트 12-11은 해당 부분이 수정된 코드를 보여줍니다.

리스트 12-11. 플러시와 함께 Valgrind를 사용해 퍼시스턴트 메모리에 쓰는 예제

```
#include <emmintrin.h>
#include <stdint.h>
#include <stdio.h>
#include <sys/mman.h>
#include <fcntl.h>
#include <valgrind/pmemcheck.h>

// flushing from user space
void flush(const void *addr, size_t len) {
    uintptr_t flush_align = 64, uptr;
    for (uptr = (uintptr_t)addr & ~(flush_align - 1);
              uptr < (uintptr_t)addr + len;
              uptr += flush_align)
        _mm_clflush((char *)uptr);
}
```

```

int main(int argc, char *argv[]) {
    int fd, *data;

    // open the file and allocate space for one
    // integer
    fd = open("/mnt/pmem/file", O_CREAT¦O_RDWR, 0666);
    posix_fallocate(fd, 0, sizeof(int));

    // map the file and register it with VALGRIND
    data = (int *)mmap(NULL, sizeof(int),
            PROT_READ ¦ PROT_WRITE,
            MAP_SHARED_VALIDATE ¦ MAP_SYNC, fd, 0);
    VALGRIND_PMC_REGISTER_PMEM_MAPPING(data,
                                       sizeof(int));

    // write and flush
    *data = 1234;
    flush((void *)data, sizeof(int));

    // unmap and un-register
    munmap(data, sizeof(int));
    VALGRIND_PMC_REMOVE_PMEM_MAPPING(data,
                                     sizeof(int));
    return 0;
}
```

pmemcheck를 통해 수정된 코드를 실행하면 리스트 12-12에 표시된 것처럼 문제가 보고되지 않습니다.

리스트 12-12. 리스트 12-11의 코드를 pmemcheck로 실행

```
$ valgrind --tool=pmemcheck ./listing_12-11
==9710== pmemcheck-1.0, a simple persistent store checker
...
==9710== Number of stores not made persistent: 0
==9710== ERROR SUMMARY: 0 errors
```

Intel Inspector - Persistence Inspector는 다른 변수에 대해 쓰기 종속성이 없는 변수를 플러시 하지 않는 문제는 고려하지 않기 때문에 리스트 **12-7** 예제와 같이 변수 하나를 쓰는 것보다 복잡한 예제를 볼 필요가 있습니다. 퍼시스턴트 메모리에 기록된 데이터의 어떤 부분은 유효하고 어떤 부분은 유효하지 않은지 프로그램이 알 수 있도록 프로그램을 설계하는 방법을 알아야 합니다. 최근에 쓴 데이터가 명시적으로 플러시 되지 않는 경우에는 데이터가 CPU 캐시에 여전히 남아있을 수 있습니다.

트랜잭션은 로그를 사용하여 커밋되지 않은 변경 사항을 롤백하거나 적용시킴으로써 쓰기가 완료되지 않아서 발생할 수 있는 문제를 해결할 수 있습니다. 따라서 데이터를 다시 읽는 프로그램은 기록된 모든 것이 유효하다는 것을 보장할 수 있습니다. 트랜잭션이 없으면, 특히 프로그램이 비정상적으로 종료되는 경우 퍼시스턴트 메모리에 기록된 데이터가 유효하다는 것을 보장할 수 없습니다.

쓰기 트랜잭션은 "valid" 플래그를 설정하거나, 마지막으로 기록된 유효한 메모리 주소(배열의 경우 인덱스)를 나타내는 워터마크 변수를 사용하여 데이터가 올바르게 기록되었음을 읽기 트랜잭션에게 알릴 수 있습니다.

리스트 12-13은 "valid" 플래그 접근 방식을 구현하는 수도코드를 보여줍니다.

리스트 12-13. var1_valid 플래그를 통해 var1의 쓰기 종속성을 보여주는 수도코드

```
1 writer() {
2         var1 = "This is a persistent Hello World
3                  written to persistent memory!";
4         flush (var1);
5         var1_valid = True;
6         flush (var1_valid);
7 }
8
9 reader() {
10        if (var1_valid == True) {
11                print (var1);
12        }
14 }
```

`reader()`는 `var1_valid` 플래그가 `True`(10행)로 설정된 경우에만 `var1`의 데이터를 읽고, `var1`이 플러시된 경우(4 및 5행)에만 `var1_valid`가 `True`로 설정됩니다.

이제 이 "valid" 플래그를 사용하여 리스트 12-7의 코드를 수정하겠습니다. 리스트 12-14에서는 코드를 쓰기와 읽기 프로그램으로 분리하고 플래그를 포함하여 두 개의 정수를 맵핑합니다. 리스트 12-15는 퍼시스턴트 메모리 *읽기* 예제를 보여줍니다.

리스트 12-14. 쓰기 종속성이 있는 퍼시스턴트 메모리에 쓰지만 플러시 하지 않는 예제

```
#include <stdio.h>
#include <sys/mman.h>
#include <fcntl.h>
#include <string.h>

int main(int argc, char *argv[]) {
    int fd, *ptr, *data, *flag;

    fd = open("/mnt/pmem/file", O_CREAT|O_RDWR, 0666);
    posix_fallocate(fd, 0, sizeof(int)*2);

    ptr = (int *) mmap(NULL, sizeof(int)*2,
                        PROT_READ | PROT_WRITE,
                        MAP_SHARED_VALIDATE | MAP_SYNC,
                        fd, 0);

    data = &(ptr[1]);
    flag = &(ptr[0]);
    *data = 1234;
    *flag = 1;

    munmap(ptr, 2 * sizeof(int));
    return 0;
}
```

리스트 12-15. 쓰기 종속성이 있는 퍼시스턴트 메모리에서 읽기의 예제

```
#include <stdio.h>
#include <sys/mman.h>
#include <fcntl.h>

int main(int argc, char *argv[]) {
    int fd, *ptr, *data, *flag;

    fd = open("/mnt/pmem/file", O_CREAT|O_RDWR, 0666);
    posix_fallocate(fd, 0, 2 * sizeof(int));

    ptr = (int *) mmap(NULL, 2 * sizeof(int),
                        PROT_READ | PROT_WRITE,
                        MAP_SHARED_VALIDATE | MAP_SYNC,
                        fd, 0);

    data = &(ptr[1]);
    flag = &(ptr[0]);
    if (*flag == 1)
        printf("data = %d\n", *data);
```

```

    munmap(ptr, 2 * sizeof(int));
    return 0;
}
```

Persistence Inspector로 코드를 확인하는 것은 세 단계로 이루어집니다.

- **1단계** : before-unfortunate-event (문제 발생 전) 단계 분석 (리스트 12-16 참조)을 실행해야 합니다. 이는 리스트 12-14의 쓰기 프로그램 코드에 해당합니다.

리스트 12-16. before-unfortunate-event 단계 분석을 위해 Intel Inspector - Persistence Inspector로 리스트 12-14의 코드를 실행

```
$ pmeminsp cb -pmem-file /mnt/pmem/file -- ./listing_12-14
++ Analysis starts

++ Analysis completes
++ Data is stored in folder "/data/.pmeminspdata/data/리스트_12-14"
```

매개 변수 cb는 분석 유형을 지정하는 check-before-unfortunate-event의 약어입니다. 또한, Persistence Inspector가 퍼시스턴트 메모리에 해당하는 메모리 액세스를 알 수 있도록 응용 프로그램에서 사용할 퍼시스턴트 메모리 파일을 전달해야 합니다. 기본적으로 분석 결과는 .pmeminspdata 디렉토리 아래의 로컬 디렉토리에 저장됩니다. (사용자 정의 디렉토리를 지정할 수도 있습니다. 사용 가능한 옵션에 대한 정보를 보려면 pmeminsp -help를 실행하십시오.)

- **2단계** : after-unfortunate-event (문제 발생 후) 단계 분석을 실행합니다(리스트 12-17 참조). 이는 프로세스 강제 종료와 같이 문제가 있는 이벤트가 발생한 후 데이터를 읽는 코드에 해당합니다.

리스트 12-17. after-unfortunate-event 단계 분석을 위해 Intel Inspector - Persistence Inspector로 리스트 12-15의 코드를 실행

```
$ pmeminsp ca -pmem-file /mnt/pmem/file -- ./listing_12-15
++ Analysis starts

data = 1234

```

```
++ Analysis completes
++ Data is stored in folder "/data/.pmeminspdata/data/listing_12-15"
```

매개 변수 ca는 check-after-unfortunate-event의 약어입니다. 앞서와 같이 분석 결과는 현재 작업 디렉토리 내의 .pmeminspdata에 저장됩니다.

- **3단계** : 최종 리포트를 생성합니다. 이를 위해 리스트 12-18에 표시된 대로 두 프로그램의 이름과 함께 rp(리포트의 약어) 옵션을 전달합니다.

리스트 12-18. Intel Inspector - Persistence Inspector로 리스트 12-16 및 12-17에서 수행된 분석의 최종 리포트 생성

```
$ pmeminsp rp -- listing_12-16 listing_12-17
#=============================================================
# Diagnostic # 1: Missing cache flush
#-------------------
  The first memory store
    of size 4 at address 0x7F9C68893004 (offset 0x4 in /mnt/pmem/file)
    in /data/listing_12-16!main at listing_12-16.c:51 - 0x67D
    in /lib64/libc.so.6!__libc_start_main at <unknown_file>:<unknown_
    line> - 0x223D3
    in /data/listing_12-16!_start at <unknown_file>:<unknown_line> - 0x534

  is not flushed before

  the second memory store
    of size 4 at address 0x7F9C68893000 (offset 0x0 in /mnt/pmem/file)
    in /data/listing_12-16!main at listing_12-16.c:52 - 0x687
    in /lib64/libc.so.6!__libc_start_main at <unknown_file>:<unknown_
    line> - 0x223D3
    in /data/listing_12-16!_start at <unknown_file>:<unknown_line> - 0x534

  while

  memory load from the location of the first store
    in /data/listing_12-17!main at listing_12-17.c:51 - 0x6C8

  depends on

  memory load from the location of the second store
    in /data/listing_12-17!main at listing_12-17.c:50 - 0x6BD

#=============================================================
# Diagnostic # 2: Missing cache flush
#-------------------
```

```
  Memory store
    of size 4 at address 0x7F9C68893000 (offset 0x0 in /mnt/pmem/file)
    in /data/listing_12-16!main at listing_12-16.c:52 - 0x687
    in /lib64/libc.so.6!__libc_start_main at <unknown_file>:<unknown_
    line> - 0x223D3
    in /data/listing_12-16!_start at <unknown_file>:<unknown_line> - 0x534

  is not flushed before

  memory is unmapped
    in /data/listing_12-16!main at listing_12-16.c:54 - 0x699
    in /lib64/libc.so.6!__libc_start_main at <unknown_file>:<unknown_
    line> - 0x223D3
    in /data/listing_12-16!_start at <unknown_file>:<unknown_line> - 0x534

Analysis complete. 2 diagnostic(s) reported.
```

출력 결과는 매우 장황하지만 따라가기 쉽습니다. `list_12-16.c`의 51 및 52행에 해당하는 두 개의 누락된 캐시 플러시(진단 1 및 2)가 있습니다. 변수 `flag`와 `data`가 가리키는 맵핑된 퍼시스턴트 메모리의 위치에 쓰기를 수행합니다. 첫 번째 진단은 첫 번째 메모리 `store`가 두 번째 `store` 이전에 플러시 되지 않는 동시에 두 번째 `store`에 대한 첫 번째 `store`의 `load` 종속성이 있음을 나타냅니다. 이것이 바로 우리가 의도한 것입니다.

두 번째 진단은 두 번째 `store`(플래그에 대한) 자체가 종료되기 전에 실제로 플러시 되지 않는다고 말합니다. 플래그를 작성하기 전에 첫 번째 `store`를 올바르게 플러시 하더라도 종속성이 작동하는지 확인하려면 플래그를 플러시 해야 합니다.

Intel Inspector GUI에서 결과를 열려면 리포트를 생성할 때 `-insp` 옵션을 사용할 수 있습니다. 예를 들면 다음과 같습니다.

```
$ pmeminsp rp -insp -- listing_12-16 listing_12-17
```

그러면 분석 디렉토리(기본적으로 `.pmeminspdata`) 내에 `r000pmem`이라는 디렉토리가 생성됩니다. `inspxe-gui`를 실행하는 GUI를 시작하고 `File` ➤ `Open` ➤ `Result` 로 이동하고 `r000pmem/r000pmem.inspxe` 파일을 선택하여 결과 파일을 엽니다. 그림 12-3에 표시된 것과 비슷한 것을 볼 수 있습니다.

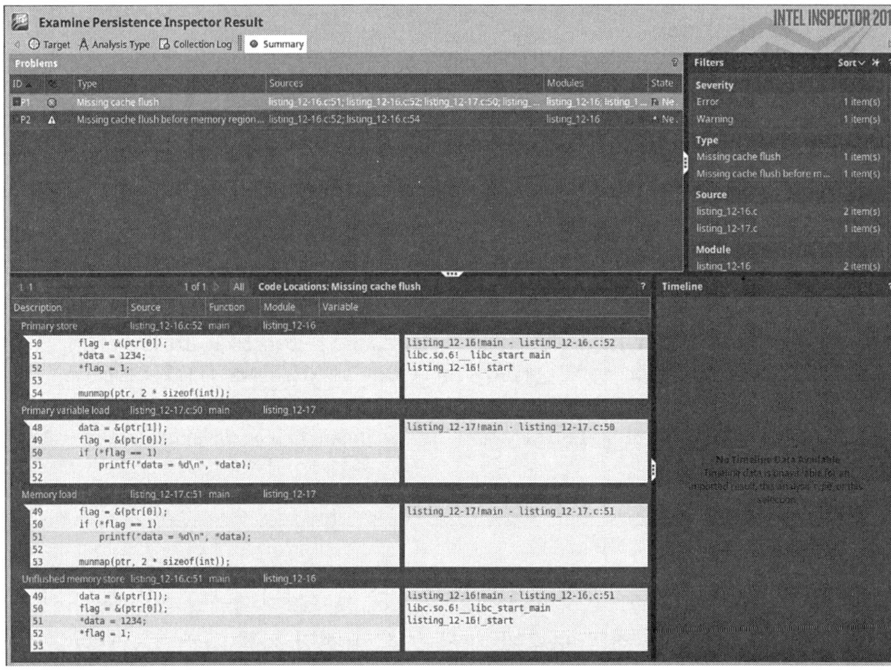

그림 12-3. 리스트 12-18(진단 1)에 대한 결과를 보여주는 Intel Inspector의 GUI

GUI는 커맨드라인 분석과 동일한 정보를 표시하지만, 소스 코드에서 직접 오류를 강조 표시하여 보다 읽기 쉬운 방식으로 보여줍니다. 그림 12-3에서 볼 수 있듯이 플래그 수정을 "primary store"라고 부릅니다.

그림 12-4에서 두 번째 진단은 **Problems** 창에서 선택되어 플래그 자체에 대해 누락된 플러시를 표시합니다.

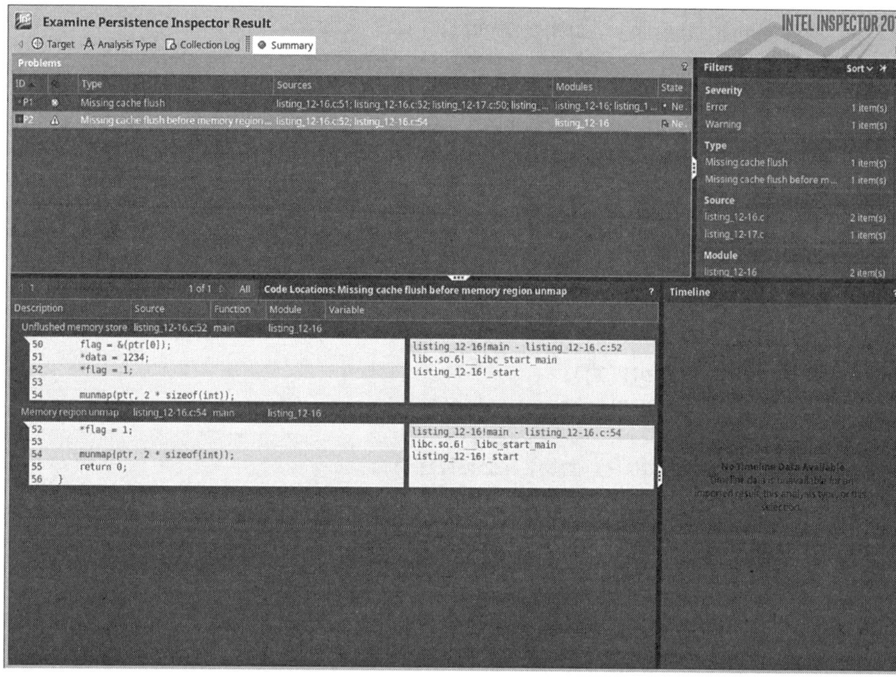

그림 12-4. 리스트 12-20(진단 2)에 대한 결과를 보여주는 Intel Inspector의 GUI

이 섹션을 마치기 위해 코드를 수정하고 Persistence Inspector로 분석을 다시 실행합니다. 리스트 12-19의 코드는 리스트 12-14에 필요한 플러시를 추가합니다.

리스트 12-19. 쓰기 종속성이 있는 퍼시스턴트 메모리에 쓰는 예시(코드는 두 쓰기를 모두 플러시 합니다)

```
#include <emmintrin.h>
#include <stdint.h>
#include <stdio.h>
#include <sys/mman.h>
#include <fcntl.h>
#include <string.h>

void flush(const void *addr, size_t len) {
    uintptr_t flush_align = 64, uptr;
    for (uptr = (uintptr_t)addr & ~(flush_align - 1);
            uptr < (uintptr_t)addr + len;
            uptr += flush_align)
            _mm_clflush((char *)uptr);
}

```

```
int main(int argc, char *argv[]) {
    int fd, *ptr, *data, *flag;

    fd = open("/mnt/pmem/file", O_CREAT|O_RDWR, 0666);
    posix_fallocate(fd, 0, sizeof(int) * 2);

    ptr = (int *) mmap(NULL, sizeof(int) * 2,
                       PROT_READ | PROT_WRITE,
                       MAP_SHARED_VALIDATE | MAP_SYNC,
                       fd, 0);

    data = &(ptr[1]);
    flag = &(ptr[0]);
    *data = 1234;
    flush((void *) data, sizeof(int));
    *flag = 1;
    flush((void *) flag, sizeof(int));

    munmap(ptr, 2 * sizeof(int));
    return 0;
}
```

리스트 12-20은 리스트 12-19의 수정된 코드와 리스트 12-15의 읽기 프로그램에 대해 `Persistence Inspector`를 실행하고, 마지막으로 리포트를 실행하여 문제가 발견되지 않았음을 보여줍니다.

리스트 12-20. Intel Inspector - Persistence Inspector (리스트 12-19 및 12-15 코드)로 전체 분석 실행

```
$ pmeminsp cb -pmem-file /mnt/pmem/file -- ./listing_12-19
++ Analysis starts

++ Analysis completes
++ Data is stored in folder "/data/.pmeminspdata/data/listing_12-19"

$ pmeminsp ca -pmem-file /mnt/pmem/file -- ./listing_12-15
++ Analysis starts

data = 1234

++ Analysis completes
++ Data is stored in folder "/data/.pmeminspdata/data/listing_12-15"

$ pmeminsp rp -- listing_12-19 listing_12-15
Analysis complete. No problems detected.
```

트랜잭션에 추가되지 않은 store

트랜잭션 안에서 데이터를 수정할 때에는 모든 데이터의 퍼시스턴트 메모리 주소가 트랜잭션에 추가되었다고 가정합니다. 또한, 데이터의 이전 값이 실행 취소 로그에 복사되었음을 의미하기도 합니다. 이를 통해 트랜잭션은 트랜잭션이 끝날 때 데이터를 플러시할 수 있고, 예기치 않은 오류가 발생하면 이전 값으로 롤백할 수 있습니다. 트랜잭션에 추가되지 않은 주소에 대한 트랜잭션 내 수정은 반드시 알아야 할 버그입니다.

PMDK의 **libpmemobj** 라이브러리를 사용하는 리스트 12-21의 코드를 살펴보겠습니다. 트랜잭션에서 명시적으로 추적하지 않는 메모리 주소를 사용하여 트랜잭션 내에서 쓰는 예제를 보여줍니다.

리스트 12-21. 트랜잭션에 메모리 주소가 추가되지 않은 트랜잭션 내 쓰기 예제

```
#include <libpmemobj.h>

struct my_root {
    int value;
    int is_odd;
};

// registering type 'my_root' in the layout
POBJ_LAYOUT_BEGIN(example);
POBJ_LAYOUT_ROOT(example, struct my_root);
POBJ_LAYOUT_END(example);

int main(int argc, char *argv[]) {
    // creating the pool
    PMEMobjpool *pop= pmemobj_create("/mnt/pmem/pool",
                        POBJ_LAYOUT_NAME(example),
                        (1024 * 1024 * 100), 0666);

    // transation
    TX_BEGIN(pop) {
        TOID(struct my_root) root
            = POBJ_ROOT(pop, struct my_root);

        // adding root.value to the transaction
        TX_ADD_FIELD(root, value);

        D_RW(root)->value = 4;
        D_RW(root)->is_odd = D_RO(root)->value % 2;
    } TX_END
```

```
62
63     return 0;
64 }
```

참고

리스트 12-21에서 사용된 레이아웃, 루트 객체 또는 매크로의 정의에 대한 내용은 **libpmemobj**를 소개하는 7장을 참조하십시오.

35-38행에서 두 개의 정수 멤버(**value** 및 **is_odd**)가 있는 **my_root** 자료 구조를 작성합니다. 이 정수는 트랜잭션 내에서 수정되며(52-61행) **value=4** 및 **is_odd=0** 으로 설정됩니다. 57행에서는 **is_odd**를 제외하고 **value** 변수만 트랜잭션에 추가합니다. 퍼시스턴트 메모리는 기본적으로 C에서 지원되지 않으므로 컴파일러가 이에 대해 경고할 방법이 없습니다. 컴파일러는 휘발성 메모리에 대한 포인터와 퍼시스턴트 메모리에 대한 포인터를 구별할 수 없습니다.

리스트 12-22는 **pmemcheck**를 통한 코드 실행의 응답을 보여줍니다.

리스트 12-22. 리스트 12-21 코드로 pmemcheck 실행

```
$ valgrind --tool=pmemcheck ./listing_12-21
==48660== pmemcheck-1.0, a simple persistent store checker
==48660== Copyright (c) 2014-2016, Intel Corporation
==48660== Using Valgrind-3.14.0 and LibVEX; rerun with -h for copyright info
==48660== Command: ./listing_12-21
==48660==
==48660==
==48660== Number of stores not made persistent: 1
==48660== Stores not made persistent properly:
==48660== [0]     at 0x400C2D: main (listing_12-25.c:60)
==48660==         Address: 0x7dc0554     size: 4 state: DIRTY
==48660== Total memory not made persistent: 4
==48660==
==48660== Number of stores made without adding to transaction: 1
==48660== Stores made without adding to transactions:
==48660== [0]     at 0x400C2D: main (listing_12-25.c:60)
==48660==         Address: 0x7dc0554     size: 4
==48660== ERROR SUMMARY: 2 errors
```

둘 다 동일한 원인과 관련이 있지만 **pmemcheck**는 두 가지 문제를 식별했습니다.

하나는 우리가 예상했던 오류입니다. 트랜잭션 내에 추가되지 않은 store가 존재하는 것입니다. 다른 오류는 store를 플러시하지 않는 것입니다. 프로그램이 트랜잭션을 종료할 때 트랜잭션 store가 자동으로 플러시 되기 때문에 pmemcheck에서는 트랜잭션에 포함되지 않은 데이터에 대한 store 당 두 개의 오류를 찾아야 합니다.

Persistence Inspector는 리스트 12-23에 표시된 것처럼, 보다 사용자 친화적인 출력을 제공합니다.

리스트 12-23. Intel Inspector - Persistence Inspector로 리스트 12-21의 코드에 대한 리포트 생성

```
$ pmeminsp cb -pmem-file /mnt/pmem/pool -- ./listing_12-21
++ Analysis starts

++ Analysis completes
++ Data is stored in folder "/data/.pmeminspdata/data/listing_12-21"
$
$ pmeminsp rp -- ./listing_12-21
#=============================================================
# Diagnostic # 1: Store without undo log
#-------------------
  Memory store
    of size 4 at address 0x7FAA84DC0554 (offset 0x3C0554 in /mnt/pmem/pool)
    in /data/listing_12-21!main at listing_12-21.c:60 - 0xC2D
    in /lib64/libc.so.6!__libc_start_main at <unknown_file>:<unknown_
    line> - 0x223D3
    in /data/listing_12-21!_start at <unknown_file>:<unknown_line> - 0x954

  is not undo logged in

  transaction
    in /data/listing_12-21!main at listing_12-21.c:52 - 0xB67
    in /lib64/libc.so.6!__libc_start_main at <unknown_file>:<unknown_
    line> - 0x223D3
    in /data/listing_12-21!_start at <unknown_file>:<unknown_line> - 0x954

Analysis complete. 1 diagnostic(s) reported.
```

우리는 트랜잭션에만 관심이 있으므로 여기서는 after-unfortunate-event 단계 분석은 하지 않겠습니다.

리스트 12-24의 53행에 표시된 대로 TX_ADD(root)를 사용하여 트랜잭션에 전체 루트 객체를 추가하여 리스트 12-23에 보고된 문제를 수정할 수 있습니다.

리스트 12-24. 객체를 추가하고 트랜잭션 내에서 쓰는 예제

```
#include <libpmemobj.h>

struct my_root {
    int value;
    int is_odd;
};

POBJ_LAYOUT_BEGIN(example);
POBJ_LAYOUT_ROOT(example, struct my_root);
POBJ_LAYOUT_END(example);

int main(int argc, char *argv[]) {
    PMEMobjpool *pop= pmemobj_create("/mnt/pmem/pool",
                        POBJ_LAYOUT_NAME(example),
                        (1024 * 1024 * 100), 0666);

    TX_BEGIN(pop) {
        TOID(struct my_root) root
            = POBJ_ROOT(pop, struct my_root);

        // adding full root to the transaction
        TX_ADD(root);

        D_RW(root)->value = 4;
        D_RW(root)->is_odd = D_RO(root)->value % 2;
    } TX_END

    return 0;
}
```

리스트 12-25와 같이 pmemcheck를 통해 코드를 실행하면 문제가 보고되지 않습니다.

리스트 12-25. 리스트 12-24 코드로 pmemcheck 실행

```
$ valgrind --tool=pmemcheck ./listing_12-24
==80721== pmemcheck-1.0, a simple persistent store checker
==80721== Copyright (c) 2014-2016, Intel Corporation
==80721== Using Valgrind-3.14.0 and LibVEX; rerun with -h for copyright
          info
==80721== Command: ./listing_12-24
==80721==
==80721==
==80721== Number of stores not made persistent: 0
==80721== ERROR SUMMARY: 0 errors
```

마찬가지로, 리스트 12-26과 같이 Persistence Inspector에서도 문제가 보고되지 않습니다.

리스트 12-26. Intel Inspector - Persistence Inspector로 리스트 12-24 코드에 대한 리포트 생성

```
$ pmeminsp cb -pmem-file /mnt/pmem/pool -- ./listing_12-24
++ Analysis starts

++ Analysis completes
++ Data is stored in folder "/data/.pmeminspdata/data/listing_12-24"
$
$ pmeminsp rp -- ./listing_12-24
Analysis complete. No problems detected.
```

트랜잭션에 수정될 모든 메모리를 올바르게 추가한 후에는 두 가지 도구 모두 감지된 문제가 없음을 보고합니다.

두 개의 다른 트랜잭션에 추가된 메모리

하나의 프로그램이 여러 트랜잭션을 동시에 처리할 수 있는 경우 동일한 메모리 객체를 여러 트랜잭션에 추가하면 데이터가 손상될 수 있습니다. 예를 들어, 스레드별로 다른 트랜잭션을 유지하는 PMDK에서 문제가 발생할 수 있습니다. 두 개의 스레드가 서로 다른 트랜잭션 내에서 동일한 객체에 쓰는 경우 응용 프로그램이 장애로 종료된 후 스레드가 다른 트랜잭션의 다른 스레드에 의해 수정된 내용을 덮어쓸 수 있습니다. 데이터베이스 시스템에서는 이 문제를 더티 리드(dirty reads) 라고 합니다. 더티 리드는 그림 12-5와 같이 ACID(원자성, 일관성, 고립성, 지속성) 속성 중 고립성(Isolation)을 위반합니다.

그림 12-5에서 시간은 아래로 진행되면서 y 축으로 표시됩니다. 이러한 작업은 다음 순서로 발생합니다.

- 응용 프로그램이 시작될 때 X=0 이라고 가정합니다.
- main() 함수는 Thread 1과 Thread 2, 두 스레드를 만듭니다. 두 스레드는 모두 자체 트랜잭션을 시작하고 X를 수정하기 위해 락을 획득하려 합니다.
- Thread 1이 먼저 실행되므로 먼저 X에 대한 락을 획득합니다. 그런 다음, X를 5 씩 증가시키기 전에 변수 X를 트랜잭션에 추가합니다. 프로그램에서 X(X=0)

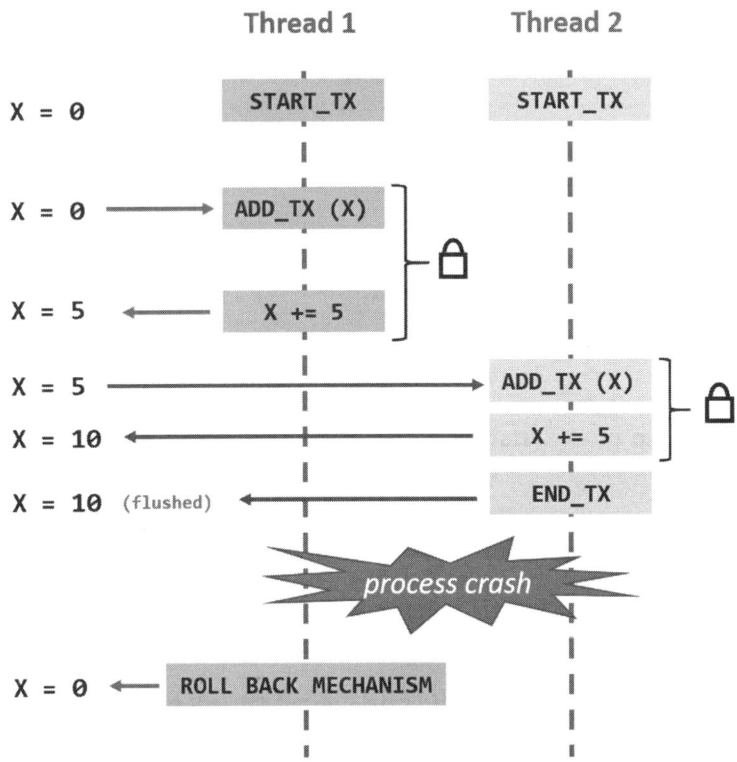

그림 12-5. 스레드 1의 완료되지 않은 트랜잭션에 대한 롤백 메커니즘은 스레드 2에 대한 트랜잭션이 올바르게 완료되었음에도 불구하고 스레드 2의 변경 사항을 무시합니다.

의 값은 X가 트랜잭션에 추가될 때 실행 취소 로그에 추가됩니다. 트랜잭션이 아직 완료되지 않았기 때문에 응용 프로그램은 아직 값을 명시적으로 플러시하지 않았습니다.

- Thread 2가 시작되어 자체 트랜잭션을 시작합니다. 락을 획득하고 X값(현재 5)을 읽고 실행 취소 로그에 X=5를 추가한 후 5만큼 증가시킵니다. 트랜잭션이 성공적으로 완료되고 Thread 2가 CPU 캐시를 플러시 합니다. 이제 x=10입니다.
- Thread 2가 트랜잭션을 성공적으로 완료한 후 Thread 1이 트랜잭션을 완료하고 값을 플러시하기 전에 불행히도 프로그램이 비정상 종료됩니다.

이 시나리오에서는 응용 프로그램에 유효하지 않지만 일관된 x=10 값이 남습니다. 트랜잭션은 원자적이므로 트랜잭션 내에서 수행된 모든 변경 사항은 성공적으로 완료될 때까지 유효하지 않습니다.

응용 프로그램이 시작되면 이전 비정상 종료로 인해 복구 작업을 수행해야 한다는 것을 알고 있으며 Thread 1에 의해 작성된 부분 업데이트를 되감기 위해 실행 취소 로그를 재생합니다. 실행 취소 로그는 Thread 1이 항목을 추가했던 때의 값인 `X=0`을 복원합니다. 이 상황에서 X의 예상 값은 `X=5`여야 하지만 실행 취소 로그는 `X=0`으로 표시합니다. 이 상황으로 인해 데이터 손상 문제의 발생 가능성이 매우 크다는 것을 알 수 있습니다.

멀티스레드 응용 프로그램에 대한 동시성은 14장에서 설명합니다. **libpmemobj**에 대한 C++ 언어 바인딩 라이브러리 인 **libpmemobj-cpp**를 사용하면 트랜잭션이 생성될 때 람다 함수를 사용하여 락 리스트를 전달할 수 있기 때문에 동시성 문제를 매우 쉽게 해결할 수 있습니다. 8장에서는 **libpmemobj-cpp** 및 람다(lambda) 함수에 대해 자세히 설명합니다.

리스트 12-27은 단일 뮤텍스를 사용하여 전체 트랜잭션을 잠그는 방법을 보여줍니다. 이 뮤텍스는 뮤텍스 객체가 휘발성 메모리에 있는 표준 뮤텍스(`std::mutex`)이거나, 뮤텍스 객체가 퍼시스턴트 메모리에 있는 pmem 뮤텍스(`pmem::obj::mutex`)일 수 있습니다.

리스트 12-27. 다중 스레드 시나리오에서 쓰기가 원자적이고 격리된 libpmemobj++ 트랜잭션의 예시입니다. 뮤텍스는 매개 변수로 트랜잭션에 전달됩니다.

```
transaction::run (pop, [&] {
    ...
    // all writes here are atomic and thread safe
    ...
}, mutex);
```

동일한 메모리 영역을 두 개의 다른 트랜잭션에 동시에 추가하는 리스트 12-28의 코드를 살펴보겠습니다.

리스트 12-28. 각각의 트랜잭션에 동일한 퍼시스턴트 메모리 위치를 동시에 추가하는 두 스레드의 예제

```
#include <libpmemobj.h>
#include <pthread.h>

struct my_root {
    int value;
    int is_odd;
};
```

```

POBJ_LAYOUT_BEGIN(example);
POBJ_LAYOUT_ROOT(example, struct my_root);
POBJ_LAYOUT_END(example);

pthread_mutex_t lock;

// function to be run by extra thread
void *func(void *args) {
    PMEMobjpool *pop = (PMEMobjpool *) args;

    TX_BEGIN(pop) {
        pthread_mutex_lock(&lock);
        TOID(struct my_root) root
            = POBJ_ROOT(pop, struct my_root);
        TX_ADD(root);
        D_RW(root)->value = D_RO(root)->value + 3;
        pthread_mutex_unlock(&lock);
    } TX_END
}

int main(int argc, char *argv[]) {
    PMEMobjpool *pop= pmemobj_create("/mnt/pmem/pool",
                        POBJ_LAYOUT_NAME(example),
                        (1024 * 1024 * 10), 0666);

    pthread_t thread;
    pthread_mutex_init(&lock, NULL);

    TX_BEGIN(pop) {
        pthread_mutex_lock(&lock);
        TOID(struct my_root) root
            = POBJ_ROOT(pop, struct my_root);
        TX_ADD(root);
        pthread_create(&thread, NULL,
                        func, (void *) pop);
        D_RW(root)->value = D_RO(root)->value + 4;
        D_RW(root)->is_odd = D_RO(root)->value % 2;
        pthread_mutex_unlock(&lock);
        // wait to make sure other thread finishes 1st
        pthread_join(thread, NULL);
    } TX_END

    pthread_mutex_destroy(&lock);
    return 0;
}
```

- **69행** : 주 스레드가 트랜잭션을 시작하고 여기에 루트 자료 구조를 추가합니다(73행).
- **74행** : pthread_create()를 호출하여 새 스레드를 만들고 func() 함수를 실행합니다. 이 함수 또한 트랜잭션을 시작하고(51행) 루트 자료 구조를 추가합니다(55행).
- 두 스레드는 트랜잭션을 완료하기 전에 동일한 데이터의 전체 또는 일부를 동시에 수정합니다. 주 스레드가 pthread_join()에서 대기하도록 하여 두 번째 스레드가 먼저 완료되도록 합니다.

리스트 12-29는 pmemcheck를 사용한 코드 실행을 보여주며, 결과는 서로 다른 트랜잭션에 등록된 겹치는 영역이 있음을 경고합니다.

리스트 12-29. 리스트 12-28로 pmemcheck 실행

```
$ valgrind --tool=pmemcheck ./listing_12-28
==97301== pmemcheck-1.0, a simple persistent store checker
==97301== Copyright (c) 2014-2016, Intel Corporation
==97301== Using Valgrind-3.14.0 and LibVEX; rerun with -h for copyright info
==97301== Command: ./listing_12-28
==97301==
==97301==
==97301== Number of stores not made persistent: 0
==97301==
==97301== Number of overlapping regions registered in different
           transactions: 1
==97301== Overlapping regions:
==97301== [0]    at 0x4E6B0BC: pmemobj_tx_add_snapshot (in /usr/lib64/
                 libpmemobj.so.1.0.0)
==97301==      by 0x4E6B5F8: pmemobj_tx_add_common.constprop.18 (in /usr/
               lib64/libpmemobj.so.1.0.0)
==97301==      by 0x4E6C62F: pmemobj_tx_add_range (in /usr/lib64/libpmemobj.
               so.1.0.0)
==97301==      by 0x400DAC: func (listing_12-28.c:55)
==97301==      by 0x4C2DDD4: start_thread (in /usr/lib64/libpthread-2.17.so)
==97301==      by 0x5180EAC: clone (in /usr/lib64/libc-2.17.so)
==97301==       Address: 0x7dc0550     size: 8     tx_id: 2
==97301==      First registered here:
==97301== [0]'   at 0x4E6B0BC: pmemobj_tx_add_snapshot (in /usr/lib64/
                 libpmemobj.so.1.0.0)
==97301==      by 0x4E6B5F8: pmemobj_tx_add_common.constprop.18 (in /usr/
               lib64/libpmemobj.so.1.0.0)
```

```
==97301==      by 0x4E6C62F: pmemobj_tx_add_range (in /usr/lib64/libpmemobj.
               so.1.0.0)
==97301==      by 0x400F23: main (listing_12-28.c:73)
==97301==      Address: 0x7dc0550     size: 8     tx_id: 1
==97301== ERROR SUMMARY: 1 errors
```

리스트 12-30은 **Persistence Inspector**로 실행된 동일한 코드의 결과를 보여줍니다. 진단 25 또한 "다른 트랜잭션에 등록된 중복 영역"을 보고합니다. 처음 24 개의 진단 결과는 휘발성 뮤텍스의 락 및 락 해제에 해당하는 **store**와 관련이 있는 것들로 트랜잭션에 추가되지 않았습니다. 이는 무시할 수 있습니다.

리스트 12-30. Intel Inspector - Persistence Inspector로 리스트 12-28 코드의 리포트 생성

```
$ pmeminsp rp -- ./listing_12-28
...
#=============================================================
# Diagnostic # 25: Overlapping regions registered in different transactions
#-------------------
  transaction
    in /data/listing_12-28!main at listing_12-28.c:69 - 0xEB6
    in /lib64/libc.so.6!__libc_start_main at <unknown_file>:<unknown_line>
    - 0x223D3
    in /data/listing_12-28!_start at <unknown_file>:<unknown_line> - 0xB44

  protects

  memory region
    in /data/listing_12-28!main at listing_12-28.c:73 - 0xF1F
    in /lib64/libc.so.6!__libc_start_main at <unknown_file>:<unknown_line>
    - 0x223D3
    in /data/listing_12-28!_start at <unknown_file>:<unknown_line> - 0xB44

  overlaps with

  memory region
    in /data/listing_12-28!func at listing_12-28.c:55 - 0xDA8
    in /lib64/libpthread.so.0!start_thread at <unknown_file>:<unknown_line>
    - 0x7DCD
    in /lib64/libc.so.6!__clone at <unknown_file>:<unknown_line> - 0xFDEAB

Analysis complete. 25 diagnostic(s) reported.
```

메모리 덮어쓰기

퍼시스턴트 메모리의 동일한 위치에 여러 번 수정을 하면 메모리 덮어쓰기가 발생합니다. 만일 시스템이 죽으면 퍼시스턴트 변수에 저장된 최종 값은 마지막 플러시와 시스템 장애 사이에 기록된 값일 수 있기 때문에 이는 잠재적으로 데이터 손상의 원인이 될 수 있습니다. 코드가 이러한 잠재적 문제점을 인지하고 작성되어 있는 경우에는 이것이 문제가 되지 않을 수 있습니다. 수명이 짧은 데이터는 휘발성 변수를 사용하고 데이터를 영속적으로 유지하려는 경우에만 퍼시스턴트 변수에 쓰는 것이 좋습니다.

64행에서 **flush()**를 호출하기 전에 **main()** 함수(62행 및 63행) 내의 데이터 변수에 두 번 쓰는 리스트 12-31의 코드를 살펴보겠습니다.

리스트 12-31. 플러시 전 퍼시스턴트 데이터 변수에 덮어쓰기를 하는 예제

```
33 #include <emmintrin.h>
34 #include <stdint.h>
35 #include <stdio.h>
36 #include <sys/mman.h>
37 #include <fcntl.h>
38 #include <valgrind/pmemcheck.h>
39
40 void flush(const void *addr, size_t len) {
41     uintptr_t flush_align = 64, uptr;
42     for (uptr = (uintptr_t)addr & ~(flush_align - 1);
43              uptr < (uintptr_t)addr + len;
44              uptr += flush_align)
45         _mm_clflush((char *)uptr);
46 }
47
48 int main(int argc, char *argv[]) {
49     int fd, *data;
50
51     fd = open("/mnt/pmem/file", O_CREAT|O_RDWR, 0666);
52     posix_fallocate(fd, 0, sizeof(int));
53
54     data = (int *)mmap(NULL, sizeof(int),
55                        PROT_READ | PROT_WRITE,
56                        MAP_SHARED_VALIDATE | MAP_SYNC,
57                        fd, 0);
58     VALGRIND_PMC_REGISTER_PMEM_MAPPING(data,
59                                        sizeof(int));
60
61     // writing twice before flushing
```

```
    *data = 1234;
    *data = 4321;
    flush((void *)data, sizeof(int));

    munmap(data, sizeof(int));
    VALGRIND_PMC_REMOVE_PMEM_MAPPING(data,
    sizeof(int));
    return 0;
}
```

리스트 12-32는 리스트 12-31 코드의 pmemcheck의 리포트를 보여줍니다. pmemcheck가 덮어쓰기를 찾도록 하려면 --mult-stores=yes 옵션을 사용해야 합니다.

리스트 12-32. 리스트 12-31로 pmemcheck 실행

```
$ valgrind --tool=pmemcheck --mult-stores=yes ./listing_12-31
==25609== pmemcheck-1.0, a simple persistent store checker
==25609== Copyright (c) 2014-2016, Intel Corporation
==25609== Using Valgrind-3.14.0 and LibVEX; rerun with -h for copyright info
==25609== Command: ./listing_12-31
==25609==
==25609==
==25609== Number of stores not made persistent: 0
==25609==
==25609== Number of overwritten stores: 1
==25609== Overwritten stores before they were made persistent:
==25609== [0]     at 0x400962: main (listing_12-31.c:62)
==25609==         Address: 0x4023000     size: 4  state: DIRTY
==25609== ERROR SUMMARY: 1 errors
```

pmemcheck는 store를 덮어 썼다고 보고합니다. 플러시 하는 것을 잊은 경우 두 쓰기 사이에 플러시 명령을 삽입하거나 store 중 하나가 수명이 짧은 데이터에 해당하는 경우 휘발성 데이터로 바꾸어 이 문제를 해결할 수 있습니다.

이 책을 쓰고 있는 현재, Persistence Inspector는 store가 덮어 써졌는지 검사하는 것을 지원하지 않습니다. 보시다시피 Persistence Inspector는 쓰기 종속성이 없는 한, 누락된 플러시 문제를 고려하지 않습니다. 또한, 짧은 시간 동안 동일한 변수에 쓰는 것은 어쨌든 CPU 캐시에서 히트가 되어 DRAM과 퍼시스턴트 메모리 간의 지연 시간 차이가 발생하지 않으므로, 이를 성능 문제로 간주하지 않습니다.

불필요한 플러시

플러시는 조심스럽게 해야 합니다. 중복된 플러시와 같은 불필요한 플러시를 감지하여 수정하면 코드의 성능을 향상시킬 수 있습니다. 리스트 12-33의 코드는 64행에서 **flush()** 함수에 대한 중복 호출을 보여줍니다.

리스트 12-33. 퍼시스턴트 메모리 변수의 중복 플러시 예제

```
33 #include <emmintrin.h>
34 #include <stdint.h>
35 #include <stdio.h>
36 #include <sys/mman.h>
37 #include <fcntl.h>
38 #include <valgrind/pmemcheck.h>
39
40 void flush(const void *addr, size_t len) {
41     uintptr_t flush_align = 64, uptr;
42     for (uptr = (uintptr_t)addr & ~(flush_align - 1);
43             uptr < (uintptr_t)addr + len;
44             uptr += flush_align)
45         _mm_clflush((char *)uptr);
46 }
47
48 int main(int argc, char *argv[]) {
49     int fd, *data;
50
51     fd = open("/mnt/pmem/file", O_CREAT|O_RDWR, 0666);
52     posix_fallocate(fd, 0, sizeof(int));
53
54     data = (int *)mmap(NULL, sizeof(int),
55                        PROT_READ | PROT_WRITE,
56                        MAP_SHARED_VALIDATE | MAP_SYNC,
57                        fd, 0);
58
59     VALGRIND_PMC_REGISTER_PMEM_MAPPING(data,
60                                        sizeof(int));
61
62     *data = 1234;
63     flush((void *)data, sizeof(int));
64     flush((void *)data, sizeof(int)); // extra flush
65
66     munmap(data, sizeof(int));
67     VALGRIND_PMC_REMOVE_PMEM_MAPPING(data,
68                                      sizeof(int));
69     return 0;
70 }
```

pmemcheck를 사용하여 리스트 12-34에 표시된 것처럼 --flush-check=yes 옵션을 사용해 중복 플러시를 감지할 수 있습니다.

리스트 12-34. 퍼시스턴트 메모리 변수의 중복 플러시 예제

```
$ valgrind --tool=pmemcheck --flush-check=yes ./listing_12-33
==104125== pmemcheck-1.0, a simple persistent store checker
==104125== Copyright (c) 2014-2016, Intel Corporation
==104125== Using Valgrind-3.14.0 and LibVEX; rerun with -h for copyright info
==104125== Command: ./listing_12-33
==104125==
==104125==
==104125== Number of stores not made persistent: 0
==104125==
==104125== Number of unnecessary flushes: 1
==104125== [0]    at 0x400868: flush (emmintrin.h:1459)
==104125==    by 0x400989: main (listing_12-33.c:64)
==104125==       Address: 0x4023000      size: 64
==104125== ERROR SUMMARY: 1 errors
```

Persistence Inspector의 사례를 제시하기 위해 리스트 12-35에는 리스트 12-19의 리스트 12-11에서 했던 것과 유사한 쓰기 종속성이 있는 코드가 있습니다. 추가 플러시는 65행에서 발생합니다.

리스트 12-35. 쓰기 종속성이 있는 퍼시스턴트 메모리에 쓰는 예제입니다. 해당 코드는 플래그에 대해 추가 플러시를 수행합니다.

```
33 #include <emmintrin.h>
34 #include <stdint.h>
35 #include <stdio.h>
36 #include <sys/mman.h>
37 #include <fcntl.h>
38 #include <string.h>
39
40 void flush(const void *addr, size_t len) {
41     uintptr_t flush_align = 64, uptr;
42     for (uptr = (uintptr_t)addr & ~(flush_align - 1);
43             uptr < (uintptr_t)addr + len;
44             uptr += flush_align)
45         _mm_clflush((char *)uptr);
46 }
47
48 int main(int argc, char *argv[]) {
49     int fd, *data;
50
```

```
    fd = open("/mnt/pmem/file", O_CREAT|O_RDWR, 0666);
    posix_fallocate(fd, 0, sizeof(int) * 2);

    ptr = (int *) mmap(NULL, sizeof(int) * 2,
                    PROT_READ | PROT_WRITE,
                    MAP_SHARED_VALIDATE | MAP_SYNC,
                    fd, 0);
    data = &(ptr[1]);
    flag = &(ptr[0]);

    *data = 1234;
    flush((void *) data, sizeof(int));
    *flag = 1;
    flush((void *) flag, sizeof(int));
    flush((void *) flag, sizeof(int)); // extra flush

    munmap(ptr, 2 * sizeof(int));
    return 0;
}
```

리스트 12-36은 리스트 12-15의 동일한 reader 프로그램을 사용하여 Persistence Inspector의 분석을 보여줍니다. 이전과 마찬가지로 먼저 writer 프로그램에서 데이터를 수집한 다음, reader 프로그램에서 데이터를 수집하고 마지막으로 리포트를 실행하여 문제를 식별합니다.

리스트 12-36. Intel Inspector - Persistence Inspector로 리스트 12-35(writer)와 리스트 12-15(reader) 실행

```
$ pmeminsp cb -pmem-file /mnt/pmem/file -- ./listing_12-35
++ Analysis starts

++ Analysis completes
++ Data is stored in folder "/data/.pmeminspdata/data/listing_12-35"

$ pmeminsp ca -pmem-file /mnt/pmem/file -- ./listing_12-15
++ Analysis starts

data = 1234

++ Analysis completes
++ Data is stored in folder "/data/.pmeminspdata/data/listing_12-15"
```

```
$ pmeminsp rp -- ./listing_12-35 ./listing_12-15
#=============================================================
# Diagnostic # 1: Redundant cache flush
#-------------------
  Cache flush
    of size 64 at address 0x7F3220C55000 (offset 0x0 in /mnt/pmem/file)
    in /data/listing_12-35!flush at listing_12-35.c:45 - 0x674
    in /data/listing_12-35!main at listing_12-35.c:64 - 0x73F
    in /lib64/libc.so.6!__libc_start_main at <unknown_file>:<unknown_line>
    - 0x223D3
    in /data/listing_12-35!_start at <unknown_file>:<unknown_line> - 0x574
  is redundant with regard to

   cache flush
    of size 64 at address 0x7F3220C55000 (offset 0x0 in /mnt/pmem/file)
    in /data/listing_12-35!flush at listing_12-35.c:45 - 0x674
    in /data/listing_12-35!main at listing_12-35.c:65 - 0x750
    in /lib64/libc.so.6!__libc_start_main at <unknown_file>:<unknown_line>
    - 0x223D3
    in /data/listing_12-35!_start at <unknown file>:<unknown_line> - 0x574

  of

  memory store
    of size 4 at address 0x7F3220C55000 (offset 0x0 in /mnt/pmem/file)
    in /data/listing_12-35!main at listing_12-35.c:63 - 0x72D
    in /lib64/libc.so.6!__libc_start_main at <unknown_file>:<unknown_line>
    - 0x223D3
    in /data/listing_12-35!_start at <unknown_file>:<unknown_line> - 0x574
```

Persistence Inspector 리포트는 listing_12-35.c 프로그램 파일의 65 행에 있는 main() 함수 내 중복 캐시 플러시에 대해 경고합니다("main at listing_12-35.c:65"). 이러한 문제를 해결하는 것은 불필요한 모든 플러시를 삭제하는 것으로 매우 간단하며 결과적으로 응용 프로그램의 성능이 향상됩니다.

비순차적 쓰기

퍼시스턴트 메모리용 소프트웨어를 개발할 때 캐시라인이 명시적으로 플러시 되지 않더라도 데이터가 여전히 CPU 캐시에 있다는 의미는 아닙니다. 예를 들어, CPU가 캐시 교체 정책 또는 다른 이유로 캐시를 비웠을 수 있습니다. 또한, 제대로 플러시 되지 않은 쓰기가 예기치 않은 응용 프로그램 장애 시 버그를 생성할 수 있어 응용 프로그램이 의존하는 예상 쓰기 순서가 위반되는 경우 자동으로 더티 캐시라인을 플러시 합니다.

이 문제를 더 잘 이해하려면 x86_64 및 AMD64 아키텍처에서 플러시가 어떻게 작동하는지 살펴보십시오. 사용자 코드에서 다음 명령어 중 하나를 실행하여 쓰기가 퍼시스턴트 미디어에 도달하도록 할 수 있습니다.

- CLFLUSH
- CLFLUSHOPT(SFENCE 필요)
- CLWB(SFENCE 필요)
- NT 스토어(SFENCE 필요)

각 플러시가 순서대로 실행되도록 하는 유일한 명령은 CLFUSH입니다. 각 CLFLUSH 명령은 항상 암시적 펜스 명령(SFENCE)을 수행하기 때문입니다. 다른 명령어는 비동기식이며 병렬 및 임의의 순서로 실행될 수 있습니다. CPU는 새 SFENCE 명령이 명시적으로 실행될 때 이전 SFENCE가 완료된 이후 수행된 모든 플러시만 보장할 수 있습니다. SFENCE 명령어를 동기화 지점으로 생각하십시오 (그림 12-6 참조). 이러한 지침에 대한 자세한 내용은 인텔 소프트웨어 개발자 설명서 및 AMD 소프트웨어 개발자 설명서를 참조하십시오.

그림 12-6에서 볼 수 있듯이 A와 B가 퍼시스턴트 메모리에 최종적으로 기록되는 순서를 보장할 수 없습니다. 이는 A와 B에 대한 store 및 플러시가 동기화 지점 간에 수행되기 때문입니다. 하지만 C의 경우는 다릅니다. SFENCE 명령어를 사용하면 A와 B가 플러시된 후에 C가 항상 수행된다는 것을 확신할 수 있습니다.

이것을 알면 이제 프로그램 오류에서 비순차적 쓰기가 어떻게 문제가 될 수 있는지 생각해 볼 수 있습니다. 동기화 지점 간의 쓰기 순서가 지켜질 것을 가정하거나, 엄격한 순서가 필수적인 쓰기 및 플러시 간에 동기화 지점을 추가하는 것을 잊은 경우("valid flag" 변수를 쓸 때 flag가 valid로 설정되기 전에 기록되는 경우를 생각해보십시오.) 데이터 일관성 문제가 발생할 수 있습니다. 리스트 12-37의 수도코드를 살펴보겠습니다.

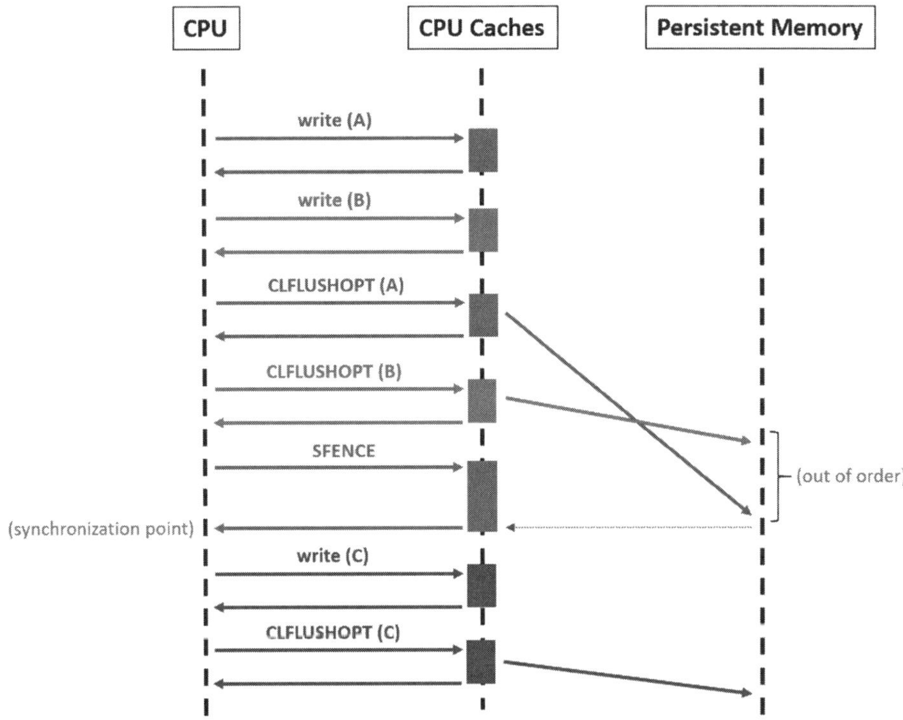

그림 12-6. 비동기 플러시 작동 방식의 예시입니다. SFENCE 명령은 한 쪽의 A와 B에 대한 쓰기와 다른 쪽의 C에 대한 쓰기 간의 동기화 지점을 보장합니다.

리스트 12-37. 비순차적 문제를 보여주는 수도코드

```
writer() {
        pcounter = 0;
        flush (pcounter);
        for (i=0; i<max; i++) {
                pcounter++;
                if (rand() % 2 == 0) {
                        pcells[i].data = data();
                        flush (pcells[i].data);
                        pcells[i].valid = True;
                } else {
                        pcells[i].valid = False;
                }
                flush (pcells[i].valid);
        }
        flush (pcounter);
}
```

```
reader() {
        for (i=0; i<pcounter; i++) {
                if (pcells[i].valid == True) {
                        print (pcells[i].data);
                }
        }
}
```

간단하게 설명하기 위해 리스트 12-37의 모든 플러시도 동기화 지점이라고 가정합니다. 즉, **flush()**는 **CLFLUSH**를 사용합니다. 프로그램의 논리는 매우 간단합니다. 우선 **pcell**과 **pcounter** 두 가지 퍼시스턴트 메모리 변수가 있습니다. 첫 번째는 {**data, valid**} 튜플의 배열을 가집니다. **data**는 데이터를 보유하고 **valid**는 데이터가 유효한지 여부를 나타내는 플래그입니다. 두 번째 변수는 배열에서 퍼시스턴트 메모리에 올바르게 기록된 항목의 수를 나타내는 카운터입니다. 이 경우 **valid** 플래그는 배열 위치가 퍼시스턴트 메모리에 올바르게 기록되었는지 여부를 나타내는 플래그가 아닙니다. 이 경우 플래그의 의미는 **data()** 함수가 호출되었는지, 즉 **data**에 의미 있는 데이터가 있는지의 여부만 나타냅니다.

언뜻 보기에는 올바른 프로그램으로 보입니다. 루프가 새로 반복될 때마다 카운터가 증가되고, 배열 위치가 기록된 후 플러시 됩니다. 그러나 **pcounter**는 배열에 쓰기 전에 증가되므로 **pcounter**와 배열의 실제 커밋된 항목 수 사이에 불일치가 발생합니다. **pcounter**는 루프가 끝날 때까지 플러시하지 않지만, 프로그램이 도중에 죽는 경우에는 **pcounter**에 대한 변경 사항이 CPU 캐시에 남아있어야지만 이 프로그램은 올바르게 동작합니다 (CPU 캐시에 **pcounter** 값이 남아있다면, 루프 중간에 프로그램 오류가 발생할 경우 카운터 값이 0으로 유지됩니다).

이 섹션의 시작 부분에서 언급했듯이 우리는 위와 같은 가정을 할 수 없습니다. 캐시라인은 언제든지 플러시될 수 있습니다. 리스트 12-37의 수도코드 예제에서는 **pcounter**가 실제 배열의 길이보다 길어지는 경우가 발생할 수 있어 **reader()**가 초기화되지 않은 메모리를 읽을 수 있습니다.

리스트 12-38 및 12-39의 코드는 리스트 12-37의 수도코드의 C++ 구현을 보여줍니다. 둘 다 PMDK의 **libpmemobj-cpp**를 사용합니다. 리스트 12-38은 쓰기 프로그램이고 리스트 12-39는 읽기 프로그램입니다.

리스트 12-38. 비순차적 쓰기 버그가 있는 퍼시스턴트 메모리에 쓰는 예제

```
#include <emmintrin.h>
#include <unistd.h>
#include <stdio.h>
#include <string.h>
#include <stdint.h>
#include <libpmemobj++/persistent_ptr.hpp>
#include <libpmemobj++/make_persistent.hpp>
#include <libpmemobj++/make_persistent_array.hpp>
#include <libpmemobj++/transaction.hpp>
#include <valgrind/pmemcheck.h>

using namespace std;
namespace pobj = pmem::obj;

struct header_t {
    uint32_t counter;
    uint8_t reserved[60];
};
struct record_t {
    char name[63];
    char valid;
};
struct root {
    pobj::persistent_ptr<header_t> header;
    pobj::persistent_ptr<record_t[]> records;
};

pobj::pool<root> pop;

int main(int argc, char *argv[]) {

    // everything between BEGIN and END can be
    // assigned a particular engine in pmreorder
    VALGRIND_PMC_EMIT_LOG("PMREORDER_TAG.BEGIN");

    pop = pobj::pool<root>::open("/mnt/pmem/file",
                                  "RECORDS");
    auto proot = pop.root();

    // allocation of memory and initialization to zero
    pobj::transaction::run(pop, [&] {
        proot->header
            = pobj::make_persistent<header_t>();
        proot->header->counter = 0;
        proot->records
            = pobj::make_persistent<record_t[]>(10);
        proot->records[0].valid = 0;
```

```
    });

    pobj::persistent_ptr<header_t> header
        = proot->header;
    pobj::persistent_ptr<record_t[]> records
        = proot->records;

    VALGRIND_PMC_EMIT_LOG("PMREORDER_TAG.END");

    header->counter = 0;
    for (uint8_t i = 0; i < 10; i++) {
        header->counter++;
        if (rand() % 2 == 0) {
            snprintf(records[i].name, 63,
                     "record #%u", i + 1);
            pop.persist(records[i].name, 63); // flush
            records[i].valid = 2;
        } else
            records[i].valid = 1;
        pop.persist(&(records[i].valid), 1); // flush
    }
    pop.persist(&(header->counter), 4); // flush

    pop.close();
    return 0;
}
```

리스트 12-39. 리스트 12-38에 의해 작성된 퍼시스턴트 메모리 자료 구조 읽기

```
#include <stdio.h>
#include <stdint.h>
#include <libpmemobj++/persistent_ptr.hpp>

using namespace std;
namespace pobj = pmem::obj;

struct header_t {
    uint32_t counter;
    uint8_t reserved[60];
};
struct record_t {
    char name[63];
    char valid;
};
struct root {
    pobj::persistent_ptr<header_t> header;
    pobj::persistent_ptr<record_t[]> records;
};
```

```

pobj::pool<root> pop;

int main(int argc, char *argv[]) {

    pop = pobj::pool<root>::open("/mnt/pmem/file",
                                "RECORDS");
    auto proot = pop.root();
    pobj::persistent_ptr<header_t> header
        = proot->header;
    pobj::persistent_ptr<record_t[]> records
        = proot->records;

    for (uint8_t i = 0; i < header->counter; i++) {
        if (records[i].valid == 2) {
            printf("found valid record\n");
            printf(" name = %s\n",
                          records[i].name);
        }
    }

    pop.close();
    return 0;
}
```

리스트 12-38(writer)은 VALGRIND_PMC_EMIT_LOG 매크로를 사용해 66번과 87번 행에 도달 할 때 pmreorder 메시지를 내보냅니다. 이것은 나중에 pmemcheck를 사용하여 비순차적 분석을 도입할 때 의미가 있습니다.

이제 Persistence Inspector를 먼저 실행하겠습니다. 비순차적 분석을 수행하려면 리포트 단계에 -check-out-of-order-store 옵션을 사용해야합니다. 리스트 12-40은 이전 및 이후 데이터를 수집한 다음 리포트를 실행하는 것을 보여줍니다.

리스트 12-40. 리스트 12-38(writer)와 리스트 12-39(reader)로 Intel Inspector – Persistence Inspector 실행

```
$ pmempool create obj --size=100M --layout=RECORDS /mnt/pmem/file

$ pmeminsp cb -pmem-file /mnt/pmem/file -- ./listing_12-38
++ Analysis starts

++ Analysis completes
++ Data is stored in folder "/data/.pmeminspdata/data/listing_12-38"
```

```
$ pmeminsp ca -pmem-file /mnt/pmem/file -- ./listing_12-39
++ Analysis starts

found valid record
  name   = record #2
found valid record
  name   = record #7
found valid record
  name   = record #8

++ Analysis completes
++ Data is stored in folder "/data/.pmeminspdata/data/listing_12-39"

$ pmeminsp rp -check-out-of-order-store -- ./listing_12-38 ./listing_12-39
#=============================================================
# Diagnostic # 1: Out-of-order stores
#-------------------
  Memory store
    of size 4 at address 0x7FD7BEBC05D0 (offset 0x3C05D0 in /mnt/pmem/file)
    in /data/listing_12-38!main at listing_12-38.cpp:91 - 0x1D0C
    in /lib64/libc.so.6!__libc_start_main at <unknown_file>:<unknown_line>
    - 0x223D3
    in /data/listing_12-38!_start at <unknown_file>:<unknown_line> - 0x1624

  is out of order with respect to

  memory store
    of size 1 at address 0x7FD7BEBC068F (offset 0x3C068F in /mnt/pmem/file)
    in /data/listing_12-38!main at listing_12-38.cpp:98 - 0x1DAF
    in /lib64/libc.so.6!__libc_start_main at <unknown_file>:<unknown_line>
    - 0x223D3
    in /data/listing_12-38!_start at <unknown_file>:<unknown_line> - 0x1624
```

Persistence Inspector 리포트는 비순차적 store 문제를 식별합니다. 이 도구는 91행(**listing_12-38.cpp:91의 main**)에서 카운터를 증가시키는 것은 98행(**listing_12-38.cpp:98의 main**)의 레코드 내부에 valid flag를 쓰는 것과 관련하여 순서가 맞지 않는다고 말합니다.

pmemcheck로 비순차적 분석을 수행하려면 pmreorder라는 새로운 도구를 도입해야 합니다. pmreorder 도구는 1.5 버전부터 PMDK에 포함되어 있습니다. 이 독립형 파이썬 도구는 store 재정렬 메커니즘을 사용하여 퍼시스턴트 프로그램의 일관성 검사를 수행합니다. pmemcheck 도구는 pmreorder가 구문 분석할 수 있는 응용 프로그램에서 발행한 모든 store 및 플러시의 자세한 로그를 생성하는데 사용되지만, 이러한 유형의 분석은 수행할 수 없습니다. 리스트 12-41을 예시로 살펴보겠습니다.

리스트 12-41. pmemcheck로 리스트 12-38에서 발생한 모든 store와 플러시에 대한 자세한 로그 생성

```
$ valgrind --tool=pmemcheck -q --log-stores=yes --log-storesstacktraces=
yes
  --log-stores-stacktraces-depth=2 --print-summary=yes
  --log-file=store_log.log ./listing_12-38
```

각 매개 변수의 의미는 다음과 같습니다.

- -q는 pmreorder가 구문 분석할 수 없는 불필요한 pmemcheck 로그를 차단합니다.
- --log-stores=yes는 모든 store를 기록하도록 pmemcheck에 지시합니다.
- --log-stores-stacktraces=yes는 로깅된 각 store와 함께 스택 추적을 덤프합니다. 이는 소스 코드에서 문제를 찾는데 도움이 됩니다.
- --log-stores-stacktraces-depth=2는 로깅된 스택 트레이스의 깊이입니다. 필요한 정보 수준에 따라 조정하십시오.
- --print-summary=yes는 프로그램 종료 시 요약을 인쇄합니다. 하지 않을 이유가 없습니다.
- --log-file=store_log.log는 모든 것을 store_log.log에 기록합니다.

pmreorder 도구는 "엔진" 개념으로 동작합니다. 예를 들어, ReorderFull 엔진은 store 및 플러시의 가능한 모든 조합의 일관성을 확인합니다. 이 엔진은 일부 프로그램에 대해 매우 느릴 수 있으므로 ReorderPartial 또는 NoReorderDoCheck와 같은 다른 엔진을 사용할 수 있습니다. 자세한 내용은 pmreorder 매뉴얼 페이지(https://pmem.io/pmdk/pmreorder/)를 참조하십시오.

pmreorder를 실행하기 전에 메모리 풀에 포함된 레코드 목록을 살펴보고 자료구조가 일관성이 있을 때 0을 반환하거나 그렇지 않으면 1을 반환할 수 있는 프로그램이 필요합니다. 이 프로그램은 리스트 12-42에 표시된 읽기 프로그램과 유사합니다.

리스트 12-42. 리스트 12-38에서 쓴 자료 구조의 일관성 검사

```
33 #include <stdio.h>
34 #include <stdint.h>
35 #include <libpmemobj++/persistent_ptr.hpp>
36
37 using namespace std;
38 namespace pobj = pmem::obj;
39
40 struct header_t {
41     uint32_t counter;
42     uint8_t reserved[60];
43 };
44 struct record_t {
45     char name[63];
46     char valid;
47 };
48 struct root {
49     pobj::persistent_ptr<header_t> header;
50     pobj::persistent_ptr<record_t[]> records;
51 };
52
53 pobj::pool<root> pop;
54
55 int main(int argc, char *argv[]) {
56
57     pop = pobj::pool<root>::open("/mnt/pmem/file",
58                                  "RECORDS");
59     auto proot = pop.root();
60     pobj::persistent_ptr<header_t> header
61         = proot->header;
62     pobj::persistent_ptr<record_t[]> records
63         = proot->records;
64
65     for (uint8_t i = 0; i < header->counter; i++) {
66         if (records[i].valid < 1 or
67                                 records[i].valid > 2)
68             return 1; // data struc. corrupted
69     }
70
71     pop.close();
72     return 0; // everything ok
73 }
```

리스트 12-42의 프로그램은 퍼시스턴트 메모리에 올바르게 기록되어야 하는 모든 레코드를 반복합니다(65-69행). 레코드가 올바르려면 1 또는 2 여야 하는 각 레코드의 **valid** 플래그를 확인합니다(66행). 문제가 감지되면 프로그램은 데이터 손상을 나타내는 1을 반환합니다.

리스트 12-43은 프로그램 분석을 위한 3 단계 프로세스를 보여줍니다.

1. 100MiB 크기의 /mnt/pmem/file에 메모리 맵핑 파일 개체 유형의 퍼시스턴트 메모리 풀을 만들고 내부 레이아웃 이름을 "RECORDS"로 지정합니다.
2. pmemcheck Valgrind 도구를 사용하여 프로그램이 실행되는 동안 데이터를 기록하고 스택을 호출합니다.
3. pmreorder 유틸리티는 ReorderFull 엔진을 사용해 pmemcheck에서 store.log 출력 파일을 처리하여 최종 리포트를 생성합니다.

리스트 12-43. 먼저 리스트 12-38에 대한 풀이 생성됩니다. 그런 다음 pmemcheck를 실행하여 리스트 12-38에 의해 발행된 모든 store 및 플러시에 대한 자세한 로그를 가져옵니다. 마지막으로 pmreorder는 ReorderFull 엔진과 함께 실행됩니다.

```
$ pmempool create obj --size=100M --layout=RECORDS /mnt/pmem/file

$ valgrind --tool=pmemcheck -q --log-stores=yes --log-storesstacktraces=
yes --log-stores-stacktraces-depth=2 --print-summary=yes
--log-file=store.log ./listing_12-38

$ pmreorder -l store.log -o output_file.log -x PMREORDER_
TAG=NoReorderNoCheck -r ReorderFull -c prog -p ./listing_12-38
```

각 pmreorder 옵션의 의미는 다음과 같습니다.

- -l store_log.log는 응용 프로그램에서 발행한 모든 store 및 플러시와 함께 pmemcheck에 의해 생성된 입력 파일입니다.
- -o output_file.log는 비순차적 분석 결과가 있는 출력 파일입니다.
- -x PMREORDER_TAG=NoReorderNoCheck는 PMREORDER_TAG 태그로 묶인 코드에 NoReorderNoCheck 엔진을 할당합니다(리스트 12-38의 66-87행 참조). 이는 루프에만 집중하여 분석하기 위해 수행됩니다(리스트 12-38의 89-105행).
- -r ReorderFull은 초기 재정렬 엔진을 설정합니다. 이 경우에는 ReorderFull입니다.
- -c prog는 일관성 검사 유형입니다. 전달 인자는 prog(프로그램) 또는 lib(라이브러리)일 수 있습니다.
- -p ./checker는 일관성 검사입니다.

생성된 파일 **output_file.log**를 열면 리스트 **12-44**와 같이 코드 내에서 감지된 데이터 일관성 문제 및 코드의 문제점들을 볼 수 있습니다.

리스트 12-44. pmreorder가 비순차적 분석에서 발견된 일관성 문제를 보여주는 "output_file.log"

```
WARNING:pmreorder:File /mnt/pmem/file inconsistent
WARNING:pmreorder:Call trace:
Store [0]:
by 0x401D0C: main (listing_12-38.cpp:91)
```

이 출력 파일은 리스트 12-38 쓰기 프로그램의 91라인에 문제가 있다고 알려줍니다. 리스트 12-38 코드를 수정하려면 레코드의 모든 데이터가 퍼시스턴트 메모리로 플러시된 후에 카운터를 증가시켜야 합니다 리스트 12-45는 수정된 코드를 보여줍니다.

리스트 12-45. 리스트 12-38의 코드에서 카운터 증가를 루프의 끝으로 이동한 코드

```
    for (uint8_t i = 0; i < 10; i++) {
        if (rand() % 2 == 0) {
            snprintf(records[i].name, 63,
                     "record #%u", i + 1);
            pop.persist(records[i].name, 63);
            records[i].valid = 2;
        } else
            records[i].valid = 1;
        pop.persist(&(records[i].valid), 1);
        header->counter++;
    }
```

요약

이 장에서는 각 도구에 대한 소개와 사용 방법을 설명했습니다. 개발주기 초기에 문제를 포착하면 나중에 복잡한 코드를 디버깅하는 데 드는 많은 시간을 절약할 수 있습니다. 이 장에서는 **Persistence Inspector**, **pmemcheck**, 그리고 **pmreorder**라는 세 가지 유용한 도구를 소개했습니다. 퍼시스턴트 메모리 프로그래머들은 문제를 감지하기 위해 개발 및 테스트 하는 도중 해당 도구를 사용하기를 원할 것입니다. 이 장에서는 이러한 도구가 다양한 유형의 일반적인 프로그래밍 오류를 감지하는 데 얼마나 유용한지 보여주었습니다.

PMDK(Persistent Memory Development Kit)는 여기에 설명된 도구를 사용하여 각 릴리스가 나오기 전에 완전히 검증되었는지 확인합니다. 이 도구는 PMDK CI(continuous integration, 지속적 통합) 개발주기에 긴밀하게 통합되어 있어 문제를 빠르게 포착하고 수정할 수 있습니다.

제13장 실제 응용 프로그램을 사용한 영속성 활성화

이 장에서는 4장(및 다른 장)에서 배운 이론을 실제 응용해봅니다. 퍼시스턴트 메모리를 지원하는 데이터베이스 저장소 엔진을 구축하여 응용 프로그램이 퍼시스턴트 메모리를 활용하는 방법을 보여주겠습니다. 플러그 형 스토리지 엔진 모델을 제공하므로 널리 사용되는 오픈소스 데이터베이스인 MariaDB (https://mariadb.org/)를 사용합니다. 완성된 저장소 엔진은 제품 수준이 아니며, 제품 수준의 저장소 엔진에 필요한 모든 기능을 구현하지 않습니다. 잘 알려진 데이터베이스를 사용하여 퍼시스턴트 메모리 프로그래밍을 시작하는 방법을 보여주기 위해 기본 기능만 구현해 보겠습니다. 이는 퍼시스턴트 메모리 프로그래밍에 대해, 보다 실무적인 액세스 방식을 제공하여 자체 응용 프로그램 내에서 퍼시스턴트 메모리의 기능을 활용할 수 있도록 하는 의도입니다. 독자들이 원한다면 본 스토리지 엔진을 연습삼아 완성시켜 보는 것도 좋겠습니다. 이를 통해 MariaDB, MySQL, Percona Server 및 기타 파생 제품을 위한 새로운 퍼시스턴트 메모리 스토리지 엔진이 생성될 수 있습니다. 물론, 기존 MySQL 데이터베이스 저장소 엔진을 수정하거나 완전히 다른 데이터베이스를 선택해 퍼시스턴트 메모리의 기능을 추가할 수도 있습니다.

이 장에서는 퍼시스턴트 메모리 프로그래밍 모델 및 PMDK의 기본 사항을 다룬 이전 장의 내용을 숙지하고 있다고 가정합니다. 이 장에서는 8장의 C++ 및 libpmemobj-cpp를 사용하여 스토리지 엔진을 구현합니다. C++ 개발자가 아닌 경우에도 핵심은 다른 언어 및 응용 프로그램에도 같이 적용되므로 이 장의 내용이 도움이 될 것입니다.

퍼시스턴트 메모리를 지원하는 데이터베이스 스토리지 엔진에 대한 전체 소스 코드는 다음 위치의 GitHub에서 찾을 수 있습니다. (https://github.com/pmem/pmdk-examples/tree/master/pmem-mariadb)

데이터베이스 예시

무수히 많은 기존 응용 프로그램들은 다양한 방식으로 분류할 수 있습니다. 이 장에서는 인터페이스, 비즈니스 계층, 데이터 저장소 등, 응용 프로그램들의 공통적인 구성 요소 관점에서 응용 프로그램들을 살펴보겠습니다. 인터페이스는 사용자와 상호 작용하고 비즈니스 계층은 응용 프로그램의 논리가 구현되는 계층이며 저장소는 응용 프로그램에서 데이터를 보관하고 처리하는 곳입니다.

요즘 시대에는 너무 많은 수의 응용 프로그램들이 사용되고 있어서, 이 책에서 다루고자 하는 내용에 잘 맞는 특정 응용 프로그램을 선택하기가 어려웠습니다. 결국 데이터베이스를 예시 응용 프로그램으로 선택했는데, 이는 데이터베이스가 데이터에 접근하는 방법이 많은 다른 응용 프로그램에서도 활용되기 때문입니다.

다양한 퍼시스턴트 메모리 활성화 CPU 활용률 방식

퍼시스턴트 메모리의 주요 이점은 다음과 같습니다.

- 플래시 SSD보다 낮은 액세스 지연 시간을 제공합니다.
- NAND 저장장치보다 처리량이 높습니다.
- 실시간 데이터 액세스를 통해 대규모 데이터에 초고속 액세스가 가능합니다.
- 데이터는 전력이 차단된 후에도 메모리에 유지됩니다.

퍼시스턴트 메모리는 다양한 방식으로 사용되며 여러 응용 프로그램에 대해 낮은 지연 시간을 제공할 수 있습니다.

- **인-메모리 데이터베이스 :** 인-메모리 데이터베이스는 퍼시스턴트 메모리의 더 큰 용량을 활용하고 프로그램의 재시작 시간을 크게 줄일 수 있습니다. 데이터베이스 메모리가 인덱스, 테이블 및 기타 파일을 맵핑하면 데이터에 즉시 액세스할 수 있습니다. 이 경우 일반적으로 데이터를 디스크에서 읽고 액세스하거나 처리하기 전에 메모리로 페이징하는 긴 시작 시간을 피할 수 있습니다.
- **사기 감지 :** 금융 기관 및 보험 회사는 수백만 개의 기록에 대해 실시간 데이터 분석을 수행하여 사기 거래를 감지할 수 있습니다.

- **사이버 위협 분석 :** 기업은 증가하는 사이버 위협을 빠르게 탐지하고 방어할 수 있습니다.
- **웹-규모 개인화 :** 기업은 관련 콘텐츠와 광고를 반환하여 온라인 사용자 경험을 맞춤화할 수 있으므로 사용자 클릭률이 높아지고 전자 상거래 수익 기회가 늘어납니다.
- **금융 거래 :** 금융 거래 프로그램은 금융 거래를 신속하게 처리하고 실행할 수 있으므로 경쟁 우위를 확보하고 더 높은 수익 기회를 창출할 수 있습니다.
- **사물 인터넷(IoT) :** 더 빠른 데이터 수집 및 실시간 대규모 데이터 처리로 가치 실현 시간이 단축됩니다.
- **콘텐츠 전송 네트워크(CDN) :** CDN은 디지털 콘텐츠를 사용자에게 빠르게 제공할 목적으로 전략적으로 전 세계에 배치된 고도로 분산된 엣지 서버 네트워크입니다. 큰 메모리 용량으로 각 CDN 노드는 더 많은 데이터를 캐싱하고, 총 서버의 수를 줄일 수 있으며, 네트워크는 지연 시간이 짧은 데이터를 클라이언트에 안정적으로 전달할 수 있습니다. CDN 캐시가 퍼시스턴트 메모리에 있는 경우 노드는 웜(warm) 캐시로 다시 시작하고 누락된 데이터만 동기화할 수 있습니다.

퍼시스턴트 메모리를 지원하는 MariaDB* 스토리지 엔진 개발

이 장에서 개발하는 스토리지 엔진은 상용 제품으로 사용할 수 있는 수준이 아니며 대부분의 데이터베이스 관리자가 기대하는 기능을 모두 구현하지는 않습니다. 앞에서 설명한 개념들을 실제 적용하는 과정을 보여주기 위해 테이블 `create()`, `open()` 및 `close()` 연산과 `INSERT`, `UPDATE`, `DELETE` 및 `SELECT` SQL 연산을 구현하는 간단한 예제를 만들었습니다. 인덱싱 없이는 스토리지 엔진의 성능이 상당히 떨어지기 때문에 휘발성 메모리를 사용하는 간단한 인덱싱을 사용하여 퍼시스턴트 메모리에 있는 데이터에 더 빠르게 접근할 수 있게 합니다.

`MariaDB`는 퍼시스턴트 메모리를 사용할 수 있는 많은 스토리지 엔진을 지원하지만, 이 장에서는 스크래치부터 새로운 스토리지 엔진을 구축합니다. `MariaDB` 스토리지 엔진 API와 스토리지 엔진의 작동 방식에 대해 자세히 알아보려면 MariaDB "Storage Engine Development" 문서(https://mariadb.com/kb/en/

library/storage-engines-storage-engine-development/)를 참조하기를 권해 드립니다. MariaDB는 MySQL에 기반하므로 MySQL "Writing a Custom Storage Engine" 문서(https://dev.mysql.com/doc/internals/en/custom-engine.html)를 참조하여 스크래치부터 엔진을 만들기 위한 모든 정보를 찾을 수 있습니다.

스토리지 레이어 이해

MariaDB는 새로운 스토리지 엔진을 보다 쉽게 개발하고 배포할 수 있는 스토리지 엔진용 플러그 형 아키텍처를 제공합니다. 플러그 형 스토리지 엔진 아키텍처를 사용하면 서버 자체를 다시 컴파일하지 않고도 새 스토리지 엔진을 생성하고 실행 중인 MariaDB 서버에 추가할 수 있습니다. 스토리지 엔진은 MariaDB에 대한 데이터 스토리지 및 인덱스 관리를 제공합니다. MariaDB 서버는 잘 정의된 API를 통해 스토리지 엔진과 통신합니다.

여기서는 PMDK의 **libpmemobj** 라이브러리를 사용하여 MariaDB 용 플러그 형 퍼시스턴트 메모리를 지원하는 스토리지 엔진의 프로토타입을 구현합니다.

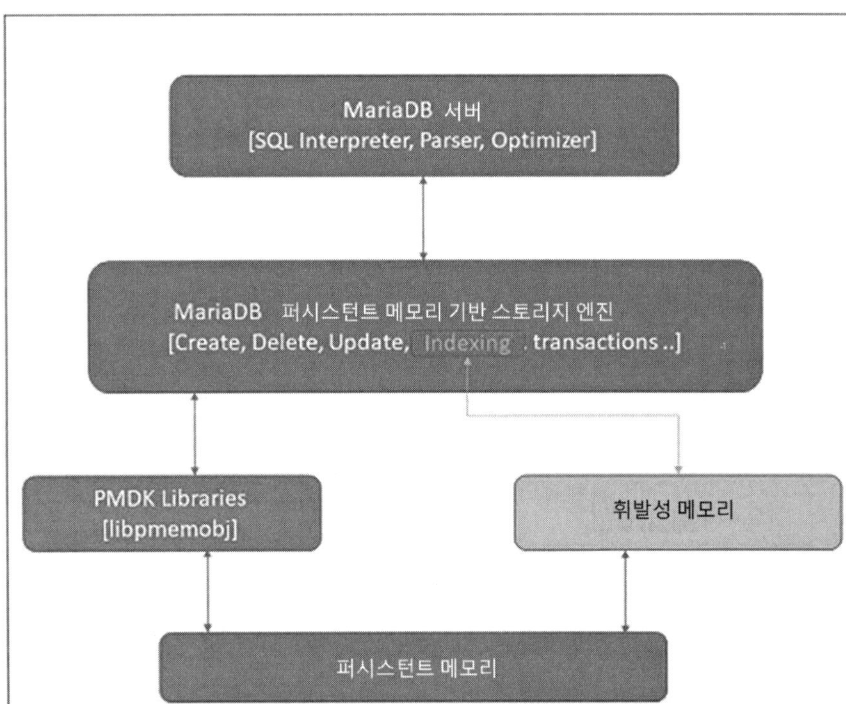

그림 13-1. 퍼시스턴트 메모리용 MariaDB 스토리지 엔진의 아키텍쳐 그림

그림 13-1은 스토리지 엔진이 `libpmemobj`와 통신하여 퍼시스턴트 메모리에 저장된 데이터를 관리하는 방법을 보여줍니다. 라이브러리는 퍼시스턴트 메모리 풀을 유연한 객체 저장소로 전환하는 데 사용됩니다.

스토리지 엔진 클래스 생성

여기서 말하는 스토리지 엔진은 단일 세션, 단일 사용자 및 단일 테이블 요청을 지원하는 단일 스레드 프로그램입니다. 다중 스레드 구현은 이 장에서 다루고자 하는 범위를 벗어납니다. 동시성에 관한 내용은 14장에서 자세히 설명하겠습니다. MariaDB의 서버는 테이블 핸들러에 연결된 싱글톤(singleton) 핸들러인 `handlerton`을 포함하는 잘 정의된 핸들러 인터페이스를 통해 스토리지 엔진과 통신합니다. `handlerton`은 스토리지 엔진을 정의하고 퍼시스턴트 메모리 스토리지 엔진에 적용되는 함수에 대한 포인터를 포함합니다.

스토리지 엔진이 지원해야 하는 첫 번째 함수는 리스트 13-1에 표시된 새 핸들러 인스턴스 생성을 가능하게 하는 것입니다.

리스트 13-1. ha_pmdk.cc - 새 핸들러 인스턴스 생성

```
static handler *pmdk_create_handler(handlerton *hton,
                                    TABLE_SHARE *table,
                                    MEM_ROOT *mem_root);

handlerton *pmdk_hton;
```

`handler` 인스턴스가 생성되면 `MariaDB` 서버는 데이터 저장을 수행하고 테이블 열기, 행 조작, 인덱스 관리 및 트랜잭션과 같은 연산을 수행하기 위해 `handler`에 명령을 보냅니다. `handler`가 인스턴스화 될 때 첫 번째로 필요한 연산은 테이블 열기입니다. 스토리지 엔진은 단일 사용자 및 단일 스레드 구현이므로 하나의 `handler` 인스턴스만 생성됩니다.

테이블 단위로 작동하는 `create()` 및 `open()`과 같은 함수와는 달리 스토리지 엔진 전체에 적용되는 다양한 `handler` 함수도 구현됩니다. 이러한 함수의 몇 가지 예시로는 리스트 13-2에 표시된 커밋 및 롤백을 처리하는 트랜잭션 함수가 포함됩니다.

리스트 13-2. ha_pmdk.cc - 트랜잭션과 롤백 등을 포함하는 핸들러 함수

```
static int pmdk_init_func(void *p)
{
...
  pmdk_hton= (handlerton *)p;
  pmdk_hton->state=   SHOW_OPTION_YES;
  pmdk_hton->create=  pmdk_create_handler;
  pmdk_hton->flags=   HTON_CAN_RECREATE;
  pmdk_hton->tablefile_extensions= ha_pmdk_exts;

  pmdk_hton->commit= pmdk_commit;
  pmdk_hton->rollback= pmdk_rollback;
...
}
```

핸들러 클래스에 정의된 추상 함수는 퍼시스턴트 메모리와 함께 작동하도록 구현됩니다. 퍼시스턴트 메모리에 있는 객체의 내부 표현은 단일 연결 리스트(Single Linked List)를 사용하여 생성됩니다. 이 내부 자료 구조는 레코드를 하나씩 처리하는데 매우 유용하고 성능을 향상시킬 수 있게 합니다.

다양한 연산을 수행하고 데이터에 더 빠르고 쉽게 액세스하기 위해 리스트 13-3과 같이 퍼시스턴트 메모리 포인터와 관련 필드 값을 가지는 버퍼를 **row** 구조체로 표현합니다.

리스트 13-3. ha_pmdk.h - 단일 연결 리스트에 데이터를 저장하는 간단한 자료 구조

```
struct row {
  persistent_ptr<row> next;
  uchar buf[];
};
```

데이터베이스 테이블 생성

create() 함수는 테이블을 만드는 데 사용됩니다. 이 함수는 **libpmemobj**를 사용하여 퍼시스턴트 메모리에 필요한 모든 파일을 만듭니다. 리스트 13-4에 표시된 것처럼 **pmemobj_create()** 함수를 사용하여 각 테이블에 대해 새로운 **pmemobj** 유형의 풀을 만듭니다. 이 메소드는 주어진 총 **poolsize**로 트랜잭션 개체 저장소를 만듭니다. 테이블은 .obj 확장자의 형태로 생성됩니다.

리스트 13-4. 테이블 생성 메소드

```
int ha_pmdk::create(const char *name, TABLE *table_arg,
                         HA_CREATE_INFO *create_info)
{

    char path[MAX_PATH_LEN];
    DBUG_ENTER("ha_pmdk::create");
    DBUG_PRINT("info", ("create"));

    snprintf(path, MAX_PATH_LEN, "%s%s", name, PMEMOBJ_EXT);
    PMEMobjpool *pop = pmemobj_create(path, name,PMEMOBJ_MIN_POOL,
     S_IRWXU);
    if (pop == NULL) {
      DBUG_PRINT("info", ("failed : %s error number :
       %d",path,errCodeMap[errno]));
      DBUG_RETURN(errCodeMap[errno]);
    }
    DBUG_PRINT("info", ("Success"));
    pmemobj_close(pop);

    DBUG_RETURN(0);
}
```

데이터베이스 테이블 열기

테이블에서 읽기 또는 쓰기 연산이 수행되기 전에 MariaDB 서버는 데이터 및 인덱스 테이블을 열기 위해 open() 함수를 호출합니다. 이 함수는 스토리지 엔진이 시작될 때 퍼시스턴트 메모리 스토리지 엔진과 연결된 모든 명명된 테이블을 엽니다. PMEMobjpool을 보유하기 위해 새 테이블 클래스 변수인 objtab이 추가되었습니다. 열려는 테이블의 이름은 MariaDB 서버에서 제공합니다. 휘발성 메모리의 인덱스 컨테이너는 loadIndexTableFromPersistentMemory() 함수를 통해 서버 시작 시 open() 함수 호출을 사용하여 채워집니다.

libpmemobj의 pmemobj_open() 함수는 기존 객체 저장소 메모리 풀을 여는데 사용됩니다(리스트 13-5 참조). 읽기/쓰기 연산이 시작되면 테이블 생성 시 테이블도 열립니다.

리스트 13-5. ha_pmdk.cc - 데이터베이스 테이블 열기

```
int ha_pmdk::open(const char *name, int mode, uint test_if_locked)
{
...
  objtab = pmemobj_open(path, name);
  if (objtab == NULL)
    DBUG_RETURN(errCodeMap[errno]);

  proot = pmemobj_root(objtab, sizeof (root));
  // update the MAP when start occured
  loadIndexTableFromPersistentMemory();
...
}
```

스토리지 엔진이 가동되고 실행되면 데이터를 삽입할 수 있습니다. 그러나 먼저 INSERT, UPDATE, DELETE 및 SELECT 연산을 구현해야 합니다.

데이터베이스 테이블 닫기

서버가 테이블 연산을 마치면 `closeTable()` 메소드를 호출하여 `pmemobj_close()`를 사용하여 파일을 닫고 다른 리소스를 해제합니다(리스트 13-6 참조). `pmemobj_close()` 함수는 `objtab`에 표시된 메모리 풀을 닫고 메모리 풀 핸들을 삭제합니다.

리스트 13-6. ha_pmdk.cc - 데이터베이스 테이블 닫기

```
int ha_pmdk::close(void)
{
  DBUG_ENTER("ha_pmdk::close");
  DBUG_PRINT("info", ("close"));

  pmemobj_close(objtab);
  objtab = NULL;

  DBUG_RETURN(0);
}
```

INSERT 연산

INSERT 연산은 리스트 13-7에 표시된 `write_row()` 함수에서 구현됩니다. INSERT 동안 행 개체는 단일 연결 리스트에 유지됩니다. 테이블이 인덱싱된 경우 퍼시스턴트 메모리에 성공적으로 연산을 수행한 후 휘발성 메모리의 인덱스 테이블 컨테이너가 새 행 개체로 업데이트됩니다. **write_row()**는 행에 퍼시스턴트 풀 스토리지를 할당하는 것 외에도 인덱싱 컨테이너를 채우는 데 사용되기 때문에 중요한 함수입니다. **pmemobj_tx_alloc()**은 삽입 연산에 사용됩니다. **write_row()**는 주어진 크기와 **type_num**의 새 객체를 트랜잭션 방식으로 할당합니다.

리스트 13-7. ha_pmdk.cc - 새 행 데이터 쓰기

```
417 int ha_pmdk::write_row(uchar *buf)
418 {
...
421   int err = 0;
422
423   if (isPrimaryKey() == true)
424     DBUG_RETURN(HA_ERR_FOUND_DUPP_KEY);
425
426   persistent_ptr<row> row;
427   TX_BEGIN(objtab) {
428     row = pmemobj_tx_alloc(sizeof (row) + table->s->reclength, 0);
429     memcpy(row->buf, buf, table->s->reclength);
430     row->next = proot->rows;
431     proot->rows = row;
432   } TX_ONABORT {
433     DBUG_PRINT("info", ("write_row_abort errno :%d ",errno));
434     err = errno;
435   } TX_END
436   stats.records++;
437
438   for (Field **field = table->field; *field; field++) {
439     if ((*field)->key_start.to_ulonglong() >= 1) {
440       std::string convertedKey = IdentifyTypeAndConvertToString((*fie
ld)->ptr, (*field)->type(),(*field)->key_length(),1);
441       insertRowIntoIndexTable(*field, convertedKey, row);
442     }
443   }
444   DBUG_RETURN(err);
445 }
```

모든 **INSERT** 연산에서 필드 값은 기존의 중복 여부를 확인합니다. 테이블의 프라이머리 키 필드는 **isPrimaryKey()** 함수(423행)를 사용하여 확인됩니다. 키가 중복된 경우 **HA_ERR_FOUND_DUPP_KEY** 오류가 반환됩니다. **isPrimaryKey()**는 리스트 13-8에 구현되어 있습니다.

리스트 13-8. ha_pmdk.cc - 중복 프라이머리 키 확인

```
bool ha_pmdk::isPrimaryKey(void)
{
  bool ret = false;
  database *db = database::getInstance();
  table_ *tab;
  key *k;
  for (unsigned int i= 0; i < table->s->keys; i++) {
    KEY* key_info = &table->key_info[i];
    if (memcmp("PRIMARY",key_info->name.str,sizeof("PRIMARY"))==0) {
      Field *field = key_info->key_part->field;
      std::string convertedKey = IdentifyTypeAndConvertToString
      (field->ptr, field->type(),field->key_length(),1);
      if (db->getTable(table->s->table_name.str, &tab)) {
        if (tab->getKeys(field->field_name.str, &k)) {
          if (k->verifyKey(convertedKey)) {
            ret = true;
            break;
          }
        }
      }
    }
  }
  return ret;
}
```

UPDATE 연산

서버는 update_row() 함수를 호출하기 전에 UPDATE 문의 WHERE 절에서 키 값과 일치하는 행을 찾을 때까지 rnd_init() 또는 index_init() 테이블 스캔을 수행하여 UPDATE문을 실행합니다. 테이블이 인덱싱된 테이블인 경우, 이 연산이 성공한 후 인덱스 컨테이너도 업데이트됩니다. 리스트 13-9에 정의된 update_row() 함수에서 old_data 필드에는 이전 행 레코드가 포함되고 new_data에는 새 데이터가 포함됩니다.

리스트 13-9. ha_pmdk.cc - 기존 행 데이터 업데이트

```
int ha_pmdk::update_row(const uchar *old_data, const uchar *new_data)
{
...
              if (k->verifyKey(key_str))
                k->updateRow(key_str, field_str);
```

```
...
  if (current)
    memcpy(current->buf, new_data, table->s->reclength);
...
```

인덱스 테이블은 리스트 13-10에 표시된 **updateRow()** 함수를 사용하여 업데이트됩니다.

리스트 13-10. ha_pmdk.cc - 기존 행 데이터 업데이트

```
bool key::updateRow(const std::string oldStr, const std::string newStr)
{
...
  persistent_ptr<row> row_;
  bool ret = false;
  rowItr matchingEleIt = getCurrent();

  if (matchingEleIt->first == oldStr) {
    row_ = matchingEleIt->second;
    std::pair<const std::string, persistent_ptr<row> > r(newStr, row_);
    rows.erase(matchingEleIt);
    rows.insert(r);
    ret = true;
  }
  DBUG_RETURN(ret);
}
```

DELETE 연산

DELETE 작업은 **delete_row()** 함수를 사용하여 구현됩니다. 다음과 같은 세 가지 시나리오를 고려해야 합니다.

- 인덱싱된 테이블에서 인덱싱된 값 삭제
- 인덱싱된 테이블에서 인덱싱되지 않은 값 삭제
- 인덱싱되지 않은 테이블에서 필드 삭제

각 시나리오에 대해 다른 함수가 호출됩니다. 연산이 성공하면 인덱스(테이블이 인덱싱된 테이블인 경우)와 퍼시스턴트 메모리 모두에서 항목이 제거됩니다. 리스트 13-11은 세 가지 시나리오를 구현하는 로직을 보여줍니다.

리스트 13-11. ha_pmdk.cc - 기존 행 데이터 업데이트

```
int ha_pmdk::delete_row(const uchar *buf)
{
...
  // Delete the field from non indexed table
  if (active_index == 64 && table->s->keys ==0 ) {
    if (current)
      deleteNodeFromSLL();
  } else if (active_index == 64 && table->s->keys !=0 ) { // Delete non indexed column field from indexed table
    if (current) {
      deleteRowFromAllIndexedColumns(current);
      deleteNodeFromSLL();
    }
  } else { // Delete indexed column field from indexed table
  database *db = database::getInstance();
  table_ *tab;
  key *k;
  KEY_PART_INFO *key_part = table->key_info[active_index].key_part;
  if (db->getTable(table->s->table_name.str, &tab)) {
      if (tab->getKeys(key_part->field->field_name.str, &k)) {
        rowItr currNode = k->getCurrent();
        rowItr prevNode = std::prev(currNode);
        if (searchNode(prevNode->second)) {
          if (prevNode->second) {
            deleteRowFromAllIndexedColumns(prevNode->second);
            deleteNodeFromSLL();
          }
        }
      }
    }
  }
  stats.records--;

  DBUG_RETURN(0);
}
```

리스트 13-12는 `deleteRowFromAllIndexedColumns()` 함수가 `deleteRow()` 메소드를 사용하여 인덱스 컨테이너에서 값을 삭제하는 방법을 보여줍니다.

리스트 13-12. ha_pmdk.cc - 인덱스 컨테이너에서 항목 삭제

```
void ha_pmdk::deleteRowFromAllIndexedColumns(const persistent_ptr<row>
&row)
{
```

```
...
    if (db->getTable(table->s->table_name.str, &tab)) {
      if (tab->getKeys(field->field_name.str, &k)) {
        k->deleteRow(row);
      }
...
```

deleteNodeFromSLL() 메소드는 리스트 13-13에 표시된 대로 libpmemobj 트랜잭션을 사용하여 퍼시스턴트 메모리에 있는 연결 리스트에서 객체를 삭제합니다.

리스트 13-13. ha_pmdk.cc - 트랜잭션으로 연결 리스트에서 항목 삭제

```
int ha pmdk::deleteNodeFromSLL()
{
  if (!prev) {
    if (!current->next) { // When sll contains single node
      TX_BEGIN(objtab) {
        delete_persistent<row>(current);
        proot->rows = nullptr;
      } TX_END
    } else { // When deleting the first node of sll
      TX_BEGIN(objtab) {
        delete_persistent<row>(current);
        proot->rows = current->next;
        current = nullptr;
      } TX_END
    }
  } else {
    if (!current->next) { // When deleting the last node of sll
      prev->next = nullptr;
    } else { // When deleting other nodes of sll
      prev->next = current->next;
    }
    TX_BEGIN(objtab) {
      delete_persistent<row>(current);
      current = nullptr;
    } TX_END
  }
  return 0;
}
```

SELECT 연산

SELECT는 여러 함수에 필요한 중요한 연산입니다. SELECT 연산을 위해 구현된 많은 함수가 다른 함수에서도 호출됩니다. rnd_init() 함수는 인덱싱되지 않은 테이블에 대한 테이블 스캔을 준비하고 테이블 시작에 대한 카운터 및 포인터를 재설정하는 데 사용됩니다. 테이블이 인덱싱된 경우 MariaDB 서버는 index_init() 함수를 호출합니다. 리스트 13-14에 표시된 것처럼 포인터가 초기화됩니다.

리스트 13-14. ha_pmdk.cc - 시스템이 스토리지 엔진의 테이블 스캔을 수행하기를 원할 때 rnd_init()가 호출됩니다.

```
int ha_pmdk::rnd_init(bool scan)
{
...
  current=prev=NULL;
  iter = proot->rows;
  DBUG_RETURN(0);
}
```

테이블이 초기화되면 MariaDB 서버는 테이블이 인덱싱되었는지 여부에 따라 rnd_next(), index_first() 또는 index_read_map() 함수를 호출합니다. 이러한 함수는 현재 객체의 데이터로 버퍼를 채우고 반복자(iterator)를 다음 값으로 업데이트합니다. 함수는 스캔할 모든 행에 대해 한 번씩 호출됩니다.

리스트 13-15는 함수에 전달된 버퍼가 내부 MariaDB 형식의 테이블 행 내용으로 채워지는 방식을 보여줍니다. 더 이상 읽을 개체가 없으면 반환 값은 HA_ERR_END_OF_FILE 이어야합니다.

리스트 13-15. ha_pmdk.cc - 시스템이 스토리지 엔진의 테이블 스캔을 수행하기를 원할 때 rnd_init()가 호출됩니다.

```
int ha_pmdk::rnd_next(uchar *buf)
{
...
  memcpy(buf, iter->buf, table->s->reclength);
  if (current != NULL) {
    prev = current;
  }
  current = iter;
  iter = iter->next;
```

```
  DBUG_RETURN(0);
}
```

이것으로 퍼시스턴트 메모리를 지원하는 스토리지 엔진이 구현하고자 하는 기본 기능을 마칩니다. 더 많은 특징과 기능을 지원하도록 이 스토리지 엔진을 계속하여 개발하는 것을 권장합니다.

요약

이 장에서는 PMDK의 `libpmemobj`를 사용하여 인기 있는 오픈소스인 `MariaDB` 데이터베이스를 퍼시스턴트 메모리를 지원하는 스토리지 엔진으로 만느는 방법을 설명했습니다. 응용 프로그램에서 퍼시스턴트 메모리를 사용하면 계획되지 않은 시스템 종료 시에도 연속성을 제공할 수 있으며 메모리 버스 속도로 액세스할 수 있는 CPU에 데이터를 저장하여 향상된 성능을 얻을 수 있습니다. 데이터베이스 엔진은 일반적으로 성능을 위해 메모리 내 캐시를 사용하는데, 이는 워밍업 하는데 시간이 소요됩니다. 하지만, 퍼시스턴트 메모리는 응용 프로그램 시작 시 즉시 워밍업된 캐시를 제공합니다.

제 14 장 퍼시스턴트 메모리의 동시성

이 장에서는 퍼시스턴트 메모리용 다중 스레드 응용 프로그램을 구현할 때 알아야 할 사항에 대해 설명합니다. 이 장에 대한 설명은 이미 다중 스레드 프로그래밍 경험이 있고 뮤텍스(mutex), 임계 구역(critical section), 교착 상태(deadlock), 원자적 연산(atomic operation)등과 같은 기본 개념에 익숙하다고 가정합니다.

이 장의 첫 번째 섹션에서는 퍼시스턴트 메모리용 다중 스레드 응용 프로그램을 구축하기 위해 흔히 사용되는 실용적 솔루션을 강조합니다. 그리고, 동시성 측면에서 **libpmemobj** 및 **libpmemobj-cpp**와 같은 PMDK(Persistent Memory Development Kit) 트랜잭션 라이브러리의 제약 사항들을 설명합니다. 휘발성 메모리에는 문제가 없지만 트랜잭션이 중단되거나 프로세스가 장애를 일으킨 상황에서 퍼시스턴트 메모리에 데이터 불일치 문제를 일으키는 간단한 예제들을 소개합니다.

또한, 일반 뮤텍스를 퍼시스턴트 메모리에 있는 그대로 배치할 수 없는 이유에 대해 논의하고 퍼시스턴트 교착 상태(persistent deadlock)에 대해 소개합니다. 마지막으로 퍼시스턴트 메모리에 대한 락-프리 알고리즘을 구축하는 데 따르는 문제를 설명하고 이전 장에서 가시성과 영속성에 대한 논의를 계속합니다.

두 번째 섹션에서는 퍼시스턴트 메모리를 위한 동시 자료 구조를 설계하는 방법을 보여줍니다. 이 책을 출판하는 시점까지, 우리는 퍼시스턴트 메모리를 위해 두 개의 동시성 C++ 자료 구조, 즉 동시 해시 맵(concurrent hash map)과 동시 맵(concurrent map)을 개발했습니다. 시간이 지남에 따라 더 많이 추가될 것입니다. 이 장에서는 두 가지 구현에 대해 설명합니다.

모든 코드 샘플은 8장에 설명된 **libpmemobj-cpp** 라이브러리를 사용하여 C++로 구현됩니다. 이 장에서는 기능을 구현하고 **libpmemobj-cpp**는 C++ 확장 래퍼일 뿐이므로 일반적으로 **libpmemobj**를 참조합니다. 설명하는 개념들은 범용성이 있으므로 모든 프로그래밍 언어에 적용될 수 있습니다.

트랜잭션 및 멀티스레딩

컴퓨터 과학에서 ACID(원자성, 일관성, 고립성 및 지속성)는 오류, 정전 및 비정상적인 프로세스 종료 시 데이터 유효성과 일관성을 보장하기 위해 필요한 일련의 트랜잭션 속성입니다. 7장에서는 PMDK 트랜잭션과 해당 ACID 속성을 소개했습니다. 이 장에서는 퍼시스턴트 메모리에 대한 다중 스레드 프로그램의 관련성에 중점을 둡니다. 16장에서는 `libpmemobj` 트랜잭션의 내부를 살펴보겠습니다.

리스트 14-1의 프로그램은 `root` 객체 내에 저장된 `counter`가 여러 스레드에 의해 동시에 증가되는 것을 보여줍니다. 프로그램은 퍼시스턴트 메모리 풀을 열고 `counter` 값을 출력합니다. 그런 다음 각각 `increment()` 함수를 호출하는 10 개의 스레드를 실행합니다. 모든 스레드가 성공적으로 완료되면 프로그램은 `counter`의 최종 값을 인쇄합니다.

리스트 14-1. PMDK 트랜잭션이 자동으로 고립성을 지원하지 않음을 보여주는 예제

```
using namespace std;
namespace pobj = pmem::obj;

struct root {
    pobj::p<int> counter;
};

using pop_type = pobj::pool<root>;

void increment(pop_type &pop) {
    auto proot = pop.root();
    pobj::transaction::run(pop, [&] {
        proot->counter.get_rw() += 1;
    });
}

int main(int argc, char *argv[]) {
    pop_type pop =
        pop_type::open("/pmemfs/file", "COUNTER_INC");

    auto proot = pop.root();

    cout << "Counter = " << proot->counter << endl;

    std::vector<std::thread> workers;
    workers.reserve(10);
```

```
67     for (int i = 0; i < 10; ++i) {
68         workers.emplace_back(increment, std::ref(pop));
69     }
70
71     for (int i = 0; i < 10; ++i) {
72         workers[i].join();
73     }
74
75     cout << "Counter = " << proot->counter << endl;
76
77     pop.close();
78     return 0;
79 }
```

리스트 14-1의 프로그램이 최종 카운터 값 10을 인쇄한다고 예상할 수 있습니다. 하지만, PMDK 트랜잭션은 ACID 속성 집합으로부터의 고립성을 자동으로 지원하지 않습니다. 53행의 `increment` 연산의 결과는 현재 트랜잭션이 54행에서 암시적으로 업데이트를 실행하기 전에 다른 동시 트랜잭션에서 볼 수 있습니다. 즉, 이 예에서는 간단한 데이터 경쟁이 발생합니다. 경쟁 조건 (race condition)은 두 개 이상의 스레드가 공유 데이터에 액세스할 수 있고 동시에 변경하려고 할 때 발생합니다. 운영체제의 스레드 스케줄링 알고리즘은 언제든지 스레드들의 실행 순서를 바꿀 수 있으므로 응용 프로그램은 스레드가 공유 데이터에 어떤 순서로 접근하는지 알 수가 없습니다. 따라서 데이터를 변경한 결과는 스레드 스케줄링 알고리즘에 따라 달라집니다. 즉, 두 스레드 모두 데이터에 액세스/변경하기 위해 "경쟁" 합니다.

이 예제를 여러 번 실행하면 결과가 실행에 따라 달라집니다. 우리는 리스트 14-2와 같이 카운터 증가 전에 뮤텍스 잠금을 획득하여 경쟁 조건을 해결할 수 있습니다.

리스트 14-2. PMDK 트랜잭션 내부의 잘못된 동기화 예제

```
46 struct root {
47     pobj::mutex mtx;
48     pobj::p<int> counter;
49 };
50
51 using pop_type = pobj::pool<root>;
52
53 void increment(pop_type &pop) {
```

```
54     auto proot = pop.root();
55     pobj::transaction::run(pop, [&] {
56         std::unique_lock<pobj::mutex> lock(proot->mtx);
57         proot->counter.get_rw() += 1;
58     });
59 }
```

- **47행** : root 자료 구조에 mutex를 추가했습니다.
- **56행** : 경쟁 조건을 피하기 위해 counter 값을 증가시키기 전에 트랜잭션 내에서 뮤텍스 잠금을 획득했습니다. 각 스레드는 뮤텍스로 보호되는 임계 구역 내에서 카운터를 증가시킵니다.

이제 이 예제를 여러 번 실행하면 퍼시스턴트 메모리에 저장된 counter 값이 항상 1 씩 증가합니다. 하지만 아직 끝나지 않았습니다. 불행히도, 리스트 14-2의 예제도 잘못되었으며 퍼시스턴트 메모리에서 데이터 불일치 문제를 일으킬 수 있습니다. 이 예제는 트랜잭션 중단이 없는 경우 잘 작동합니다. 하지만, 락이 해제된 상태에서 퍼시스턴트 메모리에 대한 업데이트를 성공적으로 완료하고 커밋하기 전에 트랜잭션이 중단되면, 다른 스레드가 캐싱된 카운터의 값을 읽어 데이터 불일치 문제를 일으킬 수 있습니다. 문제를 제대로 이해하려면 libpmemobj 트랜잭션이 내부적으로 어떻게 작동하는지 알아야합니다. 지금은 이 문제를 이해하는 데 필요한 세부 사항만 논의하고 트랜잭션과 트랜잭션 구현에 대한 심층적인 논의는 16장에서 진행하겠습니다.

libpmemobj 트랜잭션은 실행 취소 로그의 변경 사항을 추적하여 원자성을 보장합니다. 실패 또는 트랜잭션 중단의 경우 실행되지 않은 변경 사항의 이전 값이 실행 취소 로그에서 복원됩니다. 실행 취소 로그가 스레드 특정 독립체라는 것을 아는 것이 중요합니다. 즉, 각 스레드는 다른 스레드의 실행 취소 로그와 동기화되지 않은 자체 실행 취소 로그를 가집니다.

그림 14-1은 리스트 14-2에서 increment() 함수를 호출할 때 트랜잭션 내에서 일어나는 일의 내부를 보여줍니다. 설명을 위해 두 개의 스레드만 사용합니다. 각 스레드는 동시 트랜잭션을 실행하여 퍼시스턴트 메모리에 할당된 counter 값을 증가시킵니다. counter의 초기값은 0 이고 첫 번째 스레드는 락을 획득하고 두 번째 스레드는 대기한다고 가정합니다. 임계 구역 내에서 첫 번째 스레드는 counter의 초기 값을 실행 취소 로그에 추가하고 증가시킵니다. 실행 흐름이 람

다 범위를 벗어나면 트랜잭션이 퍼시스턴트 메모리에 업데이트를 하지 않았더라도 뮤텍스가 해제됩니다. 변경 사항은 두 번째 스레드에 즉시 표시됩니다. 사용자가 제공한 람다가 실행된 후 트랜잭션은 모든 변경 사항을 퍼시스턴트 메모리에 플러시하여 변경 사항을 커밋된 것으로 표시해야합니다. 동시에 두 번째 스레드는 현재 1 인 `counter`의 현재 값을 실행 취소 로그에 추가하고 증가 작업을 수행합니다. 현재 커밋되지 않은 두 개의 트랜잭션이 있습니다. Thread 1의 실행 취소 로그에는 `counter=0` 이 포함되고 Thread 2의 실행 취소 로그에는 `counter=1` 이 포함됩니다. Thread 2가 트랜잭션을 커밋하고 Thread 1이 어떤 이유로(충돌 또는 중단) 트랜잭션을 중단하면 `counter`의 잘못된 값이 Thread 1의 실행 취소 로그에서 복원됩니다.

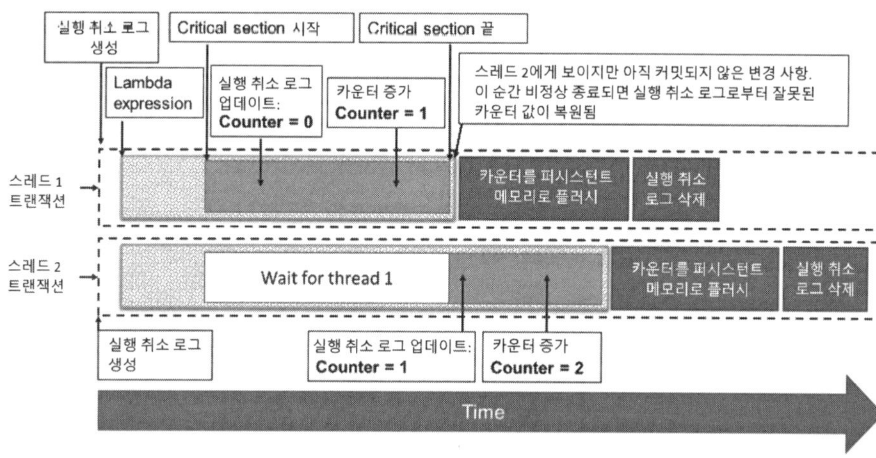

그림 14-1. 리스트 14-2 예제의 실행 그림

해결 방법은 트랜잭션이 완전히 커밋되고 데이터가 퍼시스턴트 메모리로 성공적으로 플러시 될 때까지 뮤텍스를 유지하는 것입니다. 그렇지 않으면 한 트랜잭션에 의해 변경된 사항이 지속되고 커밋되기 전에 동시에 트랜잭션에 표시됩니다. 리스트 14-3은 `increment()` 함수를 올바르게 구현하는 방법을 보여줍니다.

리스트 14-3. 동시 PMDK 트랜잭션의 올바른 예제

```
void increment(pop_type &pop) {
    auto proot = pop.root();
    pobj::transaction::run(pop, [&] {
        proot->counter.get_rw() += 1;
    }, proot->mtx);
}
```

libpmemobj API를 사용하면 트랜잭션의 전체 기간 동안 획득 및 보유해야하는 락을 지정할 수 있습니다. 리스트 14-3 예제에서 proot->mtx 뮤텍스 객체를 세 번째 매개 변수로 run() 함수에 전달합니다.

퍼시스턴트 메모리와 뮤텍스

이전 예제에서는 표준 템플릿 라이브러리에서 제공하는 일반 std::mutex 대신 root 자료 구조에서 mtx 멤버의 유형으로 pmem::obj::mutex를 사용했습니다. mtx 개체는 퍼시스턴트 메모리에 상주하는 root 개체의 멤버입니다. std::mutex 유형은 퍼시스턴트 교착 상태를 유발할 수 있으므로 퍼시스턴트 메모리에서 사용할 수 없습니다.

뮤텍스를 유지하는 동안 응용 프로그램 충돌이 발생하면 지속적인 교착 상태가 발생합니다. 프로그램이 시작 시 뮤텍스를 해제하거나 다시 초기화하지 않으면, 이를 획득하려는 스레드가 영원히 대기하게 됩니다. 이러한 상황을 피하기 위해 libpmemobj는 퍼시스턴트 메모리에 상주하는 동기화 기본 요소를 제공합니다. 동기화 기본 요소의 주요 기능은 퍼시스턴트 오브젝트 스토리지 풀이 열릴 때마다 자동으로 다시 초기화되는 것입니다.

C++ 개발자를 위해 libpmemobj-cpp 라이브러리는 표 14-1에 표시된 C++11과 유사한 동기화 기본 요소를 제공합니다.

표 14-1. libpmemobj++ 라이브러리에서 제공하는 동기화 기본 요소

Class	Description
pmem::obj::mutex	이 클래스는 C ++ 11 std::mutex의 동작과 동일하게 동작하는 퍼시스턴트 메모리용 뮤텍스의 구현입니다. 이 클래스는 Mutex 및 StandardLayoutType의 모든 요구 사항을 충족합니다.
pmem::obj::timed_mutex	이 클래스는 C ++ 11 std::timed_mutex의 동작과 동일하게 동작하는 퍼시스턴트 메모리용 timed_mutex의 구현입니다. 이 클래스는 TimedMutex 및 StandardLayoutType의 모든 요구 사항을 충족합니다.

Class	Description
`pmem::obj::shared_mutex`	이 클래스는 C ++ 17 std::shared_mutex의 동작과 동일하게 동작하는 퍼시스턴트 메모리용 shared_mutex의 구현입니다. 이 클래스는 SharedMutex 및 StandardLayoutType의 모든 요구 사항을 충족합니다.
`pmem::obj::condition_variable`	이 클래스는 C ++ 11 std::condition_variable의 동작과 동일하게 동작하는 퍼시스턴트 메모리용 condition_variable의 구현입니다. 이 클래스는 StandardLayoutType의 모든 요구 사항을 충족합니다.

C 개발자를 위해 **libpmemobj** 라이브러리는 표 14-2에 표시된 **pthread**와 유사한 동기화 기본 요소를 제공합니다. 퍼시스턴트 메모리를 지원하는 락 구현은 표준 POSIX 스레드 라이브러리를 기반으로 하며 표준 **pthread** 락과 유사한 시멘틱을 제공합니다.

표 14-2. libpmemobj 라이브러리에서 제공하는 동기화 기본 요소

Structure	Description
PMEMmutex	이 자료 구조는 `pthread_mutex_t`와 유사한 퍼시스턴트 메모리 용 뮤텍스입니다.
PMEMrwlock	이 자료 구조는 `pthread_rwlock_t`와 유사한 퍼시스턴트 메모리 용 read-write 락입니다.
PMEMcond	이 자료 구조는 `pthread_cond_t`와 유사한 퍼시스턴트 메모리 용 조건 변수 (condition variable) 구현입니다.

C 및 C++ 개발자들은 이러한 편리한 퍼시스턴트 메모리용 동기화 기본 요소들을 사용할 수 있습니다. 하지만, 개발자가 특정 사용 사례에 더 적합한 사용자 지정 동기화 개체를 사용하려는 경우 어떻게 해야 할까요? 앞서 언급했듯이 퍼시스턴트 메모리를 지원하는 동기화 기본 요소의 주요 기능은 퍼시스턴트 메모리 풀을 열 때마다 다시 초기화하는 것입니다. **libpmemobj-cpp** 라이브러리는 퍼시스턴트 메모리 풀이 열릴 때마다 사용자 제공 유형을 다시 초기화하는, 보다 일반적인 메커니즘을 제공합니다.

libpmemobj-cpp는 퍼시스턴트 자료 구조 내에 휘발성 필드를 만들 수 있는 **pmem::obj::v<T>** 클래스 템플릿을 제공합니다. 뮤텍스 개체는 의미상 휘발성 객체이며 뮤텍스의 상태는 응용 프로그램을 다시 시작해도 유지되지 않아야합니

다. 응용 프로그램을 다시 시작할 때 뮤텍스 개체는 락이 해제된 상태여야 합니다. **pmem::obj::v<T>** 클래스 템플릿은 이러한 용도로 사용됩니다. 리스트 14-4는 퍼시스턴트 메모리에서 **std::mutex**와 함께 **pmem::obj::v<T>** 클래스 템플릿을 사용하는 방법을 보여줍니다.

리스트 14-4. 퍼시스턴트 메모리에서 std::mutex 사용을 보여주는 예제

```
38 namespace pobj = pmem::obj;
39
40 struct root {
41     pobj::experimental::v<std::mutex> mtx;
42 };
43
44 using pop_type = pobj::pool<root>;
45
46 int main(int argc, char *argv[]) {
47     pop_type pop =
48         pop_type::open("/pmemfs/file", "MUTEX");
49
50     auto proot = pop.root();
51
52     proot->mtx.get().lock();
53
54     pop.close();
55     return 0;
56 }
```

- **41행** : 퍼시스턴트 메모리의 루트 객체 내에 **mtx** 객체만 저장합니다.
- **47–48행** : “MUTEX4”라는 레이아웃 이름으로 퍼시스턴트 메모리 풀을 엽니다.
- **50행** : 풀 내의 루트 자료 구조에 대한 포인터를 얻습니다.
- **52행** : 뮤텍스를 획득합니다.
- **54–56행** : 풀을 닫고 프로그램을 종료합니다.

보시다시피 **main()** 함수 내에서 명시적으로 뮤텍스의 락을 해제하지 않습니다. 이 예제를 여러 번 실행하면 **main()** 함수는 항상 52행에서 뮤텍스를 잠글 수 있습니다. 이는 **pmem::obj::v<T>** 클래스 템플릿이 **std::mutex** 객체가 래핑된 기본 생성자를 암시적으로 호출하기 때문입니다. 생성자는 퍼시스턴트 메모리 풀을 열 때마다 호출되므로 락이 이미 획득된 상황이 발생하지 않습니다.

41행의 `mtx` 객체 유형을 `pobj::experimental::v<std::mutex>`에서 `std::mutex`로 변경하고 프로그램을 다시 실행하려고 하면 52행에서 두 번째 실행 중에 예제가 중단됩니다. `mtx` 객체는 처음 실행하는 동안 잠겼고 락을 해제하지 않았기 때문입니다.

퍼시스턴트 메모리와 원자적 연산

원자적 연산은 그림 14-1에 설명된 이유로 PMDK 트랜잭션 내에서 사용할 수 없습니다. 트랜잭션 내부의 원자적 연산에 의해 변경된 내용은 트랜잭션이 실행되기 전에 다른 동시 스레드에 표시됩니다. 비정상적인 프로그램 종료 또는 트랜잭션 중단의 경우 데이터 불일치 문제가 강제됩니다. 그러므로 메모리에서 상태를 원자적으로 업데이트하여 동시성이 달성되는 락-프리 알고리즘을 고려하십시오.

퍼시스턴트 메모리와 락-프리 알고리즘

직관적으로 생각해 보았을 때 퍼시스턴트 메모리는 락-프리 알고리즘에 적합합니다. 락-프리 알고리즘에서 스레드 안전성은 일관된 상태 간의 원자적 전환에 의해 달성되며, 이것이 바로 퍼시스턴트 메모리에서 데이터 일관성을 지원하는데 필요한 것입니다. 그러나 이 가정이 항상 옳은 것은 아닙니다.

락-프리 알고리즘의 문제를 이해하려면 퍼시스턴트 메모리가 있는 시스템에는 일반적으로 가상 메모리 하위 시스템이 휘발성 및 퍼시스턴트(2장에서 설명)의 두 도메인으로 나뉘는 것을 기억해야 합니다. 원자적 연산의 결과는 캐시 일관성 프로토콜을 사용하는 CPU 캐시의 데이터만 업데이트할 수 있습니다. 명시적 플러시 작업이 호출되지 않는 한 데이터가 플러시 된다는 보장은 없습니다. CPU 캐시는 eADR을 지원하는 플랫폼의 영속성 도메인에만 포함됩니다. 퍼시스턴트 메모리에는 필수가 아닙니다. ADR은 퍼시스턴트 메모리에 대한 최소 플랫폼 요구 사항이며, 이 경우 CPU 캐시는 정전 시 플러시 되지 않습니다.

그림 14-2는 ADR을 지원하는 시스템을 가정합니다. 이 예시에서는 퍼시스턴트 메모리에 있는 단일 연결 리스트에 대한 동시 락-프리 삽입 연산을 보여줍니다. 두 스레드가 비교 및 교환(`CMPXCHG` 명령) 연산과 캐시 플러시 연산 (`CLWB` 명령)을 사용하여 연결 리스트의 끝에 새 노드를 삽입하려고 합니다. Thread 1이 비교 및

교환으로 성공한다고 가정하면, 변경 사항은 휘발성 도메인에 나타나고 두 번째 스레드에 표시됩니다. 이때 Thread 1은 선점될 수 있으며(변경 사항은 퍼시스턴트 도메인으로 플러시되지 않음), Thread 2는 노드 4 다음에 노드 5를 삽입하고 이를 퍼시스턴트 도메인으로 플러시합니다. Thread 2가 아직 Thread 1에 의해 영속되지 않은 데이터를 기반으로 업데이트를 수행했기 때문에 데이터 불일치가 발생할 가능성이 있습니다.

그림 14-2. 퍼시스턴트 메모리에 있는 단일 연결 리스트에 대한 동시 락-프리 삽입 작업의 예시

퍼시스턴트 메모리용 동시 자료 구조

이 섹션에서는 libpmemobj-cpp 라이브러리에서 사용할 수 있는 두 가지 동시 자료 구조인 pmem::obj::concurrent_map 및 pmem::obj::concurrent_hash_map에 대해 설명합니다. 둘 다 키 및 값 쌍의 모음으로 구성된 연관 자료 구조이므로 각 키가 모음에 최대 한 번만 표시됩니다. 이 두 자료 구조의 주요 차이점은 동시 해시 맵은 순서가 지정되지 않은 반면 동시 맵은 키로 정렬된다는 것입니다.

이 컨텍스트에서 동시성을 다중 스레드가 액세스 할 수 있도록 자료 구조를 구성하는 방법으로 정의합니다. 이러한 자료 구조는 여러 스레드가 추가 동기화 없이 자료 구조의 메소드를 동시에 호출할 수 있는 병렬 컴퓨팅 환경에서 사용하기 위한 것입니다.

C++ 표준 템플릿 라이브러리(STL) 자료 구조는 안전하게 동시 액세스하기 위해 한 번에 하나의 스레드만 컨테이너에서 작동하도록 촘촘하지 않은(coarse-grained) 뮤텍스로 포장할 수 있습니다. 그러나 이런 접근 방식은 동시성을 제거하므로 성능이 중요한 코드에서 사용될 경우 병렬 속도 향상이 제한됩니다. 동시 자료 구조를 설계하는 것은 어려운 일입니다. 퍼시스턴트 메모리를 위한 동시 자료 구조를 개발하고 결함성을 감내하도록 하는 것은 난도를 더욱 증가시킵니다.

pmem::obj::concurrent_map 및 pmem::obj::concurrent_hash_map 구조는 휘발성 메모리용으로 설계된 동시 자료 구조의 구현을 제공하는 Intel TBB(Intel Threading Building Block)[5]에서 영감을 얻었습니다. 더 많은 정보를 얻고 응용 프로그램에서 이런 동시 자료 구조를 사용하는 방법을 배우고 싶으면 'Pro TBB: Parallel Programming with Threading Building Blocks'[6] 책을 참고하시기 바랍니다. 무료 전자 사본은 https://www.apress.com/gp/book/9781484243978 Apress에서 구할 수 있습니다.

동시 자료 구조에는 find, insert 및 erase/delete 세 가지 주요 메소드가 있습니다. 이 세 가지 메소드에 중점을 두고 각 자료 구조를 설명하겠습니다.

동시 정렬 맵

퍼시스턴트 메모리(pmem::obj::concurrent_map)에 대한 동시 정렬 맵의 구현은 동시 스킵리스트 자료 구조를 기반으로 합니다. Intel TBB에서는 tbb::concurrent_map을 제공합니다. 이 tbb::concurrent_map은 퍼시스턴트 메모리 포트의 기준선으로 사용하는 휘발성 메모리용으로 설계되었습니다. 동시 스킵리스트 자료 구조는 락-프리 알고리즘으로 구현할 수 있습니다. 그러나 인텔은 단순성과 확장성이 좋다고 알려진 세밀한(fine-grained) 락을 사용하는 'provably correct scalable concurrent skip list'[7] 구현을 선택했습니다. 그림 14-3은 스킵리스트 자료 구조의 기본 개념을 보여줍니다. 이것은 하위 계층이 정렬된 연결리스트인 다중 계층 연결리스트와 같은 자료 구조입니다. 각 상위 계층은 다음 리스트에 대한 "고속도로" 역할을 하며 조회 연산중에 요소를 건너뛸 수 있습니다. 계층 i의 요소는 고정된 확률 p(이 구현에서는 p=1/2)로 계층 i+1에 나타납니다. 즉, 특정 높이의 노드의 빈도는 높이에 따라 기하급수적으로 감소합니다. 이러한 속성을 사용하면 조회, 삽입 및 삭제 작업에 대해 O(log n)의 평균 시간 복잡성을 달성할 수 있습니다. O(log n)는 실행 시간이 "log n"에 비례하여 증가함을 의미합니다.

---

5) Intel Thread Building Blocks library (https://github.com/intel/tbb).

6) Michael Voss, Rafael Asenjo, James Reinders. C++ Parallel Programming with Threading Building Blocks; Apress, 2019; ISBN-13 (electronic): 978-1-4842-4398-5; https://www.apress.com/gp/book/9781484243978.

7) M. Herlihy, Y. Lev, V. Luchangco, N. Shavit. A provably correct scalable concurrent skip list. In OPODIS '06: Proceedings of the 10th International Conference On Principles Of Distributed Systems, 2006; https://www.cs.tau.ac.li/~shanir/nir-pubs-web/Papers/OPODIS2006-BA.pdf.

위키피디아에서 Big O 표기법에 대해 더 자세히 알아볼 수 있습니다(https://en.wikipedia.org/wiki/Big_O_notation).

pmem::obj::concurrent_map 구현의 경우 find 및 insert 연산은 스레드로부터 안전하며 추가 동기화 없이 다른 find 및 insert 연산과 동시에 호출할 수 있습니다.

Find 연산

find 작업은 데이터의 수정을 발생시키지 않기 때문에 데이터 일관성 문제를 처리할 필요가 없습니다. 대상 요소에 대한 lookup 연산은 항상 최상위 계층에서 시작됩니다. 알고리즘은 다음 요소가 대상보다 크거나 같을 때까지 수평으로 진행됩니다. 그런 다음 현재 레벨에서 더 진행할 수 없는 경우, 다음 하위 리스트로 내려갑니다. 그림 14-3은 key=9 인 요소에 대해 find 연산이 작동하는 방식을 보여줍니다. 찾기는 가장 높은 레벨에서 시작하여 즉시 더미 헤드 노드에서 key=4 인 노드로 이동하고 key가 1, 2, 3 인 노드는 건너뜁니다. key=4 인 노드에서는 검색이 두 레이어 아래로 내려가 key=8 인 노드에 도착합니다. 그런 다음 레이어를 하나 더 내려가 key=9의 원하는 노드로 이동합니다.

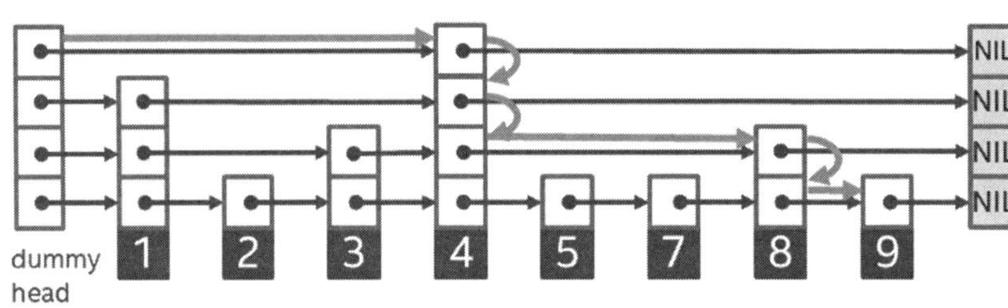

그림 14-3. 스킵리스트 자료 구조에서 key=9 찾기

find 작업은 기다릴 필요가 없습니다. 즉, 모든 find 작업은 알고리즘이 수행하는 단계의 수에 의해서만 제한됩니다. 그리고, 스레드는 다른 스레드의 활동과 관계없이 연산을 마치는 것이 보장됩니다. pmem::obj::concurrent_map의 구현은 다음 노드에 대한 포인터를 읽을 때 원자적 로드 및 획득(load-with-acquire)의 메모리 시멘틱을 사용합니다.

Insert 연산

그림 14-4에 표시된 insert 연산은 스레드 안전성을 위해 세밀한 락 스키마를

사용하며 key=7 인 새 노드를 리스트에 삽입하는, 다음과 같은 기본 단계로 구성됩니다.

1. 임의로 생성된 높이로 새 노드를 할당합니다.
2. 새 노드를 삽입할 위치를 찾습니다. 각 레벨에서 선행 노드와 후속 노드를 찾아야 합니다.
3. 각 선행 노드에 대한 락을 획득하고 후속 노드가 변경되지 않았는지 확인합니다. 후속 노드가 변경된 경우 알고리즘은 2 단계로 돌아갑니다.
4. 맨 아래부터 시작해 모든 레벨에 새 노드를 삽입합니다. find 연산은 락이 필요 없기 때문에 스토어 및 릴리즈(store-with-release) 메모리 시멘틱을 사용하여 각 레벨의 포인터를 원자적으로 업데이트해야 합니다.

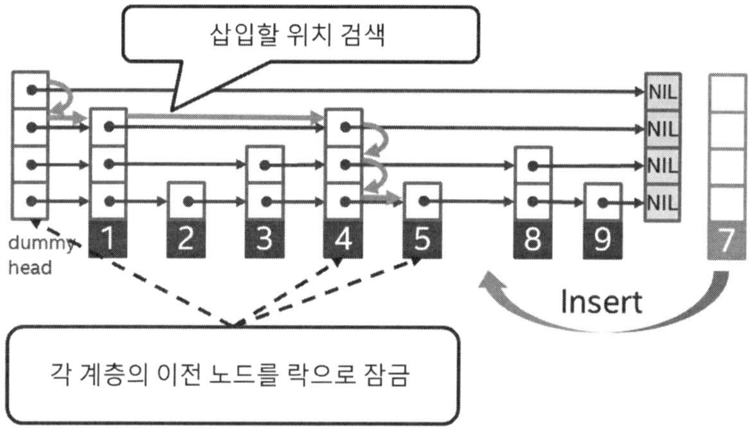

그림 14-4. 스킵리스트 자료 구조에 key=7인 새 노드 삽입

앞에서 설명한 알고리즘은 스레드로부터 안전하지만 퍼시스턴트 메모리에서의 내결함성을 지원하기에는 충분하지 않습니다. 프로그램이 알고리즘의 첫 번째 단계와 네 번째 단계 사이에 예기치 않게 종료되면 퍼시스턴트 메모리 누수가 발생할 수 있습니다.

pmem::obj::concurrent_map의 구현은 트랜잭션이 고립성를 지원하지 않고, 트랜잭션을 사용하지 않으면 더 나은 성능을 얻을 수 있기 때문에 데이터 일관성을 지원하기 위해 트랜잭션을 사용하지 않습니다. 이 연결리스트 자료 구조의 경우, 새로 할당된 노드에 항상 접근할 수 있고(퍼시스턴트 메모리 누수 방지를 위해) 연결리스트 자료 구조가 항상 유효하기 때문에 데이터 일관성이 유지됩니다. 이 두 속성을 지원하기 위해 동시 스킵리스트 자료 구조의 구성원인 퍼시스턴트 스레드-로컬 스토리지가 사용됩니다. 퍼시스턴트 스레드-로컬 스토리지는 각 스레드가 퍼시스턴트 메모리에 고유한 위치를 가지도록 보장해 새 노드에 대한 퍼시스턴트 메모리 할당 결과를 제공합니다.

그림 14-5는 내결함성 `insert` 알고리즘의 접근 방식을 보여줍니다. 스레드가 새 노드를 할당할 때 해당 노드에 대한 포인터는 퍼시스턴트 스레드-로컬 스토리지에 유지되며 이 퍼시스턴트 스레드-로컬 스토리지를 통해 노드에 접근할 수 있습니다. 그런 다음 알고리즘은 앞에서 설명한 스레드 안전 알고리즘을 사용하여 새 노드를 모든 레이어에 연결하여 스킵리스트에 삽입합니다. 마지막으로, 스킵리스트 자체를 통해 새 노드에 접근할 수 있기 때문에 퍼시스턴트 스레드-로컬 스토리지의 포인터가 제거됩니다. 실패한 경우 특정 함수가 퍼시스턴트 스레드-로컬 스토리지의 0이 아닌 모든 포인터를 탐색하고 `insert` 연산을 완료합니다.

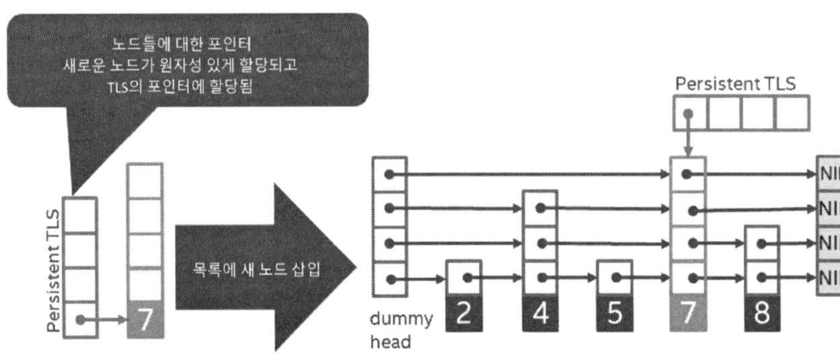

그림 14-5. 퍼시스턴트 스레드-로컬 스토리지를 사용하는 내결함성 insert 연산

Erase 연산

`pmem::obj::concurrent_map`에 대한 `erase` 연산의 구현은 스레드로부터 안전하지 않습니다. 이는 가비지 컬렉터 없이 C++에서 해결하기 어려운 메모리 재확보 문제이기 때문에 동시 정렬 맵의 다른 메소드와 동시에 호출할 수 없습니다. 스레드로부터 안전한 방식으로 스킵리스트에서 노드를 논리적으로 추출하는 방법이 있지만, 다른 스레드가 여전히 노드에 액세스할 수 있기 때문에 제거된 노드를 삭제하는 안전한 시기를 결정하기란 간단하지 않습니다. 해저드 포인터와 같은 솔루션이 있지만, `find` 및 `insert` 연산의 성능에 영향을 미칠 수 있습니다.

동시 해시 맵

퍼시스턴트 메모리용으로 설계된 동시 해시 맵은 Intel TBB에 있는 `tbb::concurrent_hash_map`을 기반으로 합니다. 구현은 버킷에 할당된 요소가 키에서 계산되는 해시 코드를 기반으로 하는 동시 해시 테이블 알고리즘을 기초로 합니다. 동시 `find`, `insert` 및 `erase` 연산 외에도 이 알고리즘은 동시 크기 조정 및 요구에 따른 버킷 단위 리해싱을 사용합니다[8].

그림 14-6은 동시 해시 테이블의 기본 개념을 보여줍니다. 해시 테이블은 버킷의 배열로 구성되며 각 버킷은 노드 리스트와 읽기-쓰기 락으로 구성되어 여러 스레드의 동시 액세스를 제어합니다.

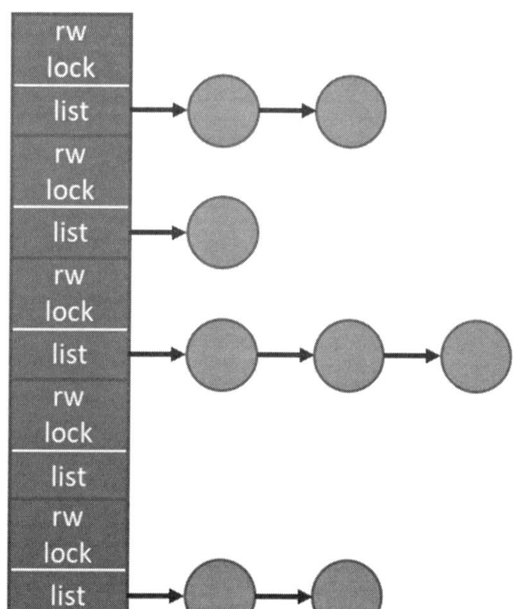

그림 14-6. 동시 해시 맵 자료 구조

Find 연산

`find` 연산은 해시 맵 상태를 변경하지 않는 읽기 전용 이벤트입니다. 따라서 `find` 요청을 수행하는 동안 데이터 일관성이 유지됩니다. `find` 연산은 먼저 대상

8) Anton Malakhov. Per-bucket concurrent rehashing algorithm, 2015, arXiv:1509.02235v1; https://arxiv.org/ftp/arxiv/papers/1509/1509.02235.pdf.

키에 대한 해시값을 계산하여 작동하고, 해당 버킷에 대한 읽기 락을 획득합니다. 읽기 락은 버킷을 읽는 동안 버킷에 대한 동시 수정이 없음을 보장합니다. 버킷 내에서 find 연산은 노드 리스트를 통해 선형 검색을 수행합니다.

Insert 연산

동시 해시 맵의 insert 메소드는 동시 스킵리스트 자료 구조와 동일한 방법을 사용하여 데이터 일관성을 지원합니다. 작업은 다음 단계로 구성됩니다.

1. 새 노드를 할당하고 퍼시스턴트 스레드-로컬 스토리지에 새 노드에 대한 포인터를 할당합니다.
2. 새 노드의 해시값을 계산하고 해당 버킷을 찾습니다.
3. 버킷에 대한 쓰기 락을 획득합니다.
4. 새 노드를 노드 리스트에 연결하여 버킷에 삽입합니다. 포인터가 하나만 업데이트되므로 트랜잭션이 필요하지 않습니다.

Erase 연산

erase 연산은 insert(반대 연산)과 유사하지만 구현은 insert보다 훨씬 간단합니다. erase 구현은 필요한 버킷에 대한 쓰기 락을 획득하고 트랜잭션을 사용하여 해당 버킷 내의 노드 리스트에서 해당 노드를 제거합니다.

요약

퍼시스턴트 메모리용 응용 프로그램을 만드는 것은 어려운 작업이지만, 퍼시스턴트 메모리용 다중 스레드 응용 프로그램을 만드는 것은 더 어렵습니다. 여러 스레드가 퍼시스턴트 메모리에서 동일한 데이터를 업데이트할 수 있는 경우 다중 스레드 환경에서 데이터 일관성을 처리해야 합니다.

동시 응용 프로그램을 개발하는 경우 데이터를 퍼시스턴트 메모리에 저장하도록 설계된 동시 자료 구조를 제공하는 기존 라이브러리를 사용하는 것이 좋습니다. 일반적인 알고리즘이 필요에 맞지 않는 경우에만 사용자 지정 알고리즘을 개발해야 합니다. pmem::obj::concurrent_hash_map 및 pmem::obj::concurrent_ map을 사용하여 구현되는 9장에 설명된 pmemkv의 동시 cmap 및 csmap 엔진 구현을 각각 참조하십시오.

사용자 지정 다중 스레드 알고리즘을 개발해야 하는 경우 PMDK 트랜잭션의 동시 실행 제한 사항에 유의하십시오. 이 장에서는 트랜잭션이 즉시 고립을 자동으로 제공하지 않음을 보여줍니다. 한 트랜잭션 내에서 변경된 내용은 커밋되기 전에 다른 동시 트랜잭션에 표시됩니다. 알고리즘에 필요한 경우 추가 동기화를 구현해야 합니다. 또한, 트랜잭션 없이 락-프리 알고리즘을 구축하는 동안 트랜잭션 내에서 원자적 연산을 사용할 수 없다는 점을 설명합니다. 플랫폼이 eADR을 지원하지 않는 경우 이는 매우 복잡한 작업입니다.

제 15 장 프로파일링 및 성능

소개

이 장에서는 먼저 메모리 및 스토리지 성능을 분석하는데 필요한 일반적인 개념을 설명하고, 퍼시스턴트 메모리를 고성능 비휘발성 스토리지 또는 대용량 휘발성 메모리로 사용할 수 있는 기회를 찾아내는 방법에 대해 설명합니다. 그런 다음 최상의 성능을 달성하기 위해 코드를 최적화하는 데 도움이 되는 도구와 기술을 설명합니다.

성능 분석에는 응용 프로그램, 시스템 및 하드웨어 성능에 대한 특정 데이터 및 메트릭을 수집하는 도구가 필요합니다. 이 장에서는 인텔 VTune 프로파일러를 사용하여 이 데이터를 수집하는 방법에 대해 설명합니다. 다양한 데이터 수집 옵션을 사용할 수 있고, 여기서 설명하는 기술은 데이터 수집 방법과 관계없이 유의미합니다.

성능 분석 개념

퍼시스턴트 메모리의 성능 분석을 위한 대부분의 개념은 공유 메모리 프로그램 또는 스토리지 병목 현상의 성능 분석을 위해 이미 설정된 개념과 유사합니다. 이 섹션에서는 퍼시스턴트 메모리 성능을 프로파일링하고 최적화하기 위해 이해해야 하는 몇 가지 중요한 성능 고려 사항에 대해 설명하고 이 장에서 사용하는 용어와 상황을 정의합니다.

컴퓨팅 바운드 vs. 메모리 바운드

성능 최적화에는 주로 현재 성능 병목 현상을 식별하고 개선하는 작업이 포함됩니다. 컴퓨팅 바운드 워크로드의 성능은 일반적으로 CPU가 주기 당 처리할 수 있는 명령 수에 제한됩니다. 예를 들어, 많은 종속성 없이 매우 압축된 데이터에 대해 많은 계산을 수행하는 응용 프로그램은 일반적으로 컴퓨팅 바운드됩니다. 이러한 유형의 워크로드는 CPU가 빠를수록 더 빠르게 실행됩니다. 컴퓨팅 바운드 응용 프로그램은 일반적으로 100%에 가까운 높은 CPU의 사용률을 갖습니다.

대조적으로, 메모리 바운드 워크로드의 성능은 일반적으로 메모리 하위 시스템과 캐시 및 시스템 메모리에서 데이터를 가져오는 긴 지연 시간에 제한됩니다. 예를 들어 DRAM 자료 구조에서 데이터에 임의로 액세스하는 응용 프로그램이 있습니다. 이 경우 더 많은 컴퓨팅 자원을 추가해도 응용 프로그램의 성능은 개선되지는 않습니다. 성능 향상을 위해 퍼시스턴트 메모리를 추가하는 것은 일반적으로 컴퓨팅 바운드 워크로드가 아닌 메모리 바운드 워크로드의 옵션입니다. 메모리 바운드 워크로드는 일반적으로 컴퓨팅 바운드 워크로드보다 CPU 사용률이 낮고, 메모리 전송으로 인한 CPU 지연을 나타내며 메모리 대역폭이 높습니다.

메모리 지연 시간 vs. 메모리 용량

이 개념은 퍼시스턴트 메모리 논의를 할 때 필수적입니다. 이 논의에서는 DRAM의 액세스 지연 시간이 퍼시스턴트 메모리보다 낮고 시스템 내의 퍼시스턴트 메모리 용량이 DRAM보다 크다고 가정합니다. 메모리 용량에 의해 제한되는 워크로드는 휘발성 모드의 퍼시스턴트 메모리를 추가하여 이점을 얻을 수 있지만, 메모리 지연 시간으로 제한되는 워크로드는 이점이 적습니다.

읽기 성능 vs. 쓰기 성능

각 퍼시스턴트 메모리 기술은 고유하지만 일반적으로 읽기(load)와 쓰기(store)의 성능에 차이가 있음을 이해하는 것이 중요합니다. 다른 미디어 유형은 다양한 정도의 비대칭 읽기-쓰기 성능 특성을 나타내며 일반적으로 읽기가 쓰기보다 훨씬 빠릅니다. 따라서 성능을 이해하고 최적화하려면 응용 프로그램 워크로드에서 load 및 store의 혼합을 이해하는 것이 중요합니다.

메모리 액세스 패턴

메모리 액세스 패턴은 시스템 또는 응용 프로그램이 메모리에서 읽고 쓰는 패턴입니다. 메모리 하드웨어는 일반적으로 최상의 성능을 위해 시간적 지역성(최근에 사용한 데이터 액세스) 및 공간적 지역성(연속적 메모리 주소 액세스)에 의존합니다. 이는 종종 빠른 내부 캐시 및 지능형 프리페처의 일부 구조를 통해 달성됩니다. 액세스 패턴과 지역성 수준은 캐시 성능에 큰 영향을 미칠 수 있으며 공유 메모리 시스템 내의 워크로드 분산 및 병렬 처리에도 영향을 미칠 수 있습니다. 캐시 일관성은 멀티프로세서 성능에도 영향을 미칠 수 있습니다. 즉, 특정 메모리 액세스 패턴이 병렬 처리에 한계가 있음을 의미합니다. 순차적, 스트라이드, 선형 및 무작위 액세스를 포함하되 이에 국한되지 않는, 많은 잘 정의된 메모리 액세스 패턴이 존재합니다.

하나의 응용 프로그램만 실행하는 시스템에서 메모리 액세스를 측정, 제어 및 최적화하는 것이 훨씬 쉽습니다. 클라우드 및 가상화 환경에서 게스트 내의 응용 프로그램은 웹 서버, 데이터베이스 또는 응용 프로그램 서버를 포함한 모든 유형의 응용 프로그램 및 워크로드를 실행할 수 있습니다. 이로 인해 액세스 패턴이 본질적으로 무작위이기 때문에 메모리 액세스가 하드웨어에 대해 완전히 최적화되었는지 확인하기가 훨씬 더 어려워집니다.

I/O 스토리지 바운드 워크로드

프로그램은 I/O 하위 시스템이 빠를수록 더 빨리 진행될 경우 I/O 바운드됩니다. 이 장에서는 주로 블록 기반 디스크 I/O 하위 시스템에 관심이 있지만, 네트워크와 같은 다른 하위 시스템도 포함될 수 있습니다. I/O 바운드 상태는 CPU가 주 메모리 또는 스토리지에서 데이터를 로드하거나 언로드할 때까지 대기하는 동안 작동을 중지해야하기 때문에 바람직하지 않습니다. 데이터가 있는 위치와 저장장치의 대기 시간에 따라 현재 응용 프로그램 스레드를 다른 스레드와 자발적으로 전환할 수 있습니다. 자발적 컨텍스트 스위칭은 필요한 리소스를 즉시 사용할 수 없거나 응답하는 데 오랜 시간이 걸려 스레드가 차단 될 때 발생합니다. 더 빠른 계산 속도가 각각의 연속적인 컴퓨터 생성의 주요 목표이기 때문에 I/O 바운드 상태를 피하는 것이 매우 중요합니다. 이를 제거하면 CPU 또는 메모리를 업그레이드하는 것보다 성능이 더 경제적으로 향상 될 수 있습니다.

퍼시스턴트 메모리의 워크로드 적합성 결정

퍼시스턴트 메모리 기술은 모든 워크로드의 성능 문제를 해결하지 못할 수 있습니다. 퍼시스턴트 메모리를 고려할 때 현재 실행 중인 워크로드 및 플랫폼을 이해해야 합니다. 간단한 예로 부동 소수점 산술에 크게 의존하는 컴퓨팅 집약적인 워크로드를 고려하십시오. 이 응용 프로그램의 성능은 메모리 하위 시스템의 일부가 아니라 CPU의 부동 소수점 단위에 의해 제한될 수 있습니다. 이 경우 플랫폼에 퍼시스턴트 메모리를 추가해도 응용 프로그램의 성능에 거의 영향을 미치지 않습니다. 이제 디스크에서 광범위한 읽기 및 쓰기가 필요한 응용 프로그램을 고려해보겠습니다. 디스크 액세스가 이 응용 프로그램의 병목 현상일 가능성이 크며 퍼시스턴트 메모리와 같은 더 빠른 스토리지 솔루션을 추가하면 성능이 향상될 수 있습니다.

이것은 사소한 예이며 응용 프로그램은 스펙트럼에 따라 크게 다른 동작을 합니다. 취해야 할 행동을 찾는 것과 측정 방법을 이해하는 것은 퍼시스턴트 메모리를 사용하는 데 중요한 단계입니다. 이 섹션에서는 응용 프로그램이 퍼시스턴트 메모리에 적합한지 확인하고 결정하는 데 중요한 특성을 제공합니다. 인-메모리 영속성이 필요한 응용 프로그램, 휘발성 방식으로 퍼시스턴트 메모리를 사용할 수 있는 응용 프로그램 및 둘 다 사용할 수 있는 응용 프로그램을 살펴봅니다.

휘발성 사용 사례

10장에서는 응용 프로그램이 퍼시스턴트 메모리의 성능과 용량을 활용하여 비휘발성 데이터를 저장할 수 있는 여러 라이브러리와 사용 사례를 설명했습니다. 휘발성 사용 사례의 경우 퍼시스턴트 메모리는 플랫폼의 추가적인 메모리 계층 역할을 합니다. Intel Optane DC 퍼시스턴트 메모리가 지원하는 메모리 모드를 사용하는 것과 같이 응용 프로그램에 투명하거나 응용 프로그램이 `libmemkind`와 같은 라이브러리를 사용하여 휘발성 메모리 할당을 수행하도록 코드를 변경할 수 있습니다. 메모리 용량이 제한된 워크로드는 두 경우 모두 플랫폼에 퍼시스턴트 메모리를 추가해 이점을 얻을 수 있습니다. 워킹 데이터 세트가 메모리에 용량에 맞고 디스크로의 페이징을 피할 수 있다면 응용 프로그램의 성능이 크게 향상될 수 있습니다.

메모리 용량이 제한된 워크로드 식별

워크로드가 메모리 용량 제한인지 확인하려면 응용 프로그램의 "메모리 풋 프린트"를 확인해야 합니다. 메모리 풋 프린트는 응용 프로그램의 수명주기 동안 동시에 할당된 메모리의 높은 워터마크입니다. 물리적 메모리는 한정된 자원이므로 운영체제 및 기타 프로세스도 메모리를 사용한다는 사실을 고려해야 합니다. 운영체제의 공간과 시스템의 모든 메모리 소비자가 플랫폼에서 사용 가능한 DRAM 용량에 근접하거나 초과하는 경우 응용 프로그램이 DRAM의 모든 데이터를 수용할 수 없기 때문에 추가 메모리의 이점을 누릴 수 있다고 가정할 수 있습니다. 많은 도구들과 기술을 사용하여 메모리 풋 프린트를 결정할 수 있습니다. VTune 프로파일러에는 이 정보를 찾는 두 가지 방법이 있습니다. 메모리 소비 분석 또는 플랫폼 프로파일러 분석입니다. VTune 프로파일러는 리눅스 및 윈도우용 프로그램이며 `https://software.intel.com/en-us/vtune`에서 무료로 다운로드 받을 수 있습니다.

VTune 프로파일러의 메모리 소비 분석은 응용 프로그램에서 수행한 모든 메모리 할당을 추적합니다. 그림 15-1은 시간 경과에 따른 프로파일링된 응용 프로그램의 메모리 사용량을 나타내는 VTune 프로파일러 상향식 리포트를 보여줍니다. 메모리 소비 타임라인의 y축에서 가장 큰 값은 응용 프로그램의 공간이 약 1GiB임을 나타냅니다.

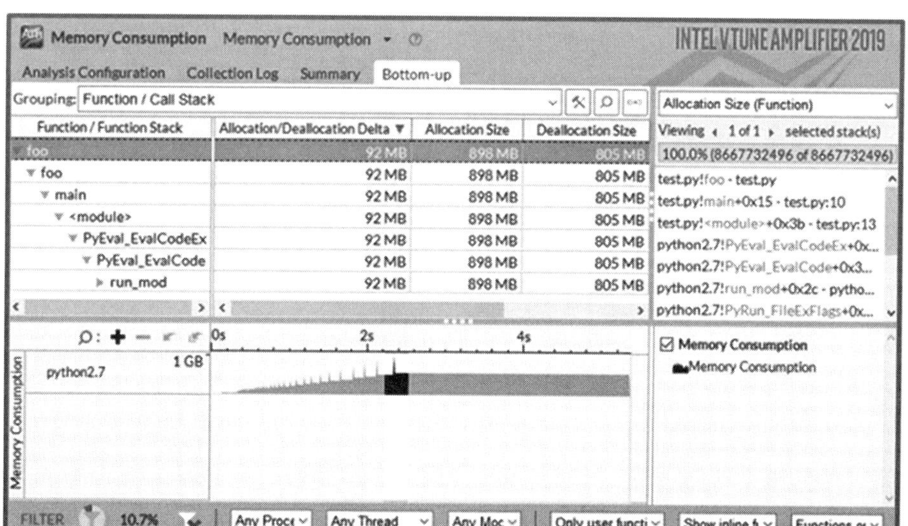

그림 15-1. 시간 및 관련 할당 호출 스택에 따른 메모리 소비를 보여주는 VTune 프로파일러 상향식 분석

그림 15-2에 표시된 플랫폼 프로파일러 분석의 메모리 사용률 그래프는 운영체제 통계를 사용하여 메모리 사용량을 측정하고 사용 가능한 총 메모리의 백분율로 타임라인 그래프를 생성합니다.

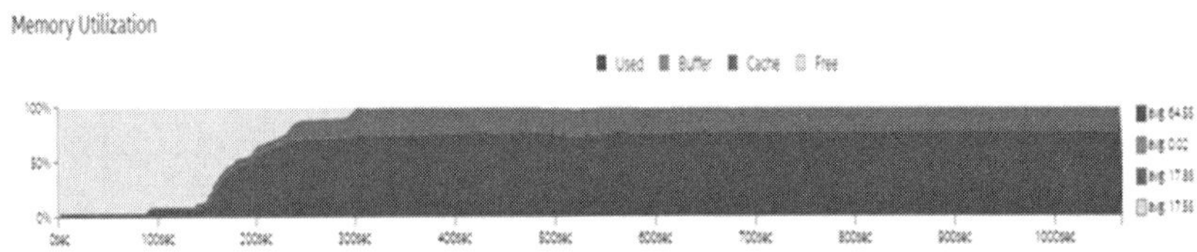

그림 15-2. 전체 시스템 메모리의 백분율로 나타낸 VTune 플랫폼 프로파일러 메모리 사용률 그래프

그림 15-2의 결과는 그림 15-1과 다른 응용 프로그램에서 가져온 것입니다. 이 그래프는 매우 높은 메모리 소비를 보여줍니다. 이는 이 워크로드가 시스템에 메모리를 더 추가하기 좋은 후보임을 의미합니다. 퍼시스턴트 메모리 하드웨어에 Intel Optane DC 퍼시스턴트 메모리의 메모리 모드 및 앱 다이렉트 모드와 같은 가변 모드가 있는 경우 먼저 사용할 모드를 결정하려면 몇 가지 추가 정보가 필요합니다. 다음으로 중요한 정보는 핫 워킹 세트의 크기입니다.

워크로드의 핫 워킹 세트 사이즈 식별

퍼시스턴트 메모리는 일반적으로 DRAM과 다른 특성을 가지고 있습니다. 따라서 데이터가 상주할 위치에 대해 현명한 결정을 내려야합니다. 퍼시스턴트 메모리 데이터에 액세스하면 DRAM보다 지연 시간이 더 길다고 가정하겠습니다. DRAM의 데이터 액세스와 퍼시스턴트 메모리 사이의 선택이 주어지면 성능을 위해 항상 DRAM을 선택해야 합니다. 그러나 휘발성 구성에서 퍼시스턴트 메모리를 추가한다는 전제는 모든 데이터에 맞는 DRAM이 충분치 않다고 가정합니다. 퍼시스턴트 메모리 구성을 선택하려면 워크로드가 데이터에 액세스하는 방법을 이해해야합니다.

워킹 세트 크기(Working Set Size; WSS)는 응용 프로그램이 계속 작동하는 데 필요한 메모리의 양입니다. 예를 들어, 응용 프로그램에 50GiB의 주 메모리가 할당되고 페이지가 맵핑되어 있지만 작업을 수행하기 위해 매초 20MiB에만 액세스하는 경우 워킹 세트 크기는 50GiB이고 "핫"데이터는 20MiB라고 말할 수 있습니다. 용량 계획 및 확장성 분석을 위해 이를 아는 것이 유용합니다. "핫 워킹 세트"는 응용 프로그램에서 자주 액세스하는 개체 집합이며 "핫 워킹 세트 크기"는 주어진 시간에 할당된 개체의 총 크기입니다.

워킹 세트와 핫 워킹 세트의 크기를 결정하는 것은 메모리 풋 프린트를 결정하는 것만큼 간단하지 않습니다. 대부분의 응용 프로그램에는 다양한 정도의 “Hotness”를 가진 광범위한 개체가 있으며 어떤 개체가 뜨겁고 그렇지 않은지 명확한 선이 표시되지 않습니다. 이 정보를 해석하고 핫 워킹 세트 크기를 결정해야합니다.

VTune 프로파일러에는 응용 프로그램의 핫 및 워킹 세트 크기를 결정하는 데 도움이 되는 메모리 액세스 분석 기능이 있습니다(데이터 수집을 시작하기 전에 “동적 메모리 개체 분석” 옵션 선택). 충분한 데이터가 수집되면 VTune 프로파일러가 데이터를 처리하고 리포트를 생성합니다. GUI 내의 상향식 보기에서 그리드는 응용 프로그램에서 할당한 각 메모리 개체를 나열합니다.

그림 15-3은 응용 프로그램의 메모리 액세스 분석 결과를 보여줍니다. 메모리 크기는 괄호 안에, 그리고 액세스한 load 및 store의 수가 표시됩니다. 리포트에는 동시에 할당된 항목에 대한 표시가 포함되어 있지 않습니다.

Grouping: Memory Object / Function / Call Stack

Memory Object / Function / Call Stack	Loads ▼	Stores	LLC Miss Count
▸ matrix.c:116 (128 MB)	161,578,247,202	0	0
▸ matrix.c:121 (128 MB)	15,043,951,305	0	0
▸ matrix.c:126 (128 MB)	2,196,965,907	70,028,400,789	2,250,135
▸ [vmlinux]	117,903,537	65,701,971	0

그림 15-3. 메모리 액세스 분석 데이터 수집 중에 응용 프로그램에서 액세스 한 개체

리포트는 가장 많이 액세스한 개체(load 및 store)를 식별합니다. 이러한 개체 크기의 합계는 워킹 세트 크기입니다. 크기의 값은 괄호 안에 있습니다. 핫 워킹 세트의 일부인지 아닌지에 대한 선을 그릴 위치를 결정합니다.

워크로드에 따라 응용 프로그램에 대한 개발자 지식 외에 핫 워킹 세트 크기를 결정하는 쉬운 방법이 없을 수도 있습니다. 메모리 모드 또는 앱 다이렉트 모드로 시작할지 여부를 결정하려면 대략적인 추정치를 갖는 것이 중요합니다.

영속성이 필요한 사용 사례

이전에 설명한 휘발성 사용 사례와 달리 영속성을 위해 퍼시스턴트 메모리를 활용하는 사용 사례는 일반적으로 느린 저장 장치를 퍼시스턴트 메모리로 대체하는 것입니다. 이 사용 사례에 대한 워크로드의 적합성을 결정하는 것은 간단합니다. 응용 프로그램의 성능이 스토리지 액세스(디스크, SSD 등)에 의해 제한되는

경우 퍼시스턴트 메모리와 같은 더 빠른 스토리지 솔루션을 사용하면 도움이 될 수 있습니다. 응용 프로그램에서 스토리지 병목 현상을 식별하는 방법에는 여러가지가 있습니다. **dstat** 또는 **iostat**과 같은 오픈소스 도구들은 디스크 활동에 대한 높은 수준의 개요를 제공하고 VTune 프로파일러와 같은 도구는 더 자세한 분석을 제공합니다.

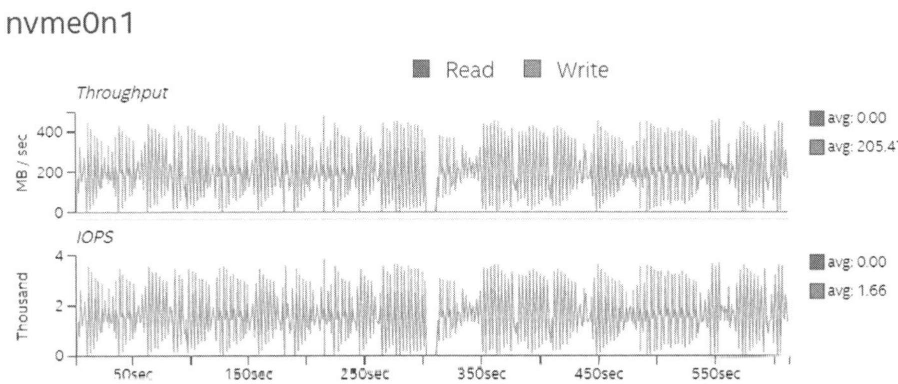

그림 15-4. VTune 프로파일러의 플랫폼 프로파일러를 통한 디스크 처리량 및 IOPS 그래프

그림 15-4는 플랫폼 프로파일러를 사용해 수집된 NVMe 드라이브의 처리량 및 IOPS 수를 보여줍니다. 이 예에서는 처리량 및 IOPS 그래프에 표시된 대로 확장 스토리지에 비휘발성 디스크를 사용합니다. 이와 같은 응용 프로그램은 퍼시스턴트 메모리와 같이 더 빠른 스토리지의 이점을 누릴 수 있습니다. 스토리지 병목 현상을 식별하는 또 다른 중요한 메트릭은 I/O 대기 시간입니다. 플랫폼 프로파일러 분석 또한 이 메트릭을 제공하고 그림 15-5에서 볼 수 있듯이 시간이 지남에 따라 CPU 사용률에 어떤 영향을 미치는지 표시할 수 있습니다.

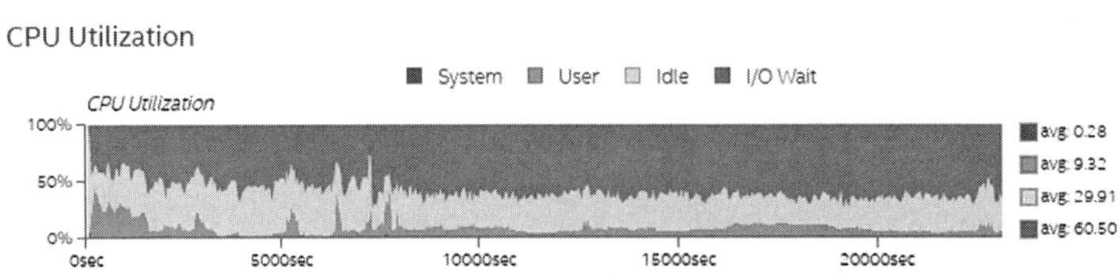

그림 15-5. VTune 프로파일러의 플랫폼 프로파일러에서 I/O 대기 시간

퍼시스턴트 메모리를 사용한 워크로드 성능 분석

퍼시스턴트 메모리를 장착한 시스템에서 워크로드를 최적화하는 것은 DRAM만 장착한 시스템에서 워크로드 성능을 최적화하는 것과 유사한 원칙을 따릅니다. 유의해야 할 추가 요소는 다음과 같습니다.

- 퍼시스턴트 메모리에 대한 쓰기는 읽기보다 성능에 더 많은 영향을 미칠 수 있습니다.
- 응용 프로그램은 DRAM 또는 퍼시스턴트 메모리에 개체를 할당할 수 있습니다. 이를 무차별적으로 수행하면 성능에 부정적인 영향을 미칠 수 있습니다.
- 메모리 모드(Intel Optane DC 퍼시스턴트 메모리에만 해당)에서 사용자는 워크로드 성능을 향상시키기 위해 메모리에 가까운 캐시 크기(DRAM 크기)를 변경할 수 있습니다.

이런 추가 요소를 염두에 두고 워크로드 성능 최적화에 대한 접근 방식은 워크로드 특성화, 올바른 메모리 구성 선택, 최대 성능을 위한 코드 최적화와 동일한 프로세스를 따릅니다.

워크로드 특성화

퍼시스턴트 메모리 시스템의 워크로드 성능은 워크로드 특성과 기본 하드웨어의 조합에 따라 달라집니다. 워크로드 특성을 이해하기 위한 주요 지표는 다음과 같습니다.

- 퍼시스턴트 메모리 대역폭
- 퍼시스턴트 메모리 읽기/쓰기 비율
- 기존 스토리지와의 페이징
- 워킹 세트 크기 및 워크로드 풋 프린트
- NUMA(Nonuniform Memory Architecture) 특성
- 메모리 모드에서 Near-memory 캐시 동작(Intel Optane DC 퍼시스턴트 메모리에만 해당)

메모리 대역폭 및 지연 시간

퍼시스턴트 메모리는 DRAM과 같이 대역폭이 제한됩니다. 포화 상태가 되면 응용 프로그램의 성능에 빠르게 병목 현상이 발생할 수 있습니다. 대역폭 제한은 플랫폼에 따라 다릅니다. 하드웨어 사양 또는 메모리 벤치마킹 응용 프로그램을 사용하여 플랫폼의 최대 대역폭을 계산할 수 있습니다.

인텔 메모리 지연 검사기(Intel MLC)는 `https://software.intel.com/en-us/articles/intelr-memory-latencychecker`에서 제공되는 리눅스 및 윈도우용 무료 도구입니다. Intel MLC는 다양한 테스트를 통해 DRAM 및 퍼시스턴트 메모리의 대역폭과 지연 시간을 측정하는 데 사용할 수 있습니다.

- 각 CPU 소켓 간의 유휴 메모리 지연 시간 측정
- 다양한 읽기 및 쓰기 비율로 최대 메모리 대역폭 요청 측정
- 서로 다른 대역폭 지점에서 지연 시간 측정
- 특정 코어에서 특정 메모리 컨트롤러로 주소가 지정된 요청에 대한 지연 시간 측정
- 캐시 지연 시간 측정
- 코어/소켓의 서브셋에서 대역폭 측정
- 다른 읽기/쓰기 비율에 대한 대역폭 측정
- 임의 및 순차 주소 패턴에 대한 지연 시간 측정
- 다양한 스트라이드 크기에 대한 지연 시간 측정
- 캐시 간 데이터 전송 지연 측정

VTune 프로파일러에는 시스템에서 최대 대역폭을 측정하기 위한 커널이 내장되어 있습니다. 플랫폼의 최대 대역폭을 알고 나면 워크로드의 퍼시스턴트 메모리 대역폭을 측정할 수 있습니다. 이를 통해 퍼시스턴트 메모리 대역폭이 병목 상태인지 여부를 알 수 있습니다. 그림 15-6은 응용 프로그램의 퍼시스턴트 메모리 읽기 및 쓰기 대역폭의 예를 보여줍니다.

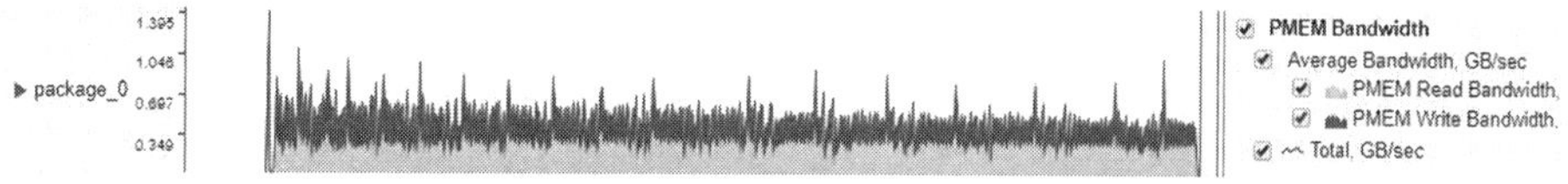

그림 15-6. VTune 프로파일러를 통한 퍼시스턴트 메모리 대역폭 측정 결과

퍼시스턴트 메모리 읽기-쓰기 비율

"성능 분석 개념"에 설명된 대로 퍼시스턴트 메모리에 대한 읽기 및 쓰기 트래픽의 비율은 워크로드의 전체 성능에서 중요한 역할을 합니다. 읽기 대역폭에 대한 퍼시스턴트 메모리 쓰기 대역폭의 비율이 높은 경우 퍼시스턴트 메모리 쓰기 지연 시간이 성능에 영향을 미칠 가능성이 높습니다. VTune 프로파일러의 플랫폼 프로파일러 기능을 사용하는 것은 이 정보를 수집하는 한 가지 방법입니다. 그림 15-7은 퍼시스턴트 메모리에 대한 읽기 트래픽과 모든 트래픽의 비율을 보여줍니다. 이 숫자는 1.0에 가까울수록 최상의 성능을 나타냅니다.

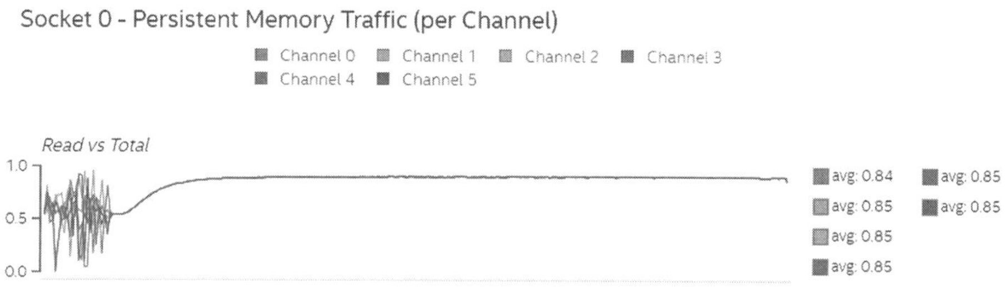

그림 15-7. VTune 프로파일러의 플랫폼 프로파일러 분석에서 읽기 트래픽 비율

워킹 세트 크기 및 메모리 풋 프린트

"퍼시스턴트 메모리에 대한 워크로드의 적합성 결정"에 설명된 대로 응용 프로그램의 워킹 세트 크기 및 메모리 풋 프린트는 워크로드가 퍼시스턴트 메모리가 있는 시스템에서 실행될 때 이해해야하는 중요한 특성입니다. 이전에 설명한 도구 및 프로세스를 사용하여 메트릭을 수집할 수 있습니다.

NUMA(Non-Uniform Memory Architecture) 작용

다중 소켓 플랫폼에는 일반적으로 각 소켓에 퍼시스턴트 메모리가 연결되어 있습니다. 한 소켓의 스레드에서 다른 소켓으로 퍼시스턴트 메모리에 액세스하면 더 긴 지연 시간이 발생합니다. 이러한 "원격" 액세스는 성능에 영향을 줄 수 있는 NUMA 작용 중 일부입니다. 워크로드에서 발생하는 NUMA 활동의 양을 판별하기 위해 여러 메트릭을 수집 할 수 있습니다. Intel 플랫폼에서 데이터는 QPI(QuickPath Interconnect) 또는 UPI(Ultra Path Interconnect)라는 소켓 상호 연결을 통해 소켓 간에 이동합니다. 높은 상호 연결 대역폭은 NUMA 관련 성능 문제를 나타낼 수 있습니다. 상호 연결 대역폭 외에도 일부 하드웨어는 퍼시스턴트 메모리에 대한 로컬 및 원격 액세스를 추적하는 카운터를 제공합니다. 워크로드의 NUMA 작용을 이해하는 것은 성능 최적화를 이해하는 또 다른 중요한 단계입니다. 그림 15-8은 VTune 프로파일러로 수집된 UPI 대역폭을 보여줍니다.

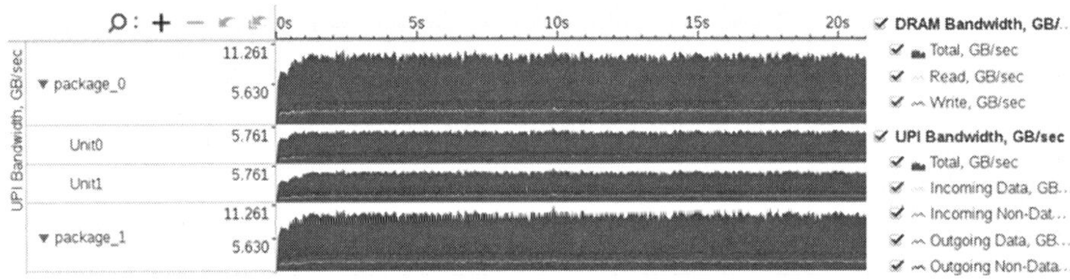

그림 15-8. VTune 프로파일러의 UPI 트래픽 비율

VTune 프로파일러의 플랫폼 프로파일러 기능은 퍼시스턴트 메모리와 관련된 메트릭을 수집할 수 있습니다.

하드웨어 조정

시스템의 메모리 구성은 시스템 성능을 결정하는 중요한 요소입니다. 워크로드 성능은 워크로드 특성과 메모리 구성의 조합에 따라 달라집니다. 모든 워크로드에 대해 최상의 가치를 제공하는 단일 구성은 없습니다. 이러한 요인으로 인해 워크로드 특성과 관련하여 하드웨어를 조정하고 시스템에서 최대 가치를 얻는 것이 중요합니다.

주소 지정이 가능한 메모리 용량

DRAM과 퍼시스턴트 메모리의 결합된 용량은 시스템에서 사용 가능한 총 주소 지정 가능 메모리를 결정합니다. 워크로드의 풋 프린트를 수용하려면 퍼시스턴트 메모리의 크기를 조정해야합니다.

시스템에서 사용 가능한 DRAM의 용량은 워크로드의 핫 워킹 세트 크기를 수용할 수 있을 만큼 충분히 커야합니다. DRAM이 완전히 활용되는 동안 퍼시스턴트 메모리로 이동하는 대량의 휘발성 트래픽은 워크로드가 추가 DRAM 크기의 이점을 누릴 수 있다는 좋은 지표입니다.

대역폭 요구사항

사용 가능한 최대 퍼시스턴트 메모리 대역폭은 퍼시스턴트 메모리 모듈로 채워진 채널 수에 따라 다릅니다. 완전히 채워진 시스템은 높은 대역폭 요구사항이 있는 워크로드에 적합합니다. 부분적으로 채워진 시스템은 메모리 지연 시간에 민감하지 않은 워크로드에 사용할 수 있습니다. 채널 채우기 관련 지침은 서버 설명서를 참조하십시오.

BIOS 옵션

서버 플랫폼에 퍼시스턴트 메모리가 도입됨에 따라 추가 조정 기능을 제공하는 많은 기능과 옵션이 BIOS에 추가되었습니다. BIOS에서 사용할 수 있는 옵션과 기능은 각 서버 공급 업체 및 퍼시스턴트 메모리 제품에 따라 다릅니다. 사용 가능한 모든 옵션에 대해서는 서버 BIOS 설명서를 참조하십시오. 대부분의 공유 옵션은 다음과 같습니다.

- 전력 소비와 성능의 균형을 맞추기 위해 전력 수준을 변경하는 기능. 퍼시스턴트 메모리에 더 많은 전력을 전달하면 성능이 향상될 수 있습니다
- 퍼시스턴트 메모리 관련 기능 활성화 또는 비활성화
- 퍼시스턴트 메모리의 지연 시간 또는 대역폭 특성 조정

퍼시스턴트 메모리를 위한 소프트웨어 최적화

퍼시스턴트 메모리를 효율적이고 효과적으로 사용하도록 응용 프로그램을 최적화하는 방법에는 여러 가지가 있습니다. 각 응용 프로그램은 다른 방식으로 이점을 얻을 수 있으며 그에 따라 코드를 수정해야합니다. 이 섹션에서는 몇 가지 최적화 방법에 대해 설명합니다.

가이드 데이터 배치

안내식 데이터 배치는 퍼시스턴트 메모리 시스템에서 휘발성 워크로드를 최적화하는 가장 일반적인 방법입니다. 응용 프로그램 개발자는 DRAM 또는 퍼시스턴트

메모리에 자료 구조 또는 개체를 할당하도록 선택할 수 있습니다. 잘못 할당하면 응용프로그램의 성능에 영향을 미칠 수 있으므로 정확하게 선택하는 것이 중요합니다. 이 할당은 일반적으로 PMDK (Persistent Memory Development Kit) 및 `memkind` 라이브러리에서 사용할 수 있는 할당 API와 같은 특정 API를 통해 처리됩니다.

코드에 대한 익숙함과 프로덕션 워크로드에서 작동하는 방식에 따라 다른 메모리/스토리지 계층에 저장할 자료 구조와 개체를 아는 것이 간단해질 수 있습니다. 자료 구조와 객체는 휘발성이어도 괜찮은가요? 아니면 영속될 필요가 있나요? 잠재적 후보를 찾는데 도움이 되도록 VTune 프로파일러와 같은 도구는 LLC(last-level cache) 누락이 있는 개체를 식별할 수 있습니다. 응용 프로그램이 가장 자주 사용하는 자료 구조와 개체를 식별하고 액세스 패턴에 적합한 가장 빠른 미디어에 배치되도록 하는 것이 목적입니다. 예를 들어, 한 번 작성되었지만 여러 번 읽는 객체는 DRAM에 배치하는 것이 가장 좋습니다. 자주 업데이트되는 개체가 영속되어야 한다면 기존 저장 상지가 아닌 퍼시스턴트 메모리로 이동해야합니다.

메모리 용량 제약 또한 염두에 두어야합니다. VTune 프로파일러와 같은 도구는 사용 가능한 DRAM에 맞는 핫 오브젝트 수를 대략적으로 결정하는 데 도움이 될 수 있습니다. LLC 누락이 적거나 DRAM에서 할당하기에 너무 큰 나머지 개체의 경우 퍼시스턴트 메모리에 저장할 수 있습니다. 이러한 단계를 통해 가장 많이 액세스하는 객체는 CPU로 가는 가장 빠른 경로(DRAM에 할당 됨)를 확보하고, 자주 액세스하지 않는 객체는 추가 퍼시스턴트 메모리를 활용합니다(훨씬 느린 저장 장치에 있지 않음).

최적화에 대한 또 다른 고려 사항은 개체 액세스에 대한 load/store의 비율입니다. 퍼시스턴트 메모리 하드웨어 특성이 load/읽기 작업이 store/쓰기보다 훨씬 빠르다면 이를 고려해야합니다. load/store 비율이 높은 개체는 퍼시스턴트 메모리에 있는 것이 좋습니다.

자주 액세스하는 개체와 자주 액세스하지 않는 개체를 구성하는 것에 대한 엄격한 규칙은 없습니다. 동작은 응용 프로그램에 따라 다르지만 이러한 지침은 퍼시스턴트 메모리에 개체를 할당하는 방법을 선택하는 시작점을 제공합니다. 이 프로세스를 완료한 후 응용프로그램 프로파일링 및 튜닝을 시작하여 퍼시스턴트 메모리로 성능을 더욱 향상시킬 수 있습니다.

메모리 액세스 최적화

DRAM 전용 플랫폼에서 캐시 성능을 최적화하는 일반적인 기술은 퍼시스턴트 메모리 플랫폼에도 적용됩니다. 캐시 미스 페널티 및 공간/시간 데이터 지역성과 같은 개념은 성능에 큰 영향을 미칩니다. 다양한 도구를 통해 캐시 및 메모리에 대한 성능 데이터를 수집할 수 있습니다. VTune 프로파일러에는 그림 15-9에 표시된 Intel Optane DC 퍼시스턴트 메모리를 포함하여 메모리 계층의 각 수준에 따라 미리 정의된 메트릭이 있습니다.

Memory Bound:	69.6% ⚑	of Pipeline Slots
L1 Bound:	12.5% ⚑	of Clockticks
L2 Bound:	0.4%	of Clockticks
L3 Bound:	2.9%	of Clockticks
DRAM Bound:	0.0% ⚑	of Clockticks
Persistent Memory Bound:	49.0%	of Clockticks
Persistent Memory Bandwidth Bound:	0.0%	of Elapsed Time
Local Persistent Memory:	100.0%	of Clockticks
Remote Persistent Memory:	0.0%	of Clockticks

그림 15-9. CPU 캐시, DRAM 및 퍼시스턴트 메모리 액세스의 분석을 보여주는 워크로드의 VTune 프로파일러 메모리 분석

이러한 성능 메트릭은 메모리가 응용 프로그램의 병목인지 확인하고, 그렇다면 메모리 계층 구조의 어느 수준이 가장 영향력이 있는지 확인하는 데 도움이 됩니다. 다양한 도구를 통해 소스 코드 위치와 병목 현상을 일으키는 메모리 개체를 정확히 찾아낼 수 있습니다. 퍼시스턴트 메모리가 병목 현상인 경우 "가이드 데이터 배치" 섹션을 검토하여 퍼시스턴트 메모리가 효율적으로 사용되고 있는지 확인합니다. 캐시 차단, 소프트웨어 프리페치 및 향상된 메모리 액세스 패턴과 같은 성능 최적화는 메모리 계층 구조의 병목 현상을 완화하는 데 도움이 될 수 있습니다. 메모리를 보다 효율적으로 사용하기 위해 소프트웨어를 리팩터링하는 방법을 결정해야하며, 이와 같은 메트릭은 올바른 방향을 제시할 수 있습니다.

NUMA 최적화

NUMA 관련 성능 문제는 "워크로드 특성화" 섹션에 설명되어 있습니다. NUMA에 대해서는 19장에서 자세히 설명합니다. NUMA 메모리 액세스와 관련된 성능 문제를 식별하는 경우 데이터 할당 대 첫 번째 액세스 및 스레드 마이그레이션이라는 두 가지 사항을 고려해야합니다.

데이터 할당 vs. 최초 액세스

데이터 할당은 개체에 대해 일정량의 가상 주소 공간을 할당하거나 예약하는 프로세스입니다. 프로세스의 가상 주소 공간은 사용할 수 있는 가상 메모리 주소의 집합입니다. 각 프로세스의 주소 공간은 비공개이며 공유되지 않는 한 다른 프로세스에서 액세스할 수 없습니다. 가상 주소는 메모리에 있는 개체의 실제 물리적 위치를 나타내지 않습니다. 대신 시스템은 가상 주소를 해당 물리적 주소로 변환하는 데 사용되는 내부 자료 구조인 다중 계층 페이지 테이블을 유지합니다. 응용 프로그램 스레드가 주소를 참조할 때마다 시스템은 가상 주소를 실제 주소로 변환합니다. 물리적 주소는 CPU에 물리적으로 연결된 메모리를 가리킵니다. 19장에서는 이 작업이 어떻게 작동하는지 정확히 설명하고 대용량 메모리 시스템이 운영체제에서 제공하는 대용량 또는 휴즈 페이지를 사용하여 이점을 얻을 수 있는 이유를 보여줍니다.

소프트웨어의 일반적인 관행은 응용 프로그램이 시작될 때 대부분의 데이터 할당을 수행하는 것입니다. 운영체제는 스레드가 실행되는 CPU와 관련된 메모리를 할당하려고 합니다. 그런 다음 운영체제 스케줄러는 데이터가 여전히 CPU 캐시 중 하나에 남아 있기를 바라면서 마지막으로 실행된 CPU의 스레드를 항상 예약하려고합니다. 다중 소켓 시스템에서 이로 인해 모든 개체가 단일 소켓의 메모리에 할당되어 NUMA 성능 문제가 발생할 수 있습니다. 원격 CPU의 데이터에 액세스하면 지연 성능이 저하됩니다.

일부 응용 프로그램은 데이터에 처음 액세스할 때까지 메모리 예약을 지연합니다. 이는 일부 NUMA 문제를 완화할 수 있습니다. NUMA 성능을 이해하기 위해 워크로드가 데이터를 할당하는 방법을 이해하는 것이 중요합니다.

스레드 마이그레이션

운영체제 스케줄러가 소켓을 통해 소프트웨어 스레드를 이동하는 스레드 마이그레이션은 NUMA 문제의 가장 일반적인 원인입니다. 메모리에 객체가 할당된 후 원래 할당된 다른 물리적 CPU에서 객체에 액세스하면 지연 시간이 발생합니다. 액세스하는 스레드가 현재 실행중인 소켓에 데이터를 할당할 수 있지만 특정 관련성 바인딩 또는 기타 보호 장치가 없는 경우 스레드는 향후 다른 코어 또는 소켓으로 이동할 수 있습니다. 스레드가 실행중인 코어와 해당 코어가 속한 소켓을 식별하여 스레드 마이그레이션을 추적할 수 있습니다. 그림 15-10은 VTune 프로파일러에서 이 분석의 예를 보여줍니다.

Thread / Package / Core / Function / Call Stack	CPU Time ▼	Instructions Retired	Microarchitecture Usage	TID
▶ matrix.gcc (TID: 455334)	3.844s	1,255,500,000	9.6%	455334
▼ matrix.gcc (TID: 455336)	3.834s	1,215,000,000	11.8%	455336
▼ package_1	3.528s	1,053,000,000	9.8%	455336
▶ core_17	2.551s	729,000,000	7.1%	455336
▶ core_1	0.386s	121,500,000	16.9%	455336
▶ core_7	0.286s	81,000,000	28.0%	455336
▶ core_5	0.010s	0	0.0%	455336
▶ package_0	0.306s	162,000,000	30.1%	455336

그림 15-10. 코어 및 소켓(패키지) 간의 스레드 마이그레이션을 식별하는 VTune 프로파일러

이 정보를 사용하여 스레드 마이그레이션이 원격 DRAM 또는 퍼시스턴트 메모리에 대한 NUMA 액세스와 상관관계가 있는지 확인합니다.

라지 페이지와 휴즈 페이지

대부분의 운영체제에서 기본 메모리 페이지 크기는 4KiB (킬로바이트)입니다. 운영체제는 응용 프로그램 워크로드 및 요구사항에 따라 다양한 페이지 크기를 제공합니다. 리눅스에서 휴즈 페이지는 2MB(MiB)이고 라지 페이지는 1 기가바이트(GiB)입니다. 페이지 크기가 클수록 특정 시나리오에서 퍼시스턴트 메모리의 워크로드 성능에 도움이 될 수 있습니다.

응용 프로그램에서 주소 지정 가능한 메모리에 대한 요구 사항이 클 경우 가상에서 실제 주소로 변환하기 위해 운영체제에서 유지 관리하는 페이지 테이블의 크기가 매우 커집니다. TLB(translation lookaside buffer)는 가상-물리적 주소 변환을 더 빠르게 하기 위한 작은 캐시입니다. 페이지 테이블에서 페이지 항목 수가 증가하면 TLB의 효율성이 저하됩니다. 19장에서 이에 대해 자세히 설명합니다.

대용량 메모리 요구사항이 있는 응용 프로그램을 위한 퍼시스턴트 메모리 시스템은 대용량 페이지 테이블 및 비효율적인 TLB 사용 문제가 발생할 수 있습니다. 이 시나리오에서 라지 페이지 크기를 사용하면 페이지 테이블의 항목 수를 줄이는 데 도움이 됩니다. 라지 페이지 크기를 사용할 때의 주요 단점은 각 할당 및 메모리 단편화에 대한 오버헤드가 더 높다는 것입니다. 퍼시스턴트 메모리에서 라지 페이지를 사용하기 전에 응용 프로그램의 동작을 알고 있어야 합니다. 자주 할당/해제하는 응용 프로그램은 휴즈 페이지 최적화에 적합하지 않을 수 있습니다. 메모리 단편화 문제는 퍼시스턴트 메모리 시스템에서 사용할 수 있는 큰 주소 공간으로 인해 다소 완화됩니다.

요약

퍼시스턴트 메모리 시스템에 대한 프로파일링 및 성능 최적화 기술은 퍼시스턴트 메모리가 없는 시스템에서 사용되는 기술과 유사합니다. 이 장에서는 성능 이해를 위한 몇 가지 중요한 개념을 설명했습니다. 또한, 퍼시스턴트 메모리 없이 기존 응용 프로그램을 특성화하고 퍼시스턴트 메모리에 적합한지 여부를 이해하기 위한 지침을 제공합니다. 마지막으로, VTune 프로파일러 도구를 사용하여 데이터를 수집하는 방법에 대한 몇 가지 예를 포함하여 퍼시스턴트 메모리 플랫폼에서 실행되는 응용 프로그램의 성능 분석 및 튜닝을 위한 중요한 메트릭을 제공합니다.

성능 프로파일링 및 최적화는 개선에 필요한 투자가 반환되는 혜택에 비해 너무 높다고 판단할 때만 끝나는 반복적인 프로세스입니다. 이 장에 소개된 개념을 사용하여 워크로드가 퍼시스턴트 메모리의 이점을 얻을 수 있는 방법을 이해하고 논의한 일부 최적화 기술을 사용하여 이러한 유형의 플랫폼에 맞게 조정하십시오.

제16장 PMDK 내부: 중요한 알고리즘 및 자료 구조

5~10장에서는 PMDK(Persistent Memory Development Kit)에 포함된 대부분의 라이브러리와 사용 방법에 대해 설명했습니다.

이 장에서는 `libpmemobj`가 구현되는데 사용한 기본 알고리즘과 자료 구조를 소개합니다. 라이브러리의 전체 아키텍처를 먼저 설명한 후 `libpmemobj`를 응집력 있는 시스템으로 만드는 개별 구성 요소와 이들 간의 상호 작용에 대해 설명하겠습니다.

퍼시스턴트 메모리 풀: 상위 계층 아키텍처 개요

그림 16-1은 `libpmemobj`가 트랜잭션 개체 스토어를 제공하기 위해 서로 위에 구축되고 다양한 격리 요소로 구성되어 있음을 보여줍니다.

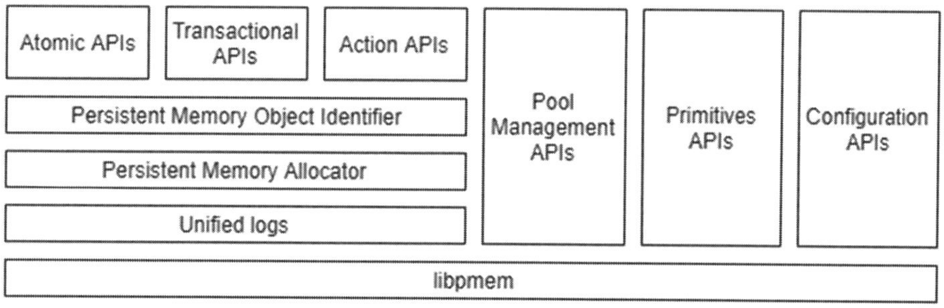

그림 16-1. libpmemobj 아키텍처의 모듈

모든 것은 `libpmem` 및 라이브러리가 데이터를 퍼시스턴트 메모리로 전송하고 유지하는 데 사용하는 영속성의 기본 요소를 기반으로 구축됩니다. 이러한 기본 요소는 `libpmemobj` 관련 API를 통해 수동 캐시 플러시와 같은 퍼시스턴트 메모리에 대한 하위 계층 작업을 수행하려는 응용 프로그램에 노출됩니다. 이러한 API

의 노출을 통해 상위 계층 라이브러리는 퍼시스턴트 메모리에 대한 모든 store 연산을 조율하고, 인터셉트하고, 기능을 확장시켜 사용할 수 있습니다. 이는 12장에 설명된 Valgrind pmemcheck와 같은 런타임 분석 도구의 계측에 유용합니다. 더 중요한 것은 이러한 함수가 로컬 및 원격 모두에서 데이터 복제를 위한 차단 지점이라는 것입니다.

복제는 드레인을 호출하기 전에 기록된 모든 데이터가 구성된 대로 복제본에 안전하게 저장되는 방식으로 구현됩니다. 드레인 연산은 모든 쓰기가 미디어에 도달했는지 확인하기 위해 하드웨어 버퍼가 플러시 작업을 완료할 때까지 기다리는 배리어입니다. 이는 메모리 복사 또는 플러시가 수행될 때 복제본에 대한 쓰기를 시작한 다음 해당 쓰기가 드레인 호출에서 완료될 때까지 기다리는 방식으로 동작합니다. 이 메커니즘은 복제된 풀과 복제되지 않은 풀에 대해 동일한 동작과 순서의 시멘틱을 보장합니다.

libpmem에서 제공하는 영속성 기본 요소 위에는 통합 로깅이라는 트랜잭션 데이터의 오류 방지 수정을 위한 추상화가 있습니다. 통합 로그(unified logging)는 오류방지를 보장하기 위해 libpmemobj 전체에서 사용되는 두 가지 다른 로깅 유형(트랜잭션 및 원자적 연산)에 대한 단일 자료 구조 및 API입니다. 이는 거의 모든 API의 핫 코드 경로이기 때문에 라이브러리에서 가장 중요하고 성능에 민감한 모듈 중 하나입니다. 통합 로그는 단일 오류방지 원자적 트랜잭션 내에서 수행해야하는 모든 메모리 작업을 구성하고 중요한 성능 최적화를 허용하는 런타임 컨텍스트를 통해 액세스되는 하이브리드 DRAM 및 퍼시스턴트 메모리 자료 구조입니다.

퍼시스턴트 메모리 할당자는 트랜잭션 또는 단일 원자적 연산의 통합 로그 컨텍스트에서 작동합니다. 이것은 libpmemobj에서 가장 크고 복잡한 모듈이며 메모리 풀과 관련된 잠재적으로 많은 양의 퍼시스턴트 메모리를 관리하는 데 사용됩니다.

퍼시스턴트 메모리 풀에 저장된 각 개체는 PMEMoid(persistent memory object identifier) 유형의 개체 핸들로 표시됩니다. 실제로 이러한 핸들은 전역 범위의 고유한 개체 식별자(OID)이므로 서로 다른 풀의 두 개체가 동일한 OID를 가질 수 없습니다. OID는 개체에 대한 직접 포인터로 사용할 수 없습니다. 프로그램이 개체 데이터를 읽거나 쓰려고 할 때마다 OID를 포인터로 변환하여 개체의 현재 메모리 주소를 가져와야합니다. 메모리 주소와 달리 주어진 객체의 OID 값은 realloc()을 제외하고 객체의 수명 동안 변경되지 않으며 풀을 닫고 다시 연 후에도 유효합니다. 이러한 이유로 객체에 다른 퍼시스턴트 객체에 대한 참조가 포함되어있는 경우 (예를 들어 연결된 자료 구조를 빌드하는 경우), 참조는 메모리 주소가 아닌 OID여야 합니다.

원자적 및 트랜잭션 API는 퍼시스턴트 메모리 할당자와 통합 로그의 조합을 사용하여 빌드됩니다. 가장 간단한 공용 인터페이스는 통합 로그 컨텍스트에서 단일 할당자 연산을 실행하는 원자적 API입니다. 해당 로그 컨텍스트는 외부에 노출되지 않으며 단일 함수 호출 내에서 생성, 초기화 및 삭제됩니다.

가장 범용적인 인터페이스는 스냅샷에 대한 실행 취소 로깅과 메모리 할당 및 할당 해제를 위한 다시 실행 로깅의 조합을 기반으로 하는 트랜잭션 API입니다. 이 API는 ACID(원자성, 일관성, 고립성, 지속성) 속성을 가지고 있으며 통합 로그와 퍼시스턴트 메모리 할당자의 유틸리티를 결합한 비교적 얇은 계층입니다.

퍼시스턴트 메모리 할당자에 대한 하위 계층 액세스가 필요한 특정 트랜잭션 사용 사례의 경우 "액션" API가 있습니다. 액션 API는 기본적으로 사용성을 위한 헬퍼와 함께 원시 메모리 할당자 인터페이스에 대한 창구입니다. 이 API를 활용하여 사용 편의성을 희생하면서 범용 트랜잭션에 비해 적은 메모리 펜스를 발행하는 낮은 오버헤드 알고리즘을 만들 수 있습니다.

모든 공용 인터페이스는 포인터 대신 PMEMoid를 생성하고 작동합니다. PMEMoid는 16 바이트이기 때문에 공간 오버헤드가 발생합니다. 일반 포인터로의 변환에 대한 성능 오버헤드도 있습니다. 장점은 응용 프로그램의 다른 인스턴스와 다른 퍼시스턴트 메모리 풀 간에도 객체를 안전하게 참조할 수 있다는 것입니다.

풀 관리 API는 퍼시스턴트 메모리에 상주하는 파일 또는 장치를 열고 맵핑하고 관리합니다. 여기에서 복제가 구성되고 메타데이터와 힙이 초기화되며 모든 런타임 데이터가 생성됩니다. 또한, 중단된 트랜잭션의 복구가 발생하는 중요한 곳이기도 합니다. 복구가 완료되면 모든 이전 트랜잭션이 커밋되거나 중단되고 퍼시스턴트 상태가 일관되며 로그가 정리되어 다시 사용할 준비가 됩니다.

메모리 맵핑의 불확실성: 퍼시스턴트 메모리 개체 식별자

퍼시스턴트 메모리 응용 프로그램에 중요한 핵심 개념은 메모리 풀 내에서 그리고 그 너머까지도 개체의 상대적 위치를 나타내는 방법입니다. 즉, 포인터를 어떻게 구현해야 할까요? 응용 프로그램의 가상 주소 공간의 시작과 관련된 일반 포인터를 사용할 수 있지만 많은 주의 사항이 요구됩니다. 이러한 포인터를 사용하는 것은 이를 맵핑하는 응용 프로그램의 가상 주소 공간 중 항상 같은 위치의 퍼시스턴트 메모리 풀에 접근함에 입각합니다. 이는 ASLR(Address Space Layout Randomization)로 인해 현대 운영체제에서 이식 가능한 방식으로 수행하는 게 불가능하지는 않지만 어렵습니다. 따라서 퍼시스턴트 메모리 프로그래밍을 위한 범용 라이브러리는 특수한 퍼시스턴트 포인터를 제공해야합니다. 그림 16-2는 개체 B를 가리키는 개체 A의 포인터를 보여줍니다. 기본 주소가 변경되면 포인터는 더 이상 개체 B를 가리키지 않습니다.

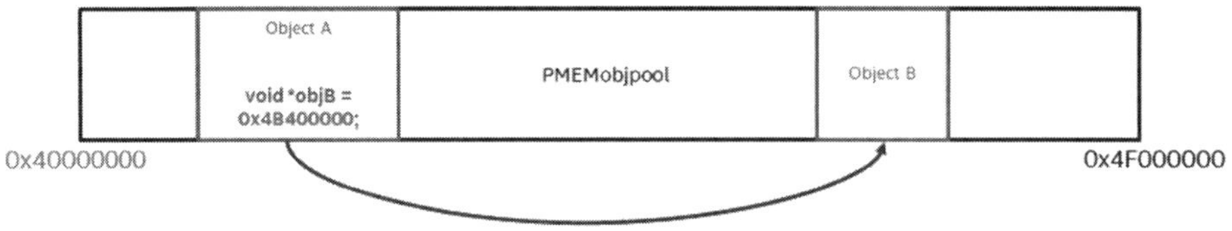

그림 16-2. 퍼시스턴트 메모리 풀에서 일반 포인터를 사용하는 예

범용성의 상대적 퍼시스턴트 포인터의 구현은 다음 두 가지 기본 요구사항을 충족해야합니다.

1. 포인터는 응용 프로그램이 다시 시작될 때까지 유효해야합니다.
2. 포인터는 원래 파생된 풀에 있지 않더라도 여러 퍼시스턴트 메모리 풀이 있는 경우 메모리 위치를 모호하지 않게 식별해야합니다.

이전 요구 사항 외에도 몇 가지 잠재적인 성능 문제를 고려해야 합니다.

- 기존 포인터보다 큰 공간 오버 헤드 발생: 팻 포인터 (fat pointer)는 기존 포인터보다 메모리에서 더 많은 공간을 차지하고, 그로 인해 단일 CPU 캐시 라인에 올라가는 팻 포인터의 수가 더 줄어듭니다. 이는 성능에서 중요하게 작용하는 요인입니다. 예를 들면, B-tree 알고리즘 같이 여러 포인터를 넘나드는 무거운 자료 구조의 연산 비용을 증가시킵니다.
- 퍼시스턴트 포인터를 실제 포인터로 변환하는 비용: 역 참조는 매우 일반적인 작업이므로 이 계산은 가능한 가볍고 가능한 적은 명령을 포함해야 합니다. 이는 퍼시스턴트 포인터 사용이 효율적이고 컴파일 중에 너무 많은 코드 팽창을 생성하지 않기 위함입니다.

- 역 참조 방법을 통해 컴파일러 최적화를 방지: 복잡한 포인터 변환은 컴파일러의 최적화 단계에 부정적인 영향을 미칠 수 있습니다. 변환 방법은 무엇보다도 자동 벡터화를 방지하기 때문에 외부 상태에 의존하는 작업을 피해야합니다.

낮은 오버헤드와 C99 표준 준수를 유지하면서 이전 요구사항을 충족하는 것은 매우 어렵습니다. 다음과 같은 몇 가지 옵션을 살펴보겠습니다.

- 8 바이트 오프셋 포인터: 풀의 시작에 상대적인 8 바이트 오프셋 포인터는 두 번째 요구 사항을 충족하지 않고 변환 메소드에 제공할 풀의 기본 포인터가 필요했기 때문에 빠르게 배제되었습니다.
- 8 바이트 자기 상대 포인터: 여기서 포인터 값은 개체 위치와 포인터 위치 사이의 오프셋입니다. 변환 방법이 `ptr + (*ptr)`로 구현될 수 있기 때문에 잠재적으로 가장 빠른 구현입니다. 하지만 이는 두 번째 기본 요구사항을 충족하지 않습니다. 또한, 동일한 객체에 대한 포인터의 값이 포인터의 위치에 따라 다르기 때문에 특별한 할당 방법이 필요합니다.
- 임베디드 메모리 풀 식별자가 있는 8 바이트 오프셋 포인터: 라이브러리가 두 번째 요구사항을 충족할 수 있도록 합니다. 이것은 가상 주소 공간의 사용 가능한 크기가 대부분의 최신 CPU의 포인터 크기보다 작다는 사실을 활용하여 포인터 값의 사용되지 않은 부분에 식별자를 추가로 저장하는 첫 번째 방법의 확장입니다. 하지만 이 방법의 문제점은 풀 식별자의 비트 수가 상대적으로 적고(최신 CPU에서는 16 비트), 향후 하드웨어에서 줄어들 수 있다는 것입니다.
- 풀 식별자가 있는 16 바이트 팻 포인터: 이는 이전의 방법과 유사하지만 8 바이트 오프셋 포인터와 8 바이트 풀 식별자가 있는 가장 확실한 솔루션입니다. 팻 포인터는 공간 오버헤드와 약간의 런타임 성능을 희생하면서 최고의 유틸리티를 제공합니다.

`libpmemobj`는 16 바이트 오프셋 포인터의 가장 일반적인 접근 방식을 사용합니다. 다른 모든 포인터 유형이 직접 파생될 수 있으므로 원하는 대로 선택할 수 있습니다. C++와 같이 C99보다 표현력이 더 많은 언어에 대한 `libpmemobj` 바인딩은 서로 다른 장단점을 가진 다양한 유형의 포인터를 제공할 수도 있습니다.

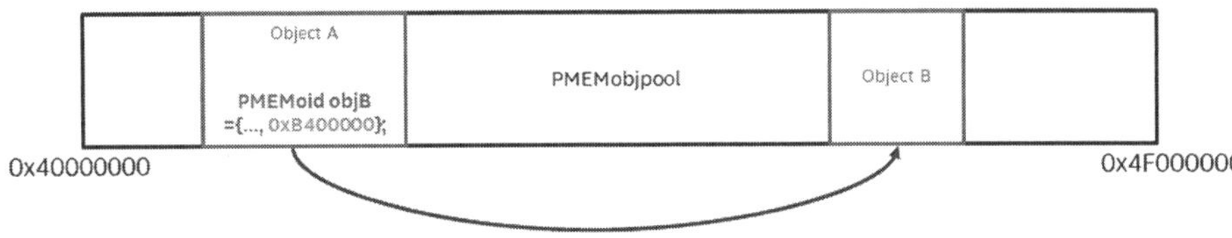

그림 16-3. 퍼시스턴트 메모리 풀에서 PMEMoid를 사용하는 예

그림 16-3은 **libpmemobj** 퍼시스턴트 포인터 PMEMoid를 유효한 C 포인터로 변환하는데 사용되는 변환 방법을 보여줍니다. 원칙적으로 이 접근 방식은 매우 간단합니다. 풀 식별자를 통해 풀의 기본 주소를 찾은 다음 여기에 개체 오프셋을 추가합니다. 메소드 자체는 static inline이며 **libpmemobj**의 공용 헤더 파일에 정의되어 모든 종속성에 대한 함수 호출을 방지합니다. 문제는 동적 라이브러리와 연결된 응용 프로그램의 경우 다른 컴파일 단위에 대한 호출을 의미하며 매우 일반적으로 수행되는 작업에 비용이 많이들 수 있는 lookup 메소드입니다. 변환 메소드에는 마지막 기본 주소의 스레드 당 캐시가 있습니다. 따라서 동일한 풀의 퍼시스턴트 포인터가 가깝게 액세스 되는 일반적인 경우에 대해 각 역 참조를 사용하여 lookup 호출의 필요를 제거해 이 문제를 해결합니다.

풀 lookup 메소드 자체는 식별자-주소 쌍을 저장하는 radix 트리를 사용하여 구현됩니다. 이 트리에는 락-프리 읽기 연산이 있습니다. 락-프리 연산이 필요한 이유는, 캐싱되지 않은 각 포인터 변환이 스레드로부터 안전하기 위해 잠금을 획득해야하므로 성능에 심각한 부정적인 영향을 미치고 잠재적으로 퍼시스턴트 메모리에 대한 액세스를 직렬화 할 수 있기 때문입니다.

퍼시스턴트 스레드 로컬 스토리지: 레인(Lane) 사용

PMDK 개발 초기에 우리는 퍼시스턴트 메모리 프로그래밍이 락 또는 트랜잭션을 통해 다른 스레드나 프로그램 인스턴스에 대한 메모리 변경 가시성을 제한해야 하기 때문에 다중 스레드 프로그래밍과 매우 유사하다는 것을 발견했습니다. 그러나 이것이 유일한 유사성은 아닙니다. 이 섹션에서 논의하는 또 다른 유사점은 하위 계층 코드가 한 실행 스레드에 고유한 데이터를 저장해야 하는 경우가 있다는 것입니다. 퍼시스턴트인 경우, 데이터를 스레드가 아닌 트랜잭션과 종종 연관시켜야 합니다.

libpmemobj에서는 진행 중인 트랜잭션과 퍼시스턴트 로그 간의 연결을 생성하는 방법이 필요합니다. 계획되지 않은 중단 후 해당 로그에 다시 연결하는 방법 또한 필요합니다. 해결책은 "레인(Lane)"이라고 하는 자료 구조를 사용하는 것입니다. 이는 단순히 트랜잭션 로컬이기도 한 퍼시스턴트 바이트 버퍼입니다.

레인은 수량이 제한되고 크기가 고정되어 있으며 풀의 시작 부분에 있습니다. 트랜잭션이 시작될 때마다 운영할 레인 중 하나를 선택합니다. 레인 수가 제한되어 있기 때문에 병렬로 실행할 수 있는 트랜잭션 수도 제한됩니다. 이러한 이유로 레인의 크기는 상대적으로 작지만, 레인의 수는 현재 플랫폼 및 가까운 미래의 플랫폼에서 병렬로 실행될 수 있는 응용 프로그램의 스레드보다 충분히 큽니다.

레인 메커니즘의 과제는 선택 알고리즘입니다. 즉, 특정 트랜잭션에 대해 어떤 레인을 사용할지 선택해야합니다. 이는 작업(트랜잭션)을 수행하기 위해 리소스(레인)를 할당하는 스케줄러입니다.

libpmemobj의 초기 버전에서 구현된 간단한 알고리즘은 단순히 풀에서 사용 가능한 첫 번째 레인을 선택했습니다. 이 접근 방식에는 몇 가지 문제가 있습니다. 첫 번째로, 레인의 단일 LIFO(후입선출) 자료 구조에 효과적인 부분을 구현하려면 연결리스트로 구현하던 배열로 구현하던 상관없이 스택 전면에서 많은 동기화가 필요합니다. 따라서 성능이 저하됩니다. 두 번째 문제는 차선 데이터의 잘못된 공유입니다. 두 개 이상의 스레드가 수정중인 데이터에서 동작할 때 잘못된 공유가 발생하여 CPU 캐시 스래싱이 발생합니다. 이는 새로운 트랜잭션을 시작하기 위해 여러 스레드가 동일한 수의 레인에서 지속적으로 경쟁하는 경우 발생합니다. 세 번째 문제는 인터리브 DIMM에 트래픽을 분산시키는 것입니다. 인터리빙은 사용 가능한 모든 DIMM에 물리적 메모리를 분산시켜 순차적 트래픽이 인터리브 세트에 있는 모든 DIMM의 처리량을 활용할 수 있도록 하는 기술입니다. 이는 여러 디스크 드라이브에서 스트라이핑(RAID0)과 유사합니다. 인터리브 블록의 크기와 플랫폼 구성에 따라 단순한 레인 할당을 사용하면 동일한 물리적 DIMM을 계속 사용하여 전체 성능이 저하될 수 있습니다.

이러한 문제를 완화하기 위해 libpmemobj의 레인 스케줄링 알고리즘은 더 복잡합니다. LIFO 자료 구조를 사용하는 대신 레인 당 하나씩 8 바이트 스핀 락 배열을 사용합니다. 각 스레드에는 처음에 기본 레인 번호가 할당되며, 이는 레인 데이터와 스핀 락 배열의 잘못된 공유를 최소화하는 방식으로 할당됩니다. 또한, 이 알고리즘은 인터리브된 DIMM에 레인을 균등하게 분산하고자합니다. 레인보다 활성 스레드가 적으면 어떤 스레드도 레인을 공유하지 않습니다. 스레드가 트랜잭션을 시작하려고 할 때 기본 레인 스핀 락을 획득하려고 시도하고 실패하면 배열의 다음 레인을 획득하려고 시도합니다.

최종 차선 스케줄링 알고리즘 결정에는 다양한 차선 스케줄링 접근 방식에 대한 상당한 연구가 필요했습니다. 단순한 초기 구현에 비해 현재 구현은 특히 다중 스레드 워크로드에서 성능이 크게 향상되었습니다.

정전 원자성 보장: 재실행 및 실행취소 로깅

libpmemobj가 정전에 대한 안전을 보장하기 위해 사용하는 두 가지 기본 개념은 재실행 로깅과 실행취소 로깅입니다. 재실행 로그는 메모리 할당의 원자성을 보장하는데 사용되며 실행 취소 로그는 트랜잭션 스냅샷을 구현하는데 사용됩니다. 다양한 구현 방법을 논의하기 전에 이 섹션에서는 기본 아이디어를 설명합니다.

트랜잭션 재실행 로깅

재실행 로깅은 원자적으로 수행해야하는 메모리 수정 그룹을 로그에 저장하고 그룹의 모든 수정 사항이 퍼시스턴트하게 저장될 때까지 연기하는 방법입니다. 완료되면 로그가 완료된 것으로 표시되고 메모리 수정이 처리(적용)됩니다. 그런 다음 로그를 버릴 수 있습니다. 처리가 완료되기 전에 중단되면 성공할 때까지 로깅이 반복됩니다. 그림 16-4는 트랜잭션 재실행 로깅의 네 단계를 보여줍니다.

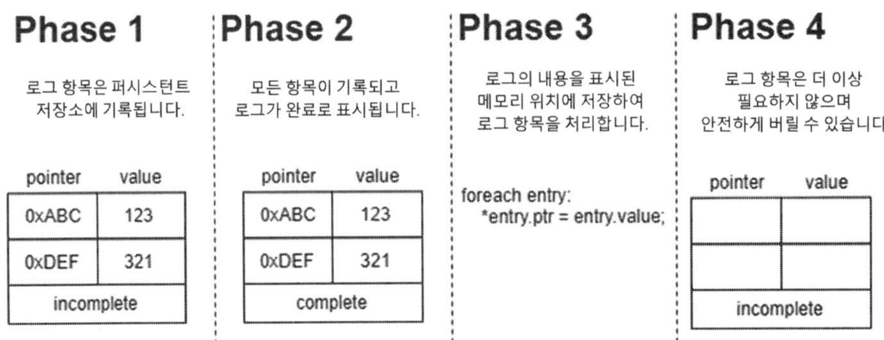

그림 16-4. 트랜잭션 재실행 로그의 단계

퍼시스턴트 메모리 맥락에서 이 로깅 접근 방식의 이점은 모든 로그 항목을 한 번에 스토리지에 쓰고 플러시 할 수 있다는 것입니다. 재실행 로깅을 최적으로 구현하기 위해서는 두 개의 동기화 장벽이 필요합니다. 로그를 완료 상태로 표시할 때와 로그를 삭제할 때 한 번씩 동기화가 이루어집니다. 이 접근 방식의 단점은 메모리 수정 사항이 즉시 표시되지 않아 프로그래밍 모델이 더 복잡하다는 것입니다. 재실행 로깅은 때때로 메모리 작업을 로깅된 위치로 전향할 수 있는 load/store 계측 기술과 함께 사용할 수 있습니다. 그러나 이 접근 방식은 효율적으로 구현하기 어려울 수 있으며 범용 라이브러리에는 적합하지 않습니다.

트랜잭션 실행취소 로깅

실행취소 로깅은 원자적으로 수정해야 하는 그룹(실행취소 트랜잭션)의 각 메모리 영역을 수정하기 전에 로그에 스냅샷을 생성하는 방법입니다. 모든 메모리 수정이 완료되면 로그가 삭제됩니다. 트랜잭션이 중단되면 로그의 수정 사항이 원래 상태로 롤백됩니다. 그림 16-5는 트랜잭션 실행취소 로깅의 세 단계를 보여줍니다.

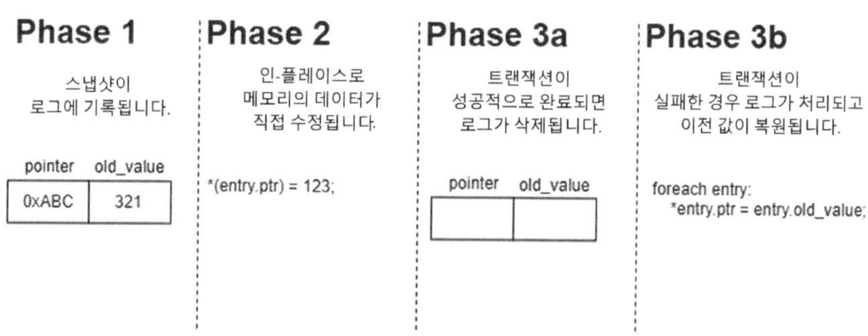

그림 16-5. 트랜잭션 실행취소 로그의 단계

이러한 유형의 로그는 생성해야하는 모든 스냅샷에 대한 배리어가 필요하고 스냅샷 자체가 문제를 제기하는, 오류 방지 및 원자적이어야 하므로 재실행 로그 접근 방식에 비해 성능이 낮을 수 있습니다. 실행취소 로그의 이점은 변경 사항이 즉시 표시되어 자연스러운 프로그래밍 모델이 가능하다는 것입니다.

여기서 중요한 관찰은 재실행 및 실행취소 로깅이 상호 보완적이라는 것입니다. 성능이 중요한 코드 및 지연된 수정이 문제가 되지 않는 경우 재실행 로깅을 사용하십시오. 사용 편의성이 중요한 경우 실행취소 로깅을 사용하십시오. 이 관찰은 단일 트랜잭션이 두 알고리즘을 모두 활용하는 `libpmemobj`의 현재 디자인으로 이어졌습니다.

libpmemobj 통합 로깅

`libpmemobj`의 재실행 및 실행취소 로깅은 모두 통합 로그(또는 줄여서 ulog)라 하는 동일한 내부 인터페이스 및 자료 구조를 공유합니다. 이는 재실행 및 실행취소 로깅이 로그 단계의 실행 순서, 더 정확하게는 로그가 커밋 또는 복구에 적용될 때만 다르기 때문입니다. 그러나 실제로 알고리즘의 특정 부분에 대해서는 전문성이 필요한 성능 고려 사항이 있습니다.

ulog 자료 구조에는 메타데이터가 있는 하나의 캐시 라인 헤더와 데이터 바이트의 가변 길이의 배열이 포함됩니다. 헤더는 다음과 같이 구성됩니다.

- 헤더와 데이터 모두에 대한 체크섬, 재실행 로그에만 사용됨
- 로그에서 단조적으로 증가하는 트랜잭션 생성 번호, 실행취소 로그에만 사용됨
- 데이터 배열의 총 길이(바이트)
- 그룹에서 다음 로그의 오프셋

마지막 필드는 단일 트랜잭션에 참여하는 모든 로그의 단일 연결리스트를 만드는 데 사용됩니다. 이는 트랜잭션 시작 시 필요한 총 로그 크기를 예측할 수 없기 때문입니다. 따라서 라이브러리가 정확한 필수 길이인 로그 구조를 미리 할당할 수 없습니다. 대신 로그는 요청 시 할당되고 원자적으로 리스트에 연결됩니다.

통합 로그는 두 가지 방법의 오류 방지 항목 삽입을 지원합니다.

1. **대량 삽입**은 로그 항목의 배열을 가져와 로그 헤더를 준비하고 헤더와 데이터의 체크섬을 만듭니다. 완료되면 이 구조를 퍼시스턴트 메모리에 저장하기 위해 NT (Non-Temporal) 카피와 펜스가 수행됩니다. 이는 지연된 메모리 수정 그룹이 트랜잭션 끝에 하나의 추가 배리어만 있는 재실행 로그를 형성하는 방법입니다. 이 경우 헤더의 체크섬은 전체 로그의 일관성을 확인하는데 사용됩니다. 체크섬이 일치하지 않으면 복구 중에 로그를 건너뜁니다.
2. **버퍼 삽입**은 단일 항목만 가져와 현재 생성 번호와 함께 체크섬을 생성하고 NT 스토어 후 펜스를 통해 퍼시스턴트 메모리에 저장합니다. 이 방법은 스냅샷 생성 시 실행취소 로그를 생성하는데 사용됩니다. 트랜잭션의 실행취소 로그는 커밋의 빠른 경로에서 로그가 적용되는 대신 무효화되어야하기 때문에 재실행 로그와 다릅니다. 힘들게 로그 버퍼에 0을 쓰는 대신 생성 번호를 증가시켜 로그를 무효화시킵니다. 이것은 숫자가 체크섬이 있는 데이터의 일부이기 때문

에 동작합니다. 따라서 생성 번호를 변경하면 체크섬 오류가 발생합니다. 이 알고리즘을 사용하면 libpmemobj의 트랜잭션은 로그의 오류 방지를 보장하기 위해 하나의 펜스만 추가적으로 필요합니다(스냅샷에 필요한 펜스 위). 이는 매우 낮은 오버헤드를 가진 트랜잭션을 수행할 수 있습니다.

퍼시스턴트 할당: 트랜잭션 퍼시스턴트 할당자의 인터페이스

libpmemobj의 내부 할당자 인터페이스는 일반적인 휘발성 동적 메모리 할당자보다 훨씬 더 복잡합니다. 첫째, 모든 작업은 오류에 대한 안전이 보장되어야 하며 중단으로 인해 메모리에 접근할 수 없게 되면 안 됩니다. 둘째, 힙에 대한 여러 작업이 다른 수정과 함께 원자적으로 수행될 수 있는 트랜잭션이어야 합니다. 마지막으로, 운영체제에서 제공하는 익명의 가상 메모리에 의존하는 대신 특정 파일에서 메모리를 할당하는 풀 상태에서 작동해야합니다. 이러한 모든 요소는 리스트 16-1에 표시된 표준 malloc() 및 free()와 거의 유사하지 않은 내부 API에 기여합니다.

리스트 16-1. 힙 연산을 두 단계로 분할하는 핵심 퍼시스턴트 메모리 할당자 인터페이스

```
int palloc_reserve(struct palloc_heap *heap, size_t size,...,
        struct pobj_action *act);
void palloc_publish(struct palloc_heap *heap,
        struct pobj_action *actv, size_t actvcnt,
        struct operation_context *ctx);
```

API에서 "작업" 이라고 하는 모든 메모리 연산은 두 개의 개별 단계로 나뉩니다.

첫 번째 단계는 연산을 수행하는데 필요한 상태를 예약합니다. 할당의 경우 사용 가능한 메모리 블록을 검색해 예약된 것으로 표시하고 객체의 내용을 초기화하는 것을 의미합니다. 이 예약은 사용자가 제공한 런타임 변수에 저장됩니다. 라이브러리는 예약을 유지하는 동안 응용 프로그램이 충돌하는 경우 퍼시스턴트 상태에 영향을 주지 않는 것을 보장합니다. 그렇기 때문에 이러한 작업 변수는 퍼시스턴트하지 않아야 합니다.

두 번째 단계는 "공개"이라고 하는 유보를 행사하는 행위입니다. 예약은 개별적으로 게시할 수 있지만 이 API의 진정한 힘은 여러 다른 작업을 함께 그룹화하고 게시하는 기능에 있습니다.

내부 할당자 API에는 게시될 때 메모리 위치를 지정된 값으로 설정하는 작업의 생성 기능도 있습니다. 이는 대상 포인터 값을 수정하는데 사용되며 `libpmemobj`의 원자적 API를 오류로부터 안전하게 만드는데 유용합니다.

오류 방지 및 원자적 작업을 수행해야하는 모든 내부 할당자 API는 단일 로그의 런타임 인스턴스인 연산 컨텍스트를 전달 인자로 사용합니다. 여기에는 로그의 총 용량 및 현재 항목의 수와 같은 다양한 상태 정보가 포함됩니다. 또한, 대량 또는 단일 로그 항목을 생성하는 함수를 노출합니다. 할당자의 기능은 운영 컨텍스트의 제공된 인스턴스에 속하는 퍼시스턴트 로그 내에서 모든 메타데이터 수정 사항을 기록한 다음 처리하는 것입니다.

퍼시스턴트 메모리 힙 관리: 퍼시스턴트 메모리를 위한 할당자 설계

이전 섹션에서는 `libpmemobj`에서 내부적으로 사용되는 메모리 할당을 위한 인터페이스에 대해 설명했지만 이는 할당자 빙산의 일각일 뿐입니다. 이 주제에 대해 자세히 알아보기 전에, 퍼시스턴트 메모리가 현상에 미치는 영향을 더 쉽게 이해하기 위해서 일반적인 휘발성 할당자의 원리를 간략하게 설명하겠습니다.

기존의 휘발성 메모리 할당자는 운영체제가 제공하는 메모리 페이지를 시간과 공간 관점 모두에서 효율적으로 관리합니다. 일반적인 상황에서 정확히 어떻게 관리할 지는 컴퓨터 과학의 활발한 연구 분야입니다. 다양한 기술이 사용될 수 있는데, 대부분이 할당 및 할당 해제 패턴의 규칙성을 활용하여 힙 단편화를 최소화하고자 합니다.

가장 일반적으로 사용되는 범용 메모리 할당자는 "segregated fit with page reuse and thread caching"이라는 알고리즘을 기반으로 합니다.

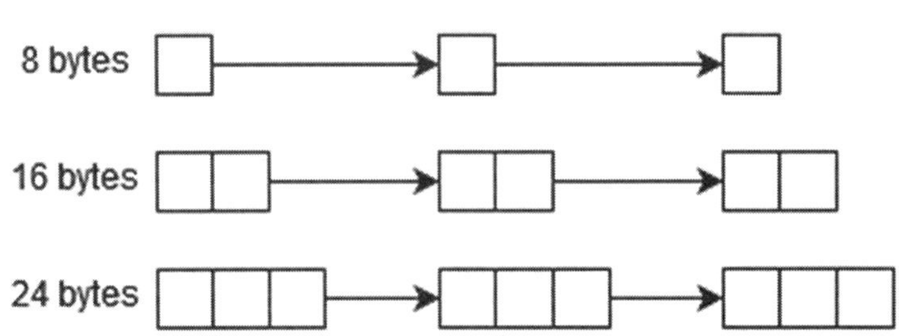

그림 16-6. 메모리 할당자에 있는 사용 가능한 리스트의 예

이 작업은 그림 16-6에 표시된 대로 다양한 크기에 대해 사용 가능한 리스트를 사용하여 미리 정의된 임계값이 나올 때까지 동작합니다. 그 후 운영체제에서 직접 할당하는 것이 합리적입니다. 이러한 사용 가능한 리스트는 일반적으로 빈 또는 버킷이라고 하며 간단한 연결리스트 또는 경계 태그가 있는 연속 버퍼와 같은 다양한 방식으로 구현될 수 있습니다. 들어오는 각 메모리 할당 요청은 사용 가능한 리스트 중 하나와 일치하도록 반올림되므로 각 할당에 대해 오버프로비저닝된 공간의 양을 최소화하기 위해 충분한 리스트가 있어야합니다. 이 알고리즘은 사용 가능한 요청에 대한 초과 공간이 가장 적은 메모리 블록을 선택하는 최적 할당 정책을 근사합니다.

이 기술을 사용하면 메모리 할당자가 최적의 메모리 효율성을 유지하면서 평균적으로 O(1)의 복잡도를 가질 수 있습니다. 또 다른 이점은 메모리 블록의 반올림 및 후속 분리가 표시되지 않을 수 있는 할당 패턴에 일부 규칙성을 강제한다는 것입니다.

일부 할당자는 주소별로 사용 가능한 메모리 블록을 정렬하고, 가능하면 이전에 선택한 블록과 공간적으로 같이 배치된 블록을 할당합니다. 이 경우, 동일한 실제 메모리 페이지를 재사용할 가능성이 높아져 공간 효율성이 향상됩니다. 또한, 할당된 메모리 개체의 시간적 지역성을 유지하여 캐시 및 TLB(translation lookaside buffer) 미스를 최소화할 수 있습니다.

메모리 할당자의 중요한 발전 중 하나는 다중 스레드 응용 프로그램의 확장성입니다. 대부분의 최신 메모리 할당자는 특정 형태의 스레드 캐싱을 구현합니다. 여기서 대부분의 할당 요청은 주어진 스레드에 독점적으로 할당된 메모리에서 직접 충족됩니다. 스레드에 할당된 메모리가 완전히 고갈되거나 요청이 매우 큰 경우에만 할당이 운영체제 리소스에 대해 다른 스레드와 경쟁합니다.

이는 빠른 경로에서 어떤 유형의 락도 포함하지 않는 할당자 구현을 허용합니다. 단일 스레드의 경우에도 잠재적으로 성능에 상당한 영향을 미칠 수 있습니다. 또한, 이 기술은 스레드가 항상 자체 메모리 영역에서 할당하기 때문에 할당자에 의한 스레드 간의 잘못된 공유를 방지합니다. 추가적으로 할당 해제 경로는 종종 메모리 블록을 시작된 스레드 캐시로 반환하여 지역성을 다시 유지합니다.

이전에 휘발성 할당자가 운영체제에서 제공하는 페이지를 관리한다고 언급했지만 이러한 페이지를 얻는 방법에 대해서는 설명하지 않았습니다. 이는 추후 퍼시스턴트 메모리의 경우 어떻게 변화하는지 논의할 때 매우 중요합니다. 메모리는 일반적으로 응용 프로그램의 중단 세그먼트를 이동하는 sbrk() 또는 페이지 캐시가 지원하는 새 가상 메모리 맵핑을 만드는 익명 mmap()을 통해 운영체제에서 수요가 있을 시 요청됩니다. 실제 물리 메모리는 일반적으로 페이지가 처음 기록될 때까지 할당되지 않습니다. 할당자가 더 이상 페이지가 필요하지 않다고 결정하면 unmap()을 사용하여 맵핑을 완전히 제거하거나 운영체제에 백업 물리적 페이지를 해제하되 가상 맵핑을 유지하도록 지시할 수 있습니다. 이렇게 하면 할당자가 동일한 주소를 다시 메모리 맵핑하지 않고도 나중에 다시 사용할 수 있습니다.

이 모든 것이 어떻게 퍼시스턴트 메모리 할당자와 libpmemobj로 구체적으로 변환될까요?

퍼시스턴트 힙은 응용 프로그램을 다시 시작한 후에 재시작할 수 있어야합니다. 이는 모든 상태 정보가 퍼시스턴트 메모리에 있거나 시작 시 재구성되어야 함을 의미합니다. 활성 부기 프로세스가 있는 경우 중단된 지점부터 다시 시작해야합니나. 스레드 캐시 포인터와 같은 퍼시스턴트 메모리에는 휘발성 상태가 있을 수 없습니다. 실제로 할당자는 다시 시작할 때마다 힙의 가상 주소가 변경될 수 있으므로 포인터에서 전혀 작동하지 않아야합니다.

libpmemobj에서 힙은 느리게 그리고 단계적으로 재빌드됩니다. 사용 가능한 전체 메모리는 각 영역의 시작 부분에 메타데이터가 있는 동일한 크기의 영역(다른 영역보다 작을 수 있는 마지막 영역은 제외)으로 나뉩니다. 각 영역은 청크라고 하는 다양한 크기의 메모리 블록으로 순차적으로 나뉩니다. 할당 요청이 있고 런타임 상태가 이를 충족할 메모리가 없음을 나타낼 때마다 영역의 메타데이터가 처리되고 해당 런타임 상태가 초기화됩니다. 이는 풀의 시작 시간을 최소화하고 많은 개별 할당 요청에서 힙 상태를 재구축하는 비용을 상각합니다.

런타임 상태가 전혀 없는 세 가지 주요 이유가 있습니다. 첫째, 퍼시스턴트 메모리의 액세스 지연 시간이 DRAM의 액세스 지연 시간보다 길 수 있으며, 잠재적으로 그 위에 배치된 자료 구조의 성능에 영향을 미칠 수 있습니다. 둘째, 런타임 상태와 퍼시스턴트 상태를 분리하면 메모리가 먼저 런타임 상태에 예약되고 초기화된 다음 할당이 퍼시스턴트 상태에 반영되는 워크플로가 가능합니다. 이 메커니즘은 이전 섹션에서 설명했습니다. 마지막으로, 복잡한 퍼시스턴트 자료 구조의 오류 방지를 유지하는 것은 비용이 많이 들고 DRAM에 유지하면 할당자가 해당 비용을 회피할 수 있습니다.

libpmemobj에서 사용하는 런타임 할당 체계는 앞에서 설명한대로 청크 재사용 및 스레드 캐싱과 분리되어 있습니다. 버킷이라고 하는 libpmemobj의 사용 가능한 리스트는 DRAM에 배치되고 퍼시스턴트 메모리 블록에 대한 포인터의 벡터로 구현됩니다. 이 자료 구조의 영속 표시는 작은 블록이 조각되는 큰 버퍼의 시작 부분에 있는 비트맵입니다. 실행이라고 하는 libpmemobj의 이러한 버퍼는 크기가 다양하며 이전에 언급한 청크에서 할당됩니다. 매우 큰 할당은 청크로 직접 할당됩니다. 그림 16-7은 libpmemobj의 구현을 보여줍니다.

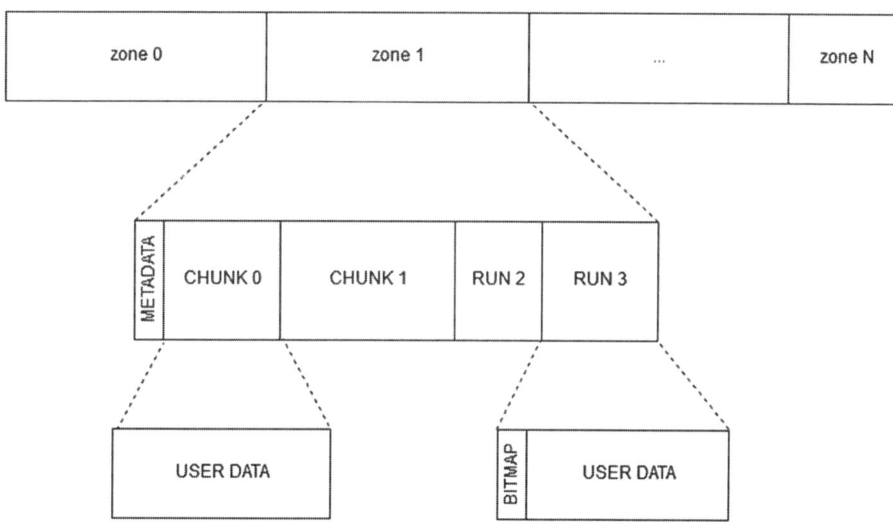

그림 16-7. libpmemobj 힙의 미디어 레이아웃

또한, 퍼시스턴트 할당자는 오류 발생 시 일관성을 보장해야합니다. 그렇지 않으면 응용 프로그램이 비정상적으로 종료된 후 메모리에 도달할 수 없게 될 수 있습니다. 해결책의 한 부분은 이전 섹션에서 설명한 API입니다. 다른 부분은 할당자 내부의 알고리즘을 신중하게 설계하여 응용 프로그램이 중단된 시기에 관계없이 상태가 일관되도록 보장하는 것입니다. 이는 연속적이지 않은 퍼시스턴트 메타데이터 변경 그룹의 원자성을 보장하는데 사용되는 재실행 로그의 도움을 받습니다.

퍼시스턴트 메모리 할당의 가장 영향력 있는 측면 중 하나는 운영체제에서 메모리를 프로비저닝하는 방법입니다. 이전에 일반적인 휘발성 할당자의 경우 메모리는 일반적으로 페이지 캐시에 의해 지원되는 익명 메모리 맵핑을 통해 획득됩니다. 반대로 퍼시스턴트 힙은 퍼시스턴트 메모리에 의해 직접 지원되는 파일 기반 메모리 맵핑을 사용해야합니다. 차이는 미묘할 수 있지만 할당자를 설계해야하는 방식에 상당한 영향을 미칩니다. 할당자는 전체 가상 주소 공간을 관리하고 힙의 잠재적인 비연속 영역에 대한 정보를 유지하며 가상 주소 공간의 과도한 오버프로비저닝을 방지해야합니다. 휘발성 할당자는 운영체제에 의존하여 인접하지 않은 물리적 페이지를 인접한 가상 페이지로 통합할 수 있지만 퍼시스턴트 할당자는 명시적이고 복잡한 기술 없이는 동일한 작업을 수행할 수 없습니다. 또한, 일부 파일 시스템 구현의 경우 할당자는 첫 번째 페이지 오류 시 물리적 메모리가 할당되었다고 가정할 수 없으므로 내부 블록 할당에 대해 보수적이어야 합니다.

파일 기반 맵핑의 할당에 대한 또 다른 문제는 인식입니다. 메모리 오버커밋으로 인해 일반 할당자는 사실상 무한한 가상 주소 공간을 할당하기 때문에 마치 메모리가 부족하지 않은 것처럼 인식합니다. 주소 공간 팽창의 부정적인 성능 결과가 있으며 메모리 할당자는 이를 피하려고 적극적으로 시도하지만 일반적인 응용 프로그램에서는 쉽게 측정할 수 없습니다. 반대로 메모리 힙은 유한 리소스, 퍼시스턴트 메모리 장치 또는 파일에서 할당됩니다. 이것은 힙 난편화라는 일반적인 현상을 사소하게 측정 가능하게 만들어 퍼시스턴트 메모리 할당자가 휘발성 메모리 할당자보다 덜 효율적이라는 인식을 생성합니다. 해당 인식이 옳을 수 있지만 운영체제는 전통적인 메모리 할당자의 단편화를 숨기기 위해 많은 작업을 수행합니다.

ACID 트랜잭션: 효율적인 하위 계층 퍼시스턴트 트랜잭션

방금 설명한 네 가지 구성 요소(레인, 재실행 로그, 실행취소 로그 및 트랜잭션 메모리 할당자)는 4장에서 정의한 `libpmemobj`의 ACID 트랜잭션 구현의 기반을 형성합니다.

트랜잭션의 퍼시스턴트 상태는 세 개의 로그로 구성됩니다. 첫 번째는 사용자 데이터의 스냅샷이 포함된 실행취소 로그입니다. 두 번째는 사용자가 수행한 할당 및 할당 해제를 포함하는 외부 재실행 로그입니다. 세 번째는 원자적 메타데이터 할당 및 할당 해제를 수행하는데 사용되는 내부 재실행 로그입니다. 이것은 기술적으로 보았을 때 트랜잭션의 일부는 아니지만 필요한 경우 로그 확장을 할당하는데 필요합니다. 내부 재실행 로그가 없으면 외부 재실행 로그에 이미 사용자가 만든 할당자 작업이 있는 트랜잭션에서 새 로그 객체를 예약 후 게시가 불가능합니다.

세 가지 로그 모두 레인의 런타임 상태에 저장되는 개별 연산 컨텍스트 인스턴스가 있습니다. 이 상태는 풀이 열릴 때 초기화되고 응용 프로그램의 이전 인스턴스에 대한 모든 로그가 처리되거나 삭제될 때도 초기화됩니다. 과거 트랜잭션이 성공했는지 여부를 나타내는 로그의 특별한 퍼시스턴트 변수는 없습니다. 이 정보는 로그에 저장된 체크섬에서 직접 파생됩니다.

트랜잭션이 시작되고 중첩된 트랜잭션이 아닌 경우, 유효한 커밋되지 않은 로그를 포함하지 않는 레인을 획득합니다. 트랜잭션의 런타임 상태는 스레드 로컬 변수에 저장되며 레인 변수는 일단 획득되면 저장됩니다.

트랜잭션 할당자 연산은 외부 재실행 로그 및 관련 연산 컨텍스트를 사용하여 트랜잭션 커밋 시 게시할 할당자 작업을 생성하는 적절한 예약 메소드를 호출합니다. 할당자 작업은 휘발성 배열에 저장됩니다. 트랜잭션이 중단되면 모든 작업이 취소되고 관련된 상태가 삭제됩니다. 메모리 할당에 대한 전체 재실행 로그는 트랜잭션 커밋 시에만 생성됩니다. 재실행 로그를 생성하는 동안 라이브러리가 중단되면 다음에 풀이 열릴 때 체크섬이 일치하지 않으며 실행취소 로그를 사용하여 롤백해 트랜잭션이 중단됩니다.

트랜잭션 스냅샷은 실행취소 로그와 해당 컨텍스트를 사용합니다. 스냅샷이 처음 생성되면 외부 재실행 로그에 새 메모리 수정 작업이 생성됩니다. 게시되면 해당 작업은 연결된 실행취소 로그의 생성 번호를 증가시켜 해당 내용을 무효화합니다. 이를 통해 외부 로그가 완전히 작성되고 처리된 경우 실행취소 로그를 자동으로 삭제하여 전체 트랜잭션을 커밋합니다. 외부 로그가 삭제되면 실행취소 로그가 처리되고 트랜잭션이 중단됩니다.

동일한 메모리 위치의 스냅샷이 두 개가 없도록(비효율적인 공간 사용) 응용 프로그램이 실행취소 로그 항목을 만들 때마다 쿼리가 수행되는 런타임 범위 트리가 있습니다. 새 범위가 기존 스냅샷과 겹치는 경우 중복을 방지하기 위해 전달 인자가 조정됩니다. 새로 할당된 데이터의 스냅샷을 방지하는 데에도 동일한 메커니즘이 사용됩니다. 트랜잭션의 새 메모리가 할당될 때마다 예약된 메모리 범위가 범위 트리에 삽입됩니다. 새 객체 스냅샷은 중단 시 자동으로 삭제되므로 중복됩니다.

트랜잭션 내에서 수행된 모든 메모리 수정이 커밋된 후 퍼시스턴트 메모리에서 지속되도록 하기 위해 범위 트리를 사용하여 모든 스냅샷을 반복하고 수정된 메모리 위치에서 적절한 플러시 기능을 호출합니다.

지연된 변수 재초기화: 퍼시스턴트 메모리에 휘발성 상태 저장

퍼시스턴트 메모리용 소프트웨어를 개발하는 동안 퍼시스턴트 메모리 위치 내에 런타임(휘발성) 상태를 저장하는 게 유용한 경우가 많습니다. 그러나 이 상태를 일관되게 유지하는 것은, 특히 다중 스레드 응용 프로그램에서 매우 어렵습니다.

문제는 런타임 상태의 초기화입니다. 한 가지 해결책은 응용 프로그램을 시작할 때 모든 객체를 간단히 반복하며 휘발성 변수를 초기화 하는 것이지만, 이는 대규모의 퍼시스턴트 풀이 있는 응용 프로그램의 시작 시간에 크게 영향을 미칠 수 있습니다. 다른 해결책은 액세스 시 변수의 재초기화를 지연시켜 하는 것입니다. 이는 `libpmemobj`가 기본 제공되는 락에 대해 수행하는 작업입니다. 라이브러리는 또한 사용자 지정 알고리즘과 함께 사용하기 위해 API를 통해 이 메커니즘을 노출합니다.

휘발성 상태의 지연 재초기화는 퍼시스턴트 메모리 및 풀 헤더 내부의 각 휘발성 변수와 함께 저장된 생성 번호에 의존하는 락-프리 알고리즘을 사용하여 구현됩니다. 풀 헤더 상주 사본은 풀이 열릴 때마다 2 씩 증가합니다. 이것은 유효한 생성 번호가 항상 짝수임을 의미합니다. 휘발성 변수에 액세스하면 해당 생성 번호가 풀 헤더에 저장된 변수와 대조됩니다. 일치하는 경우 개체를 사용할 수 있으며 단순히 응용 프로그램으로 반환됩니다. 그렇지 않은 경우, 초기화가 스레드로부터 안전하고 응용 프로그램의 단일 인스턴스에서 정확히 한 번 수행되도록 반환하기 전에 개체를 초기화해야합니다.

단순한 구현은 스레드가 초기화 전에 락을 획득하고 생성 번호가 일치하는지 다시 확인하는 이중 검사 락을 사용할 수 있습니다. 그래도 일치하지 않으면 개체를 초기화하고 숫자를 늘립니다. 락 사용에 따른 오버헤드를 피하기 위해 실제 구현에서는 먼저 compare-and-swap을 사용하여 생성 번호를 풀의 생성 번호에서 1을 뺀 값으로 설정합니다. 이 홀수는 초기화 작업이 진행 중임을 나타냅니다. 이 compare-and-swap이 실패하면 알고리즘이 루프백하여 생성 번호가 일치하는지 확인합니다. 성공하면 실행중인 스레드가 변수를 초기화하고 다시 한 번 생성 번호를 증가시킵니다. 이번에는 풀 헤더에 저장된 번호와 일치해야하는 짝수로 증가시킵니다.

요약

이 장에서는 `libpmemobj`의 아키텍처와 내부 작업에 대해 설명했습니다. 또한, `libpmemobj`를 설계와 구현의 선택 및 이유에 대해서도 논의합니다. 이 지식을 통해 라이브러리를 사용하여 작성된 코드의 의미와 성능 특성에 대해 정확하게 추론할 수 있습니다.

제 17 장 신뢰성, 가용성, 서비스 가능성(RAS)

이 장에서는 퍼시스턴트 메모리 용으로 설계된 RAS (안정성, 가용성 및 서비스 가능성) 상위 계층 아키텍처에 대해 설명합니다. 퍼시스턴트 메모리 RAS 기능은 응용 프로그램이 퍼시스턴트 메모리를 사용하는데 있어 필요한 오류 처리 방법을 지원하도록 설계되었습니다. 오류 처리는 응용 프로그램의 가용성에 직접적인 영향을 주며, 프로그램의 전반적인 안정성에서 있어 중요한 부분입니다. 응용 프로그램에게 있어 오류 처리 방법은 응용 프로그램이 작업을 수행하는데 필요한 시간 중 얼마나 많은 시간을 작업을 하는데 사용할 수 있는지 결정합니다.

퍼시스턴트 메모리 제조 업체와 플랫폼 공급 업체는 둘 다 어떤 RAS 기능을 구현할지, 그리고 어떻게 하위 계층 하드웨어 수준에서 구현할 것인지 결정합니다. 일부 공통된 RAS 기능들은 UEFI 포럼 (https://uefi.org/)에서 관리하는 ACPI 사양에서 설계되었고 문서화 되었습니다. 이 장에서는 이러한 ACPI 사양에서 정의된 RAS 기능들에 대한 개괄적인 정보를 소개하고 제조 업체별로 다른 세부 정보는 일부만 설명하겠습니다.

자동 수정 불가능 오류 처리

서버의 메모리는 오류 수정 코드 (ECC)를 사용하여 보호됩니다. 이는 전력 스파이크, 소프트 미디어 오류 등과 같은 일시적인 하드웨어 문제로 인해 발생하는 많은 메모리 오류를 자동으로 수정할 수 있는 하드웨어 기능입니다. 오류가 많이 심각한 경우에는 ECC가 수정할 수 없을 만큼 많은 비트가 손상됩니다. 그 결과를 우리는 '자동 수정 불가능 오류'(UE, uncorrectable error)라고 부릅니다.

휘발성 메모리의 자동 수정 불가능 오류를 처리하는 방식과는 다르게 퍼시스턴트 메모리의 자동 수정 불가능 오류는 특수한 RAS 처리가 필요합니다.

퍼시스턴트 메모리의 자동 수정 불가능 오류는 영속적입니다. 휘발성 메모리와 달리 전원이 끊기거나 응용 프로그램이 죽거나 다시 시작되면, 자동 수정 불가능 오류가 하드웨어에 남아 있게 됩니다. 이로 인해 응용 프로그램은 다음과 같은 무한 루프에 빠질 수 있습니다.

1. 응용 프로그램 시작
2. 메모리 주소를 읽기
3. 수정할 수없는 오류 발생
4. 응용 프로그램 종료 (또는 시스템 장애 및 재부팅)
5. 중단된 지점에서 작업을 다시 시작
6. 이전 오류가 발생한 동일한 메모리 주소에서 읽기를 수행
7. 오류 발생 (또는 시스템 장애 및 재부팅)
8. …
9. 수동으로 개입할 때까지 무한 반복

운영 체제와 응용 프로그램은 다음 세 가지 주요 방법으로 자동 수정 불가능 오류를 해결해야 할 수 있습니다.

- 런타임 중에 이전에 감지되지 않은 자동 수정 불가능 오류를 사용하려는 경우
- 사용되지 않은 자동 수정 불가능 오류가 런타임에 감지된 경우
- 부팅시 감지된 자동 수정 불가능 메모리를 처리하는 경우

자동 수정 불가능 오류 페이지를 사용하려는 경우

엑세스를 요청한 메모리 주소에서 자동 수정 불가능 오류가 감지되면 요청한 데이터에 오류가 있음을 CPU에 알리기 위해 데이터 포이즈닝(data poisoning) 기법이 사용됩니다. 하드웨어가 스스로 해결할 수 없는 메모리 오류를 감지하면 데이터와 함께 포이즌 비트를 CPU로 보냅니다. 인텔 아키텍처의 경우 CPU가 이 포이즌 비트를 감지하면 프로세서 인터럽트 시그널을 운영 체제에 전송하여 오류가 발생했음을 알립니다. 이 시그널을 기계 검사 예외(MCE, machine check exception)라고 합니다. MCE 시그널을 받은 운영 체제는 자동 수정 불가능 메모

리 오류를 검사하여, 소프트웨어가 복구할 수 있는지 확인하고 MCE 처리기를 통해 복구 작업을 수행 할 수 있습니다. 일반적으로 자동 수정 불가능 오류는 세 가지 범주로 나뉩니다.

- CPU의 상태를 손상시키고 시스템 리셋이 필요한 자동 수정 불가능 오류.
- 런타임 중에 소프트웨어가 복구할 수 있는 자동 수정 불가능 오류
- 별도의 조치가 필요하지 않은 자동 수정 불가능 오류.

여러 운영 체제들은 자동 수정 불가능 오류 알림을 다양한 방식으로 처리하지만 공통된 요소가 존재합니다.

예를 들어 리눅스 운영 체제가 자동 수정 불가능 오류에 대한 프로세서 인터럽트를 수신하면 자동 수정 불가능 오류가 발생한 메모리 페이지를 사용하지 않도록 오프라인으로 만들고 사용 불가능한 오류 페이지 리스트에 오류를 추가합니다. 이 사용 불가능한 오류 페이지 목록을 배드 블록 리스트(bad block list)라고 부릅니다. 또한 리눅스는 다른 응용 프로그램이 메모리 페이지를 요청할 때, 자동 수정 불가능 오류가 포함된 페이지를 지우고 재활용합니다.

PMDK 라이브러리는 운영 체제에서 자동 수정 불가능 오류가 있는 페이지 목록을 자동으로 확인하고 오류가 있는 경우 응용 프로그램이 오류가 있는 퍼시스턴트 메모리 풀을 열지 못하게 합니다. 응용 프로그램에서 메모리 페이지를 사용 중인 경우 리눅스는 SIGBUS 메커니즘을 사용하여 응용 프로그램을 강제 종료합니다.

응용 프로그램 개발자는 이 SIGBUS 오류 알림을 받았을 때 수행할 작업을 결정할 수 있습니다. 자동 수정 불가능 오류를 처리하는 가장 간단한 방법은 응용 프로그램이 SIGBUS를 받을 때 종료되도록 하는 것이므로 런타임에 SIGBUS를 처리하는 복잡한 코드를 작성할 필요가 없습니다. 대신, 다시 시작할 때 응용 프로그램은 PMDK를 사용하여 퍼시스턴트 메모리 풀에 오류가 포함되어 있는지 감지하고 응용 프로그램 초기화 중에 데이터를 복구 할 수 있습니다. 대부분의 응용 프로그램들은 오류가 없는 백업 데이터 복사본으로 되돌리는 방식으로 간단히 복구할 수 있습니다.

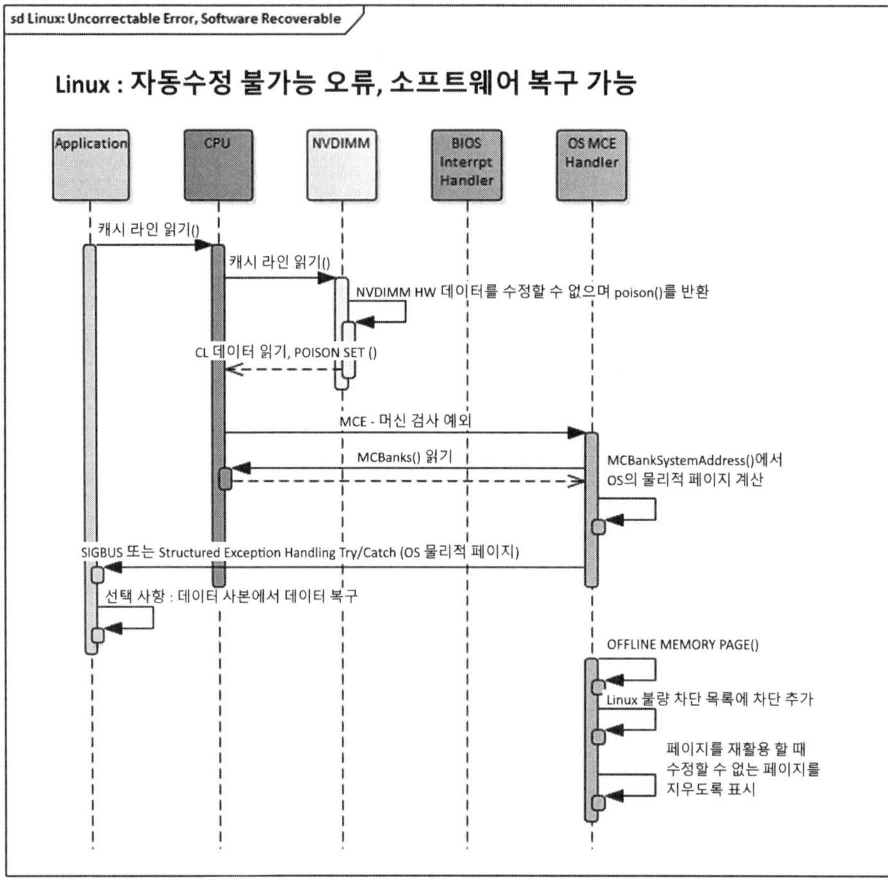

그림 17-1. 리눅스의 자동 수정 불가능 오류 처리 단계

그림 17-1은 리눅스가 응용 프로그램의 (치명적이지 않은) 자동 수정 불가능 오류를 처리 하는 단계들을 단순화시켜 보여줍니다.

사용되지 않은 자동 수정 불가능 오류 처리

RAS 기능은 퍼시스턴트 메모리 미디어에서 발견되었지만 아직 소프트웨어에서 사용하지 않은 자동 수정 불가능 오류를 소프트웨어에 알리기 위해 구현되었습니다. 이 기능의 목표는 자동 수정 불가능 오류가 있는 페이지를 응용 프로그램에서 사용하기 전에 운영 체제가 오프라인 상태로 만들거나 지울 수 있도록 하는 것입니다. 자동 수정 불가능 오류의 주소가 이미 응용 프로그램에서 사용 중인 경우 운영 체제는 자동 수정 불가능 오류를 응용 프로그램에게 알릴 수도 있고, 응용 프로그램이 오류를 처리할 때까지 기다릴 수도 있습니다. 응용 프로그램이 오류가 있는 페이지를 액세스하지 않을 수도 있기 때문에, 오류가 있는 페이지가 재활용되기 위해 운영 체제에 반환할 때까지 운영 체제는 기다릴 수도 있습니다. 이때 운영 체제는 수정할 수없는 오류를 지우거나 오프라인 상태로 만듭니다.

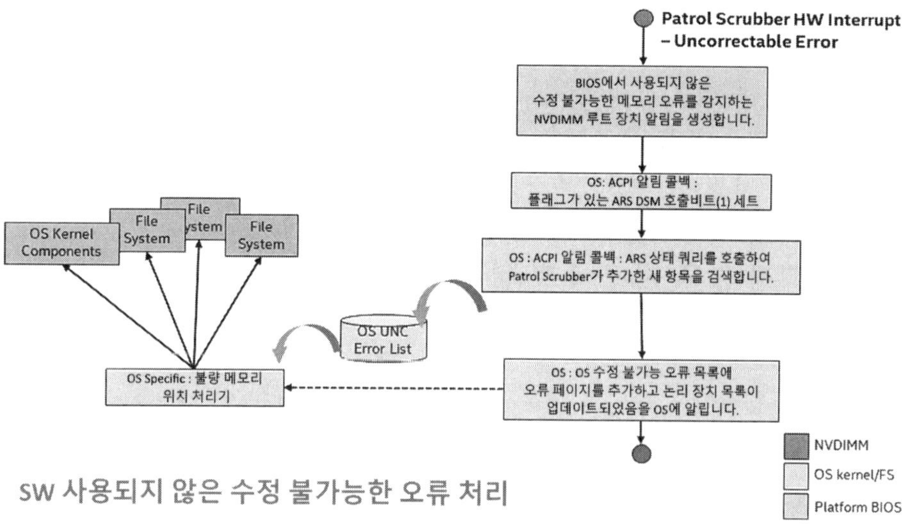

그림 17-2. 소비되지 않은 자동 수정 불가능 오류 처리

사용되지 않은 자동 수정 불가능 오류 처리는 플랫폼마다 다르게 구현 될 수 있지만, 그 핵심은 사용되지 않은 자동 수정 불가능 오류를 발견하는 메커니즘, 사용되지 않은 자동 수정 불가능 오류를 운영 체제에게 시그널로 알리는 메커니즘, 그리고 사용되지 않은 자동 수정 불가능 오류에 대한 정보를 운영 체제가 쿼리하는 메커니즘입니다.

그림 17-2에서 볼 수 있듯이 이 세 가지 메커니즘은 함께 작동하여 런타임 시에 발견된 모든 자동 수정 불가능 오류를 운영 체제에게 사전에 알려줍니다.

패트롤 스크럽

메모리 스크럽으로 불리기도 하는 패트롤 스크럽 (Patrol scrub)은 휘발성 메모리를 위해 오래 사용되어 온 RAS 기능으로 퍼시스턴트 메모리로 확장될 수도 있습니다. 패트롤 스크럽은 플랫폼이 정상 작동하는 도중에 백그라운드에서 자동 수정 불가능 오류를 어떻게 발견하는지 보여주는 좋은 예입니다.

패트롤 스크럽은 플랫폼 또는 메모리 장치에서 메모리 장치의 메모리 주소에 대한 요청을 생성하는 하드웨어 엔진을 사용하여 수행됩니다, 그 하드웨어 엔진은 미리 정의된 주기마다 메모리 요청을 생성하며, 충분한 시간이 지나면 결국 모든 메모리 주소에 액세스합니다. 패트롤 스크럽이 메모리 요청을 생성하는 주기는 메모리 장치의 서비스 성능에 큰 영향을 주지 않습니다.

패트롤 스크럽은 메모리 주소에 대한 읽기 요청을 생성함으로써 하드웨어가 각 메모리 주소에서 ECC를 실행하고 자동 수정 불가능한 오류가 되기 전에 오류를 수정할 수 있는 기회를 제공합니다. 선택 사항으로, 자동 수정 불가능한 오류가 발견되면 패트롤 스크럽은 하드웨어 인터럽트를 트리거하고 소프트웨어 계층에 오류가 발생한 메모리 주소를 알릴 수 있습니다.

사용되지 않은 자동 수정 불가능 메모리 오류 퍼시스턴트 메모리 루트 장치 알림

하드웨어가 사용되지 않은 자동 수정 불가능 메모리 오류를 소프트웨어에 알리는 방법을 '사용되지 않은 수정 불가능 메모리 오류 퍼시스턴트 메모리 루트 장치 알림(Unconsumed Uncorrectable Memory-Error Persistent Memory Root-Device Notification)'이라고 ACPI 스펙 문서는 기술하고 있습니다. ACPI가 정의한 프레임 워크를 사용하여 운영 체제는 수정할 수 없는 메모리 오류가 감지 될 때마다 플랫폼에서 알림을 받을 수 있습니다. 퍼시스턴트 메모리 장치로부터 자동 수정 불가능 메모리 오류가 감지되었다는 알림을 받고 적절한 조치를 취하여 퍼시스턴트 메모리 루트 장치 알림을 생성하는 것은 플랫폼의 역할입니다. 루트 장치로부터 알림을 받으면 운영 체제는 ARS(Address Range Scrub)와 같은 기존 ACPI 방법을 사용하여 새로 생성된 자동 수정 불가능 메모리 오류의 주소를 알아내고 적절한 조치를 취할 수 있습니다.

주소 범위 스크럽(ARS)

ARS(Address Range Scrub)는 ACPI 스펙에 정의된 _DSM(device-specific method, 디바이스에 특화된 방법)입니다. 관리자 권한이 있는 소프트웨어는 런타임에 ARS와 같은 ACPI _DSM을 호출하여 플랫폼에 설치된 모든 퍼시스턴트 메모리들에 대해 자동 수정 불가능 메모리 오류가 있는 위치를 추출하거나 스캔할 수 있습니다. ARS는 플랫폼으로 구현되기 때문에 일부 기능은 제조업체 마다 다르게 구현할 수 있습니다.

ARS는 호출자로부터 특정 주소 범위를 받고 패트롤 스크럽처럼 해당 범위의 각 메모리 주소에서 메모리 오류를 검사합니다. ARS가 완료되면 호출자에게 메모리 오류가 포함된 지정된 범위의 메모리 주소 목록을 반환합니다. 각 메모리 주소의 검사는 퍼시스턴트 메모리 하드웨어가 할 수도 있고 또는 플랫폼 자체에서 처리할 수도 있습니다. 패트롤 스크럽과 달리 ARS는 매우 자주 각 메모리 주소를 검사합니다. 잦은 메모리 검사는 퍼시스턴트 메모리 하드웨어의 서비스 품질에 영향을 미칠 수 있습니다. 따라서 ARS는 때때로 짧은 ARS (short ARS)라고 불리는 옵션을 사용하여 호출자가 선택적으로 호출하는 경우에만 이전 ARS의 결과를 반환할 수 있습니다.

일반적으로 운영 체제는 부팅 후 자동 수정 불가능 오류의 주소를 가져 오는 두 가지 방법 중 하나로 ARS를 실행합니다. 시스템 부팅 중에 사용 가능한 전체 퍼시스턴트 메모리를 스캔하거나, 또는 자동 수정 불가능 메모리 오류 루트 장치 알림이 수신된 후에 퍼시스턴트 메모리를 스캔합니다. 두 경우 모두 응용 프로그램에서 오류가 있는 메모리 주소를 사용하기 전에 검색하는 것이 목적입니다.

운영 체제는 ARS에서 반환한 수정 불가능 오류 목록을 자신이 관리하는 사용 불가능한 오류 페이지 목록(배드 블록 리스트)과 비교합니다. 새로운 오류가 발견되면 목록이 업데이트됩니다. 이 목록은 PMDK 라이브러리와 같은 상위 레벨 소프트웨어에서 사용하기 위한 것입니다.

자동 수정 불가능 오류 지우기

퍼시스턴트 메모리에 대한 자동 수정 불가능 오류는 전원이 꺼진 후에도 달라지지 않으며 메모리 주소에서 손상된 데이터를 지우려면 특별한 처리가 필요합니다. 자동 수정 불가능 오류가 제거되면 요청된 메모리 주소의 데이터가 수정되고 오류가 제거됩니다. 하드웨어는 응용 프로그램의 데이터를 자동으로 수정할 수 없기 때문에 자동 수정 불가능 오류를 제거하는 것은 소프트웨어가 해야 합니다. 자동 수정 불가능 오류를 지우는 것은 선택 사항이며 일부 운영 체제에서는 자동 수정 불가능 오류가 있는 메모리 페이지를 재활용하지 않고, 오류가 있는 메모리 페이지를 사용하지 못하도록 오프라인으로 만들기도 합니다. 일부 운영 체제에서는 관리자 권한이 있는 응용 프로그램이 자동 수정 불가능 오류를 제거하기 위해 액세스할 수 있습니다. 그럼에도 불구하고 자동 수정 불가능 오류가 있는 메모리 페이지를 액세스를 위해서 운영 체제의 도움이 필요하지는 않습니다.

ACPI 스펙은 운영 체제가 자동 수정 불가능 오류를 제거하도록 플랫폼에 지시할 수 있도록 '자동 수정 불가능 오류 삭제(Clear Uncorrectable Error)' DSM을 정의하고 있습니다. 퍼시스턴트 메모리 프로그래밍은 바이트 주소 지정이 가능하지만 자동 수정 불가능한 오류를 지우는 것은 바이트 단위로 지우는 것이 불가능합니다. 개별 퍼시스턴트 메모리 제조 업체들은 Clear Uncorrectable Error에 의해 지워질 메모리 장치의 정렬(alignment) 및 크기를 각자 지정할 수 있습니다. Clear Uncorrectable Error DSM 명령을 성공적으로 실행하면 플랫폼 또는 운영 체제가 관리하고 있는 사용 불가능한 오류 페이지 목록도 업데이트해야합니다.

장치 상태

시스템 관리자는 디바이스에 문제가 생겨 퍼시스턴트 메모리를 사용하는 응용 프로그램에 문제가 생기기 전에 문제를 해결하고자 합니다. 이를 위해, 운영 체제 또는 관리자 권한으로 수행되는 응용 프로그램은 퍼시스턴트 메모리가 안정적인지 판단하기 위해 퍼시스턴트 메모리 장치의 상태를 정확히 파악하려고 합니다. ACPI 스펙은 제조업체와 무관한 몇 가지 오류 검색 방법을 정의하고 있지만 많은 제조업체는 ACPI 스펙의 제조업체와 무관한 방법에서 다루지 않는 자신들의 장치 속성 때문에, 자신만의 오류 검색 방법들을 구현하곤 합니다. 이러한 제조업체별 상태 검색 방법의 대부분은 ACPI 디바이스에 특화된 방법 (_DSM)으로 구현됩니다. 일부 플랫폼 구현은 ACPI 메소드가 호출 될 때 메모리 트래픽에 영향을 줄 수 있으므로 응용 프로그램은 ACPI 메소드를 직접 호출하는 경우 서비스 품질이 저하될 수 있음을 인식해야합니다. 장치의 상태를 체크하기 위한 과도한 폴링은 가능한 피하는 것이 좋습니다.

리눅스에서는 ndctl 유틸리티를 사용하여 퍼시스턴트 메모리 모듈의 장치 상태를 확인할 수 있습니다. 리스트 17-1은 Intel Optane DC 퍼시스턴트 메모리 모듈의 출력 예를 보여줍니다.

리스트 17-1. ndctl을 사용한 퍼시스턴트 메모리 모듈의 상태 쿼리

```
$ sudo ndctl list -DH -d nmem1
[
{
    "dev":"nmem1",
        "id":"8089-a2-1837-00000bb3",
        "handle":17,
        "phys_id":44,
        "security":"disabled",
        "health":{
            "health_state":"ok",
            "temperature_celsius":30.0,
            "controller_temperature_celsius":30.0,
            "spares_percentage":100,
            "alarm_temperature":false,
            "alarm_controller_temperature":false,
            "alarm_spares":false,
            "alarm_enabled_media_temperature":false,
            "alarm_enabled_ctrl_temperature":false,
            "alarm_enabled_spares":false,
            "shutdown_state":"clean",
            "shutdown_count":1
        }
}
]
```

ndctl은 시스템의 퍼시스턴트 메모리 모듈 상태를 지속적으로 모니터링하기 위한, 편리한 모니터링 명령과 데몬을 제공합니다. 사용 가능한 모든 옵션 목록은 ndctl-monitor(1) 매뉴얼 페이지를 참조하십시오. 이 모니터 방법을 사용하는 예는 다음과 같습니다.

예1 모니터를 데몬으로 실행하여 "nfit_test.1"버스에서 DIMM을 모니터링합니다.

```
$ sudo ndctl monitor --bus=nfit_test.1 --daemon
```

예2 모니터를 한번만 실행하고 알림 아웃풋을 /var/log/ndctl.log에 출력합니다.

```
$ sudo ndctl monitor --log=/var/log/ndctl.log
```

예3 모니터 데몬을 시스템 서비스로 실행합니다.

```
$ sudo systemctl start ndctl-monitor.service
```

퍼시스턴트 메모리 디바이스에 특화된 유틸리티를 사용해도 유사한 정보를 얻을 수 있습니다. 예를 들어 리눅스 및 윈도우즈에서 **ipmctl** 유틸리티를 사용해도 **ndctl**에 표시된 것과 비슷한 하드웨어 수준의 정보를 얻을 수 있습니다. 리스트 17-2는 DIMMID 0x0001에 대한 상태 정보를 보여줍니다 (ndctl 용어로 nmem1에 해당).

리스트 17-2. DIMMID 0x0001에 대한 상태 정보

```
$ sudo ipmctl show -sensor -dimm 0x0001
 DimmID     | Type                          | CurrentValue
 =================================================================
 0x0001     | Health                        | Healthy
 0x0001     | MediaTemperature              | 30C
 0x0001     | ControllerTemperature         | 31C
 0x0001     | PercentageRemaining           | 100%
 0x0001     | LatchedDirtyShutdownCount     | 1
 0x0001     | PowerOnTime                   | 27311231s
 0x0001     | UpTime                        | 6231933s
 0x0001     | PowerCycles                   | 170
 0x0001     | FwErrorCount                  | 8
 0x0001     | UnlatchedDirtyShutdownCount   | 107
```

ACPI가 지정한 상태 확인 기능(_NCH, _NBS)

ACPI 스펙에서는 운영 체제 또는 관리자 소프트웨어가 퍼시스턴트 메모리 장치의 상태를 확인하기 위해 호출할 수 있는 두 가지 방법을 지정하고 있습니다.

운영 체제는 부팅 시에 _NCH(NVIDMM Current Health Information, NVDIMM 현재 상태 정보) 가져 오기 메소드를 호출하여 퍼시스턴트 메모리 장치의 현재 상태를 가져오고 상태에 따라 적절한 조치를 취할 수 있습니다. _NCH에서 보고하는 값은 런타임 중에 변경될 수 있으며 이 변경 사항은 모니터링 되어야 합니다. _NCH에는 다음과 같은 경우를 보여주는 상태 정보가 포함됩니다.

- 퍼시스턴트 메모리 장치가 유지 관리를 필요로 합니다.
- 퍼시스턴트 메모리 장치 성능이 저하됩니다.
- 전원에 다시 문제가 생기면, 운영 체제는 퍼시스턴트 메모리에 써진 데이터가 손실될 수 있다고 가정할 수 있습니다.

- 전원에 다시 문제가 생기면, 운영 체제는 모든 데이터가 손실될 것이라고 가정할 수 있습니다.

_NBS(NVDIMM Boot Status, 부팅 상태) 가져 오기 메소드를 사용하면 런타임 중에 변경되지 않는 퍼시스턴트 메모리 상태 정보를 운영 체제가 확인할 수 있습니다. _NBS에서 가장 중요한 정보는 DLC(Data Loss Count, 데이터 손실 수)입니다. Data Loss Count는 퍼시스턴트 메모리 비정상 종료가 발생하는 드문 경우를 응용 프로그램과 운영 체제가 식별하는 데 사용됩니다. 이 속성을 올바르게 사용하는 방법에 대한 자세한 내용은 이 장 뒷부분의 "안전하지 않은/비정상 종료"를 참조하십시오.

공급 업체별 장치 상태(_DSM)

많은 제조 업체들은 ACPI가 지정한 _NBS 및 _NCH 이외에도 더 많은 상태 정보를 추가하려고 할 수 있습니다. 제조 업체들은 운영 체제 및 관리자 권한이 있는 응용 프로그램에서 호출할 수 있는 자체 ACPI 퍼시스턴트 메모리 장치별 메소드(_DSM)를 자유롭게 설계할 수 있습니다. 제조 업체들은 퍼시스턴트 메모리 상태 확인 기능을 각각 다르게 구현하지만, 퍼시스턴트 메모리 장치 수리가 필요한지 확인하기 위한 몇 가지 공통된 상태 정보들이 있습니다. 이러한 상태 정보들은 퍼시스턴트 메모리의 전체 상태 요약, 현재 퍼시스턴트 메모리의 온도, 퍼시스턴트 미디어의 오류 수, 그리고 총 디바이스 수명 활용률과 같은 정보들을 포함합니다. 리눅스를 포함한 많은 운영 체제들은 ndctl과 같은 도구를 통해 제조 업체 고유의 디바이스 상태 통계를 검색하고 보고할 수 있습니다.

인텔 퍼시스턴트 메모리 _DSM 인터페이스 문서는 https://docs.pmem.io/의 "관련 사양" 섹션에서 찾을 수 있습니다.

ACPI NFIT 상태 이벤트 알림

운영 체제 및 관리자 권한이 있는 응용 프로그램은 잠재적 성능 손실을 우려하여 지속적으로 장치 상태를 확인하기 위해 메모리를 폴링하지 않을 수도 있습니다. 따라서 ACPI 스펙은 퍼시스턴트 메모리 장치가 장치 상태에 중대한 변화가 발생했을 때 이를 수동으로 알릴 수 있는 방법을 정의했습니다. 퍼시스턴트 메모리 장치 제조 업체 및 플랫폼 BIOS 제조 업체들은 NFIT (NVDIMM Firmware Interface

Table, NVDIMM 펌웨어 인터페이스 테이블) 상태 이벤트 알림을 보내야 하는 심각한 디바이스 상태 변경 사항들을 정의하고 있습니다. NFIT 상태 이벤트를 수신하면 운영 체제에게 이를 알리고, 퍼시스턴트 메모리 장치에 연결된 _NCH 또는 _DSM 메소드를 호출하고 반환된 데이터를 기반으로 적절한 조치를 취해야합니다.

안전하지 않은/비정상 종료

퍼시스턴트 메모리가 안전하지 않게 종료되거나 비정상적으로 종료되면 연속해서 퍼시스턴트 메모리 장치에 전원을 차단하거나 플랫폼의 전원을 차단하는 경우, 영속성 도메인에는 들어갔지만 퍼시스턴트 미디어에 완전히 써지지 못한 데이터가 써지지 않을 수 있습니다. (2장에서는 영속성 도메인에 대해 설명합니다.) 비정상 종료는 매우 드물게 발생하지만, 물리적인 하드웨어 문제, 전력 스파이크, 온도 등과 같은 다양한 원인으로 인해 발생할 수 있습니다.

비정상적인 전원 차단이 연속해서 발생하여 응용 프로그램의 데이터가 손실되어도 퍼시스턴트 메모리 장치는 데이터가 손실되었는지를 알 수 없습니다. 다만, 데이터가 손실될 수 있는 일련의 이벤트가 발생한 것은 감지할 수 있습니다. 최상의 시나리오는 비정상 종료가 발생했을 때 데이터를 쓰고 있는 응용 프로그램이 없는 경우입니다.

여기에 설명된 RAS 메커니즘을 사용하려면 플랫폼 BIOS 및 퍼시스턴트 메모리 제조 업체가 비정상 종료가 감지될 때마다 증가하는 퍼시스턴트 롤링 카운터(persistent rolling counter)를 제공해야합니다. ACPI 스펙은 퍼시스턴트 메모리 장치 메소드인 _NBS (NVDIMM Boot Status, NVDIMM 부트 상태) 메소드에 의해 반환되는 DLC (Data Loss Count, 데이터 손실 수)와 같은 메커니즘을 사용합니다.

리스트 17-1에서 ndctl를 실행하면 "shutdown_count"가 상태 정보에 출력됩니다. 마찬가지로 리스트 17-2에 있는 ipmctl의 출력은 "LatchedDirtyShutdownCount"를 비정상 종료 카운터로 보고합니다. 두 출력에서 볼 수 있는 값 1은 문제가 감지되지 않았다는 것을 의미합니다.

응용 프로그램의 데이터 손실 수(DLC) 활용

응용 프로그램은 _NBS가 제공하는 DLC 카운터를 사용하여 시스템의 영속성 도메인에서 퍼시스턴트 미디어에 데이터를 저장하는 동안 발생하는 데이터 손실을 감지할 수 있습니다. 이러한 손실이 감지되면 응용 프로그램은 응용 프로그램별 기능을 사용하여 데이터 복구 또는 롤백을 수행할 수 있습니다.

응용 프로그램이 구현해야 하는 기능들은 다음과 같이 요약됩니다.

1. 응용 프로그램은 먼저 초기 메타데이터를 생성하고 퍼시스턴트 메모리 파일에 저장합니다.
   a. 응용 프로그램은 응용 프로그램의 메타데이터가 저장된 물리적 퍼시스턴트 메모리에 대해 각 운영 체제가 제공하는 방법을 통해 DLC (데이터 손실 수)를 확인합니다.
   b. 응용 프로그램은 응용 프로그램의 메타데이터가 저장된 로지컬 볼륨에 포함된 모든 물리적 퍼시스턴트 메모리의 DLC를 합하여 LDLC (Logical Data Loss Count, 논리적 데이터 손실 수)를 계산합니다.
   c. 응용 프로그램은 현재의 LDLC 값을 메타데이터 파일에 저장하고 LDLC의 업데이트된 값이 시스템의 영속성 도메인으로 플러시 되었는지 확인합니다. 이는 퍼시스턴트 메모리의 정전 보호 도메인 (Power-Fail Protected Domain)까지 데이터를 강제로 플러시 함으로써 수행됩니다. (2장에는 데이터를 영속성 도메인으로 플러시하는 방법에 대한 자세한 정보가 포함되어 있습니다.)
   d. 응용 프로그램은 자신의 메타데이터가 저장된 로지컬 볼륨에 대한 GUID 또는 UUID를 결정하고 이를 메타데이터 파일에 저장하며 업데이트된 GUID/UUID가 영속성 도메인에 써지게 합니다. GUID/UUID는 메타데이터 파일이 현재 DLC가 더 이상 유효하지 않은 다른 로지컬 볼륨으로 이동되었는지 여부를 응용 프로그램이 나중에 식별하기 위해 사용됩니다.
   e. 응용 프로그램은 메타데이터 파일에 "clean" 플래그를 생성하여 설정하고 clean 플래그의 업데이트가 영속성 도메인에 써지게 합니다. 이 플래그는 응용 프로그램이 비정상 종료되는 동안 데이터를 퍼시스턴트 메모리에 쓰고 있었는지 확인하는데 사용됩니다.

2. 응용 프로그램이 퍼시스턴트 메모리에서 메타데이터를 검색 할 때 수행하는 기능들은 다음과 같습니다.

   a. 응용 프로그램은 자신의 메타데이터가 저장된 로지컬 볼륨의 UUID 값이 메타데이터 파일에 저장되어 있는 GUID/UUID와 같은지 확인합니다. 일치하는 경우 LDLC는 응용 프로그램이 사용하던 것과 동일한 논리 볼륨에 대한 값입니다. 일치하지 않으면 DLC는 다른 논리 볼륨에 대한 것이며 더 이상 유효하지 않습니다. 응용 프로그램은 이를 처리하는 방법을 결정해야 합니다.

   b. 응용 프로그램은 자신의 메타데이터가 저장된 모든 물리적 퍼시스턴트 메모리에 대한 DLC의 합계를 구해 현재 LDLC를 계산합니다.

   c. 응용 프로그램은 계산된 현재 LDLC를 메타데이터에서 검색된 저장되어 있던 LDLC 값과 비교합니다.

   d. 현재 LDLC가 저장되어 있던 LDLC와 일치하지 않으면 하나 이상의 퍼시스턴트 메모리가 비정상 종료되었고 데이터가 손실 되었음을 감지한 것입니다. 일치하는 경우에는 응용 프로그램이 별도의 추가 조치를 할 필요가 없습니다.

   e. 응용 프로그램은 메타데이터에 저장된 "clean" 플래그의 상태를 확인합니다. clean 플래그가 설정되지 않은 경우라면, 이 응용 프로그램은 비정상 종료 시에 데이터를 쓰고 있었다는 의미입니다.

   f. clean 플래그가 설정되지 않은 경우에는 응용 프로그램이 각자 소프트웨어적으로 데이터를 복구하거나 롤백을 수행해야 합니다.

   g. 응용 프로그램은 메타데이터 파일에 새로운 LDLC 값을 저장하고 업데이트된 카운트 값이 시스템의 영속성 도메인에 플러시 되었는지 확인해야 합니다. 이전에 clean 플래그가 설정되어 있었던 경우에는 clean 플래그를 리셋해야 할 수 있습니다.

   h. 응용 프로그램은 메타데이터 파일에 clean 플래그를 설정하고 clean 플래그의 업데이트가 영속성 도메인으로 플러시 되었는지 확인합니다.

3. 응용 프로그램이 파일에 쓸 때에는 다음의 기능들을 수행해야 합니다.

   a. 응용 프로그램이 데이터를 쓰기 전에 메타데이터 파일에서 "clean" 플래그를 지우고 플래그가 영속성 도메인으로 플러시 되었는지 확인합니다.

b. 응용 프로그램은 퍼시스턴트 메모리에 데이터를 씁니다.
c. 응용 프로그램이 데이터 쓰기를 완료한 후 메타데이터 파일에 "clean" 플래그를 설정하고 플래그가 영속성 도메인으로 플러시 되었는지 확인합니다.

PMDK 라이브러리는 이러한 단계들을 아주 쉽게 수행할 수 있게 하고 인터리빙 세트 구성까지 고려해줍니다.

요약

이 장에서는 퍼시스턴트 메모리 장치에서 사용할 수 있고 퍼시스턴트 메모리 응용 프로그램에 관련된 RAS 기능들에 대해 설명했습니다. 자동 수정 불가능 오류와 응용 프로그램이 이에 대응하는 방법, 운영 체제가 응용 프로그램의 가용성을 향상시키기 위해 상태 변경을 감지하는 방법, 응용 프로그램이 비정상 종료를 감지하는 방법과 데이터 손실 카운터를 사용하는 방법에 대해 설명했습니다.

제 18 장 원격 퍼시스턴트 메모리

이 장에서는 네트워크를 통해 연결된 원격 서버에 있는 퍼시스턴트 메모리를 접근하기 위해서 앞서 소개한 퍼시스턴트 메모리 프로그래밍 기법들을 사용하는 방법에 대해 다루겠습니다. 퍼시스턴트 메모리가 포함된 서버에서 실행되는 TCP/IP 또는 RDMA 네트워크 하드웨어 및 소프트웨어를 활용하면 원격 퍼시스턴트 메모리를 직접 접근할 수 있습니다.

고성능 네트워크를 통해 원격 메모리를 직접 액세스하는 것은 퍼시스턴트 메모리를 클라우드 환경에서 사용하는 경우에 필요한 중요한 기능입니다. 일반적으로 높은 신뢰성과 은 가용성이 필요한 경우에, 데이터를 로컬 퍼시스턴트 메모리 한 곳에 기록하는 것으로는 부족하며, 별도의 원격 서버에 있는 두 개 이상의 원격 퍼시스턴트 메모리 장치에 복제해야 신뢰할 수 있는 것으로 간주됩니다. 이 푸쉬(Push) 모델 디자인은 이 장의 뒷부분에서 설명하겠습니다.

기존 TCP/IP 네트워크를 사용하여 원격 퍼시스턴트 메모리를 액세스하는 것도 당연히 가능하지만, 이 장에서는 RDMA(Remote Direct Memory Access)를 사용하는 것에 중점을 둡니다. DMA(Direct Memory Access)는 데이터의 전송을 CPU가 담당하지 않고, 해당 데이터를 이동하는 하드웨어 DMA 엔진으로 오프로드(offload)함으로써, CPU는 데이터가 이동하는 중에 다른 중요한 작업을 수행 할 수 있습니다. RDMA는 동일한 개념을 적용하며 두 서버의 CPU가 직접 관여하지 않아도 원격 서버 간의 데이터 전송이 가능합니다.

이 장에서 다루는 내용과 PMDK의 `librpmem` 원격 퍼시스턴트 메모리 라이브러리는 RDMA를 사용한다고 가정하고 있습니다만, 이 장에서 설명하는 개념은 다른 종류의 네트워크 연결 및 프로토콜에 적용될 수 있습니다.

그림 18-1은 퍼시스턴트 메모리에 데이터를 쓰는 시스템인 *이니시에이터*(initiator)가 데이터를 원격 타겟(target) 시스템에 있는 퍼시스턴트 메모리로 복제하는 원격 퍼시스턴트 메모리 구성을 보여주고 있습니다. 데이터를 쓰는 시스템과 복제 타겟 시스템 모두에서 퍼시스턴트 메모리를 사용하고 있지만 데이터를

쓰는 시스템은 DRAM을 사용하고 원격 타겟 시스템은 퍼시스턴트 메모리에 쓰거나, 혹은 데이터를 쓰는 시스템은 퍼시스턴트 메모리를 사용하고, 원격 타겟 시스템은 DRAM에 쓰는 것도 가능합니다.

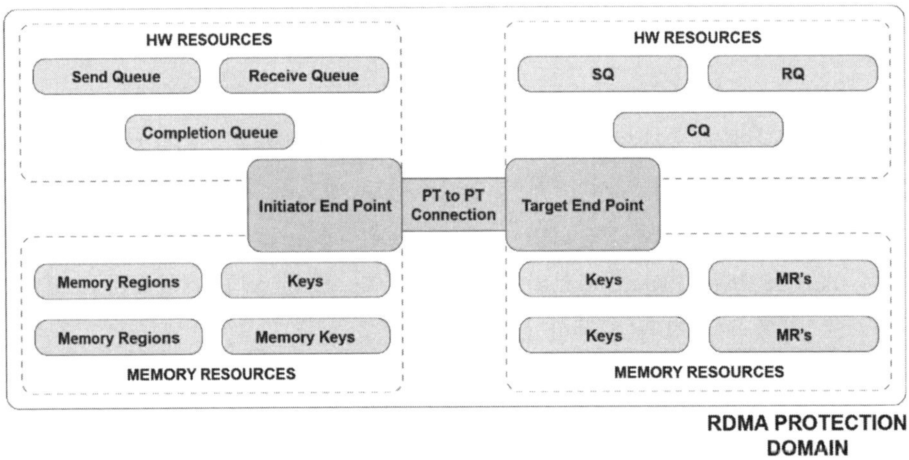

그림 18-1. RDMA를 사용하는 원격 퍼시스턴트 메모리 복제 구성

RDMA 네트워크 프로토콜

클라우드 및 엔터프라이즈 데이터 센터에서 널리 사용되고 있는, RDMA를 지원하는 네트워크 프로토콜들은 다음과 같습니다.

- InfiniBand는 고성능, 저지연, 그리고 확장성이 뛰어난 프로세서 및 스토리지 사이에서 데이터를 고속으로 전송하기 위해 개발된 I/O 아키텍처 및 스펙입니다.
- RoCE(RDMA over Converged Ethernet)는 이더넷(Ethernet) 네트워크를 사용하면서 RDMA를 허용하는 네트워크 프로토콜입니다.
- iWARP(Internet Wide Area RDMA 프로토콜)는 IP 네트워크를 사용하면서 효율적인 데이터 전송을 위해 RDMA를 구현하는 네트워크 프로토콜입니다.

위 세 가지 프로토콜 모두 RDMA를 사용하여 퍼시스턴트 메모리들 사이의 고성능 데이터 전송을 지원합니다.

RDMA 프로토콜은 IBTA(InfiniBand Trade Association) 및 IEFT(Internet Engineering Task Force) 사양에 의해 구동되는 RDMA 유선 프로토콜 표준에 의해 관리됩니다. IBTA(https://www.infinibandta.org/)는 InfiniBand 및 RoCE 프로토콜을 관리하고 IEFT(https://www.ietf.org/)는 iWARP를 관리합니다.

지연 시간이 짧은 RDMA 네트워킹 프로토콜을 사용하면 NIC (네트워크 인터페이스 컨트롤러)가 데이터가 전송되는 두 노드의 CPU 도움이 없이도 데이터를 쓰는 노드의 소스 버퍼(source buffer)와 타겟 노드의 싱크 버퍼 (sink buffer)간의 데이터 이동을 제어 할 수 있습니다. 실제로 RDMA Read 및 RDMA Write 연산은 종종 한-방향 (one-sided) 연산이라고 합니다. 데이터를 이동하는 데 필요한 모든 정보는 데이터를 쓰는 노드가 제공하고 타겟 노드의 CPU는 일반적으로 인터럽트가 걸리지 않고, 데이터 전송도 인식하지 않기 때문입니다.

원격 노드로 데이터를 전송하려면, 원격 작업을 시작하기 전에 타겟 노드의 버퍼에 관한 정보를 데이터를 쓰는 로컬 노드로 전달해야합니다. 이를 위해서는 로컬 노드의 RDMA 리소스 및 버퍼를 설정해야합니다. 마찬가지로 원격 타겟 노드에서도 RDMA 리소스를 CPU를 사용하여 초기화하고 로컬 노드에게 보고해야 합니다. 그러나 RDMA 전송을 위한 리소스가 설정된 후 응용 프로그램이 RDMA 요청을 일단 시작하면 CPU 대신 NIC가 RDMA 프로그램을 대신하여 실제 데이터 이동을 수행합니다.

RDMA를 사용하는 응용 프로그램은 다음 작업들을 수행해야 합니다.

- 모든 로컬 및 타겟 노드들의 NIC를 조사하여 어떤 RDMA 기능들이 지원되는지 확인
- RDMA 지점-대-지점 (point-to-point) 통신의 각 말단 지점(end-point)에 해당하는 NIC 선택
- RDMA 보호 도메인이라고 불리는, 선택된 NIC들 간의 통신 연결 생성
- 각 NIC에서 수신 메시지와 발신 메시지를 위한 대기열을 할당하고 해당 하드웨어 리소스를 보호 도메인에 할당
- RDMA와 함께 사용할 DRAM 또는 퍼시스턴트 메모리 버퍼 할당, 해당 버퍼를 NIC에 등록, 해당 버퍼를 보호 도메인에 할당

대부분의 RDMA 응용 프로그램 및 라이브러리들은 다음 세 가지 기본 RDMA 명령을 사용합니다.

- **RDMA Write** : 데이터를 전송하는 데 필요한 모든 정보를 데이터를 쓰는 노드가 제공하는 한-방향(one-sided) 연산입니다. 이 연산은 원격 타겟 노드에 데이터를 쓰는 데 사용됩니다. 쓰기 요청은 데이터를 어디에서 읽을지에 관한 소스 정보와 데이터를 타겟 노드의 어디에 쓸지에 관한 싱크 버퍼 정보를 포함합니다. 원격 타겟 시스템은 RDMA 통신에 의해 인터럽트 당하지 않으므로, NIC를 통해 쓰기 작업이 수행되어도 이를 전혀 인식하지 못합니다. 데이터를 쓰는 노드의 NIC가 타겟 노드에 데이터를 쓰면 "소프트웨어 쓰기 완료 인터럽트(software write completion interrupt)"가 생성됩니다. 소프트웨어 쓰기 완료 인터럽트는 쓰기 메시지가 타겟 노드의 NIC로 전송되었음을 의미하지만, 쓰기가 완료된 것을 의미하지는 않습니다. 선택 사항으로, RDMA 쓰기는 타겟 노드의 CPU를 인터럽트하고 타겟 노드에서 실행중인 소프트웨어가 쓰기 완료되었음을 즉시 알 수 있도록 하는 "`immediate`" 옵션도 제공합니다.
- **RDMA Read** : 데이터를 읽을 노드만 데이터 전송에 필요한 모든 정보를 제공하는 한-방향(one-sided) 연산입니다. 이 연산은 원격 타겟 노드의 데이터를 읽는 데 사용됩니다. 읽기를 요청할 때, 데이터를 읽을 노드는 모든 소스 버퍼 및 타겟의 싱크 버퍼 정보를 제공해야 하며, 원격 타겟 시스템은 RDMA 통신에 의해 인터럽트 당하지 않으므로, NIC를 통해 읽기 작업이 수행되어도 이를 전혀 인식하지 못합니다. 데이터를 읽는 노드의 소프트웨어 읽기 완료 인터럽트(software read completion interrupt)는 읽기 연산을 시작한 노드의 NIC를 통해 네트워크를 거쳐, 타겟 시스템의 NIC로, 타겟 노드의 내부 하드웨어 및 메모리 컨트롤러를 통해 DRAM 또는 퍼시스턴트 메모리로 이동하여 데이터를 찾고, 거꾸로 데이터를 읽는 노드의 응용 프로그램까지 되돌아왔음을 확인하기 위해 사용합니다.
- **RDMA Send(및 Receive)** : 양-방향(two-sided) RDMA 전송은 전송을 완료하기 위해 데이터를 보내는 노드와 데이터를 받는 타겟 노드 모두 정보를 제공해야 합니다. 이는 타겟 노드가 RDMA 전송을 수신 할 때 타겟 NIC가 인터럽트 당하고 NIC가 RDMA 전송 작업을 수신하기 전에 하드웨어 수신 대기열이 설정되어 있고 "완료-항목 (completion entries)"으로 미리 채워져 있어야 하기 때문입니다. 응용 프로그램의 데이터는 작은 크기의 버퍼에 저장되어 타겟 노드의 NIC로 전송됩니다. 타겟 노드의 CPU는 데이터가 전송되었을 때, 전송된 데이터를 처리하기 위해 인터럽트됩니다. 만일 데이터를 보낸 응용 프로그램이 RDMA Send

연산이 타겟 노드에 의해 수신되었는지 확인하고 싶다면, 로컬 노드에 데이터 수신 큐를 설정하고 완료-항목을 큐에 넣은 후에 타겟 노드가 RDMA Send 연산을 역방향으로 보내야합니다. RDMA Send 연산의 사용법과 주고받는 데이터의 내용은 응용 프로그램마다 다르게 구현됩니다. RDMA Send는 일반적으로 데이터를 보내는 프로세스와 타겟 사이에서 발생한 읽기 및 쓰기 연산을 기록하고 업데이트하는데 사용됩니다. 타겟 응용 프로그램은 어떤 데이터가 전송되었는지에 대해 알 수 있는 방법이 없기 때문입니다. 예를 들어, 타겟 노드에서는 RDMA Write가 완료되었는지 여부를 알 수 있는 방법이 없기 때문에 RDMA Send는 종종 타겟 노드에게 무슨 일이 발생하고 있는지 알리기 위해 사용됩니다. 작은 크기의 데이터를 전송하는 경우 RDMA Send는 매우 효율적이지만 항상 타겟 프로세스에서 Receive를 불러야 하는 상호 작용이 필요합니다. 다른 방법으로는, "**immediate**" 옵션을 사용하는 RDMA Write를 사용하여, 쓰기가 완료되었을 때 타겟 노드가 인터럽트 되도록 할 수 있습니다.

초기 원격 퍼시스턴트 메모리 아키텍처의 목표

처음 원격 퍼시스턴트 메모리를 구현할 때 목표로 삼은 것은 휘발성 메모리 용으로 사용되고 있는 현재의 RDMA 하드웨어 및 소프트웨어 스택이 최소한으로 변경되거나, 이상적으로는 아무 것도 변경되지 않는 것이었습니다. 네트워크 하드웨어, 미들웨어 및 소프트웨어 아키텍처 관점에서는 원격 휘발성 메모리에 쓰는 것과 원격 퍼시스턴트 메모리에 쓰는 것이 동일합니다. 특정 메모리 맵핑 파일이 퍼시스턴트 메모리에 저장될 것인지 혹은 휘발성 메모리에 저장될 것인지는 전적으로 응용 프로그램이 결정하고 유지 관리해야 합니다. 네트워크 스택의 하위 계층은 퍼시스턴트 메모리에 쓰기 위한 RDMA인지 혹은 휘발성 메모리에 쓰는 RDMA인지 판단하지 못합니다. 타겟 노드에 원격으로 쓸 때 어떤 명령어로 쓰기 연산을 수행할 것인지, 그리고 원격으로 써진 데이터가 영속성을 가지도록 하는 것은 응용 프로그램의 책임입니다.

원격 영속성 보장

지금까지 이 책의 대부분은 로컬 시스템의 퍼시스턴트 메모리를 사용하는 프로그래밍에 관해 설명했습니다. 이제 독자 여러분은 퍼시스턴트 메모리를 사용할 때 고려해야 하는 문제점들, 영속성 도메인, 그리고 데이터가 영속성을 가지도록 하는 플러시 메커니즘이 필요한 이유와 플러시 하는 방법을 알고 있습니다. 원격 퍼시스턴트 메모리를 사용할 때에도 크게 다르지 않습니다만, 기존 네트워크 프로토콜과 주어진 네트워크 지연 시간 내에서 플러시 해야 한다는 추가적인 제약이 있습니다.

SNIA NVM 프로그래밍 모델(3장에 설명)에서는 기록된 데이터가 영속성 도메인에 저장되는 것을 보장하기 위해 응용 프로그램이 퍼시스턴트 메모리에 쓴 데이터를 명시적으로 플러시 하는 것을 요구합니다. 이 요구 사항은 원격 퍼시스턴트 메모리에 쓰기에도 동일하게 적용됩니다. RDMA Write 또는 RDMA Send 연산을 호출한 노드에서 타겟 노드의 퍼시스턴트 메모리로 데이터를 보낸 후에는, 해당 데이터를 원격 시스템의 영속성 도메인으로 플러시해야 합니다. 또는, 원격으로 보낸 데이터를 명시적으로 플러시하지 않아도 되도록 원격 노드의 CPU 캐시를 우회해야합니다.

하드웨어 제조 업체별로 다른 플랫폼의 기능들은 RDMA를 사용하여 원격 퍼시스턴트 메모리를 구현하는데 있어 문제를 발생시킵니다. 인텔 플랫폼은 일반적으로 *할당 쓰기*(allocating write) 또는 DDIO(Direct Data IO) 기능을 사용하여 타겟 노드에 써지는 데이터를 CPU의 L3 캐시에 바로 쓸 수 있습니다. 그러한 데이터는 그 데이터를 읽고자 하는 모든 응용 프로그램에 즉시 보여지게 됩니다. 그러나 할당 쓰기를 활성화하면 RDMA Write 연산으로 퍼시스턴트 메모리에 써지는 데이터는 타겟 노드의 영속성 도메인으로 플러시 되어야 합니다.

인텔 플랫폼에서는 써진 데이터가 CPU 캐시를 우회하고 RDMA Write 싱크 버퍼의 위치에 따라 관리되는 퍼시스턴트 메모리 영역에 직접 써지도록 하는 *비할당 쓰기*(non-allocating write I/O flows) 기능을 사용함으로써 쓰기 할당을 비활성화 할 수 있습니다. 이렇게 하면 데이터를 CPU 캐시로 가져 오는 패널티가 발생하기 때문에 새로 써진 데이터를 즉시 필요로 하는 응용 프로그램의 경우 속도가 느려집니다. 그러나 원격 타겟 노드에서 캐시 플러시 명령을 부르지 않아도 되므로 퍼시스턴트 메모리에 대한 원격 쓰기를 더 간단하고 빠르게 수행 할 수 있습니다.

인텔 플랫폼에서 비할당 쓰기 모드를 사용할 때의 또 다른 문제는 이 쓰기 모드에 대해 전체 PCI 루트 콤플렉스(PCI root complex)를 활성화해야한다는 것입니다. 즉, 해당 PCI 루트 컴플렉스를 통해 들어오는 모든 인바운드 쓰기는 다운 스트림에 연결된 모든 장치에 대해 써지는 데이터들이 CPU 캐시를 우회하도록 하므로, 부작용으로 성능이 느려질 수 있습니다.

인텔은 원격 퍼시스턴트 메모리에 써진 데이터를 영속성 도메인에 플러시 하는 것을 보장하는 두 가지 방법을 제공합니다.

1. 인텔의 비할당 쓰기 모드를 사용하지 않으면서, 원격 노드에 써진 데이터가 타겟 시스템의 CPU 캐시에 있을 수 있다고 가정하는 *범용 원격 복제* 방법
2. 인텔 플랫폼에 특화된 비할당 쓰기 모드를 사용하면서, PCI 루트 컴플렉스에 연결된 하드웨어 장치들을 완전히 제어할 수 있는, 즉, 특정 작업에 특화되어 하드웨어와 소프트웨어가 긴밀히 결합된 어플라이언스 (appliance) 제품군에 적합한 *어플라이언스 원격 복제 방법*

범용 원격 복제 방법

범용 원격 복제 방법(GPRRM, General-Purpose Remote Replication Method), 또는 범용 서버 영속성 방법(GPSPM, General-Purpose Server Persistency Method)이라고 불리는 GPRRM은 RDMA 응용 프로그램이 RDMA Write 연산으로 원격 타겟 시스템에 데이터를 저장했던 가상 주소들의 리스트를 관리합니다. 응용 프로그램이 원격 퍼시스턴트 메모리에 데이터를 쓰면 로컬 노드의 NIC은 타겟 노드의 NIC로 RDMA Send 요청을 보냅니다. RDMA Send 요청은 타겟 노드에 데이터를 저장할 타겟 노드의 가상 주소 및 길이 목록을 포함하며, 타겟 노드에서 실행중인 응용 프로그램을 인터럽트 합니다. 타겟 노드의 응용 프로그램은 최적의 플러시 명령어(CLWB, CLFLUSHOPT 등)를 사용하여 Send 요청이 보내온 메모리 주소 영역 안에 포함된 개별 캐시 라인을 퍼시스턴트 메모리로 플러시 합니다. 플러시가 완료되면 이후에 들어오는 쓰기 연산들을 처리하기 전에 이전의 쓰기 연산들을 강제적으로 완료하도록 SFENCE 명령어를 사용합니다.

그런 다음 타겟 시스템의 응용 프로그램은 원격 쓰기 연산을 요청한 프로세스에게 RDMA Send 요청을 되돌려 보냅니다. 이것은 이전 쓰기 연산이 성공적으로 퍼시스턴트 메모리에 써졌음을 알려주기 위해서 입니다.

그림 18-2는 범용 원격 복제 방법의 작동 순서를 설명합니다.

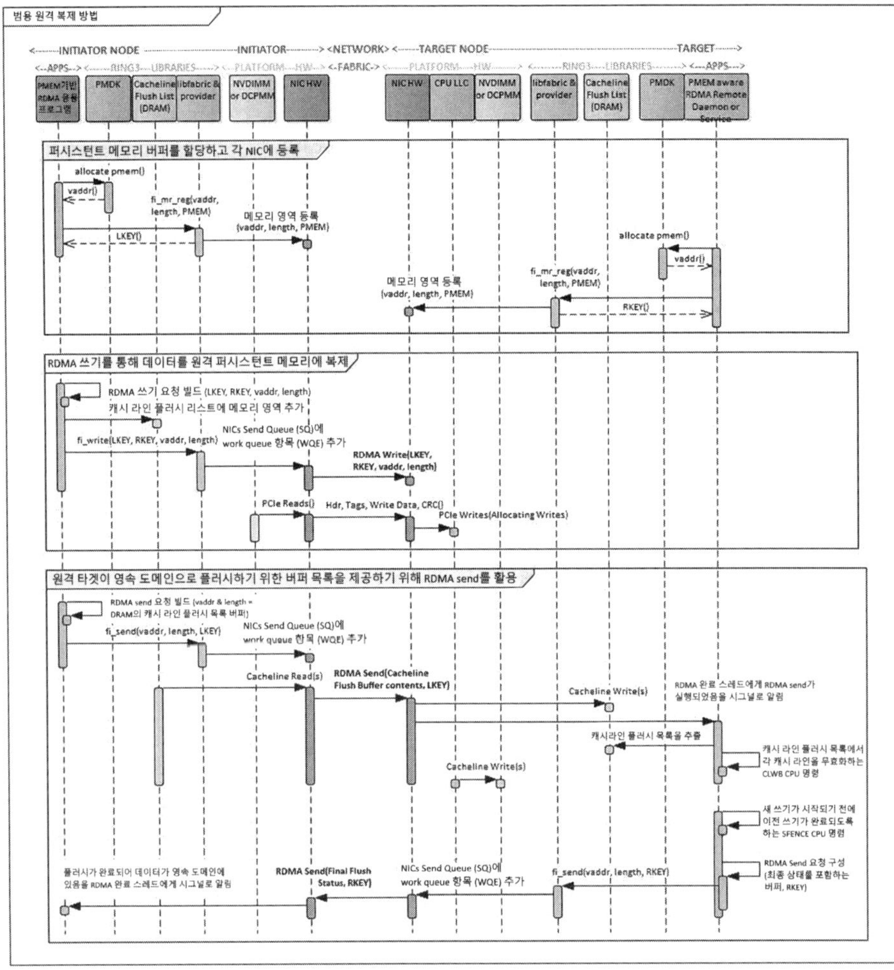

그림 18-2. 범용 원격 복제 방법

범용 원격 복제 방법이 데이터를 퍼시스턴트 메모리에 쓰는 방법

RDMA Write가 한번 혹은 여러 번 호출된 후 써진 데이터는 할당 쓰기가 활성화된 경우에는 L3 CPU 캐시에, 또는 L3 캐시 용량을 넘어가는 경우에 퍼시스턴트 메모리에 저장되며, 일부 데이터는 NIC의 내부 버퍼에 남아 있을 수도 있습니다. RDMA Send 요청은 이전에 써진 데이터들이 NIC에 남아 있을 경우, 이 이전 데이터들을 타겟 노드의 L3 CPU 캐시로 푸시 되도록 하고 타겟 CPU를 인터럽트 합니다. 이 시점에서 이전에 실행된 모든 RDMA Write 연산에 의해 써진 데이터는 L3 캐시 또는 퍼시스턴트 메모리에 존재합니다. RDMA Send 요청은 타겟 시스템의 영속성 도메인으로 플러시 하도록 요청한 캐시 라인들의 목록을 지정합니다.

타겟 시스템은 최적의 플러시 명령어들을 사용하여 이 목록의 각 캐시 라인을 영속성 도메인으로 플러시 합니다. 데이터를 플러시한 후에는 SFENCE 명령어를 호출함으로써, 이후 들어오는 새로운 쓰기 연산들이 처리되기 전에 현재 쓴 캐시 라인들이 플러시 되는 것을 보장합니다. `SFENCE`를 호출한 뒤에는 RDMA Send가 지정한 캐시 라인들이 퍼시스턴트 메모리에 써졌다는 것이 보장됩니다.

범용 원격 복제 방법의 성능 영향

범용 원격 복제 방법을 사용하려면 원격 타겟 노드에 데이터를 쓰려는 소프트웨어가 RDMA Write를 여러 번 호출 한 후 RDMA Send를 한번 호출해야 합니다. 타겟 노드가 요청된 원격 노드의 메모리 영역을 플러시 한 후 타겟 노드가 RDMA Send를 호출해야만 원격 데이터 복제를 요청한 응용 프로그램은 데이터들이 퍼시스턴트 메모리에 써졌다는 것을 알 수 있습니다. 이렇게 send/receive/send/receive 메시지를 추가적으로 주고받는 것은 원격 퍼시스턴트 메모리에 쓰는 지연 시간 및 처리량에 영향을 미치며 어플라이언스 원격 복제 방법보다 지연 시간이 50% 더 높은 결과를 낳습니다. 추가적으로 주고 받는 메시지는 해당 NIC에서 실행되는 모든 RDMA 연결의 전체 대역폭과 확장성에 영향을 미칩니다.

또한 원격 퍼시스턴트 메모리에 써야 하는 RDMA Write의 데이터 크기가 작으면, 추가적으로 주고 받는 메시지의 오버헤드가 전체 지연 시간의 상당한 부분을 차지하게 되므로 효율성이 크게 떨어집니다. 또한, 타겟 노드의 CPU와 캐시가 추가적인 메시지 작업에 사용됩니다. 동일한 데이터는 두 번 전송이 되는데, 기본적으로 PCIe를 통해 NIC에서 CPU L3 캐시로 한 번 전송되며, CPU L3 캐시에서 메모리 컨트롤러 (iMC)로 다시 한 번 전송됩니다.

어플라이언스 원격 복제 방법

인텔 플랫폼의 퍼시스턴트 메모리를 사용하면, 특정 PCI 루트 콤플렉스의 비할당 쓰기 기능을 활성화하여 NIC에서 들어오는 쓰기 데이터가 CPU의 내부 패브릭으로 들어갔다가 퍼시스턴트 메모리로 나가는 비할당 쓰기 기능을 사용할 수 있습니다. 비할당 쓰기 흐름을 사용하면, RDMA Write에 의해 들어오는 데이터는 CPU 캐시를 우회하고 영속성 도메인으로 직접 이동합니다. 이는 써진 데이터를 타겟 시스템의 CPU가 명시적으로 영속성 도메인으로 플러시할 필요가 없음을 의미합니다.

I/O 파이프라인을 하는 경우에도 영속성 도메인으로 데이터를 플러시 해야 할 수 있습니다. 이는 RDMA Write와 동일한 RDMA 연결을 사용하는 RDMA Read에서 작은 데이터를 읽음으로써 보다 효율적으로 데이터를 영속성 도메인으로 플러시할 수 있습니다. 읽는 데이터의 메모리 주소는 쓰고자 하는 데이터의 퍼시스턴트 메모리 주소일 필요는 없습니다. RDMA의 표준 사양은 RDMA Read가 이전에 수행된 RDMA Write를 완료되도록 강제한다고 명시하고 있습니다. 이 순서 규칙은 타겟 노드의 NIC가 연결된 PCIe 연결에도 적용됩니다. PCIe를 통한 읽기 연산은 파이프라인 플러시를 수행하여 이전 PCIe 쓰기가 먼저 완료되도록 합니다.

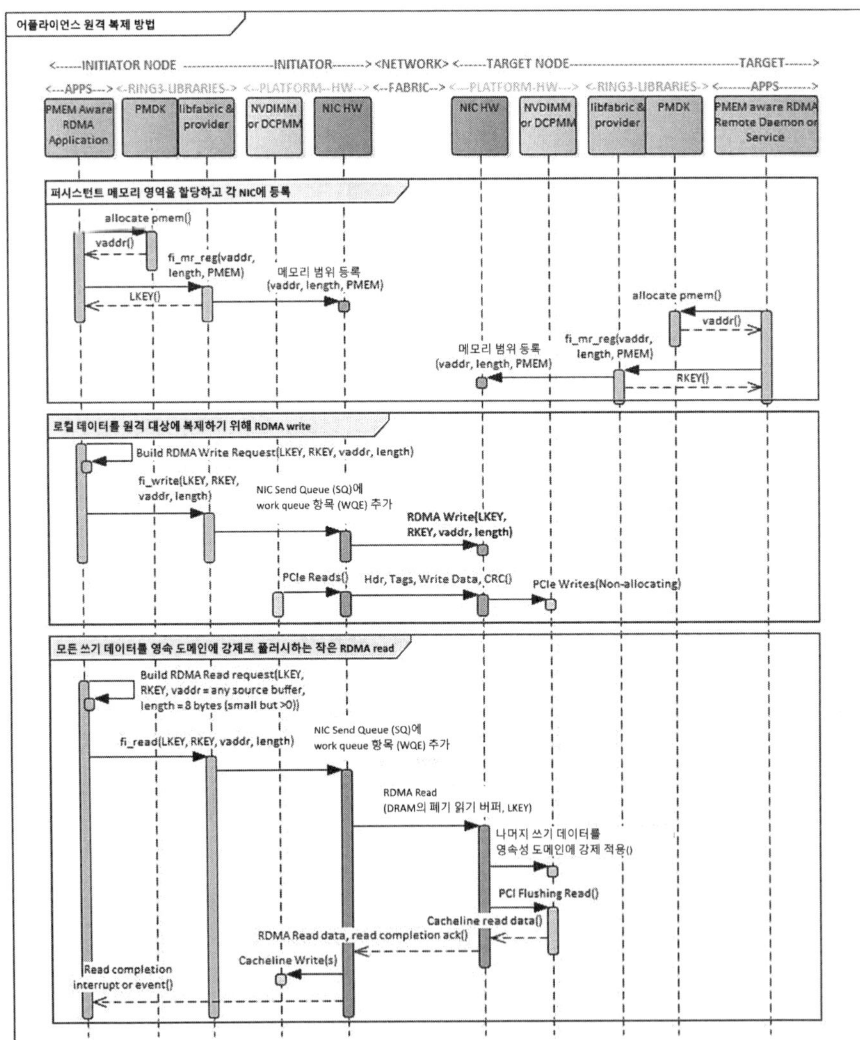

그림 18-3. 어플라이언스 원격 복제 방법

그림 18-3은 앞에서 설명한 어플라이언스 영속성 방법(appliance persistency method)이라고도 불리는 기본 어플라이언스 원격 복제 방법(appliance remote replication method)을 간략하게 보여주고 있습니다.

어플라이언스 원격 복제 방법이 데이터를 퍼시스턴트 메모리에 쓰는 방법

RDMA 및 PCIe 프로토콜의 순서 보장 기능을 사용하고 타겟 시스템에서 CPU 캐시를 우회하면 인바운드 RDMA Write를 퍼시스턴트 메모리에 효율적으로 쓸 수 있습니다.

퍼시스턴트 메모리에 대한 RDMA Read는 이전에 퍼시스턴트 메모리 및 영속성 도메인에 쓰는 연산들이 완료되는 것을 강제하므로, RDMA Read 연산이 완료되었다는 것은 이전의 모든 쓰기 연산들이 퍼시스턴트 메모리에 영구적으로 써졌다는 것을 의미합니다.

2장에서는 시스템의 전원이 꺼질 경우 플랫폼의 영속성 도메인에 있는 모든 데이터들이 퍼시스턴트 메모리 미디어에 도달하는 것을 보장하는 방법을 설명하고 있으며, 영속성 도메인에 대해 심도 있게 설명하고 있습니다.

어플라이언스 원격 복제 방법의 성능

RDMA Read를 사용하여 한 번의 추가적인 메시지를 보내 이전에 원격 퍼시스턴트 메모리에 쓴 데이터의 영속성을 확인하는 방법은 두 번의 왕복 메시지가 필요한 범용 원격 복제 방법에 비해 약 50% 정도 지연 시간이 짧습니다. 첫 번째 방법과 마찬가지로, 퍼시스턴트 메모리에 쓰는 데이터의 크기가 작아지면 RDMA Read 왕복 오버 헤드가 상대적으로 커져 전체 지연 시간이 늘어나는 원인이 됩니다.

일반 소프트웨어 아키텍처

원격 퍼시스턴트 메모리를 사용하기 위한 소프트웨어 스택은 3장에서 설명한 것과 동일하게 메모리 맵핑 파일을 사용합니다. 퍼시스턴트 메모리는 RDMA 응용 프로그램에 메모리 맵핑 파일로 보여집니다. 응용 프로그램은 네트워크 연결의 양쪽 끝의 각 NIC에 퍼시스턴트 메모리를 등록하여 등록 키 (registry key)를 얻어

내고, 등록 키는 응용 프로그램이 RDMA Read 및 Write 요청에 사용합니다. 이는 기존의 휘발성 DRAM을 사용하여 RDMA 통신을 하는 것과 동일합니다.

응용 프로그램이 퍼시스턴트 메모리와 RDMA 연결을 모두 사용할 수 있도록 여러 커널 및 사용자 레벨 소프트웨어 구성 요소들이 계층화되어 사용됩니다. IBTA는 커널 드라이버들이 NIC과 미들웨어 라이브러리들을 위해 구현한 verb 인터페이스를 정의합니다. verb 계층 위에는 범용 RDMA 서비스를 제공하기 위해 표준 라이브러리뿐만 아니라 NIC 공급 업체에 특화된 라이브러리들이 추가될 수 있습니다.

리눅스에서는, OFA(Open Fabric Alliance) libibverbs 라이브러리가 IB, RoCE 및 iWARP RDMA 네트워크 프로토콜을 지원하는 NIC들을 위해 RDMA 연결을 설정하고 사용할 수 있게 하는 ring-3 인터페이스를 제공합니다. OFA libfabric ring-3 응용 프로그램 라이브러리는 libibverb 위에 구현되어 일반적인 RDMA NIC에서 사용할 수 있는 범용 상위 계층 공통 API를 제공합니다. 이 공통 API는 특정 네트워크 프로토콜 위에서 수행되기 위해, 각 네트워크 프로토콜을 지원해주는 플러그-인을 필요로 합니다. OFA 웹 사이트는 RDMA를 지원하는 다양한 NIC에서 사용할 수 있는 여러 리눅스 용 예제 프로그램 및 성능 테스트 프로그램을 제공합니다. 그 예제 프로그램들은 PMDK **librpmem** 라이브러리의 기반입니다. 윈도우즈는 ring-3 SMB Direct Application 라이브러리를 사용하여 원격으로 마운트된 NTFS 볼륨을 제공하는데, 이 라이브러리는 블록 스토리지 over RDMA를 포함한 다양한 스토리지 프로토콜들을 지원합니다.

그림 18-4는 리눅스에서 사용 가능한 모든 공개 소프트웨어 라이브러리와 인터페이스를 사용하는 전형적인 RDMA 응용 프로그램의 기본적인 상위 계층 아키텍처를 보여주고 있습니다. RDMA 연결을 설정하기 위해서는 일반적으로 별도의 채널(side-band channel)이 필요합니다.

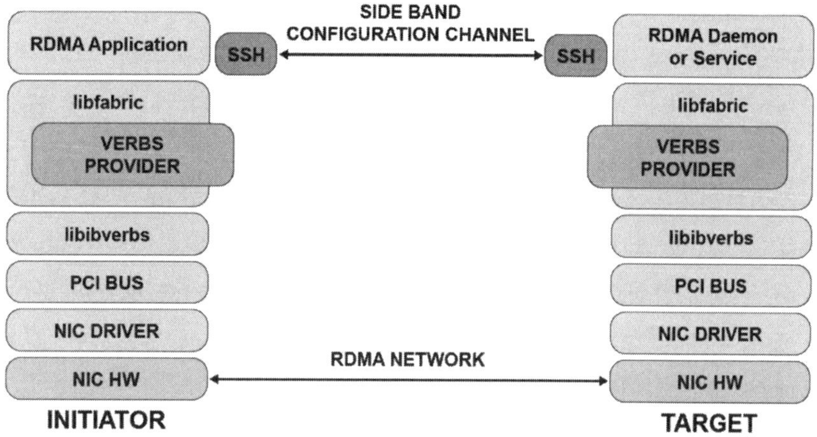

그림 18-4. 일반 RDMA 소프트웨어 아키텍처

librpmem 아키텍처 및 복제에서의 사용

PMDK는 범용 원격 복제 방법과 어플라이언스 원격 복제 방법을 모두 `librpmem` 라이브러리에서 구현했습니다. PMDK v1.7부터 `librpmem` 라이브러리는 로컬 퍼시스턴트 메모리에 쓰는 데이터를 원격 시스템의 퍼시스턴트 메모리에 동기적으로 그리고 비동기적으로 복제하는 것을 둘 다 지원합니다. `librpmem`은 `libpmem`과 같은 하위 계층 라이브러리로 다른 라이브러리에서 복제 기능을 사용할 수 있습니다.

`libpmemobj`는 동기 쓰기 모델(synchronous write model)을 사용합니다. 즉, 로컬 퍼시스턴트 메모리에 쓰는 연산은 로컬 퍼시스턴트 메모리 뿐 아니라 모든 원격 복제본에 대한 쓰기도 함께 완료되어야 로컬 쓰기 연산이 완료되어 응용 프로그램이 다음 연산을 수행할 수 있습니다. `libpmemobj` 라이브러리는 모든 퍼시스턴트 메모리 트랜잭션이 액티브 노드를 통해 구동되고 원격 패시브 타겟 노드는 수동적으로 대기하며 써진 데이터를 복제하는 간단한 액티브-패시브 복제(active-passive replication) 아키텍처를 지원합니다. 비록 패시브 타겟 시스템이 복제된 최신 데이터를 가지고 있기는 하지만, 원격 복제본을 사용하여 시스템 장애에 대응하거나 복구하지 않으며, 또한 복제본을 사용하여 로드 밸런스를 좋게 만드는 역할도 하지 않습니다. 다음 섹션에서는 이 액티브-패시브 복제 아키텍처의 심각한 성능 단점에 대해 설명하겠습니다.

libpmemobj는 원격 노드의 메모리 맵핑 파일에 대한 정보를 얻기 위해 로컬 메모리 풀 설정 정보를 저장하는 설정 파일을 사용합니다. 원격 타겟 시스템에 설치된 개별 rpmemd 프로그램이 시작되면 암호화된 보안 소켓 연결을 사용하여 로컬 시스템의 librpmem 라이브러리에 연결됩니다. 이 연결을 통해 librpmem 라이브러리는 libpmemobj 라이브러리를 대신하여 각 타겟 시스템들과 RDMA 일대일 통신을 설정하고, 타겟 시스템이 지원하는 영속성 방법 (범용 또는 어플라이언스 복제 방법)을 결정하고, 메모리 맵핑된 퍼시스턴트 메모리 파일을 원격 노드에 할당하며, 할당된 퍼시스턴트 메모리를 원격 NIC에 등록하고, 등록된 메모리에 대한 메모리 키를 추출합니다.

모든 타겟에 대한 RDMA 연결이 설정되고 필수 RDMA 큐 인스턴스들이 만들어지고 메모리 버퍼가 모두 할당 및 등록되면, libpmemobj 라이브러리는 응용 프로그램이 로컬 메모리 맵핑 파일에 쓰는 모든 데이터를 원격 메모리에 복제할 준비가 됩니다. 응용 프로그램이 libpmemobj 라이브러리의 pmemobj_persist() 함수를 호출하면, libpmemobj 라이브러리는 librpmem의 rpmem_persist() 함수를 호출하고, 다시 librpmem 라이브러리는 libfabric 라이브러리의 fi_write() 함수를 호출하여 RDMA Write를 수행합니다. 그러면 librpmem 라이브러리는 (현재 타겟 노드의 설정을 이해하고) libfabric 라이브러리의 fi_read() 또는 fi_send()를 호출하여 RDMA Read 또는 Send를 수행합니다. RDMA Read는 어플라이언스 원격 복제 방법에서 사용되며 RDMA Send는 범용 원격 복제 방법에서 사용됩니다.

그림 18-5는 앞에서 설명한, librpmem 및 libpmemobj 라이브러리를 사용하는 로컬 및 원격 타겟 시스템의 개괄적인 구성 요소와 인터페이스를 간단히 도식화한 것입니다.

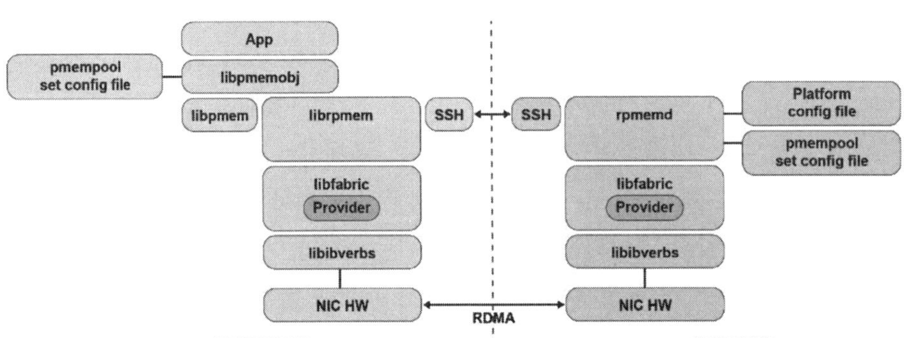

그림 18-5. libpmemobj 및 librpmem을 사용하는 RDMA 아키텍처

PMDK의 원격 복제 기능이 사용하는 (그림 18-5에 표시된) 주요 구성 요소들은 다음과 같습니다.

- **librpmem - PMDK 원격 RDMA 액세스 라이브러리** : RDMA를 사용하는 원격 복제를 시작하는 기능과 관련된 모든 PMDK 기능을 제공하는 컨테이너입니다.
- **rpmemd - PMDK 원격 RDMA 설정 데몬** : RDMA를 사용하는 원격 복제와 관련된 모든 타겟 노드의 PMDK 기능을 제공하는 컨테이너입니다. 원격 복제용으로 설정된 pmempool set에 대한 모든 로컬 액세스를 차단하고 범용 원격 복제 방법에 필요한 원격 타겟 인터럽트 핸들러를 실행합니다.
- **이니시에이터(Initiator) 및 타겟 SSH** : 이 구성 요소는 `librpmem` 및 `rpmemd` 라이브러리 모두에서 사용되는데, 간단한 소켓 연결을 설정하고, 열었던 소켓 연결을 닫고, 통신 패킷을 주고받는 데 사용됩니다.
- **Libfabric** : OFA는 패브릭 종류나 패브릭 공급 업체와 무관하게 패브릭 연결을 설정하고 사용하기 위한 상위 계층 ring-3 응용 프로그램 API를 정의했습니다. 이 상위 계층 인터페이스는 RoCE, InfiniBand 및 iWARP뿐만 아니라 Intel Omni-Path, 그리고 libfabric에 특화된 트랜스포트(transport) 공급자들이 사용하는 기타 네트워크 프로토콜들도 지원합니다.
- **Libibverbs** : OFA는 상위 계층의 RDMA 패브릭 기반 인터페이스를 정의했습니다. 이 상위 계층 인터페이스는 RoCE, InfiniBand 및 iWARP를 지원하며 대부분의 리눅스 배포판에서 사용되고 있습니다.
- **타겟 노드 플랫폼 설정 파일** : 원격 타겟 노드 플랫폼의 기능을 기술하기 위해 IT 관리자 또는 사용자가 생성한 간단한 텍스트 파일입니다. 이 파일은 원격 타겟 노드에서 어떠한 쓰기 방법들이 가능한지, 예를 들어, ADR 지원 플랫폼, NIC이 지원하는 비할당 쓰기, 등과 같은 플랫폼 유형에 따라 달라지는 기능들을 기술합니다. 또한 rpmemd가 소켓 통신을 할 때 listen 이 사용하는 기본 소켓 연결 포트도 지정합니다.
- **이니시에이터 노드 PMDK pmempool set 구성 파일** : 퍼시스턴트 메모리 풀세트 설정 파일은 시스템 또는 응용 프로그램 관리자가 생성하며, 로컬 노드에서 퍼시스턴트 메모리 풀로 처리될 로컬 파일들을 지정합니다. 또한 복제를 위한 로컬 파일과 원격 복제를 위한 원격 타겟 호스트의 이름을 지정합니다.

- **타겟 노드 PMDK pmempool 세트 구성 파일** : 퍼시스턴트 메모리 풀세트 설정 파일은 시스템 또는 응용 프로그램 관리자가 생성하며, 타겟 플랫폼에서 퍼시스턴트 메모리 풀로 처리될 파일들을 지정합니다. 타겟 노드의 이 파일들은 이니시에이터 노드가 원격 타겟 노드에 데이터를 복제하는 파일들의 모음입니다.
- **이니시에이터 및 타겟 노드 운영 체제 syslog** : 디버깅 정보를 포함한 유용한 정보를 출력하기 위해 `librpmem` 및 `rpmemd` 라이브러리들이 사용하는 각 노드의 표준 리눅스 `syslog` 입니다. 데이터를 복제하려는 로컬 노드인 이니시에이터 시스템에서 볼 수 있는 타겟 노드의 `rpmemd` 정보가 거의 없기 때문에, "`-d`"(디버그) 런타임 옵션을 사용하여 `rpmemd`를 시작되면 광범위한 정보가 타겟 시스템의 syslog에 출력됩니다. 디버그 옵션을 사용하지 않아도 `rpmemd`는 open, close, create, lost connection을 포함한 여러 RDMA 소켓 이벤트에 관한 정보를 출력합니다.

풀세트를 사용하여 원격 복제 구성

7장에서 소개한 `libpmemobj` 라이브러리의 풀세트(poolsets)를 이해하고 있다면, 두 개의 풀세트 파일을 사용하여 원격 복제를 초기화하는 방법에 대해 이미 익숙할 것입니다. `libpmemobj` 라이브러리를 사용하는 응용 프로그램이 데이터를 복제하고자 하는 이니시에이터 측에서 사용하는 파일은 로컬 메모리 풀을 지정하고 타겟 노드의 풀세트 설정 파일을 지정해야 하는 반면, 타겟 노드의 풀세트 파일은 타겟 시스템이 공유하는 메모리 풀을 지정해야합니다.

리스트 18-1은 원격 호스트의 "remotepool.set"에 로컬 쓰기를 복제하는 것을 허용하는 풀세트 파일 예제입니다.

리스트 18-1. poolwithremotereplica.set - 로컬 데이터를 원격 호스트에 복제하는 예

```
PMEMPOOLSET
256G /mnt/pmem0/pool1

REPLICA user@example.com remotepool.set
```

리스트 18-2는 원격 액세스를 위해 공유되는 메모리 맵핑 파일을 지정하는 풀세트 파일입니다. 여러 면에서 원격 풀세트 파일은 일반 풀세트 파일과 동일하지만 다음의 추가적인 요구 조건을 만족해야합니다.

- rpmemd 설정 파일에 지정된 풀세트 디렉토리에 존재
- rpmem 지원 응용 프로그램이 지정된 메모리 풀에 복제하는데 사용할 수 있도록 고유한 이름으로 식별되어야합니다.
- 추가적인 로컬 또는 원격 복제본을 지정할 수 없음

리스트 18-2. remotereplica.set - 원격 호스트의 메모리 풀을 설명하는 방법의 예

```
PMEMPOOLSET
256G /mnt/pmem1/pool2
```

성능 고려 사항

네트워크 연결을 통해 원격 퍼시스턴트 메모리에 접근할 수 있게 되면 원격 SSD 또는 기존의 블록 스토리지 장치보다 훨씬 더 짧은 시간에 복제본에 접근할 수 있습니다. 이는 RDMA 하드웨어가 데이터를 원격 퍼시스턴트 메모리에 직접 쓰는 반면, 원격 SSD에 복제하는 경우에는 원격 서버의 DRAM에 RDMA Write를 한 뒤 휘발성 DRAM에 써진 데이터를 SSD 또는 기존의 블록 스토리지 장치의 최종 저장 위치로 옮기기 위해 로컬 DMA 작업을 한 번 더 수행하기 때문입니다.

데이터를 원격 퍼시스턴트 메모리에 복제하는 데이터의 크기가 512KiB 또는 그 이상이면 매우 좋은 성능을 달성할 수 있지만 복제되는 데이터의 크기가 작아질수록 네트워크 오버 헤드가 전체 지연 시간의 더 큰 비중을 차지하게 되므로 성능이 저하될 수 있습니다.

퍼시스턴트 메모리를 SSD 대용으로 사용한다면 일반적인 블록 스토리지는 4KB 단위로 쓰므로 작은 크기의 데이터 전송에서 발생할 수 있는 일부 비효율성을 방지할 수 있습니다. 퍼시스턴트 메모리가 기존 SSD를 대체하고 데이터가 원격으로 퍼시스턴트 메모리에 원격으로 기록되는 경우, 지연 시간은 퍼시스턴트 메모리로 인해 10 배 혹은 그 이상 개선 될 수 있습니다.

librpmem에서 구현된 동기식 복제 모델을 사용하면, 로컬 퍼시스턴트 메모리에 저장된 자료 구조의 작은 업데이트 및 포인터 업데이트로 인해 작고 매우 비효율적인 RDMA Write가 발생하고 이어 이 작은 양의 데이터가 퍼시스턴트 메모리에 써지는 것을 보장하기 위해 작은 RDMA Read 또는 Send가 수행됩니다. 작은 업데이트를 복제하는 것은 로컬 퍼시스턴트 메모리에만 쓰는 것에 비해 성능이

크게 저하됩니다. 이러한 복제 성능은 응용 프로그램의 워크로드에 따라, 즉, 로컬 퍼시스턴트 메모리에 쓰는 패턴에 따라 크게 달라집니다. 일반적으로 데이터 요청의 평균 크기가 커지고 주어진 워크로드에 필요한 `rpmem_persist()` 호출 수가 적을수록 데이터가 퍼시스턴트 메모리에 저장되는 것을 보장하는데 필요한 전체 지연 시간이 줄어듭니다.

RDMA Read 또는 Send를 한번만 호출하면 이전의 여러 RDMA Write가 쓴 데이터가 모두 퍼시스턴트 메모리에 써지는 것을 보장할 수 있습니다. 이 방법은 RDMA Write의 데이터 크기가 전체 성능에 미치는 영향을 줄일 수 있습니다. 그러나, 이 방법을 사용하면 RDMA Read가 완료되거나 RDMA Send로 보낸 데이터가 써졌다는 것을 확인 받을 때까지 RDMA Write에 의해 써진 데이터가 퍼시스턴트 메모리에 써졌다는 것이 보장 되지 않습니다. 이 방식은 `rpmem_flush()` 및 `rpmem_drain()` 두 API를 사용하여 구현할 수 있습니다. `rpmem_flush()`는 RDMA Write를 수행하고 즉시 반환하며, `rpmem_drain()`은 RDMA Read를 수행하여 이전 쓰기 연산들이 완료되기를 기다립니다. (이 책이 처음 출판된 시점의 Write/Send 모델에서는 이 기능이 구현되어 있지 않습니다).

원격 퍼시스턴트 메모리에 데이터를 복제하는 성능은 상위 계층 네트워킹 모델을 포함하여 매우 많은 요소들에 의해 영향을 받습니다. 전통적으로 가장 좋다고 알려진 네트워크 모델은 풀(pull) 모델입니다. 풀 모델에서 데이터를 복제하려는 서버는 타겟 서버에게 컴퓨팅 자원을 요청하는데, 타겟 서버는 자신의 컴퓨팅 자원과 네트워크 연결 대역폭에 여유가 있는 경우에만 RDMA Read를 통해 데이터를 가져옵니다. 이 서버 중심 설계는 타겟 서버가 모든 연결에 대한 자신의 컴퓨팅 자원을 완전히 제어할 수 있게 하고 자신이 선택한 요청에 대해 네트워크 트랜잭션을 시작하므로 수백 또는 수천 개의 연결을 처리할 수 있습니다. 퍼시스턴트 메모리의 높은 성능을 활용하면 푸쉬(push) 모델을 사용할 수도 있습니다. 푸쉬 모델에서는 통신하는 두 노드가 RDMA 통신을 위한 메모리 영역을 미리 할당/등록하고 타겟 서버 측이 컴퓨팅 자원을 스케줄링 하는 것을 기다리지 않고 직접 RDMA Write를 통해 데이터를 쓸 수 있습니다. 마이크로소프트가 SNIA DevCon 컨퍼런스에서 발표한 RDMA 프레젠테이션은 푸시/풀 모델에 대해 자세히 설명하고 있습니다(https://www.snia.org/sites/default/files/SDC/2018/presentations/PM/Talpey_Tom_Remote_Persistent_Memory.pdf).

원격 복제 오류 처리

librpmem 복제는 소켓 연결이 끊어지거나 RDMA 연결이 끊어지면 오류가 발생할 수 있습니다. rpmem_persist(), rpmem_flush() 및 rpmem_drain()에서 발생한 오류는 일반적으로 복구 불가능한 오류로 처리됩니다. librpmem API의 libpmemobj 사용자는 이를 소켓 끊김 또는 RDMA 에러로 처리하고 나머지 모든 librpmem API 호출이 완료 될 때까지 기다린 다음, rpmem_close()를 호출하여 연결을 닫고 스택을 정리 한 후, 응용 프로그램을 강제 종료해야합니다. 응용 프로그램이 다시 시작되면 파일이 양쪽에서 다시 열리고 libpmemobj는 파일의 메타데이터만 확인합니다. 따라서, pmempool-sync(1) 명령을 사용하여 로컬 및 원격 메모리 풀의 내용을 동기화하기 전에는 다음 작업을 진행하지 않는 것이 좋습니다.

Hello World 복제

libpmemobj 원격 복제의 장점은 기존 libpmemobj 응용 프로그램을 변경할 필요가 없다는 것입니다. 기존의 libpmemobj 응용 프로그램에서 원격 복제본을 사용하도록 풀세트 파일을 설정하면 복제가 시작됩니다. 즉, 별도의 코딩이 필요하지 않습니다.

퍼시스턴트 메모리를 복제하는 방법을 설명하기 위해 librpmem 라이브러리를 사용하여 복제하는 방법을 보여주는 Hello World 프로그램을 살펴보겠습니다. 리스트 18-3은 "Hello world" 메시지를 원격 메모리에 쓰는 C 프로그램의 일부입니다. 이 프로그램은 영어로 된 메시지를 발견하면 이를 스페인어로 번역하고 원격 메모리에 기록합니다. 리스트 18-3 아래에서 프로그램의 각 라인을 설명하겠습니다.

리스트 18-3. 복제 기능이 있는 Hello World 프로그램의 주요 루틴

```
#include <assert.h>
#include <errno.h>
#include <unistd.h>
#include <stdio.h>
#include <stdlib.h>
#include <string.h>

#include <librpmem.h>

/*
 * English and Spanish translation of the message
```

```
 */
enum lang_t {en, es};
static const char *hello_str[] = {
    [en] = "Hello world!",
    [es] = "¡Hola Mundo!"
};

/*
 * structure to store the current message
 */
#define STR_SIZE 100
struct hello_t {
    enum lang_t lang;
    char str[STR_SIZE];
};

/*
 * write_hello_str -- write a message to the local memory
 */
static inline void
write_hello_str(struct hello_t *hello, enum lang_t lang)
{
    hello->lang = lang;
    strncpy(hello->str, hello_str[hello->lang], STR_SIZE);
}

int
main(int argc, char *argv[])
{
    /* for this example, assume 32MiB pool */
    size_t pool_size = 32 * 1024 * 1024;
    void *pool = NULL;
    int created;

    /* allocate a page size aligned local memory pool */
    long pagesize = sysconf(_SC_PAGESIZE);
    assert(pagesize >= 0);
    int ret = posix_memalign(&pool, pagesize, pool_size);
    assert(ret == 0 && pool != NULL);

    /* skip to the beginning of the message */
    size_t hello_off = 4096; /* rpmem header size */
    struct hello_t *hello = (struct hello_t *)(pool + hello_off);

    RPMEMpool *rpp = remote_open("target", "pool.set", pool, pool_size,
            &created);
    if (created) {
        /* reset local memory pool */
        memset(pool, 0, pool_size);
```

```
127         write_hello_str(hello, en);
128     } else {
129         /* read message from the remote pool */
130         ret = rpmem_read(rpp, hello, hello_off, sizeof(*hello), 0);
131         assert(ret == 0);
132 
133         /* translate the message */
134         const int lang_num = (sizeof(hello_str)/sizeof(hello_str[0]));
135         enum lang_t lang = (enum lang_t)((hello->lang + 1) % lang_num);
136         write_hello_str(hello, lang);
137     }
138 
139     /* write message to the remote pool */
140     ret = rpmem_persist(rpp, hello_off, sizeof(*hello), 0, 0);
141     printf("%s\n", hello->str);
142     assert(ret == 0);
143 
144     /* close the remote pool */
145     ret = rpmem_close(rpp);
146     assert(ret == 0);
147 
148     /* release local memory pool */
149     free(pool);
150     return 0;
151 }
```

- **68행** : 메시지를 로컬 메모리에 쓰는 것을 도와주는 간단한 도우미 루틴.
- **115행** : 페이지 크기에 맞춰 정렬(align)된 큰 메모리 블록을 할당합니다. 메모리 블록의 크기는 32MB로 하드 코딩되고, 이 메모리 블록을 RDMA 전송에 사용할 수 있도록 하려면 메모리 주소가 페이지 크기에 맞추어 정렬(align)되어야 합니다.
- **122행** : remote_open() 루틴은 원격 메모리 풀을 생성하거나 오픈합니다.
- **126-127행** : 로컬 메모리 풀은 여기에서 초기화됩니다. 원격 메모리 풀이 방금 생성되었을 때 한 번만 수행되므로, 메시지 통신은 여기서 하지 않습니다.
- **130행** : 원격 메모리 풀의 메시지가 여기에서 로컬 메모리로 읽혀집니다.
- **134-136행** : 원격 메모리 풀의 메시지를 올바르게 읽은 경우 로컬에서 번역됩니다.
- **140행** : 새로 초기화되거나 번역된 메시지가 원격 메모리 풀에 기록됩니다.
- **145행** : 원격 메모리 풀을 닫습니다.
- **149행** : 원격 메모리 풀을 해제합니다.

마지막으로 설명할 것은 원격 복제를 설정 방법입니다. 이 모든 작업은 리스트 18-4에서 보여주는 **remote_open()** 함수에서 수행됩니다.

리스트 18-4. 원격 복제를 하는 Hello World 프로그램의 remote_open 함수

```
74 /*
75  * remote_open -- setup the librpmem replication
76  */
77 static inline RPMEMpool*
78 remote_open(const char *target, const char *poolset, void *pool,
79         size_t pool_size, int *created)
80 {
81     /* fill pool_attributes */
82     struct rpmem_pool_attr pool_attr;
83     memset(&pool_attr, 0, sizeof(pool_attr));
84     strncpy(pool_attr.signature, "HELLO", RPMEM_POOL_HDR_SIG_LEN);
85
86     /* create a remote pool */
87     unsigned nlanes = 1;
88     RPMEMpool *rpp = rpmem_create(target, poolset, pool, pool_size,
89             &nlanes, &pool_attr);
90     if (rpp) {
91         *created = 1;
92         return rpp;
93     }
94
95     /* create failed so open a remote pool */
96     assert(errno == EEXIST);
97     rpp = rpmem_open(target, poolset, pool, pool_size, &nlanes, &pool_attr);
98     assert(rpp != NULL);
99     *created = 0;
100
101     return rpp;
102 }
```

- **88행** : 원격 메모리 풀을 생성하거나 오픈할 수 있습니다. 처음 사용하는 경우 나중에 오픈할 수 있도록 생성해야합니다. 먼저 여기에서 만들려고 합니다.
- **97행** : 여기서 원격 메모리 풀을 오픈하려고 합니다. 생성을 시도할 때 발생한 오류 코드(**EEXIST**)로 인해 원격 메모리 풀이 존재한다고 가정합니다.

실행 예

Hello World 응용 프로그램은 리스트 18-5와 같이 결과를 출력합니다.

리스트 18-5. librpmem 용 Hello World 응용 프로그램의 출력 화면

```
[user@initiator]$ ./hello
Hello world!
[user@initiator]$ ./hello
¡Hola Mundo!
```

리스트 18-6은 ¡Hola Mundo! 문자열이 있는 타겟 퍼시스턴트 메모리 풀의 내용을 보여줍니다.

리스트 18-6. ¡Hola Mundo! 복제 타겟 노드의 퍼시스턴트 메모리 내용 스누핑

```
[user@target]$ hexdump -s 4096 -C /mnt/pmem1/pool2
00001000 01 00 00 00 c2 a1 48 6f 6c 61 20 4d 75 6e 64 6f ¦......Hola
Mundo¦
00001010 21 00 00 00 00 00 00 00 00 00 00 00 00 00 00
00 ¦!...............¦
00001020 00 00 00 00 00 00 00 00 00 00 00 00 00 00 00
00 ¦................¦
*
00002000
```

요약

비할당 쓰기 기능을 사용하려면 특정 하드웨어 제조업체에 특화된 플랫폼 기능이 필요하게 되고 전체 PCI 루트 컴플렉스의 성능에 영향을 주는 복잡한 문제가 발생하기 때문에, 범용 원격 복제 방법이나 어플라이언스 원격 복제 방법이 둘 다 이상적인 방법이 아니라는 것을 알아야 합니다. 반대로, 할당 쓰기를 사용하여 원격에 써진 데이터를 플러시하려면 RDMA 전송 요청을 멈추고 전송 버퍼에 포함된 메모리 영역들을 플러시하기 위해 타겟 시스템을 인터럽트해야 합니다. 클라우드 환경은 수백 또는 수천 개의 인바운드 RDMA 요청이 있기 때문에 원격 노드를 인터럽트하는 것은 심각한 문제가 될 수 있습니다. 가능하면 이 방법은 클라우드 환경에서 사용하지 않는 것이 좋습니다.

현재 이 두 가지 방법을 사용하여 놀라운 성능 향상 결과를 얻고 있는 클라우드 서비스 제공 업체들이 있습니다. 퍼시스턴트 메모리를 사용하여 원격 SSD를 대체하면 지연 시간을 크게 줄일 수 있습니다.

이 책은 원격 퍼시스턴트 메모리를 지원하기 위해서 하드웨어, 펌웨어, 드라이버 또는 프로토콜은 수정하지 않고 상위 계층에서 응용 프로그램/라이브러리를 변경하는 방법에 대해 설명했습니다. 이 책이 출판될 시점에 IBTA와 IETF는 원격 퍼시스턴트 메모리를 위해 새로운 유선 프로토콜을 확장하는 방안의 초안을 거의 완성했습니다. 이를 통해 퍼시스턴트 메모리를 RDMA로 접근할 수 있게 하는 기본 하드웨어 지원이 제공될 것이고, 할당 쓰기 모드를 변경할 필요 없이, 그리고 동일한 루트 컴플렉스에 연결된 보조 장치의 성능에 악영향을 미치지 않고, 하드웨어가 각 I/O를 타겟 메모리 장치로 라우팅할 수 있게 될 것입니다. 원격 퍼시스턴트 메모리를 위해 RDMA를 확장하는 것에 관한 자세한 내용은 부록 E를 참조하십시오.

RDMA 프로토콜을 확장하는 것은 원격 퍼시스턴트 메모리 개발의 첫 난계에 불과합니다. 원격 퍼시스턴트 메모리를 위해 해결해야하는 문제들은 원격 작업의 원자성(atomicity), 고급 오류 처리 (RAS 포함), 원격 퍼시스턴트 메모리의 동적 설정 및 사용자 지정 설정, 그리고 원격/타겟 노드에서 실제 CPU 사용률이 0%가 되게 만드는 것 등이 있습니다.

이 책에서 설명했듯이 퍼시스턴트 메모리의 진정한 잠재력을 발휘하려면 기존 소프트웨어 및 응용 프로그램 아키텍처에 대한 새로운 접근 방식이 필요할 수 있습니다. 이 장에서는 이 복잡한 주제에 대한 개요, 원격 퍼시스턴트 메모리를 사용할 때 발생하는 문제점들, 그리고 진정한 성능 잠재력을 발휘할 때 고려해야 하는 소프트웨어 아키텍처의 여러 측면들을 설명했습니다.

제 19 장 고급 주제

이 책의 앞부분에는 각 장의 핵심 내용과는 거리가 있어 간략하게만 언급하고 자세히 설명하지 못한 몇 가지 주제들이 있습니다. 이 주제들에 대한 자세한 내용을 이 장에서 설명하겠습니다.

NUMA(Nonuniform Memory Access)

NUMA는 프로세서가 여러 개 존재하는 멀티 프로세싱에 사용되는 메모리 설계 방식으로 프로세서의 위치와 메모리의 위치에 따라 메모리 액세스 시간이 달라집니다. NUMA는 SMP(Symmetric Multiprocessing) 시스템에서 사용됩니다. SMP 시스템은 단일 운영 체제에서 작동하는 여러 프로세서가 공통 버스(common bus) 또는 “인터커넥트(interconnect)” 경로를 통해 서로의 메모리에 액세스 할 수 있는 “단단하게 결합되고(tightly coupled) 모든 것을 공유(share everything)”하는 시스템입니다. NUMA를 사용하면 프로세서가 원격 메모리 (다른 프로세서에 로컬인 메모리 또는 프로세서간에 공유되는 메모리)보다 빠르게 자신의 로컬 메모리에 액세스 할 수 있습니다. NUMA는 데이터가 특정 작업이나 사용자와 밀접한 관련이 있는, 즉 로컬리티가 높은 워크로드가 수행되는 서버에서 성능 상의 잇점이 있습니다.

메모리 액세스는 CPU가 로컬 메모리에 액세스 할 때 가장 빠릅니다. 일반적으로 CPU 소켓과 가장 가까운 메모리 뱅크들이 하나의 NUMA 노드로 구성됩니다. CPU가 다른 NUMA 노드의 원격 메모리를 액세스해야 할 때는 원격 메모리를 직접 액세스 할 수 없고 원격 메모리를 소유하고 있는 다른 CPU를 통해 액세스해야 합니다. 그림 19-1은 “Memory”로 표시된 DRAM과 퍼시스턴트 메모리가 있는 2 소켓 시스템을 보여줍니다.

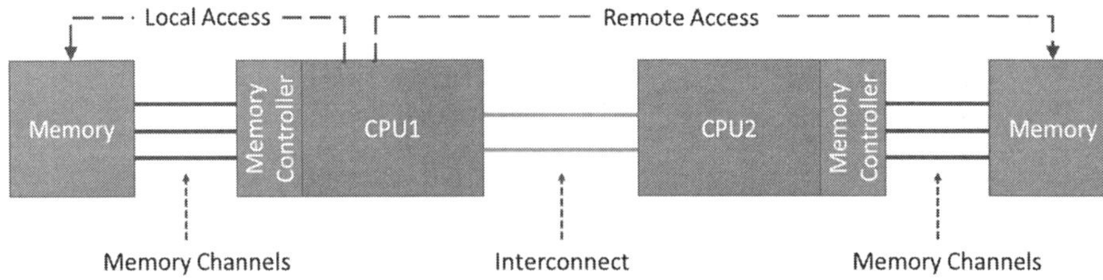

그림 19-1. 로컬 및 원격 메모리 액세스를 보여주는 2 소켓 CPU NUMA 아키텍처

NUMA 시스템에서는 프로세서와 메모리 뱅크 사이의 거리가 멀수록 해당 메모리 뱅크에 대한 프로세서의 액세스 속도가 느려집니다. 따라서 성능에 민감한 응용 프로그램은 가능한 가장 가까운 메모리 뱅크에 있는 메모리를 사용해야 합니다.

성능에 민감한 응용 프로그램, 특히 멀티 스레드 응용 프로그램은 여러 코어에서 실행됩니다. L1 캐시는 일반적으로 용량이 작기 때문에 여러 스레드가 하나의 코어에서 실행되면 각 스레드는 이전 스레드가 읽고 캐시에 저장한 데이터를 쫓아내게 됩니다. 운영 체제가 멀티 태스킹을 시도하고, 각 스레드가 서로 캐시에 저장된 데이터를 계속 쫓아내는 경우, 실행 시간의 상당 부분이 캐시 라인 교체에 소비됩니다. 이 문제를 캐시 쓰레싱(cache thrashing)이라고 합니다. 따라서 멀티 스레드 응용 프로그램은 단일 코어가 아닌 NUMA 노드에 바인딩하는 것이 좋습니다. 이렇게 하면 여러 스레드가 각 레벨(L1, L2, 그리고 마지막 레벨의 LLC 캐시)에서 캐시 라인을 공유할 수 있고 캐시를 교체하는 작업의 필요성을 최소화 할 수 있기 때문입니다. 그러나 모든 스레드가 동일한 캐시 데이터에 액세스하는 경우에는 응용 프로그램을 단일 코어에 바인딩하는 것이 성능이 좋을 수도 있습니다. numactl을 사용하면 응용 프로그램을 특정 코어 또는 NUMA 노드에 바인딩하고 해당 응용 프로그램에 하나 또는 여러 코어에 직접 연결된 메모리를 할당 할 수 있습니다.

NUMACTL 리눅스 유틸리티

리눅스에서는 numactl 유틸리티를 사용하여 NUMA 하드웨어 구성을 볼 수 있으며, 응용 프로그램이 실행할 스레드 및 코어를 제어 할 수 있습니다. numactl 패키지에 포함된 libnuma 라이브러리는 커널에서 지원하는 NUMA 정책에 대한 간단한 프로그래밍 인터페이스를 제공합니다. numactl 유틸리티보다 더 세밀하게 NUMA를 조절하는데 유용합니다. 더 자세한 정보는 numa(7) 매뉴얼 페이지에서 확인할 수 있습니다.

numactl --hardware 명령은 시스템 내에서 사용 가능한 NUMA 노드들의 정보를 표시합니다. 그러나, 퍼시스턴트 메모리 정보는 출력되지 않으며 휘발성 메모리만 표시됩니다. 다음 섹션에서는 ndctl 명령을 사용하여 퍼시스턴트 메모리의 NUMA 지역성(locality)을 표시하는 방법을 설명하겠습니다. NUMA 노드 수는 CPU 소켓 수와 항상 같지는 않습니다. 예를 들어, AMD Threadripper 1950X는 1 개의 소켓에 2 개의 NUMA 노드가 있습니다. 아래는 소켓 당 196GiB 메모리를 장착한 2 소켓 Intel Xeon Platinum 8260L 프로세서 (24 코어, 48 스레드) 서버에서 numactl 명령을 실행할 때 출력되는 내용입니다.

```
# numactl --hardware
available: 2 nodes (0-1)
node 0 cpus: 0 1 2 3 4 5 6 7 8 9 10 11 12 13 14 15 16 17 18 19 20 21 22 23
48 49 50 51 52 53 54 55 56 57 58 59 60 61 62 63 64 65 66 67 68 69 70 71
node 0 size: 192129 MB
node 0 free: 187094 MB
node 1 cpus: 24 25 26 27 28 29 30 31 32 33 34 35 36 37 38 39 40 41 42 43 44
45 46 47 72 73 74 75 76 77 78 79 80 81 82 83 84 85 86 87 88 89 90 91 92 93
94 95
node 1 size: 192013 MB
node 1 free: 191478 MB
node distances:
node   0   1
   0:  10  21
   1:  21  10
```

출력에 표시된 노드 거리(node distances)는 상대적 거리이며 나노 초 또는 밀리 초 단위의 실제 지연 시간이 아닙니다.

numactl을 사용하면 응용 프로그램을 특정 코어 또는 NUMA 노드에 바인딩하고 해당 응용 프로그램에 하나 또는 여러 코어에 로컬로 연결된 메모리를 할당할 수 있습니다. numactl에서 제공하는 몇 가지 유용한 옵션은 표 19-1에 설명되어 있습니다.

표 19-1. 프로세스를 NUMA 노드 또는 CPU에 바인딩하기위한 numactl 명령 옵션

옵션	명령어
--membind, -m	특정 NUMA 노드(들)에서만 메모리를 할당합니다. 특정 노드에서 사용 가능한 메모리가 충분하지 않으면 할당이 실패합니다.
--cpunodebind, -N	지정된 NUMA 노드의 CPU에서만 프로세스를 실행합니다.

옵션	명령어
--physcpubind, -C	지정된 CPU에서만 프로세스를 실행합니다.
--localalloc, -l	현재 NUMA 노드에서 메모리를 할당합니다.
--preferred	가급적 지정된 NUMA 노드에 메모리를 할당합니다. 메모리를 할당 할 수 없는 경우에는 다른 노드에서 할당합니다.

NDCTL 리눅스 유틸리티

ndctl 유틸리티는 운영 체제를 위해 네임 스페이스라고 불리는 퍼시스턴트 메모리 공간을 만드는데 사용될 뿐 아니라, DIMM, 영역 (region) 및 네임 스페이스를 열거하고, 활성화, 또는 비활성화 하는데 사용됩니다. -v (verbose) 옵션을 사용하면 퍼시스턴트 메모리 DIMMS (-D), 영역 (-R), 그리고 네임 스페이스 (-N)가 어떤 NUMA 노드 (numa_node)에 속하는지 표시됩니다. 리스트 19-1은 2 소켓 시스템의 영역 (region)과 네임 스페이스를 보여줍니다. numa_node는 numactl 명령이 node로 표시하는 NUMA 노드입니다.

리스트 19-1. 2 소켓 시스템의 영역 및 네임 스페이스

```
# ndctl list -Rv
{
    "regions":[
    {
        "dev":"region1",
            "size":1623497637888,
            "available_size":0,
            "max_available_extent":0,
            "type":"pmem",
            "numa_node":1,
            "iset_id":-2506113243053544244,
            "persistence_domain":"memory_controller",
            "namespaces":[
            {
                "dev":"namespace1.0",
                "mode":"fsdax",
                "map":"dev",
                "size":1598128390144,
                "uuid":"b3e203a0-2b3f-4e27-9837-a88803f71860",
                "raw_uuid":"bd8abb69-dd9b-44b7-959f-79e8cf964941",
                "sector_size":512,
                "align":2097152,
```

```
                "blockdev":"pmem1",
                "numa_node":1
            }
            ]
    },
    {
        "dev":"region0",
        "size":1623497637888,
        "available_size":0,
        "max_available_extent":0,
        "type":"pmem",
        "numa_node":0,
        "iset_id":3259620181632232652,
        "persistence_domain":"memory_controller",
        "namespaces":[
        {
            "dev":"namespace0.0",
            "mode":"fsdax",
            "map":"dev",
            "size":1598128390144,
            "uuid":"06b8536d-4713-487d-891d-795956d94cc9",
            "raw_uuid":"39f4abba-5ca7-445b-ad99-fd777f7923c1",
            "sector_size":512,
            "align":2097152,
            "blockdev":"pmem0",
            "numa_node":0
        }
        ]
    }
    ]
}
```


인텔 메모리 지연 시간 검사(MLC) 유틸리티

인텔 시스템에서 NUMA 노드 간의 절대 지연 시간을 확인하려면 https://software.intel.com/en-us/articles/intel-memory-latency-checker에서 제공하는 인텔 MLC(인텔 메모리 지연 검사기, Intel Memory Latency Checker)를 사용할 수 있습니다.

인텔 MLC는 커맨드 라인 매개 변수를 통해 지정할 수 있는 여러 모드를 제공합니다.

- --latency_matrix는 로컬 및 교차 소켓 메모리 지연 시간을 행렬 형태로 보여줍니다.
- --bandwidth_matrix는 로컬 및 교차 소켓 메모리 대역폭을 행렬 형태로 보여줍니다.
- --peak_injection_bandwidth는 다양한 읽기-쓰기 비율에 대해 플랫폼의 최대 메모리 대역폭을 출력합니다.
- --idle_latency는 플랫폼의 메모리가 한가할 때의 메모리 지연 시간을 출력합니다.
- --loaded_latency는 플랫폼의 메모리에 부하가 큰 경우 메모리 지연 시간을 출력합니다.
- --c2c_latency는 플랫폼의 캐시 간 데이터 전송 지연 시간을 출력합니다.

별도의 패러미터 없이 mlc 또는 mlc_avx512를 실행하면 각 테스트의 기본 패러미터 값을 사용하여 모든 모드가 순서대로 실행되고 그 결과가 터미널에 출력됩니다. 다음 예제는 2 소켓 인텔 시스템에서 --latency_matrix 옵션으로 실행한 결과를 보여줍니다.

```
# ./mlc_avx512 --latency_matrix -e -r
Intel(R) Memory Latency Checker - v3.6
Command line parameters: --latency_matrix -e -r
Using buffer size of 2000.000MiB
Measuring idle latencies (in ns)...
                Numa node
Numa node            0           1
       0          84.2       141.4
       1         141.5        82.4
```

- --latency_matrix는 로컬 및 교차 소켓 메모리 지연 시간을 행렬 형태로 보여줍니다
- -e는 하드웨어 프리페처 (hardware prefetcher) 상태가 수정되지 않음을 의미합니다.
- -r은 랜덤 액세스 읽기입니다.

MLC는 DAX 또는 FSDAX 모드에서 퍼시스턴트 메모리 지연 시간 및 대역폭을 테스트하는 데 사용할 수 있습니다. 일반적으로 사용되는 패러미터는 다음과 같습니다.

- -L은 큰 페이지(2MB)를 사용하도록 요청합니다(대형 페이지가 활성화되었다고 가정).
- -h는 DAX 파일 맵핑을 위해 대형 페이지(1GB)를 요청합니다.
- -J는 mmap 용 파일이 생성 될 디렉토리를 지정합니다(기본적으로 파일이 생성되지 않음). 이 옵션은 -j와 상호 배타적입니다.
- -P CLFLUSH는 써진 데이터를 퍼시스턴트 메모리로 쫓아내는 데 사용됩니다.

예 순차적 읽기 지연 시간 :

```
# mlc_avx512 --idle_latency -J/mnt/pmemfs
```

랜덤 읽기 지연 시간 :

```
# mlc_avx512 --idle_latency -l256 -J/mnt/pmemfs
```

NUMASTAT 유틸리티

리눅스의 numastat 유틸리티는 프로세서 및 운영 체제에 대한 NUMA 노드 별 메모리 통계를 표시합니다. 커맨드 라인 옵션이나 매개 변수가 없으면 커널 메모리 할당자의 NUMA 히트(hit) 및 미스(miss) 통계를 출력합니다. 기본 numastat 통계는 메모리 페이지 단위로 노드 당 통계를 표시합니다. 예를 들면 다음과 같습니다.

```
$ sudo numastat
                                node0           node1
numa_hit                      8718076         7881244
numa_miss                           0               0
numa_foreign                        0               0
interleave_hit                  40135           40160
local_node                    8642532         2806430
other_node                      75544         5074814
```

- numa_hit은 지정한 이 노드에 성공적으로 할당된 메모리 할당 수입니다.

- numa_miss는 프로세스가 다른 노드를 지정했음에도 불구하고 이 노드에 할당된 메모리입니다. 각 numa_miss는 다른 노드의 numa_foreign에 반영됩니다.
- numa_foreign은 이 노드에 할당하고자 지정했지만 실제로는 다른 노드에 할당된 메모리입니다. 각 numa_foreign은 다른 노드의 numa_miss에 반영됩니다.
- interleave_hit은 지정한 이 노드에 성공적으로 할당된 인터리브 메모리입니다.
- local_node는 프로세스가 이 노드에서 실행되는 동안 이 노드에 할당된 메모리입니다.
- other_node는 프로세스가 다른 노드에서 실행되는 동안 이 노드에 할당된 메모리입니다.

인텔 VTune 프로파일러 - 플랫폼 프로파일러

인텔 시스템에서는 Intel VTune 프로파일러 - 플랫폼 프로파일러 (이전에 VTune Amplifier라고 불림) (15장에서 설명)를 사용하여 CPU 캐시의 히트율과 DDR 및 퍼시스턴트 메모리에 대한 데이터 액세스를 포함한 CPU 및 메모리 통계를 볼 수 있습니다. 또한 어떤 메모리 장치가 어떤 CPU에 물리적으로 위치하는지 시스템 구성을 볼 수 있습니다.

IPMCTL 유틸리티

퍼시스턴트 메모리 및 서버 제조 업체에 특화된 유틸리티들을 사용하여 DDR 및 퍼시스턴트 메모리 장치 토폴로지를 표시하고, 어떤 장치가 어떤 CPU 소켓과 연결되어 있는지 볼 수도 있습니다. 예를 들어, ipmctl show -topology 명령은 그림 19-2와 같이 DDR 및 퍼시스턴트 메모리 (비 휘발성) 장치들의 물리적 메모리 슬롯 위치를 표시합니다.

```
$ sudo ipmctl show -topology
 DimmID | MemoryType                  | Capacity  | PhysicalID| DeviceLocat
==============================================================================
 0x0001 | Logical Non-Volatile Device | 252.4 GiB | 0x0028     | CPU1_DIMM_A2
 0x0011 | Logical Non-Volatile Device | 252.4 GiB | 0x002c     | CPU1_DIMM_B2
 0x0021 | Logical Non-Volatile Device | 252.4 GiB | 0x0030     | CPU1_DIMM_C2
 0x0101 | Logical Non-Volatile Device | 252.4 GiB | 0x0036     | CPU1_DIMM_D2
 0x0111 | Logical Non-Volatile Device | 252.4 GiB | 0x003a     | CPU1_DIMM_E2
 0x0121 | Logical Non-Volatile Device | 252.4 GiB | 0x003e     | CPU1_DIMM_F2
 0x1001 | Logical Non-Volatile Device | 252.4 GiB | 0x0044     | CPU2_DIMM_A2
 0x1011 | Logical Non-Volatile Device | 252.4 GiB | 0x0048     | CPU2_DIMM_B2
 0x1021 | Logical Non-Volatile Device | 252.4 GiB | 0x004c     | CPU2_DIMM_C2
 0x1101 | Logical Non-Volatile Device | 252.4 GiB | 0x0052     | CPU2_DIMM_D2
 0x1111 | Logical Non-Volatile Device | 252.4 GiB | 0x0056     | CPU2_DIMM_E2
 0x1121 | Logical Non-Volatile Device | 252.4 GiB | 0x005a     | CPU2_DIMM_F2
 N/A    | DDR4                        | 32.0 GiB  | 0x0026     | CPU1_DIMM_A1
 N/A    | DDR4                        | 32.0 GiB  | 0x002a     | CPU1_DIMM_B1
 N/A    | DDR4                        | 32.0 GiB  | 0x002e     | CPU1_DIMM_C1
 N/A    | DDR4                        | 32.0 GiB  | 0x0034     | CPU1_DIMM_D1
 N/A    | DDR4                        | 32.0 GiB  | 0x0038     | CPU1_DIMM_E1
 N/A    | DDR4                        | 32.0 GiB  | 0x003c     | CPU1_DIMM_F1
 N/A    | DDR4                        | 32.0 GiB  | 0x0042     | CPU2_DIMM_A1
 N/A    | DDR4                        | 32.0 GiB  | 0x0046     | CPU2_DIMM_B1
 N/A    | DDR4                        | 32.0 GiB  | 0x004a     | CPU2_DIMM_C1
 N/A    | DDR4                        | 32.0 GiB  | 0x0050     | CPU2_DIMM_D1
 N/A    | DDR4                        | 32.0 GiB  | 0x0054     | CPU2_DIMM_E1
 N/A    | DDR4                        | 32.0 GiB  | 0x0058     | CPU2_DIMM_F1
```

그림 19-2. ipmctl show -topology 명령의 토폴로지 출력

BIOS 조정 옵션

BIOS는 CPU, 메모리, 퍼시스턴트 메모리 및 NUMA의 동작을 변경할 수 있는 많은 튜닝 옵션을 제공합니다. 튜닝 옵션들의 위치와 이름은 서버 플랫폼 유형, 서버 공급 업체, 퍼시스턴트 메모리 공급 업체 또는 BIOS 버전에 따라 다를 수 있습니다. 그러나 대부분의 튜닝 옵션은 일반적으로 'Memory Configuration' 및 'Processor Configuration'의 'Advanced Menu'에서 찾을 수 있습니다. 어떤 옵션들이 사용 가능한 지에 대한 설명은 시스템 BIOS 사용 설명서를 참조하십시오. 어떤 옵션이 가장 중요한지 이해하기 위해서는 여러 BIOS 옵션을 조절하면서 응용 프로그램을 테스트 해보십시오.

자동 NUMA 밸런싱

매우 많은 CPU와 많은 메모리가 필요하면 하드웨어가 물리적 한계에 도달할 수 있습니다. 중요한 한계는 CPU와 메모리 사이의 제한된 통신 대역폭입니다. NUMA 아키텍처를 수정하는 것은 이 문제를 해결할 수 있습니다. 응용 프로그램

은 일반적으로 프로세스의 스레드가 수행되고 있는 NUMA 노드와 동일한 NUMA 노드의 메모리에 액세스 할 때 가장 성능이 좋습니다. 자동 NUMA 밸런싱은 스레드 또는 프로세스를 액세스하는 메모리가 위치한 NUMA 노드로 이동하는 기능입니다. 또는 응용 프로그램이 액세스하는 데이터를 참조하는 스레드 또는 프로세스가 수행되고 있는 NUMA 노드에 가까운 메모리로 이동하기도 합니다. 커널은 자동 NUMA 밸런싱이 활성화되면 이를 자동으로 수행합니다. 대부분의 운영 체제는 이 기능을 지원합니다. 이 섹션에서는 리눅스의 자동 NUMA 밸런싱 기능에 대해 설명합니다. 세부 옵션은 다를 수 있으므로 리눅스 배포 문서를 참조하십시오.

자동 NUMA 밸런싱은 대부분의 리눅스 배포판에서 기본적으로 활성화되어 있으며 운영 체제가 NUMA 속성이 있는 하드웨어에서 실행 중임을 감지하면 부팅시 자동으로 시작됩니다. 기능이 활성화되었는지 확인하려면 다음 명령을 사용하십시오.

```
$ sudo cat /proc/sys/kernel/numa_balancing
```

값 1 (true)은 기능이 활성화되었음을 나타내는 반면 값 0 (zero/false)은 비활성화 되었음을 의미합니다.

자동 NUMA 밸런싱은 여러 알고리즘 및 자료 구조들을 사용하는데, 이들은 시스템에서 자동 NUMA 밸런싱이 활성화된 경우에만 다음의 간단한 단계들을 거쳐 활성화되고 할당됩니다.

- 태스크 스캐너는 주기적으로 주소 공간을 스캔하고 다음에 데이터에 액세스 할 때 페이지 폴트를 강제로 메모리에 표시합니다.
- 다음에 데이터에 액세스하면 NUMA Hinting Fault가 발생합니다. 이 Fault를 기반으로 데이터는 그 데이터를 액세스하는 스레드 또는 프로세스가 수행되는 NUMA 노드의 메모리로 마이그레이션 될 수 있습니다.
- 스레드 또는 프로세스가 사용중인 CPU와 액세스하는 메모리를 같은 NUMA 노드에 유지하기 위해 스케줄러는 같은 데이터를 액세스하는 작업들을 그룹화 합니다.

수동으로 numactl을 사용하여 NUMA 튜닝을 하는 응용 프로그램은 시스템 전체에서 설정된 자동 NUMA 밸런싱 설정을 무시합니다. 자동 NUMA 밸런싱은 NUMA 머신에서 고성능을 얻기 위한 성능 튜닝 작업을 간단하게 만들어 줍니다.

가능하다면, 자동 NUMA 밸런싱을 사용하는 것보다는 워크로드를 정적으로 튜닝하여 각 노드 내에서 분할하는 것이 좋습니다. 데이터베이스와 같이 지연 시간에 민감한 응용 프로그램들은 보통 수동으로 설정하는 경우에 성능이 가장 좋습니다. 그러나 대부분의 다른 사용 사례에서는 자동 NUMA 밸런싱이 성능을 향상시키는데 도움이 됩니다.

퍼시스턴트 메모리 볼륨 관리자 사용하기

퍼시스턴트 메모리는 파일 시스템을 생성 할 수 있는 블록 장치로 사용될 수 있습니다. 응용 프로그램은 표준 파일 API를 사용하여 퍼시스턴트 메모리를 사용할 수도 있고, 파일 시스템의 파일을 메모리 맵으로 맵핑하고 load/store 명령을 통해 직접 퍼시스턴트 메모리에 액세스 할 수도 있습니다. 퍼시스턴트 메모리를 접근하는데 사용할 수 있는 옵션들은 2장과 3장에서 설명하고 있습니다.

볼륨 관리자의 주요 이점은 추상화, 유연성 그리고 제어 기능이 향상된다는 것입니다. 논리 볼륨은 "데이터베이스" 또는 "웹"과 같은 의미있는 이름을 가질 수 있습니다. 필요한 용량이 달라지면 볼륨의 크기를 동적으로 조정할 수 있으며 시스템의 물리적 장치 간에 마이그레이션 될 수도 있습니다.

NUMA 시스템에는 퍼시스턴트 메모리가 연결된 DDR 메모리 컨트롤러와 CPU 사이에 지역성 (locality)이 존재합니다. 인터커넥트를 통해 다른 CPU의 메모리에 액세스하면 약간의 지연 시간이 발생합니다. 데이터베이스와 같이 지연 시간에 민감한 응용 프로그램은 이러한 지연 시간에 대해 이해하고 액세스하는 메모리와 동일한 소켓에서 실행되도록 스레드를 조정합니다

SSD 또는 NVMe 용량에 비하면 퍼시스턴트 메모리의 용량은 상대적으로 작습니다. 응용 프로그램이 NUMA 노드 당 하나의 파일 시스템이 아닌 전체 시스템의 모든 퍼시스턴트 메모리를 하나의 파일 시스템으로 만들어야 하는 경우 소프트웨어 볼륨 관리자를 사용하여 모든 퍼시스턴트 메모리 용량을 연결하거나 또는 RAID0으로 스트라이핑(striping) 할 수 있습니다. 예를 들어, 2 소켓 시스템에서 CPU 소켓 당 1.5TiB의 퍼시스턴트 메모리가 있는 경우 용량을 연결하거나 또는 RAID0으로 스트라이핑해서 3TiB 파일 시스템을 만들 수 있습니다. 만일 데이터를 복제본을 유지하는 것이 대용량 파일 시스템을 만드는 것보다 더 중요한 경우에는 NUMA

노드에서 미러링하는 (RAID1) 퍼시스턴트 메모리도 가능합니다. 중복성을 위해 일반적으로는 물리적으로 분리된 서버간에 데이터를 복제하는 것이 더 좋습니다. 18장에서는 원격 시스템 간에 데이터를 전송하고 복제를 하는 원격 직접 메모리 액세스 (RDMA) 및 원격 퍼시스턴트 메모리에 대해 자세히 설명합니다.

매우 다양한 볼륨 관리자들이 존재하기 때문에, 이 책에서 그 모든 볼륨 관리자들에 대한 단계별 사용법을 설명할 수는 없습니다. 리눅스에서는 Device Mapper (dmsetup), Multiple Device Driver (mdadm) 그리고 Linux Volume Manager (LVM)를 사용하여 여러 NUMA 노드의 용량을 사용하는 볼륨을 만들 수 있습니다. 대부분의 최신 리눅스 배포판은 기본적으로 부팅 디스크에서 LVM을 사용하므로 LVM을 사용한 경험이 있다고 가정하겠습니다. LVM에 관해서는 리눅스 문서와 인터넷에 매우 광범위한 정보가 있습니다.

그림 19-3은 해당 /dev/pmem0 및 /dev/pmem1 장치를 생성하는 fsdax 또는 섹터 유형 네임 스페이스를 생성 할 수 있는 두 영역을 보여줍니다. /dev/pmem[01]을 사용하여 LVM 물리 볼륨을 생성한 다음 결합하여 볼륨 그룹을 생성 할 수 있습니다. 볼륨 그룹 내에서는 요청된 크기의 논리 볼륨을 필요한대로 자유롭게 만들 수 있습니다. 각 논리 볼륨은 하나 이상의 파일 시스템을 지원할 수 있습니다.

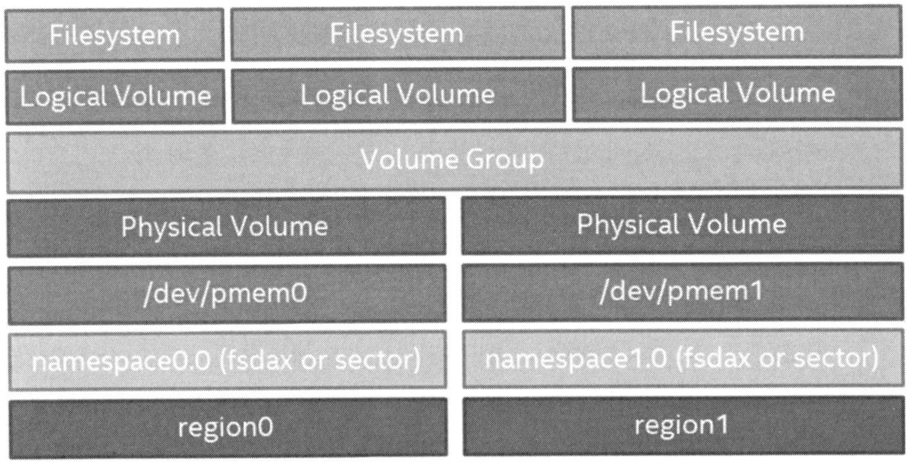

그림 19-3. 퍼시스턴트 메모리 영역 및 네임 스페이스를 사용하는 리눅스 Volume Manager 아키텍처

예를 들어, 영역 당 여러 네임 스페이스를 만들거나 fdisk 또는 parted를 사용하여 /dev/pmem* 장치를 분할하는 경우 여러 구성을 만들 수도 있습니다. 이렇게 하면 논리 볼륨의 유연성과 격리성(isolation)이 향상됩니다. 그러나 하나의

NVDIMM이 고장나면 구성에 따라 일부 또는 모든 파일 시스템에 영향을 미치기 때문에 그 영향이 훨씬 더 큽니다.

복잡한 RAID 볼륨 그룹을 생성하면 데이터를 보호 할 수 있지만 모든 퍼시스턴트 메모리 용량을 효율적으로 사용하지 못합니다. 또한 복잡한 RAID 볼륨 그룹은 일부 응용 프로그램이 필요로 하는 DAX 기능을 지원하지 않습니다.

mmap() MAP_SYNC 플래그

리눅스 커널 v4.15에 도입된 MAP_SYNC 플래그는 어떤 프로세스가 맵핑된 데이터를 수정하기 전에 파일 시스템에 필요한 모든 메타데이터가 써지도록 합니다. MAP_SYNC 플래그는 동기화 작업을 위해 mmap() 시스템 호출에 추가되었습니다. 즉, 이 플래그가 제공하는 보증은 다음과 같습니다.

> *블록이 어떤 맵핑 페이지 테이블에 쓰기 가능하게 맵핑되는 동안, 그리고 시스템 장애 후에도, 그 블록은 그 파일의 해당 오프셋에서 접근 가능합니다.*

즉, 파일 시스템이 블록을 자동으로 재배치하지 않고, 또 파일의 메타데이터가 일관된 상태에 있는지 확인하여 문제가 발생한 블록이 시스템 장애 후에도 사용되도록 합니다. 즉, 해당 메타데이터의 영향을 받는 페이지를 프로세스가 수정하도록 허용하기 전에 필요한 메타데이터 쓰기가 수행되었는지 확인합니다.

퍼시스턴트 메모리 영역이 MAP_SYNC를 사용하여 맵핑되면 메모리 관리 코드는 파일에 대해 보류중인 메타데이터 쓰기가 있는지 확인합니다. 그러나 실제로 이러한 메타데이터를 플러시하지는 않습니다. 대신 페이지들은 특수 플래그를 사용하여 읽기 전용으로 맵핑되며, 프로세스가 해당 페이지 중 하나에 처음으로 쓰기를 시도 할 때 페이지 폴트가 발생합니다. 그런 다음 페이지 폴트 핸들러는 더티 메타데이터를 동기적으로 플러시하고 쓰기를 허용하도록 페이지 권한을 설정한 다음 리턴합니다. 이 시점에서는, 필요한 모든 메타데이터 수정이 이미 퍼시스턴트 메모리에 적용되었으므로 프로세스는 페이지를 안전하게 쓸 수 있습니다.

이 방법은 비교적 간단한 메커니즘으로 퍼시스턴트 메모리에 쓰기 전에 fsync()를 수동으로 호출하는 대안에 비해서 훨씬 더 나은 성능을 제공합니다. fsync()는 간단한 메모리 쓰기로 처리될 수 있는 것을 막고 불필요한 IO를 발생시켜, 예상치 못한 또는 원치 않는 높은 지연 시간을 유발할 수 있습니다.

리눅스 프로그래머 매뉴얼의 mmap(2) 매뉴얼 페이지는 MAP_SYNC 플래그를 다음과 같이 설명합니다.

> *MAP_SYNC (리눅스 4.15부터)*
>
> *이 플래그는 MAP_SHARED_VALIDATE 맵핑 유형에서만 사용할 수 있습니다. MAP_SHARED 유형의 맵핑은 이 플래그를 자동으로 무시합니다. 이 플래그는 DAX(퍼시스턴트 메모리의 직접 맵핑)를 지원하는 파일에 대해서만 지원됩니다. 다른 파일의 경우 이 플래그로 맵핑을 생성하면 EOPNOTSUPP 오류가 발생합니다.*
>
> *이 플래그를 사용하는 공유 파일 맵핑은 일부 메모리가 프로세스의 주소 공간에 쓰기 가능하게 맵핑되는 동안, 시스템이 충돌하거나 재부팅된 후에도, 동일한 오프셋에서 동일한 파일에 표시되도록 보장합니다. 적절한 CPU 명령어 사용을 하면 사용자에게 퍼시스턴트 메모리에 저장된 데이터를 보다 효율적으로 영구적으로 저장하는 방법을 제공합니다.*

요약

이 장에서는 대용량 메모리 시스템 상에서 페이지의 크기 고려, NUMA 인식 및 응용 프로그램 성능에 미치는 영향, 볼륨 관리자를 사용하여 여러 NUMA 노드에 걸쳐있는 DAX 파일 시스템을 만드는 방법, 그리고 mmap()에 대한 MAP_SYNC 플래그 등 퍼시스턴트 메모리에 대한 몇 가지 고급 주제를 소개했습니다. BIOS 조정과 같은 고급 내용은 하드웨어 제조 업체 및 제품에 따라 다르기 때문에 이 책에서는 의도적으로 제외했습니다. 퍼시스턴트 메모리 제품의 성능과 벤치마킹은 vdbench, sysbench, fio 등의 수많은 도구가 있고, 도구별 옵션도 이 책에서 다루기에는 너무 많이 있기 때문에 이 책에서는 다루지 않습니다.

부록 A NDCTL과 DAXCTL 설치하기

ndctl 유틸리티는 리눅스 커널에서 libnvdimm (비 휘발성 메모리 장치) 하위 시스템을 관리하고 네임 스페이스를 관리하는 데 사용됩니다. daxctl 유틸리티는 사용자가 만든 모든 device-dax 네임 스페이스들을 나열하고 관리하는 명령들을 제공합니다. daxctl은 device-dax 네임 스페이스를 직접 사용하는 경우에만 필요합니다. 10장에서는 휘발성 메모리의 용량을 동적으로 확장하기 위해 퍼시스턴트 메모리 용량을 사용하는 'system-ram' dax 사례를 살펴 보았습니다. 10장에서는 libmemkind가 DRAM을 사용하는 것 외에도 휘발성 메모리를 위한 디바이스 dax 네임 스페이스를 사용하는 방법도 보여주었습니다. 대부분의 개발자에게 권장되는 기본 네임 스페이스는 filesystem-dax (fsdax)입니다. 리눅스 전용 유틸리티(ndctl 및 daxctl)는 모두 오픈 소스이며 퍼시스턴트 메모리를 제조 공급하는 업체와는 중립적입니다. 마이크로소프트 윈도우즈에는 퍼시스턴트 메모리를 관리하기 위한 통합 그래픽 유틸리티와 PowerShell Commandlet이 있습니다.

libndctl 및 libdaxctl은 PMDK(Persistent Memory Development Kit)를 소스로부터 컴파일하는 경우 여러 PMDK의 기능에 필요합니다. ndctl을 사용할 수 없는 경우 PMDK의 모든 구성 요소와 기능이 컴파일되지 않을 수 있지만 여전히 PMDK는 컴파일되고 설치됩니다. 이 부록에서는 리눅스 패키지 저장소를 사용하여 ndctl 및 daxctl을 설치하는 방법을 설명하겠습니다. 소스 코드에서 ndctl을 컴파일하려면 ndctl GitHub 저장소(https://github.com/pmem/ndctl) 또는 https://docs.pmem.io 에서 README를 참조하세요.

설치에 필요한 패키지

패키지를 사용하여 ndctl 및 daxctl을 설치하면 설치에 필요하지만 아직 설치되어 있지 않은 패키지들이 시스템에 자동으로 설치됩니다. 일반적으로 패키지를 설치할 때 필요한 패키지들이 나열됩니다. 패키지 저장소를 검색하여 필요한 패키지들을 나열하거나 https://pkgs.org와 같은 웹사이트를 사용하여 해당 운영 체제에 필요한 패키지를 찾고 패키지 세부 정보를 볼 수 있습니다. 예를 들어, 그림 A-1은 Fedora 30(https://fedora.pkgs.org/30/fedora-x86_64/ ndctl-64.1-1.fc30.x86_64.rpm.html)에서 ndctl v64.1에 필요한 패키지를 보여줍니다.

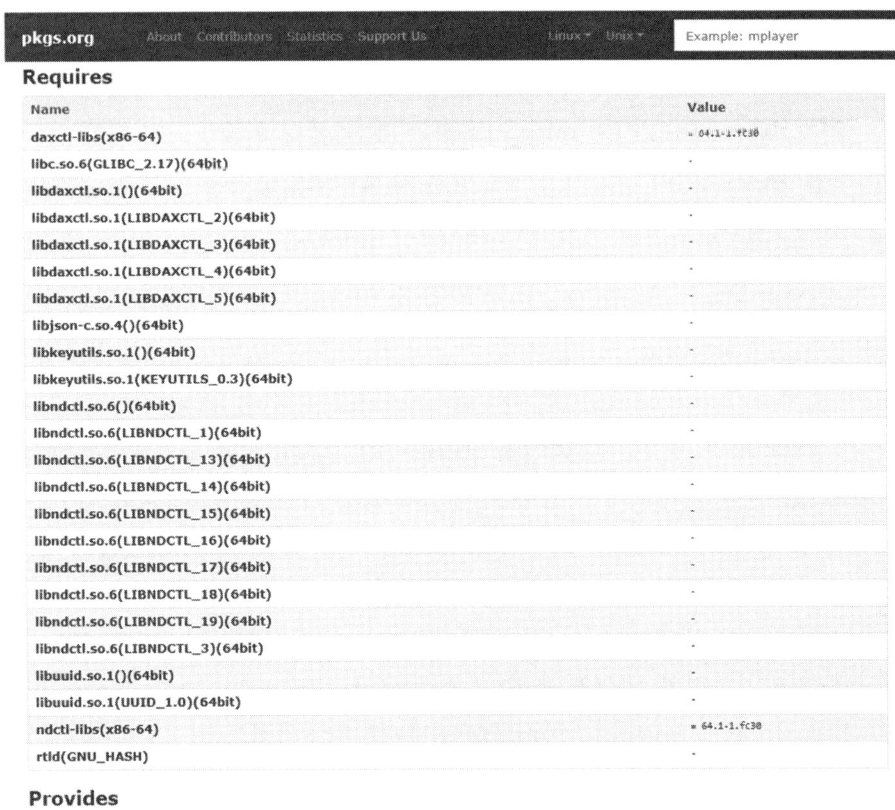

Name	Value
daxctl-libs(x86-64)	= 64.1-1.fc30
libc.so.6(GLIBC_2.17)(64bit)	-
libdaxctl.so.1()(64bit)	-
libdaxctl.so.1(LIBDAXCTL_2)(64bit)	-
libdaxctl.so.1(LIBDAXCTL_3)(64bit)	-
libdaxctl.so.1(LIBDAXCTL_4)(64bit)	-
libdaxctl.so.1(LIBDAXCTL_5)(64bit)	-
libjson-c.so.4()(64bit)	-
libkeyutils.so.1()(64bit)	-
libkeyutils.so.1(KEYUTILS_0.3)(64bit)	-
libndctl.so.6()(64bit)	-
libndctl.so.6(LIBNDCTL_1)(64bit)	-
libndctl.so.6(LIBNDCTL_13)(64bit)	-
libndctl.so.6(LIBNDCTL_14)(64bit)	-
libndctl.so.6(LIBNDCTL_15)(64bit)	-
libndctl.so.6(LIBNDCTL_16)(64bit)	-
libndctl.so.6(LIBNDCTL_17)(64bit)	-
libndctl.so.6(LIBNDCTL_18)(64bit)	-
libndctl.so.6(LIBNDCTL_19)(64bit)	-
libndctl.so.6(LIBNDCTL_3)(64bit)	-
libuuid.so.1()(64bit)	-
libuuid.so.1(UUID_1.0)(64bit)	-
ndctl-libs(x86-64)	= 64.1-1.fc30
rtld(GNU_HASH)	-

그림 A-1. Fedora 30의 ndctl v64.1 패키지 정보

리눅스 배포 패키지 저장소를 사용하여 NDCTL 및 DAXCTL 설치

ndctl 및 daxctl 유틸리티는 런타임 바이너리로 제공되며, 응용 프로그램에 기능을 구현하거나 소스 코드로부터 PMDK를 컴파일 할 때 사용할 수 있는 개발 헤더 파일을 설치하는 옵션을 제공합니다. 디버그용 바이너리를 생성하려면 소스 코드에서 ndctl 및 daxctl을 컴파일해야 합니다. 자세한 지침은 프로젝트 페이지 https://github.com/pmem/ndctl 또는 https://docs.pmem.io의 README를 참조하십시오.

패키지 저장소 내에서 패키지 검색

운영 체제의 기본 패키지 관리자 유틸리티를 사용하면 설치할 패키지를 검색하는 레귤러 익스프레션(regular expression)을 사용하여 패키지 저장소를 검색할 수 있습니다. 표 A-1은 여러 리눅스 배포판에 대해 커맨드-라인(command-line) 유틸리티를 사용하여 패키지 저장소를 검색하는 방법을 보여줍니다. GUI 사용을 선호하는 경우 선호하는 데스크탑 유틸리티를 사용하여 여기에 설명된 것과 동일한 검색 및 설치 작업을 수행하면 됩니다.

표 A-1. 운영 체제 종류 별 ndctl과 daxctl 패키지 찾기

운영 체제	명령어
Fedora 21 및 그 이전 버전	`$ yum search ndctl` `$ yum search daxctl`
Fedora 22 및 그 이후 버전	`$ dnf search ndctl` `$ dnf search daxctl`
RHEL과 CENTOS	`$ yum search ndctl` `$ yum search daxctl`
SLES와 OPENSUSE	`$ zipper search ndctl` `$ zipper search daxctl`

CANONICAL/Ubuntu	`$ aptitude search ndctl`
	`$ apt-cache search ndctl`
	`$ apt search ndctl`
	`$ aptitude search daxctl`
	`$ apt-cache search daxctl`
	`$ apt search daxctl`

또한 https://pkgs.org와 같은 온라인 패키지 검색 도구를 사용하여 여러 리눅스 배포판의 패키지를 검색할 수 있습니다. 그림 A-2는 "`libpmem`"을 검색 할 때 많은 리눅스 배포판에 대한 결과를 보여줍니다.

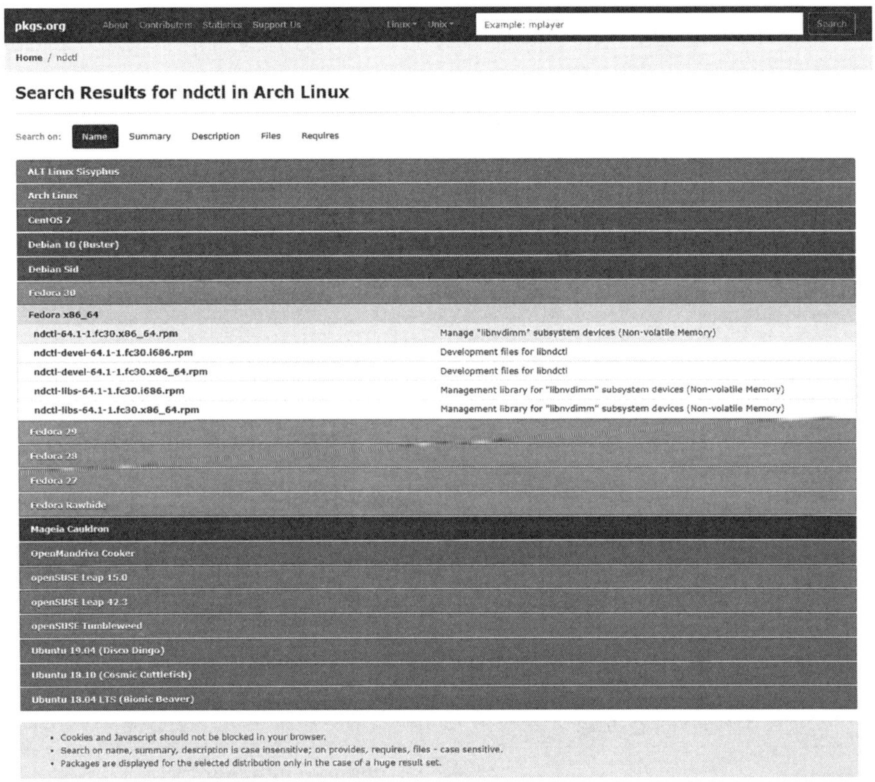

그림 A-2. https://pkgs.org 에서의 `ndctl` 검색 결과

패키지 저장소에서 NDCTL과 DAXCTL 설치하기

많이 사용되는 리눅스 배포판들에 대한 설치 방법은 다음과 같습니다. 모든 배포판들에 대한 설명을 읽을 필요 없이, 자신이 사용하고 있는 운영 체제 섹션을 찾아 건너뛰어도 됩니다. 여러분이 사용하고 있는 운영 체제를 아래에서 찾을 수 없으면, 동일한 패키지 제품군을 사용하는 운영 체제를 찾아 동일한 설치 명령을 사용하세요. 동일한 패키지 제품군을 사용하는 운영 체제도 찾을 수 없는 경우에는 `ndctl` 프로젝트 홈 페이지 https://github.com/pmem/ndctl 또는 https://docs.pmem.io에서 설치 방법을 참조하십시오.

참고

운영 체제에서 사용할 수 있는 ndctl 및 daxctl가 최신 버전이 아닐 수도 있습니다. 운영 체제가 제공하는 것보다 최신 버전이 필요한 경우 소스 코드로부터 프로젝트를 컴파일하면 됩니다. 이 책은 소스 코드를 컴파일하고 설치하는 방법은 설명하지 않습니다. 컴파일 및 설치 방법은 https://docs.pmem.io/getting-startedguide/installing-pmdk/compiling-pmdk-from-source 및 https://github.com/pmem/ndctl에서 찾을 수 있습니다.

Fedora 22 및 이후 버전에서 PMDK 설치하기

개별 패키지를 설치하기 위해서는 다음 명령을 수행하면 됩니다.

```
$ sudo dnf install <package>
```

예를 들어, ndctl 런타임 유틸리티와 라이브러리를 설치하기 위해서는 다음 명령을 수행하세요.

```
$ sudo dnf install ndctl
```

모든 패키지들을 설치하기 위해서는, 다음 명령을 수행하세요.

런타임:

```
$ sudo dnf install ndctl daxctl
```

개발 라이브러리:

```
$ sudo dnf install ndctl-devel
```

RHEL 및 CentOS 7.5 이후 버전에서 PMDK 설치하기

개별 패키지를 설치하기 위해서는 다음 명령을 수행하면 됩니다.

```
$ sudo yum install <package>
```

예를 들어, ndctl 런타임 유틸리티와 라이브러리를 설치하기 위해서는 다음 명령을 수행하세요.

```
$ sudo yum install ndctl
```

모든 패키지들을 설치하기 위해서는, 다음 명령을 수행하세요.

런타임:

```
$ yum install ndctl daxctl
```

개발 라이브러리:

```
$ yum install ndctl-devel
```

SLES 12 및 OpenSUSE 이후 버전에서 PMDK 설치하기

개별 패키지를 설치하기 위해서는 다음 명령을 수행하면 됩니다.

```
$ sudo zypper install <package>
```

예를 들어, ndctl 런타임 유틸리티와 라이브러리를 설치하기 위해서는 다음 명령을 수행하세요.

```
$ sudo zypper install ndctl
```

모든 패키지들을 설치하기 위해서는, 다음 명령을 수행하세요.

런타임:

```
$ zypper install ndctl daxctl
```

개발 라이브러리:

```
$ zypper install libndctl-devel
```

Ubuntu 18.04 및 그 이후 버전에서 PMDK 설치하기

개별 패키지를 설치하기 위해서는 다음 명령을 수행하면 됩니다.

```
$ sudo zypper install <package>
```

예를 들어, ndctl 런타임 유틸리티와 라이브러리를 설치하기 위해서는 다음 명령을 수행하세요.

```
$ sudo zypper install ndctl
```

모든 패키지들을 설치하기 위해서는, 다음 명령을 수행하세요.

런타임:

```
$ sudo apt-get install ndctl daxctl
```

개발 라이브러리:

```
$ sudo apt-get install libndctl-dev
```

부록 B PMDK 설치 방법

PMDK(Persistent Memory Development Kit)를 지원하는 운영 체제에서는 패키지 또는 소스 코드를 사용하여 설치할 수 있습니다. PMDK의 일부 기능은 추가 패키지들을 필요로 합니다. 여기에서는 리눅스 및 윈도우즈에 대한 설치 방법을 설명합니다.

PMDK에 필요한 구성 요소

이 부록에서는 운영 체제 패키지 저장소를 사용하여 PMDK 라이브러리를 설치하는 방법에 대해 설명합니다. 고급 안정성(reliability), 접근성(accessibility) 및 서비스 가능성 (serviceability, RAS)과 같은 모든 PMDK 기능을 활성화하려면 PMDK에 `libndctl` 및 `libdaxctl`이 필요합니다. 설치 도구들은 패키지들의 상호 의존성을 자동으로 감지하여 필요한 패키지들을 설치합니다. 소스 코드를 사용하여 빌드 및 설치하는 경우에는 먼저 부록 C에서 설명하는 명령들을 사용하여 NDCTL을 설치해야합니다.

리눅스 배포 패키지 저장소를 사용하여 PMDK 설치

PMDK는 각각 다른 기능을 제공하는 다양한 라이브러리들의 모음입니다. 불필요한 라이브러리는 설치하지 않고, 필요한 런타임 또는 헤더 파일만 설치할 수 있어 개발자들이 융통성있게 선택하여 설치할 수 있게 합니다.

패키지 명명 규칙

라이브러리 파일들은 런타임 용, 개발 및 헤더 파일 용(`*-devel`), 그리고 디버그 용(`*-debug`) 버전으로 사용할 수 있습니다. 표 B-1은 Fedora 용 런타임(`libpmem`), 디버그(`libpmem-debug`), 개발 및 헤더 파일(`libpmem-devel`)을 보여줍니다. 패키지 이름은 리눅스 배포판마다 다를 수 있습니다. 이 섹션의 뒷부분에서 일반적인 리눅스 배포에 대한 지침을 제공합니다.

표 B-1. 예제 런타임, 디버그 및 개발 패키지 명명 규칙

라이브러리	기능
LIBPMEM	하위 레벨 퍼시스턴트 메모리 지원 라이브러리
LIBPMEM-DEBUG	디버그용 `libpmem` 하위 레벨 퍼시스턴트 메모리 라이브러리
LIBPMEM-DEVEL	하위 레벨 퍼시스턴트 메모리 라이브러리 개발용 파일

패키지 저장소 내에서 패키지 검색

표 B-2는 PMDK v1.6 및 이후 최신 버전에서 사용할 수 있는 라이브러리 목록을 보여줍니다. 최신 버전 목록은 https://pmem.io/pmdk를 참조하십시오.

표 B-2. PMDK v1.6의 라이브러리들

라이브러리	기능
LIBPMEM	하위 계층 퍼시스턴트 메모리 지원 라이브러리
LIBRPMEM	원격 퍼시스턴트 메모리 액세스를 위한 라이브러리
LIBPMEMBLK	퍼시스턴트 메모리 용 블록 배열 라이브러리
LIBPMEMCTO	닫고-열기 영속성(Close-to-Open Persistence)을 지원하는 라이브러리(PMDK v1.5 이후 더 이상 사용되지 않음)
LIBPMEMLOG	퍼시스턴트 메모리 용 로그 파일 라이브러리
LIBPMEMOBJ	퍼시스턴트 메모리 트랜잭션 객체 저장소 라이브러리
LIBPMEMPOOL	퍼시스턴트 메모리 풀 관리 라이브러리
PMEMPOOL	퍼시스턴트 메모리 용 유틸리티

운영 체제의 기본 패키지 관리자 유틸리티를 사용하면 설치할 패키지를 식별하는 정규식(regular expression)을 사용하여 패키지 저장소를 검색할 수 있습니다. 표 B-3은 여러 리눅스 배포판들의 커맨드 라인 유틸리티를 사용하여 패키지 저장소를 검색하는 방법을 보여줍니다. GUI 사용을 선호하는 경우 선호하는 데스크탑 유틸리티를 사용하여 여기에 설명된 것과 동일한 검색 및 설치 작업을 수행하면 됩니다.

표 B-3. 다른 리눅스 운영 체제에서 ＊pmem＊ 패키지 검색

운영 체제	명령
Fedora 21 or Earlier	`$ yum search pmem`
Fedora 22 or Later	`$ dnf search pmem` `$ dnf repoquery *pmem*`
RHEL AND CENTOS	`$ yum search pmem`
SLES AND OPENSUSE	`$ zipper search pmem`

CANONICAL/Ubuntu	`$ aptitude search pmem`
	`$ apt-cache search pmem`
	`$ apt search pmem`

또한 https://pkgs.org와 같은 온라인 패키지 검색 도구를 사용하여 패키지를 검색할 수도 있습니다. 그림 B-1은 "**libpmem**"을 검색했을 때의 결과입니다.

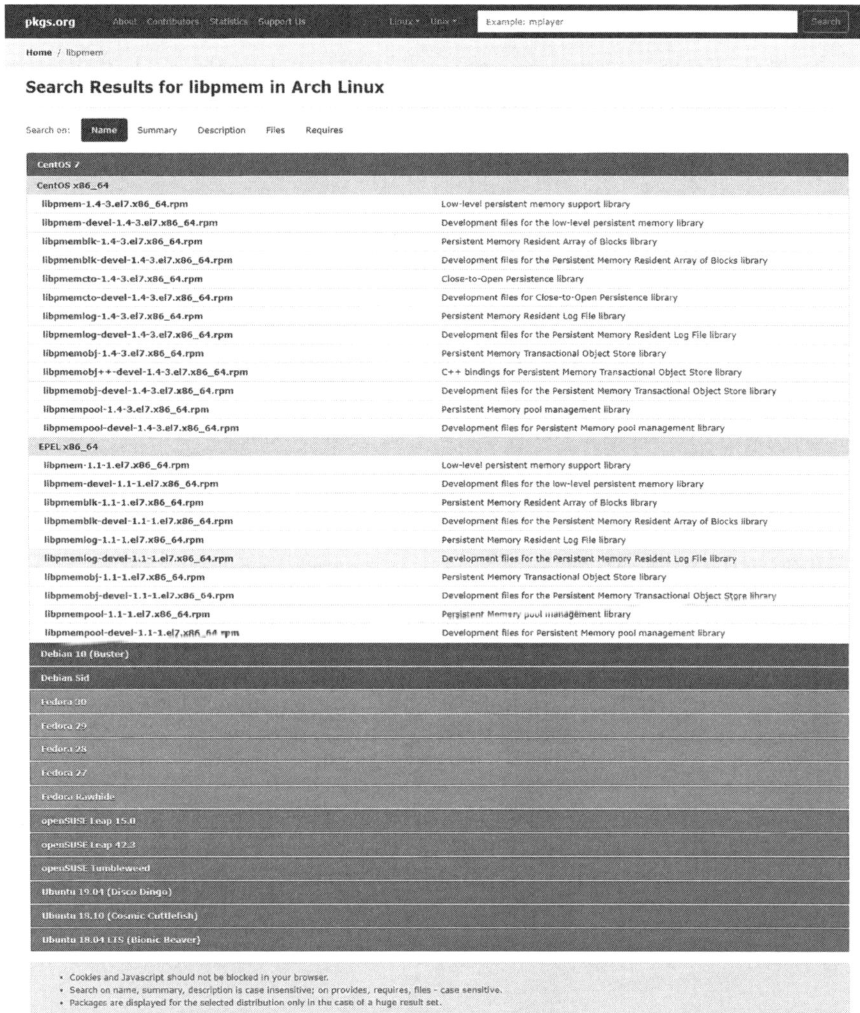

그림 B-1. https://pkgs.org에서 "libpmem"에 대한 검색 결과

패키지 저장소를 사용하여 PMDK 라이브러리 설치

많이 사용되는 리눅스 배포판들에 대한 설치 방법은 다음과 같습니다. 모든 배포판들에 대한 설명을 읽을 필요 없이, 자신이 사용하고 있는 운영 체제 섹션을 찾아 건너뛰어도 됩니다. 여러분이 사용하고 있는 운영 체제를 아래에서 찾을 수 없으면, 동일한 패키지 제품군을 사용하는 운영 체제를 찾아 동일한 설치 명령을 사용하세요. 동일한 패키지 제품군을 사용하는 운영 체제도 찾을 수 없는 경우에는 https://docs.pmem.io 또는 PMDK 프로젝트 홈 페이지(https://github.com/pmem/pmdk)를 참조하십시오.

참고

각 운영 체제에서 패키지 저장소로부터 다운받아 설치할 수 있는 PMDK 라이브러리 버전은 최신 PMDK 릴리스가 아닐 수 있습니다. 운영 체제에서 제공하는 것보다 최신 릴리스가 필요한 경우 소스 코드에서 PMDK를 컴파일하는 것이 좋습니다. 이 책은 소스 코드를 받아 PMDK를 컴파일하고 설치하는 방법은 설명하지 않습니다.
소스코드 컴파일 및 설치 방법 설명은 https://docs.pmem.io/getting-startedguide/installing-pmdk/compiling-pmdk-from-source 및 https://github.com/pmem/pmdk 에서 찾을 수 있습니다.

Fedora 22 이상에 PMDK 설치

개별 라이브러리를 설치하기 위해서는 다음 명령을 실행해야 합니다.

```
$ sudo dnf install <library>
```

예를 들어, libpmem 런타임 라이브러리만 설치하려면, 다음 명령을 실행합니다.

```
$ sudo dnf install libpmem
```

모든 패키지를 설치하기 위해서는, 다음 명령을 실행합니다.

런타임:

```
$ sudo dnf install libpmem librpmem libpmemblk libpmemlog \
    libpmemobj libpmempool pmempool
```

개발 라이브러리:

```
$ sudo dnf install libpmem-devel librpmem-devel \
    libpmemblk-devel libpmemlog-devel libpmemobj-devel \
    libpmemobj++-devel libpmempool-devel
```

디버깅:

```
$ sudo dnf install libpmem-debug librpmem-debug \
    libpmemblk-debug libpmemlog-debug libpmemobj-debug \
    libpmempool-debug
```

RHEL 및 CentOS 7.5 이상에 PMDK 설치

개별 라이브러리를 설치하기 위해서는 다음 명령을 실행해야 합니다.

```
$ sudo yum install <library>
```

예를 들어, libpmem 런타임 라이브러리만 설치하려면, 다음 명령을 실행합니다.

```
$ sudo yum install libpmem
```

모든 패키지를 설치하기 위해서는, 다음 명령을 실행합니다.

런타임:

```
$ sudo yum install libpmem librpmem libpmemblk libpmemlog \
    libpmemobj libpmempool pmempool
```

개발 라이브러리:

```
$ sudo yum install libpmem-devel librpmem-devel \
    libpmemblk-devel libpmemlog-devel libpmemobj-devel \
    libpmemobj++-devel libpmempool-devel
```

디버깅:

```
$ sudo yum install libpmem-debug librpmem-debug \
    libpmemblk-debug libpmemlog-debug libpmemobj-debug \
    libpmempool-debug
```

SLES 12 및 OpenSUSE 이상에 PMDK 설치

개별 라이브러리를 설치하기 위해서는 다음 명령을 실행해야 합니다.

```
$ sudo zypper install <library>
```

예를 들어, `libpmem` 런타임 라이브러리만 설치하려면, 다음 명령을 실행합니다.

```
$ sudo zypper install libpmem
```

모든 패키지를 설치하기 위해서는, 다음 명령을 실행합니다.

런타임:

```
$ sudo zypper install libpmem librpmem libpmemblk libpmemlog \
    libpmemobj libpmempool pmempool
```

개발 라이브러리:

```
$ sudo zypper install libpmem-devel librpmem-devel \
    libpmemblk-devel libpmemlog-devel libpmemobj-devel \
    libpmemobj++-devel libpmempool-devel
```

디버깅:

```
$ sudo zypper install libpmem-debug librpmem-debug \
    libpmemblk-debug libpmemlog-debug libpmemobj-debug \
    libpmempool-debug
```

Ubuntu 18.04 이상에 PMDK 설치

개별 라이브러리를 설치하기 위해서는 다음 명령을 실행해야 합니다.

```
$ sudo zypper install <library>
```

예를 들어, libpmem 런타임 라이브러리만 설치하려면, 다음 명령을 실행합니다.

```
$ sudo zypper install libpmem
```

모든 패키지를 설치하기 위해서는, 다음 명령을 실행합니다.

런타임:

```
$ sudo apt-get install libpmem1 librpmem1 libpmemblk1 \
    libpmemlog1 libpmemobj1 libpmempool1
```

개발 라이브러리:

```
$ sudo apt-get install libpmem-dev librpmem-dev \
    libpmemblk-dev libpmemlog-dev libpmemobj-dev \
    libpmempool-dev libpmempool-dev
```

디버깅:

```
$ sudo apt-get install libpmem1-debug \
    librpmem1-debug libpmemblk1-debug \
    libpmemlog1-debug libpmemobj1-debug libpmempool1-debug
```

마이크로소프트 윈도우즈에 PMDK 설치

윈도우즈에 PMDK를 설치하는 가장 쉽고 권장되는 방법은 마이크로소프트 **vcpkg**를 사용하는 것입니다. **vcpkg**는 라이브러리 관리를 위해 만들어진 오픈 소스 도구이자 생태계입니다. 다른 패키징 또는 개발 솔루션에서 사용할 수 있는 소스로부터 PMDK를 빌드하려면 https://github.com/pmem/pmdk 또는 https://docs.pmem.io에서 README를 참조하십시오.

최신 PMDK 릴리스를 설치하고 Visual Studio 솔루션에 연결하려면 먼저 **vcpkg** GitHub 페이지 (https://github.com/Microsoft/vcpkg)에 설명되어 있는 바와 같이, 아래처럼 vcpkg를 복제하고 설정해야합니다.

```
> git clone https://github.com/Microsoft/vcpkg
> cd vcpkg
> .\bootstrap-vcpkg.bat
> .\vcpkg integrate install
> .\vcpkg install pmdk:x64-windows
```

참고

마지막 명령은 PMDK가 빌드 및 설치되는 동안 시간이 걸릴 수 있습니다.

이전 단계를 모두 성공적으로 완료하면 추가 구성없이 Visual Studio에서 라이브러리를 사용할 수 있습니다. 기존 프로젝트와 함께 Visual Studio를 열거나 새 프로젝트를 만든 다음 (플랫폼 x64를 사용하는 것을 잊지 마십시오), 늘 하던 것처럼 프로젝트에 PMDK 헤더를 포함하면 됩니다.

부록 C 리눅스 및 윈도우즈에 IPMCTL을 설치하는 방법

ipmctl 유틸리티는 인텔 Optane DC 퍼시스턴트 메모리 모듈 (DCPMM)을 설정하고 관리하는데 사용됩니다. 이 유틸리티는 리눅스 및 윈도우즈에서도 사용할 수 있으며, 퍼시스턴트 메모리를 제작하는 하드웨어 업체별로 다른 유틸리티를 제공할 수도 있습니다. ipmctl은 다음과 같은 기능들을 제공합니다.

- 플랫폼에서 DCPMM 검색
- 플랫폼의 메모리 구성
- DCPMM에서 펌웨어보기 및 업데이트
- DCPMM에서 미사용 데이터의 보안 설정
- DCPMM 상태 모니터링
- DCPMM의 성능 추적
- DCPMM 디버그 및 문제 해결

ipmctl은 다음과 같이 구성됩니다.

- **libipmctl** : PMM 관리를위한 API(응용 프로그래밍 인터페이스) 라이브러리
- **ipmctl** : 커맨드 라인에서 PMM을 구성하고 관리하기위한 CLI(커맨드 라인 인터페이스) 응용 프로그램
- **ipmctl-monitor** : PMM의 상태를 모니터링하기위한 모니터 데몬/시스템 서비스

IPMCTL 리눅스 필수 구성 요소

`libsafec`는 `ipmctl`을 설치하기 위해 필요한 패키지입니다.

libsafec

`libsafec`는 Fedora 패키지 저장소에서 패키지로 사용할 수 있습니다. 다른 리눅스 배포판의 경우 설치를 위해 별도로 다운 받아 사용할 수 있습니다.

- RHEL/CentOS EPEL 7 패키지는 https://copr.fedorainfracloud.org/coprs/jhli/safeclib/에서 찾을 수 있습니다.
- OpenSUSE/SLES 패키지는 https://build.opensuse.org/package/show/home:jhli/safeclib에서 찾을 수 있습니다.
- Ubuntu 패키지는 https://launchpad.net/~jhli/+archive/ubuntu/libsafec 에서 찾을 수 있습니다.

소스 코드에서 ipmctl을 컴파일 한다면, `safeclib`에 정적으로 링크하기 위해 `-DSAFECLIB_SRC_DOWNLOAD_AND_STATIC_LINK=ON` 옵션을 사용하여야 합니다.

IPMCTL 리눅스 패키지

인텔 DCPMM을 위한 유틸리티로서 Fedora를 제외한 대부분의 리눅스 배포 패키지 저장소에는 포함되어 있지 않습니다.

EPEL7 패키지는 https://copr.fedorainfracloud.org/coprs/jhli/ipmctl에서 찾을 수 있습니다.

OpenSUSE 및 SLES 패키지는 https://build.opensuse.org/package/show/home:jhli/ipmctl에서 찾을 수 있습니다.

마이크로소프트 윈도우즈 용 IPMCTL

ipmctl 용 최신 윈도우즈 EXE 바이너리는 그림 C-1과 같이 GitHub 프로젝트 페이지(https://github.com/intel/ipmctl/releases)의 "Releases" 섹션에서 다운로드할 수 있습니다.

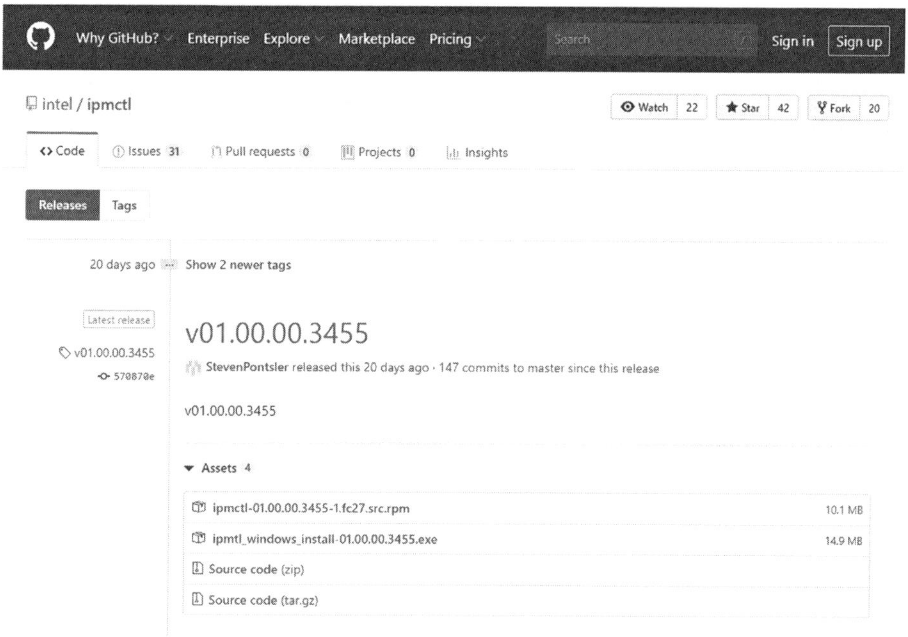

그림 C-1. GitHub의 ipmctl 릴리스(https://github.com/intel/ipmctl/releases)

실행 파일을 실행하면 **ipmctl**이 설치되고 명령 줄 및 PowerShell 인터페이스를 통해 사용할 수 있습니다.

ipmctl 사용

ipmctl 유틸리티는 인텔 Optane DC 퍼시스턴트 메모리 모듈을 구성한 다음 윈도우즈의 **PowerShellCmdlet** 또는 리눅스의 **ndctl**에서 파일 시스템을 만들 수 있는 네임 스페이스를 만드는 데 사용할 수 있는 기능을 시스템 관리자에게 제공합니다. 네임 스페이스를 만든 후에 응용 프로그램은 퍼시스턴트 메모리 풀을 만들고 이를 메모리 맵핑하여 퍼시스턴트 메모리에 직접 액세스 할 수 있습니다. 오류나 디버깅을 돕기 위해 모듈에 대한 자세한 정보를 추출할 수도 있습니다.

ipmctl에는 리스트 C-1에 표시된 것처럼 인자 (커맨드 verb) 없이 **ipmctl**을 실행하면 다양한 명령 및 옵션들에 대한 설명이 나열됩니다.

리스트 C-1. 커맨드 verb 및 간단한 사용법 정보 나열

```
# ipmctl version

Intel(R) Optane(TM) DC Persistent Memory Command Line Interface Version
01.00.00.3279

# ipmctl

Intel(R) Optane(TM) DC Persistent Memory Command Line Interface

    Usage: ipmctl <verb>[<options>][<targets>][<properties>]

Commands:
    Display the CLI help.
        help

    Display the CLI version.
        version

    Update the firmware on one or more DIMMs
        load -source (File Source) -dimm[(DimmIDs)]

    Set properties of one/more DIMMs such as device security and modify
    device.
        set -dimm[(DimmIDs)]

    Erase persistent data on one or more DIMMs.
        delete -dimm[(DimmIDs)]

    Show information about one or more Regions.
        show -region[(RegionIDs)] -socket(SocketIDs)

    Provision capacity on one or more DIMMs into regions
        create -dimm[(DimmIDs)] -goal -socket(SocketIDs)

    Show region configuration goal stored on one or more DIMMs
        show -dimm[(DimmIDs)] -goal -socket[(SocketIDs)]

    Delete the region configuration goal from one or more DIMMs
        delete -dimm[(DimmIDs)] -goal -socket(SocketIDs)
```

```
Load stored configuration goal for specific DIMMs
    load -source (File Source) -dimm[(DimmIDs)] -goal
    -socket(SocketIDs)

Store the region configuration goal from one or more DIMMs to a file
    dump -destination (file destination) -system -config

Modify the alarm threshold(s) for one or more DIMMs.
    set -sensor(List of Sensors) -dimm[(DimmIDs)]

Starts a playback or record session
    start -session -mode -tag

Stops the active playback or recording session.
    stop -session

Dump the PBR session buffer to a file
    dump -destination (file destination) -session

Show basic information about session pbr file
    show -session

Load Recording into memory
    load -source (File Source) -session

Clear the namespace LSA partition on one or more DIMMs
    delete -dimm[(DimmIDs)] -pcd[(Config)]

Show error log for given DIMM
    show -error(Thermal|Media) -dimm[(DimmIDs)]

Dump firmware debug log
    dump -destination (file destination) -debug -dimm[(DimmIDs)]

Show information about one or more DIMMs.
    show -dimm[(DimmIDs)] -socket[(SocketIDs)]

Show basic information about the physical processors in the host
server.
    show -socket[(SocketIDs)]

Show health statistics
    show -sensor[(List of Sensors)] -dimm[(DimmIDs)]

Run a diagnostic test on one or more DIMMs
    start -diagnostic[(Quick|Config|Security|FW)] -dimm[(DimmIDs)]

Show the topology of the DCPMMs installed in the host server
    show -topology -dimm[(DimmIDs)] -socket[(SocketIDs)]
```

```
    Show information about total DIMM resource allocation.
        show -memoryresources

    Show information about BIOS memory management capabilities.
        show -system -capabilities

    Show information about firmware on one or more DIMMs.
        show -dimm[(DimmIDs)] -firmware

    Show the ACPI tables related to the DIMMs in the system.
        show -system[(NFIT|PCAT|PMTT)]

    Show pool configuration goal stored on one or more DIMMs
        show -dimm[(DimmIDs)] -pcd[(Config|LSA)]

    Show user preferences and their current values
        show -preferences

    Set user preferences
        set -preferences

    Show Command Access Policy Restrictions for DIMM(s).
        show -dimm[(DimmIDs)] -cap

    Show basic information about the host server.
        show -system -host

    Show event stored on one in the system log
        show -event -dimm[(DimmIDs)]

    Set event's action required flag on/off
        set -event(EventID) ActionRequired=(0)

    Capture a snapshot of the system state for support purposes
        dump -destination (file destination) -support

    Show performance statistics per DIMM
        show -dimm[(DimmIDs)] -performance[(Performance Metrics)]

Please see ipmctl <verb> -help <command> i.e 'ipmctl show -help -dimm' for
more information on specific command
```

특정 명령에 대한 자세한 내용은 **ipmctl <verb> -help <command>** 즉 '**ipmctl show -help -dimm**'을 참조하십시오.

각 명령에는 자체 매뉴얼 페이지가 있습니다. 전체 매뉴얼 페이지 목록은 "**man ipmctl**"을 실행하여 IPMCTL(1) 매뉴얼 페이지에서 찾을 수 있습니다.

온라인 **ipmctl** 사용자 가이드는 https://docs.pmem.io에서 찾을 수 있습니다. 이 가이드는 **ipmctl**에 대한 자세한 단계별 지침과 심층적인 정보를 제공하며 이를 사용하여 문제를 찾고 디버깅하는 방법을 제공합니다. **ipmctl** 빠른 시작 안내서는 https://software.intel.com/en-us/articles/quick-start-guide-configureintel-optane-dc-persistent-memory-on-linux 에서 찾을 수 있습니다.

웹 세미나 녹화 "Provision Intel Optane DC Persistent Memory in Linux" (https://software.intel.com/en-us/videos/provisioning-intel-optane-dc-persistentmemory-modules-in-linux)를 시청하면 **ipmctl** 및 **ndctl** 사용에 대한 짧은 설명을 볼 수 있습니다. **ipmctl**, Intel Optane DC 퍼시스턴트 메모리 또는 일반적인 퍼시스턴트 메모리와 관련된 질문이 있는 경우 퍼시스턴트 메모리 Google 포럼(https://groups.google.com/forum/#!forum/pmem)에서 질문 할 수 있습니다. **ipmctl**과 관련된 질문이나 문제는 GitHub의 **ipmctl** 이슈 사이트(https://github.com/intel/ipmctl/issues)에 문제 또는 질문으로 올리면 됩니다.

부록 D 퍼시스턴트 메모리를 활용하는 Java

Java는 빠르고 안전하며 신뢰할 수 있기 때문에 가장 널리 사용되는 프로그래밍 언어 중 하나이며, Java로 구현된 많은 응용 프로그램과 웹 사이트가 있습니다. 크로스 플랫폼이며 랩톱에서 데이터 센터까지 포함하는 다중 CPU 아키텍처, 게임 콘솔, 과학 용 슈퍼컴퓨터, 휴대폰에서 인터넷, CD/DVD 플레이어에서 자동차에 이르기까지 광범위한 플랫폼을 지원합니다. Java 프로그램은 어디에나 존재합니다.

이 책을 쓰는 시점에서 Java는 기본적으로 퍼시스턴트 메모리에 데이터를 영구적으로 저장하는 것을 지원하지 않았고, PMDK(Persistent Memory Development Kit)에 대한 Java 바인딩도 없었기 때문에 Java가 본문의 한 챕터로 적합하지 않다고 결정했습니다.

그러나, 개발자들 사이에서 인기가 있는 Java를 이 책에서 제외하고 싶지 않았으므로 이 부록에 Java에 대한 정보를 포함하기로 결정했습니다.

이 부록에서는 Oracle의 JDK(Java Development Kit) [https://www.oracle.com/java/] 및 OpenJDK [https://openjdk.java.net/]에 이미 통합된 기능에 대해 설명합니다. 또한 Java에서 제안된 퍼시스턴트 메모리 기능과 현재 개발 중인 두 외부 Java 라이브러리에 대한 정보를 제공합니다.

퍼시스턴트 메모리의 휘발성 사용

Java는 이기종 메모리 아키텍처가 있는 시스템의 휘발성 사용 사례에 대해 퍼시스턴트 메모리를 지원합니다. 이는 DRAM, 퍼시스턴트 메모리, 그리고 SSD 또는 NVMe 드라이브와 같은 비휘발성 스토리지가 함께 있는 시스템입니다.

대체 메모리 장치에 힙 할당

Oracle JDK v10과 OpenJDK v10에는 Java 확장 제안 (JEP, Java Extension Proposal) 316번 [http://openjdk.java.net/jeps/316]: "대체 메모리 장치에 힙을 할당하는 기능"이 구현 되어 있습니다. 이 기능의 목표는 HotSpot VM이 사용자가 지정한 퍼시스턴트 메모리와 같은 대체 메모리 장치에 Java 객체 힙을 할당할 수 있도록 하는 것입니다.

3장에서 설명한대로 리눅스와 윈도우즈는 파일 시스템을 통해 퍼시스턴트 메모리를 관리할 수 있습니다. NTFS 와 XFS 또는 ext4가 그 예입니다. 이러한 직접 액세스 (DAX) 파일 시스템의 메모리 맵핑 파일은 페이지 캐시를 우회하고 가상 메모리를 물리적 메모리에 직접 맵핑합니다.

DAX 파일 시스템에서 메모리 맵핑된 파일을 사용하여 Java 힙을 할당하기 위해 Java는 새로운 런타임 옵션 인 `-XX:AllocateHeapAt=<path>`를 추가했습니다. 이 옵션은 DAX 파일 시스템에 대한 경로를 사용하고, 메모리 맵핑을 사용하여 메모리 장치에 개체 힙을 할당합니다. 이 옵션을 사용하면 HotSpot VM이 사용자가 지정한 퍼시스턴트 메모리와 같은 대체 메모리 장치에 Java 개체 힙을 할당할 수 있습니다. 이 기능은 여러 JVM간에 비휘발성 영역을 공유하기 위한 것이 아니며, JVM이 새로 생성될 때 기존의 메모리 영역을 재사용하지 않습니다.

그림 D-1은 가상 메모리를 사용하여 DRAM 및 퍼시스턴트 메모리를 지원하는 새로운 힙 할당 방법 구조를 보여줍니다.

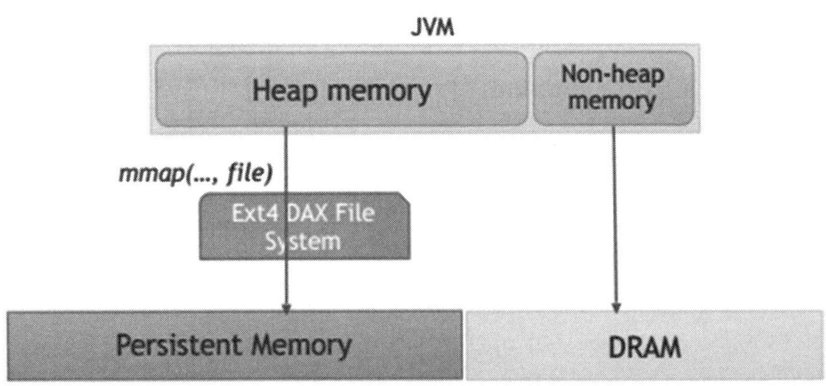

그림 D-1. "`-XX:AllocateHeapAt=<path>`" 옵션을 사용하여 DRAM 및 퍼시스턴트 메모리에 할당된 Java 힙 메모리

Java 힙은 퍼시스턴트 메모리에만 할당됩니다. 코드 캐시, 가비지 콜렉션 관리 등과 같은 힙이 아닌 구성 요소는 DRAM에 할당됩니다.

-Xmx, -Xms 및 가비지 콜렉션 관련 플래그와 같은 기존 힙 관련 플래그는 이전과 같이 계속 작동합니다. 예를 들면 :

```
$ java -Xmx32g -Xms16g -XX:AllocateHeapAt=/pmemfs/jvmheap \
    ApplicationClass
```

이렇게하면 최대 힙 크기가 32GiB(**-Xmx32g**)인 초기 16GiB 힙 크기(**-Xms**)가 할당됩니다. JVM 힙은 **--XX:AllocateHeapAt=/pmemfs/jvmheap**에 지정된 경로 내에 생성된 임시 파일의 용량을 사용할 수 있습니다. JVM은 **jvmheap.XXXXXX** 형식의 임시 파일을 자동으로 생성합니다. 여기서 **XXXXXX**는 임의로 생성된 번호입니다. 디렉토리 경로는 DAX 옵션으로 마운트된 퍼시스턴트 메모리 지원 파일 시스템이어야 합니다. DAX 기능을 사용하여 파일 시스템을 마운트하는 방법에 대한 자세한 내용은 3장을 참조하십시오.

응용 프로그램의 보안을 보장하기 위해서는 파일 시스템에서 생성된 파일이 다음과 같은지 확인해야합니다.

- 다른 사용자가 액세스하지 못하도록 올바른 권한으로 보호
- 어떠한 경우로든 응용 프로그램이 종료 될 때 삭제해야 함

임시 파일은 JVM을 실행하는 사용자만 읽기-쓰기 권한을 가져야 하고 JVM은 종료 전에 파일을 삭제해야 합니다.

대체 메모리 장치들이 원자성을 보장하는 연산들을 지원할 뿐 아니라 DRAM과 동일한 성질을 가지는 경우에, 기존 응용 프로그램들은 코드를 변경하지 않고 DRAM 대신 대체 메모리 장치를 힙으로 사용할 수 있습니다. 코드 힙, 메타 공간, 스레드 스택 등과 같은 다른 모든 메모리 구조는 계속 DRAM을 사용합니다. 이 기능의 일부 사용 사례는 다음과 같습니다.

- JVM 인스턴스가 여러 개 실행 중인 경우, 데몬, 서비스 등과 같은 일부 JVM은 다른 JVM보다 우선 순위가 낮습니다. 퍼시스턴트 메모리는 DRAM에 비해 접근하는데 시간이 더 오래 걸립니다. 따라서, 우선 순위가 낮은 프로세스는 퍼시스

턴트 메모리를 힙으로 사용하고 우선 순위가 높은 프로세스가 더 많은 DRAM을 사용할 수 있습니다.

- 빅데이터 및 인 메모리 데이터베이스와 같은 응용 프로그램들은 메모리를 점점 더 많이 필요로 하고 있습니다. 이러한 응용 프로그램들은 퍼시스턴트 메모리 모듈이 DRAM에 비해 잠재적으로 더 큰 용량을 가질 수 있으므로 퍼시스턴트 메모리를 힙으로 사용할 수 있습니다.

대체 메모리 장치에 대한 자세한 내용은 다음 리소스에서 찾을 수 있습니다.

- Oracle JavaSE 10 설명서[https://docs.oracle.com/javase/10/tools/java.htm#GUID-3B1CE181-CD30-4178-9602-230B800D4FAE__BABCBGHF]
- OpenJDK JEP 316: 대체 메모리 장치에 대한 힙 할당 [http://openjdk.java.net/jeps/316]

대체 메모리 장치에 부분 힙 할당

HotSpot JVM 12.0.1은 사용자가 지정한 퍼시스턴트 메모리와 같은 대체 메모리 장치에 오래된 객체들을 저장하기 위한 Java 힙을 할당하는 기능을 도입했습니다.

G1 및 병렬 GC의 기능을 사용하면 퍼시스턴트 메모리에 오래 사용되지 않은 객체들만 사용할 수 있는 전용 힙을 할당할 수 있습니다. 나머지 힙은 DRAM에 맵핑되고 새로 할당된 객체는 항상 여기에 배치됩니다.

운영 체제는 파일 시스템을 통해 퍼시스턴트 메모리 장치를 접근하거나 퍼시스턴트 메모리에 직접 액세스 (DAX) 할 수 있습니다. DAX를 지원하는 파일 시스템에는 마이크로소프트 윈도우즈의 NTFS와 리눅스의 ext4 및 XFS가 포함됩니다. 이러한 파일 시스템의 메모리 맵핑 파일은 파일 시스템 캐시를 우회하고 가상 메모리를 장치의 실제 메모리에 직접 맵핑합니다. 이 기능을 활성화하기 위해서는, DAX 마운트 파일 시스템에 대한 경로 지정을 할 때 플래그 `-XX:AllocateOldGenAt=<path>`를 사용합니다. 이 기능을 활성화하기 위해서 필요한 다른 플래그는 없습니다.

이 기능이 활성화되면 할당된지 얼마되지 않은 젊은 객체들은 DRAM에만 배치되고 오래된 이전 세대 객체들은 항상 퍼시스턴트 메모리에 할당됩니다. 가비지 콜렉터는 DRAM 및 퍼시스턴트 메모리에서 사용 중인 총 메모리의 크기가 항상 -Xmx에 지정된 힙 크기보다 언제나 작은 것을 보장합니다.

이 기능이 활성화 되면 JVM은 사용 가능한 DRAM 크기를 기반으로 젊은 세대 객체들의 최대 크기를 제한하지만 사용자가 직접 젊은 세대 객체들의 최대 크기를 명시적으로 설정하는 것이 좋습니다.

예를 들어 32GB DRAM 및 1024GB 퍼시스턴트 메모리가 있는 시스템에서 JVM이 `-Xmx756g`로 실행되는 경우 가비지 콜렉터는 다음 규칙에 따라 젊은 세대의 크기를 제한합니다.

- `-XX:MaxNewSize` 또는 `-Xmn` 지정 안함 : 최대 젊은 세대 크기가 사용 가능한 메모리의 80% (25.6GB)로 설정됩니다.
- `-XX:MaxNewSize` 또는 `-Xmn` 지정 : 젊은 세대의 최대 크기는 지정된 양에 관계 없이 사용 가능한 메모리 (25.6GB)의 80%로 제한됩니다.
- `-XX:MaxRAM`을 사용하여 사용 가능한 DRAM의 양을 VM에 알릴 수 있습니다. 지정된 경우 최대 젊은 세대 크기는 MaxRAM 값의 80%로 설정됩니다.
- `-XX:MaxRAMPercentage` 지정 : 기본 80% 대신 젊은 세대를 위해 사용할 DRAM 비율을 직접 지정할 수 있습니다.
- 로깅 옵션 `gc+ergo=info`로 로깅을 활성화하면 시작 시 최대 젊은 세대 크기가 인쇄됩니다.

비휘발성 MappedByteBuffer

JEP(Java Extension Proposal) 352: 비휘발성 `MappedByteBuffer` [https://openjdk.java.net/jeps/352]는 FileChannel API를 사용하여 퍼시스턴트 메모리를 참조하는 `MappedByteBuffer` 인스턴스를 만들 수 있도록 새로운 JDK 파일 맵핑 모드를 추가하는 것을 제안하고 있습니다. 이 기능은 이 책이 발행된 이후에 공개된 Java 14에서 사용할 수 있습니다.

이 JEP는 퍼시스턴트 메모리에 대한 액세스를 지원하기 위해 `MappedByteBuffer`를 업그레이드 할 것을 제안하고 있습니다. 유일한 API 변경은 `FileChannel` 클라이언트가 기존의 파일 스토리지 시스템이 아니라, DAX 파일 시스템에 있는 파일의 맵핑을 요청하기 위해 사용할 새로운 enum 값의 추가입니다. 변경된 `MappedByteBufer` API는 메모리를 직접 접근하여 업데이트 하는 것을 허용하고 더 높은 수준의 Java 클라이언트 라이브러리가 퍼시스턴트 데이터 타입(예 블록 파일 시스템, 저널링된 로그, 퍼시스턴트 객체, 등.)을 구현하는데 필요한 영속성을 보장한다는 것을 의미합니다. `FileChannel` 및 `MappedByteBuffer` 클래스의 구현은 맵핑된 파일이 퍼시스턴트 메모리라는 새로운 장치에 백업될 수 있도록 수정되어야 합니다.

이 JEP의 주요 목표는 Java 프로그램 클라이언트가 퍼시스턴트 메모리에 효율적이고 일관성있게 액세스하고 업데이트할 수 있도록 하는 것입니다. 이 목표의 핵심 요소는 버퍼 영역에 대한 개별 쓰기, 또는 연속하여 여러 번 쓰는 것을 최소한의 오버 헤드로 커밋 (commit) 처리할 수 있도록 하는 것입니다. 즉, 캐시에 남아있을 수 있는 모든 변경 사항이 메모리에 써지도록 하는 것입니다.

두 번째 목표는 안전하지 않은 클래스에 정의된, 제한된 JDK 내부 API를 사용하여 이 커밋 연산을 안전하게 구현하고, `MappedByteBuffer` 뿐만 아니라 퍼시스턴트 메모리에 커밋해야 하는 다른 클래스도 이를 재사용 할 수 있도록 하는 것입니다.

마지막 목표는 퍼시스턴트 메모리에 맵핑된 버퍼를 기존 모니터링 및 관리 API에서 모니터링할 수 있도록 하는 것입니다.

현재, 이미 인텔의 `libpmem` 라이브러리를 디바이스 드라이버로 사용하거나 `libpmem`을 기본 라이브러리로 호출하여, 퍼시스턴트 메모리 디바이스 파일을 `MappedByteBuffer`에 맵핑하고, `force()` 메소드를 사용하여 쓰기 연산을 커밋할 수 있습니다. 그러나 현재 API를 사용하면 두 방법 모두 너무 과도한 솔루션이 됩니다. `force()`는 업데이트가 되지 않은 캐시 라인과 더티 캐시 라인을 구별하지 못하며 각 캐시 라인을 퍼시스턴트 메모리에 플러시하기 위해 시스템 호출 또는 JNI 호출을 합니다. 이 두 가지 이유로 기존의 방법들은 이 JEP의 효율성 요구 사항을 충족하지 못합니다.

이 JEP가 타겟으로 삼은 OS/CPU 플랫폼은 Linux/x64 및 Linux/AArch64입니다. 이 제한에는 두 가지 이유가 있습니다. 이 기능은 비휘발성 메모리의 동기 맵핑(synchronous mapping)을 허용하는 `mmap()` 시스템 콜의 `MAP_SYNC` 플래그를 지원하는 OS에서만 작동합니다. 이는 최근 리눅스 릴리스에 해당됩니다. 또한 유저 스페이스 컨트롤 하에 캐시 라인 Write-back를 지원하는 CPU에서만 작동합니다. x64 및 AArch64는 모두 이 요구 사항을 만족하는 명령어들을 제공합니다.

PCJ(Persistent Collections for Java)

PCJ(Persistent Collections for Java library)는 인텔에서 퍼시스턴트 메모리 프로그래밍을 위해 개발하고 있는 오픈 소스 Java 라이브러리입니다. 소스 코드 및 샘플 코드를 포함한 PCJ에 대한 자세한 정보는 https://github.com/pmem/pcj의 GitHub에서 확인할 수 있습니다.

이 책을 쓰는 시점에 PCJ 라이브러리는 여전히 "파일럿" 프로젝트로 아직 완성되지 않은 상태입니다. 기존 응용 프로그램들이 퍼시스턴트 메모리를 사용할 수 있게 할 뿐 아니라 퍼시스턴트 메모리를 위한 일반적인 Java 프로그램을 개발하는데 도움이 되기 위해 개발되었습니다.

PCJ 라이브러리는 스레드-안전성(thread-safety)을 보장하는 배열, 리스트, 및 맵을 포함하는 다양한 퍼시스턴트 컬렉션 클래스를 제공합니다. 또한 문자열, `int` 및 `float` 타입과 같은 기본 데이터 타입에 대한 영속성을 보장합니다. 개발자는 자신의 퍼시스턴트 클래스도 정의 할 수 있습니다.

이러한 퍼시스턴트 클래스들의 인스턴스는 일반 Java 객체와 매우 유사하지만 객체의 멤버 필드들은 퍼시스턴트 메모리에 저장됩니다. 일반 Java 객체와 마찬가지로 수명은 도달 가능성에 의해 결정됩니다. 즉, 객체를 가리키는 레퍼런스가 없으면 자동으로 가비지 컬렉션에 의해 삭제됩니다. 일반 Java 객체와 달리 수명은 여러 Java 가상 머신 인스턴스로 확장될 수 있으며 재부팅 되어도 살아 있을 수 있습니다.

퍼시스턴트 객체에 저장된 내용은 시스템 장애 및 정전이 발생하더라도 유지되기 때문에 객체의 데이터 일관성을 유지하는 것이 중요합니다. 라이브러리의 퍼시스턴트 컬렉션 및 기타 객체들은 Java 메소드 수준에서 퍼시스턴트 데이터의 일관성을 제공합니다. 즉, 필드 setter를 포함한 각 메소드가 퍼시스턴트 메모리를 변경할 때, 성공적으로 모두 변경하거나 전혀 변경하지 않는 것처럼 원자성 있게 작동합니다. PCJ가 제공하는 트랜잭션 API를 사용하면 개발자가 클래스를 정의하여도, 동일하게 메소드 수준의 일관성을 보장할 수 있습니다.

PCJ는 7장에서 설명한 PMDK(Persistent Memory Development Kit)의 `libpmemobj` 라이브러리를 사용합니다. PMDK에 대한 추가 정보는 https://pmem.io/와 https://github.com/pmem/pmdk를 참조하십시오.

Java 응용 프로그램에서 PCJ 사용

이 라이브러리를 기존 자바 응용 프로그램에서 **import** 하려면 자바 클래스 경로에 프로젝트의 **target/class** 디렉토리를 포함하고 **java.library.path**에 프로젝트의 **target/cppbuild** 디렉토리를 포함합니다. 예를 들면 다음과 같습니다.

```
$ javac -cp .:<path>/pcj/target/classes <source>
$ java -cp .:<path>/pcj/target/classes \
    -Djava.library.path=<path>/pcj/target/cppbuild <class>
```

PCJ 라이브러리를 사용하는 방법에는 여러 가지가 있습니다.

1. 기본으로 제공되는 퍼시스턴트 클래스의 인스턴스를 응용 프로그램에서 사용합니다.
2. 기본으로 제공되는 퍼시스턴트 클래스를 새로운 메소드로 확장하여 사용합니다.
3. 새로운 퍼시스턴트 클래스를 정의하거나 기본으로 제공되는 퍼시스턴트 클래스에 새로운 메소드 및 퍼시스턴트 필드를 추가하여 확장합니다.

PCJ 소스 코드 예제들은 아래 주소들에서 찾을 수 있습니다.

- Java 용 퍼시스턴트 컬렉션 소개 - https://github.com/pmem/pcj/blob/master/Introduction.txt
- 코드 샘플: 퍼시스턴트 메모리 프로그래밍을 위한 Java* API 소개 - https://software.intel.com/en-us/articles/code-sample-introduction-to-java-api-for-persistent-memory-programming
- 코드 샘플: PCJ(Persistent Collections for Java*)를 사용하여 "Hello World" 프로그램 만들기 - https://software.intel.com/en-us/articles/code-sample-create-a-hello-world-program -java-pcj

하위-레벨 퍼시스턴트 라이브러리(LLPL)

LLPL(Low-Level Persistence Library)은 퍼시스턴트 메모리 프로그래밍을 위해 인텔에서 개발 중인 오픈 소스 Java 라이브러리입니다. 메모리 블록 수준에서 Java 코드가 퍼시스턴트 메모리를 접근할 수 있게 함으로써 LLPL은 개발자가 새로운 클래스를 구현하거나 기존 코드를 개조할 수 있는 기반을 제공합니다. 소스 코드, 샘플 코드 및 javadocs를 포함한 LLPL에 대한 자세한 정보는 https://github.com/pmem/llpl의 GitHub에서 확인할 수 있습니다.

라이브러리는 퍼시스턴트 메모리 힙의 관리와 힙 내에서 퍼시스턴트 메모리 블록을 수동으로 할당하거나 해제하는 방법을 제공합니다. Java 퍼시스턴트 메모리 블록 클래스는 블록 내에서 Java 정수 타입의 데이터를 읽고 쓰는 방법을 제공할뿐만 아니라 블록간에 그리고 블록과 (휘발성) Java 바이트 배열 간에 바이트를 복사하는 메소드들을 제공합니다.

LLPL에서는 여러 종류의 힙과 메모리 블록을 사용하여 다양한 데이터 일관성 유지 기법을 구현할 수 있습니다. 구현할 수 있는 기법들의 일관성 유지 수준은 다음과 같습니다.

- **트랜잭션** : 메모리의 데이터는 시스템 장애 또는 정전 후에도 사용할 수 있습니다.
- **퍼시스턴트** : 프로세스가 종료되어도 메모리의 데이터를 사용할 수 있습니다.
- **휘발성** : 대용량을 위해 사용되는 퍼시스턴트 메모리, 종료 후에 데이터가 필요하지 않습니다.

여러 데이터 일관성 유지 수준이 혼용되는 것도 구현할 수 있습니다. 예를 들어 중요한 데이터에 대해서는 트랜잭션 쓰기를 사용하고, 덜 중요한 데이터(예 통계 또는 캐시)에 대해서는 퍼시스턴트 또는 휘발성 쓰기를 할 수 있습니다.

LLPL은 7장에서 논의한 PMDK(Persistent Memory Development Kit)의 `libpmemobj` 라이브러리를 사용합니다. PMDK에 대한 추가 정보는 https://pmem.io/ 및 https://github.com/pmem/pmdk를 참조하십시오.

Java 응용 프로그램에서 LLPL 사용

Java 응용 프로그램에서 LLPL을 사용하려면 시스템에 PMDK 및 LLPL이 설치되어 있어야합니다. Java 클래스를 컴파일하려면 LLPL 클래스 경로를 지정해야합니다. 홈 디렉토리에 LLPL이 설치되어 있으면 다음 명령을 수행하면 됩니다.

```
$ javac -cp .:/home/<username>/llpl/target/classes LlplTest.java
```

컴파일 후에는 생성된 *.class 파일을 확인할 수 있습니다. 클래스에서 정의한 main() 메소드를 실행하려면 LLPL 클래스 경로를 다시 지정해야합니다. 또한 java.library.path 환경 변수를 LLPL과 PMDK 사이의 브리지로 사용되는 컴파일된 네이티브 라이브러리의 위치로 설정해야합니다.

```
$ java -cp .:/.../llpl/target/classes \
    -Djava.library.path=/.../llpl/target/cppbuild LlplTest
```

PCJ 소스 코드 예제는 다음에 웹사이트들에서 찾을 수 있습니다.

- 코드 샘플: Java* 용 LLPL(Low-Level Persistent Library) 소개 - https://software.intel.com/en-us/articles/introducing-the-low-level-persistent-library-llpl-for-java
- 코드 샘플: Java* 용 LLPL(Low-Level Persistence Library)을 사용하여 "Hello World" 프로그램 만들기 - https://software.intel.com/en-us/ articles/code-sample-create-a-hello-world-program-using-the-low-level-persistence-library-llpl- for-java
- Java에서 퍼시스턴트 메모리 사용하기 - https://www.snia.org/sites/default/files/PM-Summit/2019/presentations/05PMSummit19-Dohrmann.pdf

요약

이 책을 쓰고 있는 시점에서 Java는 퍼시스턴트 메모리를 언어에서 기본적으로 지원하기 위해 개발되고 있는 중 입니다. 현재 기능은 대부분 휘발성이므로, 응용 프로그램이 종료되면 데이터가 사라집니다. 이 장에서는 Java에 구현된 몇몇 기능에 대해 설명했으며 추가적으로 여러 기능을 제공하는 두 개의 라이브러리(LLPL 및 PCJ)를 소개했습니다.

LLPL(Low-Level Persistent Library)은 퍼시스턴트 메모리 프로그래밍을 위해 인텔에서 개발 중인 오픈 소스 Java 라이브러리입니다. 메모리 블록 수준에서 Java 코드가 퍼시스턴트 메모리에 접근할 수 있게 함으로써 LLPL은 개발자가 사용자 정의 클래스를 구현하거나 기존 코드를 개조 할 수 있게 합니다.

PCJ 라이브러리는 스레드-안전성을 보장하는 배열, 리스트, 및 맵을 포함하는 다양한 퍼시스턴트 컬렉션 클래스를 제공합니다. 또한 문자열, `int` 및 `float` 타입과 같은 기본 데이터 타입에 대한 영속성을 보장합니다. 개발자는 자신의 퍼시스턴트 클래스도 정의 할 수 있습니다.

부 E 록

원격 퍼시스턴트 메모리 복제의 미래

18장에서 설명했듯이 범용 및 어플라이언스 원격 복제 방법은 상위-계층-프로토콜 (ULP, upper-layer-protocol)을 간단히 변경한 것입니다. 이러한 메소드들은 원격 퍼시스턴트 메모리에 RDMA Write를 여러 번 한 후 RDMA Send 또는 RDMA Read를 써출합니다. 이러한 구현의 문제점 중 하나는 할당 쓰기(allocating write)가 기본적으로 인-바운드 데이터를 네트워크 카드(NIC)로부터 CPU LLC 캐시로 바로 로딩 함으로써 새로 써진 데이터를 빠르게 읽을 수 있게 하는 인텔 플랫폼의 기능입니다. 퍼시스턴트 메모리의 경우에는 퍼시스턴트 메모리에 대한 할당 쓰기를 막아, 영속성을 보장하기 위해 CPU 캐시를 플러시해야 하는 필요성을 낮추는 것이 바람직합니다. 그러나 할당 쓰기를 플랫폼 수준에서 제어하는 것은 전체 PCIe 루트 컴플렉스에 대한 쓰기 동작을 부정확하게 제어하게 만들 수 있습니다. 즉, 주어진 PCIe 루트 컴플렉스에 연결된 모든 장치는 동일한 방식으로 작동합니다. 쓴 데이터를 캐시에 저장하지 않음으로 인해 시스템에서 실행중인 다른 소프트웨어가 쓴 데이터를 접근하는 시간이 지연되는지 그 영향을 확인하기 어려울 수 있습니다. 퍼시스턴트 메모리에 쓰는 경우에는 할당 쓰기를 하지 않고, 휘발성 메모리에 대한 쓰기의 경우에는 할당 쓰기를 활성화해야 하므로 서로 모순되는 점이 있습니다.

개별 IO 마다 할당 쓰기 여부를 결정하려면 네트워크 하드웨어 및 소프트웨어가 퍼시스턴트 메모리를 지원해주어야 합니다. 네트워크 하드웨어 및 소프트웨어가 퍼시스턴트 메모리를 인식하게 되면, 개별 IO 마다 퍼시스턴트 메모리 서브시스템에 써야 하는지 아니면 휘발성 메모리 서브시스템에 써야 하는지를 선택할 수 있으므로 전역 PCIe 루트 콤플렉스 수준에서 할당 쓰기 설정을 변경할 필요가 없게 됩니다.

또한, 만일 하드웨어가 어떤 IO가 퍼시스턴트 메모리 영역에 대한 IO인지 인식하게 되면, 소프트웨어가 기다려야하는 라운드 트립(round-trip) 횟수가 감소하여 특정 워크로드에서 상당한 성능 향상을 볼 수 있습니다. 이러한 파이프 라인

효율성 향상은 퍼시스턴트 메모리에 대한 대량 쓰기 후 8 바이트 포인터 업데이트가 뒤따르는 일반적인 데이터베이스 SQL Tail-of-Log 사용 사례의 경우 왕복 지연 시간을 30-50% 감소시킬 것으로 예상됩니다. 제 1 세대 소프트웨어 원격 퍼시스턴트 메소드들은 그림 E-1A에 표시된 것처럼 초기 SQL 데이터 쓰기와 작은 8 바이트 포인터 업데이트 쓰기, 두 번의 라운드 트립이 필요합니다. 그림 E-1B에서 볼 수 있는, 개선된 기본 하드웨어 솔루션에서 소프트웨어는 한 번의 네트워크 라운드 트립만 필요합니다.

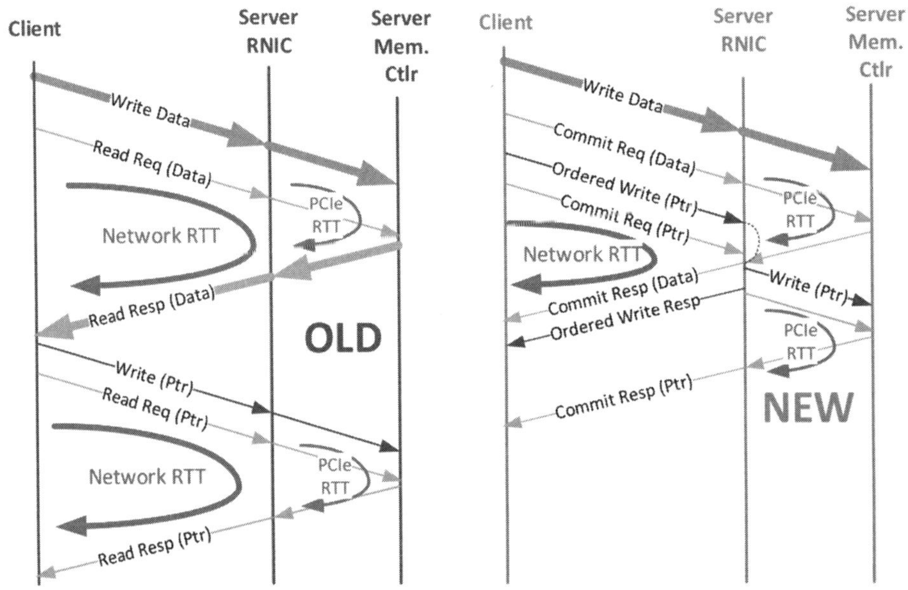

그림 E-1. 쓰기 연산 후에 Send 또는 Read가 호출되는 것을 방지하여 퍼시스턴트 메모리를 효율적으로 지원할 수 있도록 수정된 RDMA 프로토콜

이러한 성능 향상은 향후 인텔 플랫폼, 인텔의 RDMA 지원 NIC, 그리고 산업계의 네트워크 표준을 통해 가능해질 것입니다. 다른 공급 업체들의 RDMA 지원 NIC도 수정된 표준을 지원할 예정입니다. 사용자들이 어떠한 제조 회사의 NIC과 퍼시스턴트 메모리를 사용해도 될 수 있도록 이 표준은 광범위하게 채택되어야 합니다. 이를 위해, IETF (Internet Engineering Taskforce)의 표준 iWarp 프로토콜과 IBTA (InfiniBand Trade Association)의 표준 InfiniBand 및 RoCE 프로토콜에서 퍼시스턴트 메모리를 지원하기 위한 방안이 추진되고 있습니다. 두 프로토콜 모두 구조적으로 서로를 주시하며 기존 휘발성 메모리를 위한 기능들에 RDMA Flush 및 RDMA Atomic Write 명령을 추가했습니다.

- **RDMA Flush** : 메모리 영역의 일부를 플러시하는 프로토콜 명령입니다. flush 명령이 완료되면 플러시하고자 하는 모든 RDMA 쓰기가 최종 목적지에 도달했음을 나타냅니다. 플러시 배정 힌트를 사용하면 플러시를 요청할 때 모두가 볼 수 있는 휘발성 혹은 퍼시스턴트 메모리로 플러시할 것을 요청할 수 있으며, 또한 휘발성 메모리로 쓸 것인지 퍼시스턴트 메모리로 쓸 것인지 여부를 별도로 요청할 수 있습니다. RDMA 플러시 도메인, 즉, 플러시될 RDMA 쓰기 데이터의 범위는 메모리 영역의 오프셋 및 길이에 의해 결정됩니다. RDMA Flush 명령에 포함된 메모리 영역 안에 포함된 데이터를 수정한 모든 RDMA 쓰기는 RDMA Flush에 포함됩니다. 즉, RDMA Flush 명령은 해당 메모리 영역에 대한 모든 이전의 원격 쓰기가 최종 메모리 위치에 도달할 때까지 완료되지 않습니다.
- **RDMA Atomic Write** : 포인터 업데이트를 퍼시스턴트 메모리에 직접 쓰도록, 그리고 효율적으로 파이프라인 되도록 NIC에 지시하는 프로토콜 명령입니다. 즉, 앞서 실행된 RDMA Write, RDMA Flush, RDMA Atomic Write 및 RDMA Flush 순서의 일련의 연산들이 단 한번의 라운드트립 지연 시간에 모두 수행될 수 있도록 합니다. 그리고, 마지막의 RDMA 플러시가 완료될 때까지 기다리기만 하면 됩니다.

퍼시스턴트 메모리를 지원하기 위해 새로 추가된 네트워크 프로토콜들을 효율적으로 사용하려면 플랫폼 하드웨어의 수정이 필요합니다. RDMA Flush 명령에서 제공하는 배정 힌트 (placement hint)를 사용하면 다음의 네 가지 가능한 라우팅 조합을 사용할 수 있습니다.

- 캐시 속성
- 노-캐시 속성
- 휘발성 메모리 목적지
- 퍼시스턴트 메모리 목적지

칩셋, CPU 및 PCIe 루트 컴플렉스는 이러한 배정 속성을 이해하고 요청에 따라 적절한 하드웨어 블록으로 요청을 조정하거나 라우팅해야 합니다. 앞으로 출시될 인텔 플랫폼에서 CPU는 PCIe TLP 프로세서 힌트 (TLP Processor Hint) 필드를 살펴보고 NIC가 개별 인바운드 RDMA 쓰기 및 RDMA 플러시를 위한 정보를 PCIe 패킷에 추가할 수 있도록 합니다. ACPI 사양의 PCIe 펌웨어 인터페이스는 PCIe

조정 메커니즘을 선택적으로 사용할 수 있도록 정의하고 있으며, NIC 커널 드라이버 및 PCI 버스 드라이버가 IO 조정을 활성화하고 기본적으로 캐시, 노-캐시를 메모리 속성으로, 퍼시스턴트 메모리 또는 DRAM을 목적지로 선택할 수 있도록 합니다.

소프트웨어 사용 관점에서는 IBTA에서 정의한 verb의 정의가 변경될 것입니다. 이것은 NIC들이 어떻게 verb의 기능을 구현하고 관리할 것인지 세부 사항에 영향을 줍니다. OFA **libibverbs** 및 **libfabric**을 포함한 미들웨어는 퍼시스턴트 메모리를 지원하기 위해 추가된 네트워킹 프로토콜들을 기반으로 업데이트될 것입니다.

퍼시스턴트 메모리를 지원하기 위해 RDMA의 기능이 확장되는 것에 관한 보다 구체적인 정보를 찾는 독자는 이 책의 레퍼런스와 이 책에서 설명한 정보들에 기반하여 고성능 원격 액세스를 위한 퍼시스턴트 메모리 지원에 관해 검색하는 것을 권장합니다. 퍼시스턴트 메모리와 RDMA 측면에서 새롭고 흥미로운 개발이 많이 진행되고 있습니다.

찾아보기

N

O

P

R

S

T

V